●中央党史和文献研究院宣传专项引导资金项目

马克思主义在陕西的传播

（新民主主义革命时期）

MARXISM

中共陕西省委党史研究室
西安交通大学 著

中共党史出版社

图书在版编目（CIP）数据

马克思主义在陕西的传播．新民主主义革命时期 / 中共陕西省委党史研究室，西安交通大学著．-- 北京 ：中共党史出版社，2025.6. -- ISBN 978-7-5098-6607-8

Ⅰ．D61

中国国家版本馆 CIP 数据核字第 2024LZ6780 号

书　　名：马克思主义在陕西的传播（新民主主义革命时期）
作　　者：中共陕西省委党史研究室　西安交通大学

出版发行：中共党史出版社
责任编辑：庄涵莉
责任校对：申宁
责任印制：段文超
社　　址：北京市海淀区芙蓉里南街 6 号院 1 号楼　邮编：100080
网　　址：www.dscbs.com
经　　销：新华书店
印　　刷：北京君升印刷有限公司
开　　本：710mm × 1000mm　1/16
字　　数：390 千字
印　　张：28.5
版　　次：2025 年 6 月第 1 版
印　　次：2025 年 6 月第 1 次印刷
书　　号：ISBN 978-7-5098-6607-8
定　　价：70.00 元

此书如有印装质量问题，请联系中共党史出版社读者服务部　电话：010-83072535

序

马克思主义在中国的传播是一个对中国产生深远影响的重大事件。它不是单纯的思想潮流，它是对近现代中国社会产生至深影响的思想运动、理论创新运动和实践运动。这一系列运动伴随着中国共产党的事业发展，从党的诞生到新民主主义革命的胜利，从建立新中国到奋进新时代。在马克思主义与中国实际相结合的过程当中，产生了中国化的马克思主义，即毛泽东思想、邓小平理论、“三个代表”重要思想、科学发展观、习近平新时代中国特色社会主义思想。中国化马克思主义传播是马克思主义传播史的重要内容。

“十月革命一声炮响，给中国送来了马克思列宁主义”。五四运动后，早期马克思主义者开始研究和翻译马克思主义著作，并在报纸杂志上发表介绍马克思主义的文章。随着党团组织的建立，他们在实践上与工农运动结合。

陕西马克思主义早期传播开始于五四运动。1921 年中国共产党成立以后，马克思主义的传播有了明确方向。10 月，由李大钊创办的马克思主义学说研究会的骨干分子、陕籍学生杨钟健、刘天章、李子洲、魏野畴等创办了《共进》杂志，向陕西宣传马克思主义，介绍社会主义思潮。

大革命时期，传播马克思主义是党的重要任务。魏野畴、李子洲、王尚德等回到陕西，以学校为阵地领导学生运动，开展建党、建团活动，并出报纸、办刊物，引导大家学习《共产党宣言》等理论著作，传播马克思主义科学真理。在进步教师的教育引导下，一大批进步青年先后走上革命道路。

土地革命战争时期，中国共产党人着力于武装斗争，开辟革命根据地。陕西党组织虽几经挫折，但党及其军事力量在极其艰苦的环境之下，在陕西及陕西边界地区，相继建立了多块革命根据地，为马克思主义传播提供了阵地。

中共中央到达陕北之后，马克思主义在陕西的传播进入新阶段、表现出新特点、积累了新经验，是逐步摆脱主观主义束缚的关键时期。马克思主义在陕西的传播，培养了干部，增强了素质，发动了群众，壮大了队伍，为革命的胜利奠定了坚实的思想理论基础，也进一步推进了马克思主义的中国化、大众化和时代化，在马克思主义中国化及中国化马克思主义发展史上都具有极其重要的地位。

习近平总书记在庆祝中国共产党成立100周年大会上指出，“马克思主义是我们立党立国的根本指导思想，是我们党的灵魂和旗帜。中国共产党坚持马克思主义基本原理，坚持实事求是，从中国实际出发，洞察时代大势，把握历史主动，进行艰辛探索，不断推进马克思主义中国化时代化，指导中国人民不断推进伟大社会革命。中国共产党为什么能，中国特色社会主义为什么好，归根到底是因为马克思主义行！”以史为鉴、开创未来。我们研究回顾这段历史，对于继续推进马克思主义中国化，把马克思主义基本原理同中国具体实际相结合、同中华优秀传统文化相结合，用马克思主义观察时代、把握时代、引领时代，坚持在改革中守正创新，不断深化对共产党执政规律、社会主义建设规律、人类社会发展规律的认识，全面贯彻习近平新时代中国特色社会主义思想，具有十分重要的意义。

目　录

民主启蒙

曙光初照

蓬勃气象

苏 区 星 火

淬 火 重 生

红 星 照 耀

历 史 飞 跃

暗 流 涌 动

胜利曙光

民 主 启 蒙

一、20世纪初期的陕西社会概况

（一）辛亥革命时期资产阶级革命思想在陕西的传播

庚子事变后，清王朝为挽救自身统治危机，被迫开始推行“新政”。1901年1月29日，慈禧在西安发布了“变法”上谕，宣布推行清末“新政”。内中宣扬“法积则弊，法弊则更”“取外国之长，乃可补中国之短”[①]，也即封建制度和旧礼教不变，可变者只是某些具体政策和法令。

在“新政”期间，陕西开始编练新军，办学堂，派遣留学生，此外还开办了邮政、报馆、电报、开矿、筑路等事业。

陕西近代报刊溯源

近代以来，报纸在传播革命思想的过程中起到了非常重要的作用。追溯历史，陕西第一张近代报刊的出现，是1894年甲午战争后有了第一台印刷机器开始的。1896年，刘古愚创办了《时务斋随录》。这是一种木刻的小十六开线装本季刊，每期百余页，主要内容有“海防条议”“商务条陈”和“扩充商务十条”等，刊有《推广学

① 故宫博物院明清档案部编：《义和团档案史料》下册，中华书局1959年版，第1261页。

校以励人才》《选子弟出洋学艺》与《购机器雇洋匠试造轮船》等文章。1897年6月，阎甘园等人集资办起了第一张民报——《广通报》。该报的宗旨是“评论时政，开启民智，宣传改良维新，废除八股旧习”。阎甘园自任社长兼总编辑，毛昌杰为主笔，陕西藩台樊增祥为该报题写了报头。该报主要转载上海《时务报》《万国公报》和《申报》等时论文章和新闻报道，宣传废八股、兴学校、倡商务、举工艺、主维新等改良主义主张。《广通报》半月一期，每期一册，约20页，采用木刻印刷，发行数百份。由于戊戌变法失败，加之经济困难，于1904年停刊。1897年11月1日，由陕西布政司李郁芬主持，秦中书局编行的《秦中书局汇报》在西安创刊。这是陕西第一次出版书册式的官办报纸，内容以政论为主，宣扬“三条大路走中间”的洋务派观点，鼓吹“中学为体，西学为用”，铅印，每月出一期，1898年秋停刊。

1896年到1898年间，中国民族资产阶级开始登上历史舞台，维新运动风行全国，各地纷纷创立学会，兴办报纸。北京办起《中外纪闻》，随后上海创办《强学报》和《时务报》，宣传变法维新，以求强兵兴国，在中国报刊新闻史上揭开了新的一页。陕西也紧随其后办报传播新思想，随即便有了《三原白话报》《西乡劝学报》《关中学报》和泾阳会馆王淡如、郭希仁创办的《丽泽随笔》，以及张瑞玑等创办的《兴平星期》与《社学谭》等。辛亥革命元老于右任先生接连创办的《神州日报》《民呼日报》《民吁日报》和《民立报》等资产阶级革命报刊。另一方面，西安岳觐唐等人创办的《关中日报》，张瑞玑等创办的《龙门报》，以及《帝州报》《国民新闻》《昆仑日报》《太华日报》《秦镜日报》和《秦风日报》等，都在此前后相继出版，以“普益群智，改良风俗”为宗旨，为辛亥革命作了思想上和政治上的启蒙和准备。

在上述众多报纸当中，尤其需要注意的是陕西籍留日学生所创办的革命报纸。19世纪末20世纪初，中国大地上掀起了一场向西方学习的热潮，大批血气方刚的知识青年走在时代的前列，纷纷出国留学，包括东渡日本去学习。1898年以后，中国赴日留学生逐渐增多，地处西北的陕西，当时也有部分青年列在其中。从1905年同盟会成立到1906年秋，经过革命党人的活动，陕西留学生加入同盟会者已有数十人。之后，在此基础上，在井勿幕和赵世钰的联络领导下，同盟会陕西分会正式成立，并开展了一系列革命工作，其中一项重要工作便是创办报纸。党积龄、谭焕章等陕甘人士创办了《秦陇报》和《关陇》月刊；井勿幕等人在日本以陕西留学生同盟会为核心，创办了著名的《夏声》月刊。

1.《秦陇报》

1907年，同盟会陕西分会联合陕、甘留日学生，共同创刊《秦陇报》，由党积龄任总经理，赵世钰为总编辑，党积龄等人主持日常工作。原定为月刊，其内容按文章形式分为论著、译述、时评、实业、译丛、小说等八个门类，120余页，4万多字。主要内容为介绍东洋文化、科学和批评国内地方政治。《秦陇报》第一期的发刊词给人一种振聋发聩之感，言辞犀利，慷慨激昂："今则比人已攫矿利，英、德强索路权，俄罗斯日思夺新疆、蒙古，以致我死命"。面对帝国主义列强的侵略，清王朝却"开门揖盗，认贼作子，迨生计益穷，事事仰人鼻息，举从前特立独行之慨，遂为依赖乞怜之状"。最后呼吁："倘阅是编者震动脑海，勃起热忱，积羞成怒，积怒成愤，聚精神以运思想，思想愈灵；由思想以鼓精神，精神愈奋。不出数年，百废俱兴，吾关中豪杰，陇西狂士，必能与碧眼紫须众争黄池之一歃"①。

《秦陇报》发表文章，声援陕西人民抗捐抗税，争取矿权、路权的斗争。在第一期发表了《论西潼铁路官办之失败及外人包办之由

① 《发刊词》，《秦陇报》第1期，1907年。

来》一文，指出“庚子大荒以后，陕民十室九空，而无年不加捐，无款不剥民，乡民饮血茹苦，久已积不能平”，“各处人民聚众之目的，惟求停止亩捐，亦人民之正当请愿权，……即科以最野蛮之刑律，应不在剿杀之中”。而统治者却飞骑四出，到处捕掠，乱杀义民。但对那些贪官污吏，又借筹修铁路，虚耗贪污之罪行却不闻不问，致使“我陕人一点一滴之膏血任人挥霍，最亲最爱之同胞任人屠戮，至大至巨之利源为人破坏，苟非麻木不仁，无不眦裂发指”①，有力地揭露了帝国主义的侵略罪行和清朝政府的腐败无能，号召陕省民众振奋精神，起而奋斗，表现了明显的革命倾向。当时在上海主办《神州日报》的于右任、杨笃生非常重视此文，立即开辟专栏转载。于是，有关西潼铁路的真相大白于天下。

此后不久，党积龄由东京回到西安进行革命活动。有人知道他就是“播种”时，便暗地警告学生，不许与他来往。当时正值资产阶级革命党人、光复会会员徐锡麟刺杀安徽巡抚恩铭事发，清政府惊恐不安。陕西当局便对党积龄等人在西安的行踪进行监视。党积龄的朋友得讯后，连夜促使其躲避。此事一传，《秦陇报》声誉大增，人们争相传阅，一睹为快。

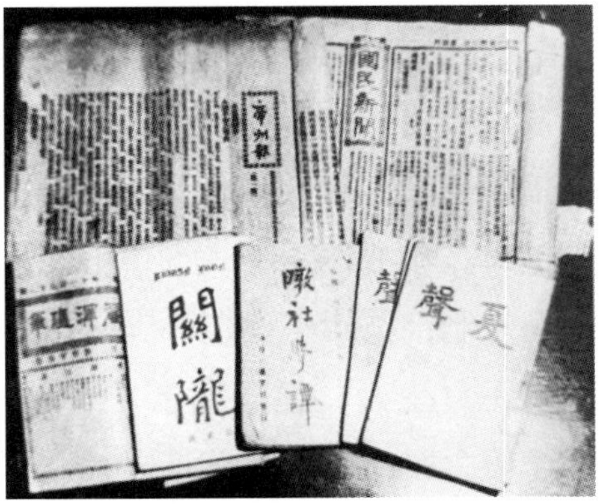

旅外陕西学生创办的刊物

《秦陇报》是初次创办，经验缺乏，内部章程不一，编辑与撰稿人的职责也未作明确约定。另外，由于当时留日学生中分“激进”和“稳健”两派，前者主张革命，认为杂志应以宣传同盟会革命纲领精神为主要宗旨；后者则主张杂志应以发扬旧文

① 王仲谋:《蒲案前夕同盟会在蒲城组织的革命活动》，中国人民政治协商会议蒲城县委员会文教卫体委员会编:《蒲城文史资料》第10辑，1998年版，第108页。

化，灌输新知识为主要内容。双方意见分歧，加上经费短缺，《秦陇报》杂志于 1907 年 8 月在日本东京仅出了一期就停刊了。

2.《夏声》杂志

1908 年 2 月，由同盟会陕西分会主办，并广泛联络陕西留日爱国学生，在日本另行创办了《夏声》杂志，推杨铭源为经理，赵世钰为总编辑。《夏声》大力宣传同盟会的政治纲领和孙中山先生的民主革命思想，成为留日学生同盟会陕西分会的机关刊物。该刊名义上是“以开通风气，涤除弊俗，发挥固有文明，灌输最新学说，鼓国民独立之精神为宗旨”[①]，实际上却是陕西留日学生宣传民主革命思想的一个重要阵地。

革命党人在《夏声》上纷纷发表文章，宣传革命纲领，揭露帝国主义侵华罪行和清王朝的腐败无能，号召民众反清革命。例如有些文章大胆指出帝国主义借通商为名，行其侵略之实。中国的一丘一山，“皆在外人任意要求之权利中”。中华民族已经到了“祸迫燃眉之时，处在被瓜分灭种的危机中”[②]。号召中国人民当自猛醒，为保全中国独立而斗争。揭露清朝政府与帝国主义互相勾结，以害我民。帝国主义列强竟敢在中国横行霸道，欺人如此，分析其原因是清朝“政府之懦弱，外人得以无理要挟”，清朝政府以民命为鱼肉，牺牲国权，与帝国主义互相勾结，互相利用，外人借政府为傀儡，政府又借外人为护符，狼狈为奸，为害我民。同时揭露清朝皇室贵族“政演王权，治尚专制，荼毒生灵，惨无天日”[③]。而地方各级官吏，更是“相彼豺狼，正食生人，强豪巨蠹，为害里闾，相沿成俗，千载故如一日也，而今倍之”[④]。《夏声》发表的《修筑西潼铁路书》一文，对帝国主义列

---

① 《夏声杂志社出版广告》，《关陇》第 4 期，1908 年。

② 《美日协议与中国之关系》，《夏声》第 8 期，1908 年。

③ 侠魔：《二十世纪之新思潮》，《夏声》第 7 期，1908 年。

④ 侠魔：《二十世纪之新思潮》，《夏声》第 7 期，1908 年。

强掠夺陕西路权的阴谋和清政府出卖国家利益的行径，进行了猛烈的抨击。《论中国之国体》一文，则批判了君主立宪制度，宣传了资产阶级民主共和思想。《排外与媚外》一文，驳斥了帝国主义列强污蔑中国人民的反帝斗争是“排外”的谬论。井勿幕以“侠魔”为笔名在《夏声》上发表的《二十世纪之新思潮》的连载文章，简要介绍了马克思主义学说，指出：“专制制度之思想，早已一落千丈，过去之时代也。即自由制度，亦成晚照斜阳，行将就没。而黑云蔽空，冲滔天之大浪而来者，即此社会主义之新思潮也。”[①] 该文被认为是迄今为止在陕西最早介绍并宣传马克思主义的文献。1908 年“蒲案”[②] 发生后，陕西籍留学生还在《夏声》上发表文章，揭露清朝地方官吏与当权劣绅上下勾结、相互包庇、受贿卖法、贪污腐败的劣迹，以及歪曲“蒲案”真相的罪行。

这些文章，有力地揭露了帝国主义的侵略本性，揭露了清朝政府的腐败，以及帝国主义与中国封建势力相互勾结、共同镇压人民的种种罪行，指出封建专制制度已经过时，号召人民起来推翻这恶劣的政府，激发了人民的革命思想，声援了陕西各界人民抗捐、抗税、保矿、保路的革命运动。

3.《关陇》杂志

与《夏声》同时出刊的还有《关陇》杂志，该刊由谭焕章、崔云松、郗立臣等创办，是留日学生宣传革命思想的又一阵地。《关陇》以提倡爱国精神，介绍普通知识为宗旨。据有关文献记载，该刊共出

---

① 侠魔:《二十世纪之新思潮》,《夏声》第 7 期，1908 年。

② 1906 年，陕西蒲城县成立了高等小学堂。同盟会员常铭卿、陈惠亭、李桐轩等担任教习，他们在学生中传播革命思想，发展同盟会员，开展革命活动。次年，蒲城县教育分会成立，常铭卿担任会长，在学生和城乡群众中宣传民主思想，揭露帝国主义的侵略和清政府的卖国罪行。这些活动引起了蒲城县知县李体仁的恐慌，1908 年 7 月，李体仁借故取消教育分会，逮捕常铭卿，毒打进步学生，并致使学生原斯建身亡。是为“蒲案”。

版过十余期，所发表文章内容比较庞杂，如对清政府的假“立宪”，有的反对，有的则表示赞成。但总的来说，其主要内容和《夏声》一样，都是反对清朝黑暗统治，保障西北利权防止外溢。这两种刊物，对陕西革命运动曾起过相当的作用。难能可贵的是，两种刊物还能互相配合，互相支持，在各自的刊物上为对方刊登广告，扩大影响。当时陕西留日学生利用这两种刊物，为民主革命做了大量的舆论和鼓动工作，收到了良好的效果。

留学生们在经济非常困难的情况下，坚持办刊物，进行革命活动，是非常可贵的。为了集资，把资助者的名字登在刊物上以致谢忱。有次《关陇》杂志因没有邮费而无法发行时，马步云把自己的手表、大衣送进当铺，用典来的钱作发行费用，这充分表现了留学生的爱国精神和高贵的革命品质。陕西留日学生通过各种方式，把这些革命刊物由日本秘密寄回省内，由公益书局、公益印字馆机关隐蔽代销，或秘寄高等学堂、师范学堂、宏道学堂革命师生。这些杂志当时在陕西学界，广为传播，阅读者甚多。就这样，由留日学生倡导于先，内地革命党人附和于后，互相配合，推动着全省民主革命运动的蓬勃发展。

同盟会陕西支部的活动

1905 年以后，陕西人民的反帝反封建斗争风起云涌，接连不断。为了更有效地支持和配合省内人民的斗争，传播资产阶级民主革命思想，同盟会除在日本鼓动革命和发展会员外，开始把工作重点转向国内。同盟会陕西分会的主要负责人井勿幕看到陕西由于“风气闭塞，交通阻梗，言械则接济为艰，筹饷更呼无门；又值党禁方密，人皆危言危行”[①]，革命工作进展缓慢，困难重重，所以主动向孙中山请求回

① 陕西省教育厅编审室编:《陕西乡贤事略》，1935 年版，第 161、162 页。

陕进行革命活动，并被孙中山委任为同盟会陕西支部部长。其他在日本担任过留学生同盟会陕西分会会长的白毓庚、杨铭源、赵世钰等，都先后回陕进行革命活动。他们联络关心国事的人以及进步知识分子和其他阶层的进步人士，宣传孙中山的救国主张和同盟会纲领，足迹遍及西安和渭北 10 余县。不到一年，就发展了王子瑞、焦冰、李异材、柏惠民、邹炳炎、高又明、马开臣、胡定伯、康炳勋、王授金等 30 余人加入同盟会，奠定了同盟会在陕西建立组织的基础。至 1906 年春，井勿幕在三原县主持召开了同盟会陕西支部第一次全体代表大会。会后，井勿幕同邹炳炎、王守身等人立即奔赴北山的宜君、中部（今黄陵）等县考察地形，选定耀县（今铜川耀州区）境内为牧场，马兰山、黄龙山为矿场，以建立反清基地和据点。

同年夏，井勿幕二次赴日本，与赵世钰联系，积极开展同盟会陕西分会的组建工作。他们东奔西走，遍访本省留日学生，并联络外省同志开展宣传活动，发展同盟会新会员。另一方面联络同志，商讨成立分会的步骤。经过几个月的努力，不仅参加同盟会的人数不断增加，而且也加强了陕西留日学生之间的了解和团结，为建立陕西同盟会分会打下了基础。1906 年秋，陕西同盟会员代表井勿幕、白秋陔、赵世钰、宋元恺、张季鸾、杨西堂等十余人，借“明明社”的地址召开了同盟会陕西分会成立大会。会议按照事先规定的议程，讨论通过了分会章程，选出了陕西分会负责人。因在反对《取缔清韩留日学生规则》的斗争中，白秋陔表现突出，而且他已受孙中山的指示，即将离日返陕，开展争取陕西新军的工作，与会同志一致推选他为同盟会陕西分会会长。

同盟会陕西分会成立之后开展了一系列的工作，给陕西民主革命运动带来新的面貌。之后，在继续组织舆论机关，利用报刊宣传民主革命思想的同时，还努力建立了许多秘密工作点，并在会党、学生、秘密组织和社会各阶层进步人士中进行联络，争取他们的同情和支持同盟会的革命斗争，发展新会员，扩大革命活动的范围。从此，陕西的留日学生在同盟会陕西分会的领导下，与国内同盟会员的革命活动相呼应，不仅促进了陕西人民的反清斗争，而且紧密地配合了全国的民主革命。

1. 控制省内部门报刊

当时陕西省内报刊较多，且鱼目混杂。同盟会员为宣传革命思想，陆续掌握了一些进步知识分子和开明人士所办的报刊。如张瑞玑、张深如 1909 年创办的《兴平报》（后与《普及白话报》合并改名为《帝州报》），郭希仁、王铭丹、贺绂之 1910 年创办的《丽泽随笔》《声铎公社质言》，郭希仁、张瑞玑 1911 年创办的《暾社学谈》以及李瑞春（陕西长安人）在上海创办的《光复学报》等。这些报纸杂志也采取各种方式，揭露清朝政府的腐败，宣传爱国思想，在启发广大人民群众的革命觉悟方面，都起了积极的作用。

2. 建立秘密工作点

同盟会在西安建立的秘密工作点主要有教育总会、武学社、公益书局、健本学堂、女子学堂、驿传房等，这些地点成为传播革命思想、组织革命活动的重要据点。（1）教育总会。1907 年由张铣倡导组织，郭希仁任会长。在各县设有教育分会，参加者多是同盟会员，实际上是联络教育界进步知识分子和青年学生进行革命的机构。（2）武学社。是新军中的同盟会员钱鼎、张伯英、党自新等人 1909 年创办的，公开名义是军事研究组织，实际是新军中同盟会员秘密聚会的场所。（3）公益书局。1908 年由同盟会员焦子静、张拜云等创办，暗中推销日本、上海等地出版的革命书刊和革命人士的著作，如《夏声》《关陇》等杂志和邹容的《革命军》、陈天华的《猛回头》《警世钟》和章太炎的《驳康有为论革命书》等等。（4）健本学堂。1908 年由焦子静、张拜云创建。名义上是一所私立高等小学堂，实际上是同盟会的一个秘密活动据点，同盟会的一些秘密文件也都在这里存放。

（5）女子学堂。由进步知识分子南兆丰、王瑞轩等发起兴建，同盟会员邹炳炎主持。对外名义上是兴办“女学”，提倡妇女识字学文化，实际上是同盟会活动的秘密据点。（6）驿传房。是陕西按察使衙门的一个科房，负责管理各地驿站，传递重要公文。同盟会员焦子静充任该房经承多年，他利用这一合法身份，与各方面联络，掩护了许多革命同志的秘密活动。同盟会的许多重大活动都在这里进行。

同盟会在外县建立的秘密活动点影响比较大的除了各县的教育分会外，还有三原的勤公社、泾阳的柏氏花园、同州中学堂、耀州庙湾牧场和宜君的马栏山铁矿等。（1）勤公社。是柏筱余、高又明、纪时若等人在三原县县城创办的。它名义上是由上海运输各种新书和教育用品，实际是同盟会设立在三原的一个秘密据点。（2）柏氏花园。是同盟会员柏筱余家的花园，亦是西安去渭北必经之地，成为同盟会在渭北秘密聚集的一个重要场所。（3）同州中学堂。1908 年，同盟会员尚天德从日本回国，任该校校长。同盟会员寇遐、曹世英、史之照等人均在该校任教。所以该校实际上被革命党人所控制，成为陕西东部各县同盟会员进行秘密活动的重要据点。（4）庙湾牧场。1908 年创办，同盟会员高又尼任主任。旨在发展畜牧事业，并与当地农民群众联络，开展革命活动，成为同盟会人来往北山住宿聚会之地。（5）马栏山铁矿。1908 年由柏筱余等人筹办，对外形式上是开采铁矿、兴办实业，但实际上是革命党人利用当地铁矿冶铁铸造炸弹的军工厂，同时又是各地同盟会员来往北山的聚会场所之一。

3. 联络会党

辛亥革命前，同盟会员即开始尝试向会党分子传播革命思想，以争取其对革命活动的支持。当时，陕西下层社会的组织力量主要有哥老会和刀客两个组织。哥老会，也称江湖会，是旧社会群众性的秘密组织之一。它分布很广，全国几乎每个省份都有。当时陕西地区哥老会的组织叫“山堂”或“码头”，内部组织周密，纪律严谨，党徒遍布全省中下层社会，成为一支潜在力量。他们互相倡导一种梁山义气和团结互助的精神，主张反清复明，所以在群众中有一定威望。辛亥革命前夕，据不完全统计，其组织主要有陕南的太白山、琥珀山、定军山等；关中的通统山、秦凤山、提笼山等；陕北的昆山、贺兰山等。哥老会首领万炳南、张云山等下属哥弟千余人，遍布新军之中，几乎占新军下级官兵半数以上。这些人反清思想强烈，是资产阶级革命可以借用的一支重要力量。1910 年春，同盟会员胡景翼通过新军中的朋友孙茂林等人介绍，结识了新军中哥老会成员崔俊杰、雷贵、刘复汉等人，进而结识了哥老会头目万炳南、张云山。他们经常在西关新军营盘附近的茶馆聚会，进行革命活动。为了联合哥老会，胡景翼等不仅个人加入了哥老会组织，而且还介绍井勿幕、李仲三、邹炳炎等同盟会陕西分会的一些骨干人物也加入到哥老会中。他们入会后，多方联络感情，积极向哥老会成员宣传民主革命思想，“发挥同盟会旨，鼓舞其精神，开通其知识”[①]。同时，革命党人又介绍新军中一些哥老会成员加入同盟会。例如哥老会成员陈得贵、王荣镇等首先加入同盟会。不久，王炳南、张云山、邱彦彪等哥老会头目也加入了革命党。1910 年 7 月 9 日，同盟会、哥老会和新军的领导人在大雁塔举行了结盟仪式。参加的有井勿幕、邹炳炎等革命党人，有张云山、万炳南等哥老会头目，有钱定三、张伯英等新军中的同盟会员，共计 30 余人。此后，人们把这次参加结盟的人称作“三十六兄弟”。大雁塔结盟，标志着同盟会、哥老会和新军三方面革命力量的正式联合。此后一直到西安起义，在反清革命斗争中的重大问题的决策中，哥老会实际上已经接受了同盟会的领导。

刀客是陕西渭河流域下层人民群众中特有的一种侠义组织，其成员通常携带一种临潼关山镇铸造的所谓“关山刀子”，所以称为刀客。刀客的兴起，最迟应在 1851 年初，或更早一些。后来逐渐发展，

---

① 陕西省教育厅编审室编：《陕西乡贤事略》，1935 年版，第 162 页。

到辛亥前夕，已成为渭河流域与清政府对抗的一股社会力量。在大荔、渭南、临潼、蒲城、朝邑、富平、华州、华阴一带，刀客的活动很频繁。比较出名的有朝邑的严孝全，蒲城的金祥、王改名，二华一带的郭秀娃，渭南的严纪鹏等。他们经常联帮结伙，反抗官府，活动非常活跃。刀客虽然没有明确的斗争目标，只是提出一些打富济贫的口号，但是却因其江湖义气和豪侠精神，常为贫苦农民办事，专与官府、地主豪绅作对，具有一定的群众基础和战斗精神。对于同盟会革命党人来说，这是一支很值得争取的武装力量。1910 年夏，李仲三等受同盟会陕西分会的指派，到朝邑一带联络刀客头目严孝全，使其踏上民主革命的道路。如严孝全曾对李仲三说："我在四川时听说孙文、黄兴快要起事。你们将来起义的时候，黄河两岸都交于我，我以两千人响应，包打先锋。"[①] 此后，井勿幕、寇遐、尚天德等革命党人还在大荔、富平等地联络刀客，结交朋友，发展同盟会员，做了艰苦细致的发动工作。例如，富平刀客王守身就是井勿幕发展的第一批同盟会会员。刀客成为民主革命的一支武装力量以后，增强了同盟会的实力，加速了陕西辛亥革命的进程。

4. 团结新军

陕西的新军是由原来的常备军改编成的，亦成为同盟会员灌输革命思想的对象。1902 年，陕西巡抚升允根据清廷的谕令，在陕西的军队中选编常备军 6 营，配备新式武器，驻扎在省城西安。其余的军队编成续备军驻扎在全省各地，和巡警军流动巡察。1905 年，陕西巡抚曹鸿勋又根据清廷的谕旨，大规模地裁汰旧军人，招募新兵。经过一年的编练，到 1906 年，有步队 1 协，炮队 1 队，驻省城，官 220 员，兵 3936 名。到 1910 年，陕西新军已有步兵 2 标（团），骑

---

① 李仲三等:《关中刀客》，中国人民政治协商会议陕西省委员会文史资料征集研究委员会编:《陕西文史资料选辑》第 1 辑，1961 年版，第 119 页。

兵1营，工程、辎重各1队，炮兵2队，组成陕西陆军混成协（相当于旅）。在新军的下级军官中，原有同盟会会员4人。1910年春，张益谦、张凤翙等由日本士官学校毕业返陕，到新军中任职。钱鼎、张钫、党自新、曹位康等23人从陆军保定速成学堂相继毕业回陕后，亦按所学兵科分派到新军各营任职。因此，新军中的同盟会会员增加到9人。他们在新军中宣传民主思想，并且设立“武学社”，作为联系军界同志的地下工作据点，革命力量在新军中迅速发展壮大。

陕西陆军混成协成立以来，实权为巡抚恩寿的亲信督练公所总办王毓江所把持。王毓江极力压制和排斥陕西留日陆军士官学校毕业生和保定陆军速成学堂毕业生，不让其掌握兵权。而且培植党羽，广设密探，对新军严加控制。这就给同盟会在新军中开展工作造成了严重的障碍。1909年冬，郭希仁、李桐轩等利用他们所担任的陕西咨议局副议长的合法身份，借北京资政院开院议事的机会，以咨议局的名义，把王毓江的罪状以及陕西巡抚恩寿与王狼狈为奸、互相包庇的种种劣迹上诉资政院，要求查办。同时，革命党人利用《民立报》《帝州报》《陕西教育官报》等革命的和进步的报刊，大造舆论，发表文章揭露王毓江、恩寿的种种罪行。强烈的反对声浪，迫使恩寿撤了王毓江督练公所总办及其党羽十余人的职。王毓江被赶下台后，继任者毛致堂同情革命，受到同盟会的支持，将留日陆军士官毕业生及保定陆军速成学堂毕业生依次升级，使他们在新军中获得号令、调遣之权。这次斗争的胜利，使同盟会员在新军军官中占了优势，从而给以后新军起义奠定了基础。

5. 争取学生

革命党人还积极地在学生群体中间宣传革命主张，动员革命力量。辛亥革命前较有影响的学堂，在西安有陕西高等学堂、高等师范学堂、陆军中学堂、陆军小学堂，外县有三原宏道学堂、同州中学堂、蒲城小学堂等。这些学堂师生中有不少同盟会员，并建有革命组织或团体。例如革命党人经常利用星期天，组织学生演讲队，到集镇、乡村进行演讲，并演出一些自编自演的街头小戏，揭露帝国主义的侵华罪行和清政府的种种腐败现象，控诉贪官污吏、土豪劣绅的罪恶，受到广大群众的欢迎。1908 年，革命党人发动了一次轰动全省的学生运动，逮捕了多名无辜学生。因为事情发端于蒲城县，所以称为“蒲城学潮”。此后数日之内，省城西安的高等学堂、高等师范学堂、陆军中学堂、健本学堂、实业学堂、法政学堂、巡警学堂等，以及外县同州、三原、凤翔、商州等许多州县的中学堂和小学堂，在革命党人的启发和领导下，纷纷罢课，声援蒲城学生。在上海的陕籍学生和知识界人士，立即召开同乡会，商定由《舆论报》发稿声讨陕西当局，支持学生运动。在日本的陕籍留学生，也集会声援蒲城学生运动。尤其是《夏声》杂志，不断发表文章，宣传革命主张，逐渐使得越来越多的学生认识到清王朝的黑暗和腐败，聚集在革命党人的身边，形成另一股民主革命的力量。蒲城学潮波及范围之广，坚持时间之长，在陕西学生运动史上是前所未有的。它大大鼓舞了革命士气，给以后的学生运动开辟了道路。继蒲城学潮以后，农业学堂、陆军小学堂都曾发生过规模较大的罢课斗争。这次学潮使民主思想更加深入人心，促使更多的爱国青年走上了革命道路。

陕西辛亥革命风起云涌

武昌起义前夕，全国到处是一片革命的形势。在资产阶级革命党人的推动下，各地会党揭竿而起，农民群众的抗捐、抗粮和市民的抢米风潮到处出现，反洋教斗争风起云涌，大大小小的武装起义此起彼伏，风雨飘摇的清王朝已经奄奄一息。1910 年四五月间，井勿幕从上海回到西安，根据东南各省革命党人的意见，准备在西北发动起义。于是，他在泾阳柏氏花园召开了同盟会陕西分会会议，参加会议的有宋元恺、樊灵山、柏筱余、高又明、吴虚白等十余人。会议开了20多天，决定了推动同盟会会务的一系列重要事项，明确了进一步开展工作的任务。根据当时的具体情况，决定起义的准备工作，在西安和渭北两地分头进行。渭北由宋元恺、井勿幕、邹炳炎、柏筱余等负责，主要任务是在各县建立据点，成立分会，联络渭北一带的刀客。西安由郭希仁、张赞元、李桐轩、钱定三等领导，主要任务是扩大同盟会的组织，力争尽快掌握新军。会议还决定由柏筱余负责筹款，由高又明负责购买武器及印刷宣传品器材，由樊灵山负责联系东路革命党人，由韦协度、张仲良负责文稿的起草等工作，由高季维负责宣传，由雷尔清负责编写传播清政府即将垮台的歌谣，由罗少鸿负责联络各校进步学生，由任尹负责渭北各地革命活动的联络工作，由王守身负责宜君、耀县等地秘密据点的联络工作，由吴虚白负责各处消息的传递，由刘芬负责联络哥老会。会议还制定了有关的章程、计划、联络暗号等。次年春节过后，柏筱余、高又明等又奉命到南方考察革命形势，途经洛阳，订购马刀、长矛1000多件，来复枪100多支，以提倡武术为名，分批运回陕西三原县，为起义准备武器。

1911年10月10日，武昌起义爆发，陕西革命党人立即响应。10月22日早晨，陕西同盟会、哥老会及新军各主要首领张凤翙、钱鼎、张伯英、万炳南等，在西安城西南林家坟开会。众推张凤翙、钱鼎为起义的总负责人，决定当天中午起义。新军军官张伯英、党自新及哥老会的余永宽、陈得贵、郭锦墉等各带骑兵、步兵十数名，以查街领弹药为名，由南门进城，经书院门、开通巷直奔军装局；钱鼎、张仲仁等率队由西城门入，转赴陆军中学堂抢枪支；张凤翙、刘伯明等则由西大街整队直赴军装局作救应；张聚亭带数十人，改换便装，暗藏枪支，担负占据四城门任务；曹建安骑兵百余人从南门进城接应。是日为周日，城内驻防军毫无察觉，照例放假。新军进城，侦得军装局毫无戒备，随即发起冲锋。驻在军装局内的少数巡防队员从后门逃跑。新军占领了军装局，将获得的大量枪支弹药，分发给各起义官兵。陕西起义军在军装局设立革命军总司令部，仿照湖北义军所用的大统领名称，称为秦陇复汉军，并刊刻“秦陇复汉军总司令部图记”，由张凤翙任秦陇复汉军大统领。接着，新军排长张宝麟率队占据了陕西巡抚钱能训的衙门南院，万炳南占据了军事参议官衙门，钱鼎率队占据了城内制高点之一的鼓楼，并派人占领藩库，得库银七十多万两。战斗打响后，清将军文瑞从咨议局逃回满城，即令旗兵把满城门关闭，沿城布满守兵，和起义军严阵对峙。经过战斗，革命党很快控制了除满城外的西安城。在陕西的其他清朝官吏，都逃到商民家中隐匿起来，巡防营全部反正。10 月 23 日黎明，起义军以钟楼为界，从西、南两面向满城发动进攻。到午后三时，起义军还没有攻下一个满城城门。后起义军侦得大、小差市之间，有一段满城城墙早已崩塌，就在那里挖开缺口，冲了进去。与此同时，后宰门也被攻下，起义军向作为旗兵火药库的北城门楼守兵集中火力射击，引起火药库爆炸，使敌人严重伤亡。守敌见大势已去，清将军文瑞投井自杀，其他官员纷纷逃窜。是日下午，满城被克，西安全城光复。同日，张凤翙发布安民告示，曰：“各省皆变，排除满人，上徵天意，下见人心。宗旨正大，第一保民，第二保商，第三保外人，汉回人等，一视同仁。特此晓谕，其各放心。”接着，又发布檄文，大力宣传民主革命思想，并号召各州县响应革命。

10 月 27 日，秦陇复汉军政府正式成立，张凤翙担任大统领。11 月 22 日，南京临时政府颁发“中华民国军政府秦省都督印”。12 月 9 日，中华民国军政府将“秦陇复汉军政府大统领”改为“中华民国奉军政府大都督”。

西安光复后，消息传出，各州县纷纷响应。首先响应的是各地革命党人和进步人士，如富平的胡景翼、白水的曹俊夫、蒲城的岳西峰、华阴的马耀群、同官（今铜川）的姚振乾、蓝田的杨茹林等。他们都闻风率众起义，光复县城。其次是哥老会党，如户县、商州、三水、兴平、彬县、大荔、陇县、商南、洛南、兴安、横山、榆林等地。他们组织武装力量，逐知县、杀恶吏，宣传光复。同时，新军中的进步军官，也有率部起义的。如驻华阴庙巡防马队胡明贵，率部入渔关，驱逐满清官吏，据城反正。也有一部分清朝官吏，在强大的革命洪流面前，感到大势已去，召集县绅议决，响应革命，专差行文西安，表示归服军政府。例如朝邑知事李焕挥、合阳县官涂嘉荫等。也有慑于革命威力，全县文武官员拱手投降的。也有少数县份，农民群众响应革命军，举行武装起义，进攻县城的。如凤翔的张三宝，就率领一支农民起义军，光复了凤翔县城。宝鸡的周瑞林、王明清也率领农民起义军，占领县城，建立了革命政权。数日之间，关中、陕北以及陕南的安康、商洛等地，风起云涌，五六十县，莫不义旗高揭。唯汉中情形有些不同。汉中镇总兵江朝宗与兵备道黄浩，听到西安光复的消息，一面命令所属各县组织民团，镇压起义军与革命学生；另一方面，向清廷报“功”求援，对抗革命。直至 1912 年 3 月，陕南招讨使张宝麟由安康溯汉江西上，进至城固，四川同志军标统刘荫西至河县，汉中处于四面楚歌之中，江、黄才在革命军的压力下，匆匆弃城，逃至古路坝，在天主教堂的庇护下，逃往北京。江、黄逃走后，于 1912 年 4 月 12 日，革命军方面才与汉中知府吴廷钧谈判，成立“临时汉中自治公所”。5 月，张宝麟进驻汉中，其他所属各县亦先后反正。至此，清朝在陕西的统治彻底结束。

武昌起义后，清王朝本打算以陕西、甘肃为基地，以图收复东南。不料陕西反而率先响应，成为全国最早的省份之一。清王朝震怒，遂派大军从东、西两路扑向陕西。陕西革命军在东部（潼关、华阴一带）、西部（长武、彬县、乾县一带）两个战场和清军展开了激烈战斗，保卫了辛亥革命的革命成果。

革命思想的传播媒介

1911 年是中国历史上大转折的一年。辛亥革命成功，共和大业告成，陕西宣传革命思想的报刊进一步勃兴。当年 12 月 10 日，由同盟会成员党晴梵等编印的《国民新闻》在西安创刊，日出一大张，已初具现代报纸形式，虽为单面印刷，篇幅窄狭，但内容记载、撰述卓识精详，议论透辟，深受广大读者的欢迎。这个时期还由南南轩、张瑞玑、杨西堂等人发起创办了《昆仑日报》，郭林亭任经理，张凤九任主笔。自此以后，陕西省大规模创办日报的活动开始兴起。接着由吴搏山、聂小泉等人主办的《太华日报》也在西安五味什字出版。陕西真正的新闻事业可以说是在辛亥革命前后萌芽和成长的。在这之前，虽然也有官办和民办的报刊，但内容极为简单。官报仅发布北京皇帝的谕旨及各部、省的重要奏折。1912 年，陕西省都督公署出刊了《秦中公报》，由督署印铸处主编，与以前《秦中官报》的编排式样大同小异，后由民政长、巡按使和省长等一系的行政公署次第接办。至 1917 年李印泉任省长时，对《秦中公报》才加以整顿，健全了机构，充实了内容。以后省政府的公报形式不断演变成为行政官署的内部刊物。

辛亥革命后，陕西的革命派报纸首先是《兴平报》，迁来长安改为《兴平星期》报，由旬刊改为周刊，后来又更名为《帝州报》。在这一时期，《三原白话报》作为陕西民众的喉舌，也为革命宣传作出了贡献。随后，由宋伯鲁、胡舜琴和徐宝荃等人联合集股购买印刷机器，创刊了《秦风日报》。这是西安当时正式出刊大型日报的开始。该报以“合群建国，力图富强”为宗旨，在版面的栏目上有“论说”“公牍”“新闻”“专件”“杂俎”和“广告”等，编辑撰文，立意革新，一度颇受读者欢迎，至军阀陆建章到陕才被迫停刊。1917 年柯松亭所办的《秦镜日报》，因揭发军阀陈树藩的隐私，柯松亭惨遭杀害遂停办。

总体而言，这一时期，陕西和全国一样，报刊也出现了从政论报刊向政党报刊的发展。政党报刊的发展主要是政党政治斗争的需要，办报的目的很明确，就是为了进行政治宣传，把报刊的政治宣传功能发挥到极致。资产阶级革命派在陕西革命过程中，在《秦陇》《夏声》《兴平星期》《陕北》等报纸上广泛地宣传资产阶级的民主主义思想，刊载革命派的时论，其深度和广度都超过了清末“新政”时期对民主思想的宣传，并带有鲜明的时代特征。辛亥革命时期民主思潮传播的重要特征之一是它几乎完全抛弃了维新派“托古改制”的外衣，也不带有任何宗教神学色彩，具有非常鲜明的近代性质和政治明朗性。资产阶级革命派公开用“欧洲思潮”武装自己。从西方资产阶级革命时期的武器库里搬来了更多的反封建思想武器。比如邹容在《革命军》中对民主革命思想的西方来源进行了介绍，他说：“吾幸夫吾同胞之得与今世界列强遇也。吾幸夫吾同胞之得闻文明之政体，文明之革命也。吾幸夫吾同胞之得卢梭《民约论》、孟德斯鸠《万法精理》、弥勒约翰《自由之理》《法国革命史》《美国独立檄文》等书译而读之也。”[①] 他认为能够读到这些书并吸取其“文明之政体，文明之革命”的民主思想是“吾同胞之大幸”。如邹容一样，大多数陕西革命党人都把卢梭等的资产阶级民主共和思想当作福音，把资产阶级自由、平等、博爱学说作为理想，把美国独立战争和法国大革命作为楷模，并以此来反对封建专制主义理论。在这种民主思想的传播过程中，革命派自觉或不自觉地充当了思想启蒙者的角色。

陕西近代报刊的发展与中国时代的命运紧密相连，折射出陕西近代政局动荡、民生多艰的景象。几十年前，民主、三权分立、公民、自由这些近现代社会观念刚由外报传入中国，国人视之为异端。几十年后，自由民主的思想终于为主流文化所认同，在这一点上，近代报刊的启蒙作用功不可没。近代陕西的先进知识分子，从维新人士到资产阶级革命党人，从上层统治阶级到民间士绅，从先进知识分子到进步青年学生都充分利用报刊这一舆论手段，在不同的历史时期，通过报刊与那些反动落后的封建保守势力进行艰苦卓绝的斗争，促进了人

---

① 邹容：《革命军》，张枬、王忍之编：《辛亥革命前十年间时论选集》第 1 卷（下册），生活·读书·新知三联书店 1960 年版，第 649—677 页。

们思想的解放，逐渐认识到了封建军阀和帝国主义的反动本质，找到了救国救民的道路，正是“舆论一旦形成，就成为相对于一定经济基础的巨大精神力量”①，从而自觉地投入到反帝反封建的斗争中。

陕西近代报刊的发展与陕西近代社会生活变迁的历程是相契合的。报刊的发展不仅印证了陕西近代社会生活的变迁，而且报刊的内容也折射出了变迁中的社会生活的面貌。清末民初的陕西与东南沿海相比，经济相对落后，思想相对保守，交通相对闭塞，但是关乎国家命运的情感和使命感却丝毫不落后于别人，其政治、经济、文化等各方面剧烈的变革在不同程度上影响和促进了报刊的形成与发展。因此可以认为陕西近代报刊是各种社会历史因素共同作用下的结果。陕西近代报刊不仅推动了陕西社会发展，促进了陕西社会变革，而且报刊传播的新思想新观念开阔了人们的视野，为处在西北内陆的陕西民众提供了新的知识体系和学习的动力，树立了竞争意识、商品意识，还培育了一批拥有新知识新思想的人才群体，这些人活跃于社会生活的各个舞台，成为引领社会变革的重要因素，推动着陕西近代社会的进步。

近代报刊带来的关于近代化的如市场经济、男女平等、工业化教育普及等先进理念，极大地冲击了人们的旧有观念。当然，从总体上看，陕西近代由于教育不太普及，尤其是陕南和陕北广大农村，读书识字的人较少，再加上交通不便利、政局动荡、实业不发达等因素相对于沿海省份来说还较为落后，真正意义上的近现代化还没有实现。但自报刊产生就表现出其舆论宣传开启民智的功能，所反映的内容在一定程度上改变了广大民众落后保守的生活方式，并且进一步促使人们的视野不断开阔，民主政治意识不断加强。报刊的确是社会生活的缩影，见证着时代和社会生活的变迁。除此以外，我们更加清晰地认

① 复旦大学新闻系新闻理论教研室编：《新闻学概论》，福建人民出版社 1985 年版，第 140 页。

识到报刊的发展在一定程度上影响了近代陕西广大民众对近代民主制度的追求和文明生活方式的探索，从而推动了陕西近代化的步伐，促进了陕西近代社会生活的变迁与文明进程。

革命思想的传播内容

革命派通过多种传播方式，宣传了以下三种政治观点，从中体现了资产阶级革命派的政治立场和斗争方向。

1. 批判君主专制

推翻封建专制制度是革命派的主要任务，对封建君主专制的批判是革命派进行革命舆论准备的主要内容。由于民主思想的广泛传播，辛亥时期对于君主专制的批判比起戊戌时期更加激烈，更加直接。当时不仅革命派从历史和现实的角度深刻地揭露、激烈地抨击了清朝封建专制统治者对内压迫人民、对外投降卖国的反动本质；立宪派的报刊在对专制主义进行批判时也不再披上这样或那样的外衣，也不再忌讳对于清王朝专制主义的直接批判。辛亥时期较之戊戌时期在批判封建君主专制制度方面更重要的不同在于，革命派开始依据西方近代资产阶级的国家、法权学说以及进化论的观点在理论上论证封建君主政体存在的不合理性以及建立民主共和国的必然性。

革命派以卢梭的“民约论”来解释国家的起源，认为上古时候没有皇帝，没有官长，人人都是百姓。后来因为事情多了，就需要公举几个办事人出来代全体办事。另外又由百姓公意，立了几条法律，互相遵守。这样，国家就产生了，到了后来，办事的人弄起权来，靠着拳头大，强占第一把交椅，做了帝王。由于这些帝王不是人民公举的，他们就不会替百姓办事，只顾作威作福，无所不为，而百姓就没有一点自主权。因此，专制君权是不符合“民约论”的，是应该推翻的。这种对于国家和专制君权起源的认识尽管没有触及其社会经济根源和阶级实质，在理论上是历史唯心主义的，但它彻底否定了“王者受命于天”的君权神授说，打破了“君尊民卑”的封建观念，无疑是具有进步意义的。

革命派还以进化论的观点否认了封建君主专制存在的合理性，论证了建立民主共和制度的必然性。他们以“物竞天择，最宜者存，万物莫不然”的天演公理来说明“政体进化”，民主制战胜君主制是历史进化的必然趋势。“政治者，社会最大之组织，求有以达吾人栖息于此社会之目的者也。吾人之目的在幸福，而社会之究竟为极乐，此进化家所唱道，抑亦凡为人类者所公认矣。然则政体之变也，亦准是则已耳。以此政体与彼政体较，彼之于民所增幸福为多，则民虽立于此政体之下而心常在彼，早夜以求之，不变焉不止。既变矣，而他日又有人焉，发明更善之政体，所增幸福较前益多，则又舍其故而谋其新。”①他们认为，使人民幸福是社会进化也是政体进化的最终目的，而且这种幸福应该是最大多数人的幸福。而专制政体“欲以一人擅神圣不犯之号，以一姓专国家统治之权”②。在这种政体下，“幸福所被至为隘狭者也”，因此这种政体是“民贼独夫”的政体，是“少数政体”，也是“不可久存”的政体，而民主政体则是“多数政体”。在这种政体下，“民皆有参政之权者也”“以民之意为民之事”“幸福之范围亦广被多数人者也”。因此，民主政体是社会进化的必然结果。

2. 阐述政体与人民的关系

同时，革命派根据西方资产阶级政治学说，认为政体有善、恶之分，政体的善恶表现在政体与人民两者互为因果的进化过程中。“政与民互为因亦互为果，政因民而日修，民亦因政而日化。政体之善

---

① 竞庵：《政体进化论》，张枬、王忍之编：《辛亥革命前十年间时论选集》第1卷（下册），生活·读书·新知三联书店1960年版，第540—547页。

② 思黄：《论中国宜改创民主政体》，张枬、王忍之编：《辛亥革命前十年间时论选集》第2卷（上册），生活·读书·新知三联书店1963年版，第120—125页。

者，必适合国民之程度，而又能谋将来之发达，使民日进于文明。故穆勒氏之论政体也，一则曰能使人民发达其智识道德及活动力者为善，否则为恶；再则曰设适宜之机关利用其智识道德及活动力者为善，否则为恶。”以此标准来衡量，专制政体“恒欲愚民”，压制了大多数人的“智识道德及活动力”；而民主政体“能发达多数人之智识道德及活动力而利用之”。因此，专制政体不利于社会和人民的进化，而民主政体则是社会和人民进化的必然趋势。革命派还引证西方资产阶级的革命史来说明全世界已经进入“全我天赋平等自由”的文明时代，同时也是“独夫民贼尽运之时期”，因此“二十世纪之天地，盖断不容专制余威稍留其迹”。他们号召人民“要以专制虐政府之血，灌溉自由之树”①。

3. 提倡三民主义

三民主义是孙中山所倡导的民主革命纲领，是其民主思想的精髓和高度概括。当时，陕西革命遵奉三民主义的基本精神，并通过多种方式宣传三民主义的主要内容，着重阐发三民主义在中国政治思想上的重要性，指出孙中山设想通过三民主义的实施能够“人能尽其才，地能尽其利，物能尽其用，货能畅其流”，进而实现国富民强、天下为公的大同社会。三民主义在中国历史上第一次提出要在中国实施民主立宪的政治制度和多种经济成分并存发展的经济制度，并把两者紧密结合起来。三民主义认为真正的“民主”和“民治”，是真正“共有”和“共享”国有公有经济利益的前提，两者结合起来，国家才有可能走向真正的繁荣富强，人民才有可能享受真正的幸福。三民主义在当时历史条件所能允许的范围内，反映了中国人民力求使中国由贫弱变为富强的强烈愿望，反映了中国人民力图使中国快速近代化、快

---

① 竞庵:《政体进化论》，张枬、王忍之编:《辛亥革命前十年间时论选集》第1卷（下册），生活·读书·新知三联书店1960年版，第540—547页。

速汇入人类世界主流文明的迫切要求。孙中山作为民主革命先行者，在总结前人经验的基础上提出的三民主义思想不仅是辛亥革命的指导思想，而且对中国的近代化进程产生了划时代的影响。三民主义从民族、民权、民生三个方面对近代中国民主革命理论进行了高度概括，其含义宏远、思想深邃。孙中山的三民主义不仅是中国化的马克思主义的一个重要理论来源，更因其在中国传统思想和马克思主义之间的连接作用，它与马克思主义在实践和理论上的互动以及孙中山所主张的在中国实行社会主义的初步的开拓性尝试，使这一理论在马克思主义与中国传统文化之间架起一座桥梁，对马克思主义中国化的历史进程产生了直接影响。

毫无疑问，辛亥革命时期革命派传播的民主思潮中最富启蒙意义的还是“天赋人权”“自由、平等、博爱”以及三民主义的学说。资产阶级革命派也将这一学说作为他们进行民主革命的重要指导思想。陕西革命党人服膺孙中山所持的实行民族革命和变革“国体民生”都要以自由、平等、博爱为“一贯之精神”。孙中山把民族革命、政治革命、社会革命都与自由、平等、博爱的精神联系在一起，也就是将其贯穿于三民主义的全部内容中。除在上述资产阶级民主共和国的方案中对国民享有自由、平等等权利进行了论述外，革命派还在其他各个方面阐发了天赋人权和自由、平等、博爱的思想。他们认为，作为国民，理应享有权利、自由和平等。而在专制制度下，专制君主“将天下据为私产”，使“天下之人无一平等，无一自由”。人民根本没有权利、自由、平等可言，也就没有国民资格可言。因此，革命派倡言，要“杀尽专制我之君主”“收回我天赋之权利，以挽救有生以来之自由，以购取人人平等之幸福”[①]。

资产阶级革命派所宣传的自由、平等、博爱的思想对广大人民

① 邹容:《革命军》，张枬、王忍之编:《辛亥革命前十年间时论选集》第1卷（下册），生活·读书·新知三联书店1960年版，第649—677页。

群众无疑起到一定的启蒙作用。但不能不指出的是，由于当时陕西和全国其他地区革命派所面临的主要任务是挽救民族危机、争取国家独立富强，因此，反帝爱国、反满革命思想成为20世纪初资产阶级革命派思想发展的主要内容。而自由、平等、博爱的思想最终被反帝爱国、反满革命的思想所冲淡以至于被淹没。这一现象的出现固然与革命派所面临的迫切任务有关，但也反映出革命派在主观认识上更注重民主的表面形式而忽视民主更深层的含义和内容。

辛亥革命在陕西的失败

陕西的辛亥革命和全国一样，也因资产阶级右派、立宪派和旧官僚的窃权而失败了。1911年10月22日，西安仓促起义，新军中的中、下级军官革命左派钱鼎等自感势孤力单，不足以左右形势，因而思想较右倾的张凤翙侥幸被推上历史舞台。10月27日，临时军政府成立时，资产阶级右派、立宪派、旧官僚利用他们已加入革命队伍的有利条件，极力排斥革命派和哥老会势力，在军政府下设的军令府、参谋处和民政府中，实权都被他们掌握。军令府由思想较右倾的张靖清等掌之，原咨议局正议长王锡侯占据了铨叙局要职，原咸宁县知县张瑞玑不但掌铨叙局事，而且代行民政事务。立宪派人物宋伯鲁被聘为兵马大都督张云山的高级顾问。因此，军、政、民以及官员任免大权，均操之于资产阶级右派及旧官僚手中。后来，军政府改建，撤销军令、民政两府，设总务府以及军政、民政、财政、教育、司法、外交、交通、实业八部。虽然资产阶级革命派也争得了一些职位，但并没有实际权力。就连革命元勋、陕西同盟会实际负责人井勿幕也被排挤在外。在地方，一些县份的政权，一开始便被旧官僚所篡夺。如朝邑知县李焕挥，本来是一个镇压革命的刽子手，西安光复后，投机响应革命，仍执县政。合阳县官涂嘉荫，在西安举义后，勾结县绅，设立“保安公所”，以为响应，后嫌其招牌不亮，又打出“民团总局”

旗号，就算反正。

另一方面，在南京中华民国临时政府内部，由于资产阶级革命派的妥协退让，孙中山被迫辞去中华民国临时大总统职位后，袁世凯上台，并对各地革命派采取软硬兼施的两面手法，妄想瓦解革命党人。在陕西，袁世凯严令陕西革命政府缩编军队，把原有的33个标、十几个独立营缩编为陆军2个师、3个独立旅，以削弱陕西革命党力量。在整编过程中，许多革命党人如井勿幕、胡景翼等被解除兵权，退出了军队。在陕西政府中，革命党人的力量也日渐削弱，张凤翙被诱使叛变革命，走上了拥护袁世凯的道路。革命党人交出政权后，宋教仁等想通过政党政治来约束袁世凯日益膨胀的权力。井勿幕根据孙中山的命令，在陕西积极整顿组织，把同盟会陕西支部改为国民党陕西支部。但是，在支部成立之后，张凤翙处处为难，井勿幕无法开展工作，不到半年，被迫放弃支部长职务而出走。

1912年，袁世凯委任张凤翙为陕西都督。张凤翙上任后，为巩固个人地位，对北京政府曲意逢迎。陕西国民党组织也丧失了革命性和独立性。袁世凯派人刺杀宋教仁，进行善后大借款，镇压“二次革命”，陕西当局积极追随，领衔通电全国，声讨孙中山发动的“二次革命”。到袁世凯宣布国民党非法时，张凤翙解散了陕西国民党，并将国民党议员逐出省议会。1914年，袁世凯派其亲信北京军政执法处处长陆建章为第七师师长兼剿匪司令，以追击白朗起义军为名率军入陕。袁世凯还借口张凤翙剿办白朗不力，将其撤职。陆建章任陕西督军后，极力削弱陕西本地的军事力量。陕军中除了陈树藩因阿谀奉承得以保全外，其余全被遣散整编。他还打击革命党人，将其排挤出各级政权机构。这样，陕西成了北洋军阀直接控制的地方，陕西人民陷入了北洋军阀的黑暗统治之中，这标志着陕西辛亥革命的失败。也正因为如此，近代民主思想启蒙的任务在辛亥革命前后远远没有完成。自由、平等、博爱的观念并没有真正深入人心，从而使得陕西在辛亥革命失败后，不仅出现了民主共和国形式下的封建独裁统治，而且封建专制主义的思想意识卷土重来，民主革命的任务还有待新的力量来完成。

（二）新文化运动与资产阶级民主思想在陕西的兴起

“民主共和”与“尊孔复古”之争

孙中山领导的辛亥革命推翻了统治中国几千年的君主专制制度，但未能改变中国半殖民地半封建的社会性质和中国人民的悲惨命运。中国迫切需要新的思想引领救亡运动，迫切需要新的组织凝聚革命力量。正如 1923 年，梁启超在《五十年中国进化概论》中说：“革命成功将近十年，所希望的件件落空，渐渐有点废然思返，觉得社会文化是整套的，要拿旧心理运用新制度，决计不可能，渐渐要求全人格的觉醒。”[①] 这句话说明了辛亥革命给社会所带来的曙光已经坠入民国初年的黑暗泥沼之中。辛亥革命以后，以孙中山等革命派为代表的资产阶级民主思想进一步传播；另一方面，袁世凯为复辟称帝而推行尊孔复古之逆流。于是民主共和与尊孔复古这两种对立的思想观念在混沌的民国初年角逐、较量。为冲破封建思想的禁锢，发展民族资本主义，实现真正的民主共和，一些受过新式教育的知识分子发起了一次提倡民主与科学、反对封建文化的新文化运动。他们接受“天赋人权”的思想，重视人民的权利，倡导“自由”“平等”的理念。此外，这些先进知识分子还从内部重新考量和反思中国文化，破除封建迷信思想、反对封建文化、抵抗尊孔复古之逆流。

① 《梁任公近著》第 1 辑（下卷），商务印书馆 1923 年版，第 239 页。

辛亥革命后陕西同盟会的宣传活动

庚子事变后，陕西知识界开始出现资产阶级民主思想的传播。知识分子认识到腐朽专制的清政府不能与西方列强抗衡，只有变革、革命，才能救亡图存，振兴中华。为推翻清政府的腐朽统治，让革命浪潮席卷全国，辛亥革命前夕，陕西地方和外界积极联络，产生了一些具有革命思想的进步团体。其中，陕西同盟会在陕西传播革命思想的活动对陕西人民开展反清斗争影响深远。辛亥革命失败后，陕西同盟会的成员认识到要建立民主共和政体，必须要培养国民的民主共和意识，彻底扫除人们思想观念上的封建沉疴。于是陕西同盟会进一步传播以启迪民智、改造社会为目的资产阶级民主思想。同盟会陕西分会积极吸收和联络陕西各个阶层的知识分子和社会名流，他们合力向陕西传播资产阶级政治思想的同时也促进了陕西人民观念的革新和生活习俗的改变。

1. 西安易俗社的成立

1912 年 8 月，陕西同盟会成员李桐轩、孙仁玉等在陕西多方奔走联系，最终获得党、政、军、教育、文化等社会各界知名人士的支持，在西安创建了陕西伶学社（后改为西安易俗社）。该社是我国第一个集戏曲教育和演出为一体的新型艺术团体，与莫斯科大剧院和英国皇家剧院并称为“世界艺坛三大古老剧社”。西安易俗社以“辅助社会教育，启迪民智，移风易俗”为宗旨，以资产阶级共和制度为体制，用改良秦腔对民众进行思想启蒙。

易俗社的主要发起人李桐轩、孙仁玉等陕西同盟会会员大多为清末民初的知识分子，他们旧学基础扎实，又深受新文化运动的影响，用戏曲改良社会之志酝酿已久。他们认为陕西文化闭塞，民智未开，国家无进步希望。只有对人民进行教育，改良社会，才能救国救民，而戏曲就是能够广泛唤醒民众觉悟的最佳方式。李桐轩认为："学堂止及于青年，而不及于老壮；报章止及于识字者，而不及于不识字者；演讲止及于邑聚少数之人，而不及于多数；声满天下，遍达于妇孺之耳鼓眼帘，而有兴致、有趣味、印诸脑海最深者，其惟戏剧呼！戏剧之于社会，为施教育之天然机关。"孙仁玉认为："这个旧社会，率由旧戏曲熔铸而成，拟组织新戏曲社，编演新戏曲，改造社会。"因此，他们选择将改良戏曲作为促进民众觉醒、倡导社会风气的重要途径。

易俗社不同于一般的江湖戏曲班社，它不以营业为目的，演员皆为学生。除向学生传授戏曲知识外，还用新思想教育学生，故其在创作和表演方面能够给观众传播许多新知识。除此之外，1913 年易俗社开始创办《易俗白话杂志》，共出四期，后因战乱停刊。该杂志宣传民主思想以及科学、技术、文化知识，体现了易俗社"启迪民智""移风易俗"的宗旨。在雄浑豪迈、婉转细腻、真挚炽烈、悲凄哀鸣的唱腔中，改良秦腔述说着陕西百姓的喜怒哀乐、悲欢离合，传达着"启蒙""新民"之精神。这不仅呼应了席卷全国的新文化运动浪潮，也使西安成为引领内陆城市思想启蒙的西部重镇[①]。

2. 马正卿与陕西新文化运动

陕西同盟会成员马正卿在陕西的活动也对陕西人民，特别是陕西回族同胞的思想观念和生活习俗革新起了重要推动作用。马正卿（1878—1962 年），字师端，雅号"牌牌老九"。他出生在长安县姜村廒安定里解家村一个贫苦的回族家庭，幼时入回坊经学，学习《古兰经》四年有余，知伊斯兰教义，守穆民教规，后在西安府义学通读"四书""五经"，毕业于长安少墟书院[②]。

1910 年，马正卿经过井勿幕、郭希仁介绍，加入中国同盟会。

---

① 孔培培、张刚主编：《老唱片》第 4 辑，山东文艺出版社 2018 年版，第 125 页。

② 中国人民政治协商会议西安市莲湖区委员会文史资料研究委员会编：《莲湖文史资料》第 6 辑，1991 年版，第 37 页。

在辛亥革命期间他与张凤翙、张云山、井勿幕、郭希仁、马子健一起从事革命活动。1919 年，五四运动爆发，他积极支持西安爱国学生的壮举，上街演讲辩论为爱国学生声援。在此过程中结识了一批志同道合、同样关心国家前途和命运的热血青年。五四时期，新文化运动波及陕西，马正卿受新思潮的影响，逐渐认识到“教民文化幼稚”，普遍落后于汉人。“为振兴回教文化，发展民族精神”，他在西安大学习巷办起了扫盲识字班、习武训练班。为了“启发回民知识，倡导社会教育、提高文化水准”，他在大学习巷 9 号自己家临街的门面房内创办了一座回民图书馆。图书馆中的书刊大多为北京、天津、云南和西安回族与伊斯兰教书刊出版单位的赠书。图书馆的开办“使回民群众在接触新文化、增长宗教知识等方面大开眼界”。除了思想和观念上的革新，在新文化运动的影响下，与陕西回民生活息息相关的诸多习俗被提上了改良议程。1926 年，马正卿邀请西安数百民众到长安五岳庙集会，创立了“天足会”，“扫除封建，解放妇女”为“天足会”的宗旨。他走街串巷，到陕西关中各县倡导民众剪辫、妇女放足。

民主思想的传播媒介及内容

除了陕西同盟会多方联络的传播活动外，创办报刊也是向陕西传播民主思想的重要途径。随着新文化运动的不断发展，陕西本地以及旅外求学的陕籍知识分子纷纷创立报刊以沟通陕西内外，向陕西传播新文化，促进陕西社会的进步。

1919 年 5 月 4 日，爱国学生在北京掀起了五四运动。因为陕西靖国军辖区空气较为民主，易受五四运动的影响，于是《启明日报》在陕西靖国军根据地三原县创刊。其因在渭北一带敲响了黎明的晓钟，成为靖国军的机关报。该报为石印，单张 8 开版面，第一、二版为国内外新闻，第三版为副刊，专门介绍世界人民和中国人民在世界大战后的思想动态，并着重鼓励各方提倡实业、大兴教育，培养新文化的先锋队伍。这个报社还利用三原县群众聚会最多的城隍庙作场所，进行学术演讲；同时也在社内不定期地邀集军、政、学各界和社会人士开座谈会，讨论国内外革命形势、人民思想动态、文化及学术思想等问题，这个活动对于靖国军当时所辖的七县区域内的社会进步起了一定作用。

《鼓昕日报》的创办人田芝芳，主笔张仞鸣，都是陕西省参议会议员，比较倾向进步。该报1920年7月创刊，1921年4月停刊。在创刊号上宣称：“欲以笔舌之力，唤起梦梦，此《鼓昕日报》之所由也。”发刊词又说：“应时势之要求，无偏无党；发正确之言论，不激不随。”该报支持新思想，批判旧礼教。五四前后，西安新旧思想斗争激烈，如当时教育界进步人士王授金，因批评孔教信徒盲目崇拜孔子，激怒了教育厅长郭希仁，被撤了女子师范教务主任的职务。《鼓昕日报》始终支持王授金的观点，连续发表文章，代鸣不平，博得社会进步人士的赞扬。

鼓昕日報

西安较早宣传马克思主义的报纸——《鼓昕日报》

1919年夏，在五四运动影响下，由汉中旅京的学生组织励进社创办了《励进》月刊（后改为不定期）。发起人傅鹤峰、芦华亭等。刊物内容以砥砺学行，反帝、反封建、反军阀，促进新文化，改良地方弊政为宗旨。该刊以介绍新文化，暴露封建罪恶为主。它揭露陕西军阀陈树藩的罪恶和陕南吴新田搜刮民财的苛政，每期都有驱逐吴新田的文章。以此为晨钟暮鼓，惊人猛醒。该刊还登载建议各县整顿教育，兴学育才，并输入新文化、新思想，打破老封建、旧礼制的文章。

1920 年 1 月 20 日，旅京陕西学生联合会在北京创办月刊《秦钟》（先为旬刊，后为月刊）。该刊的主要内容之一是向陕西介绍新知识，主要包括讲演、论坛、评林、学海、小说、丛录等，其内容主要是关于提倡民主、自由、科学、平民教育、女子解放；反对封建迷信、文言文、尊孔、早婚和缠足恶习；提倡开办实业、建筑铁路、兴修水利、改良农业等。如在《秦钟》第一期，魏野畴在《潼关之外新思潮》中写到“新思潮里边，都包含着这几种要素：（一）科学的态度；（二）民治的精神；（三）改进的人生观”，在科学的态度中他批判“以古为好”，反对古文，主张共和。在民治精神中他谈到“实在觉得凡人都是人，能为人，凡人都要作人的事，享受人的福”，这体现了作为人要求平等自由的权利，以人为目的的人权思想。《秦钟》改良主义色彩比较浓厚，如第二期《秦人与秦贼》一文，痛斥军阀统治下的现行制度，指斥督军、司令、土匪、兵丁为“强盗式的秦贼”，指斥蹂躏民权、逢迎强盗、巴结民贼、助纣为虐的知事、局长、议员等为“走狗式的秦贼”。但文章又“劝告”那“万恶的民贼”“放下屠刀，回头是岸”“用合法的举动刺激他们官鬼的良心。”这体现了一种放弃革命的改良主义思想。思想倾向的复杂，步调上的参差不齐，是《秦钟》停刊的主要原因。

1920 年 10 月，由雷晋笙、严信民在上海主办的陕西旅沪学生会会刊《秦铎》也在积极地向陕内传播新思想、新的社会制度。其内容主要是反对旧的政治、教育、婚姻等制度，宣传民主自由思想。

民主思想的传播效果

随着新文化运动的兴起和发展，陕西本地的进步人士以及旅外求学的陕籍学生，通过组织活动和创办报刊等方式积极向陕西传播新文化和民主思想。这些活动和报刊所传播的内容促进了陕西人民思想观念的转变，推动了陕西社会的进步。新文化的传播号召陕西人民要打破封建传统和旧礼制，如反对文言文提倡讲白话，批判孔儒封建文化等；资产阶级的民主思想的传播促进了人权、自由、科学、民主等西方思想在陕西的萌芽；社会改造实践则关注陕西妇女解放、平民教育和经济发展等社会问题。虽然这些企图改变人的思想、生活方式、社会制度的手段具有资产阶级改良性质，并不能真正地解决中国的内忧与外患，但是这些新思想在一定程度又具有进步性，它开化了社会风气，破除了一些旧的封建礼制，争取了男女平等，促进了陕西教育和民族经济的发展。它们犹如黑夜中闪亮的萤火虫，虽然瞬息即逝，但给愚昧落后地区的人们打开了一扇窥探世界的新窗。

曙光初照

二、马克思主义在陕西的早期传播

（一）新思想、新文化在陕西的传播

五四运动时期新文化运动的发展

1915 年，陈独秀等人创办《青年杂志》(后改为《新青年》)，新文化运动由此开启。蔡元培出任北京大学校长后，邀请许多有新思想的学者到学校任教，于是《新青年》和北京大学成为新文化运动的主要阵地。新文化运动高举“民主”和“科学”两面大旗，批判孔子旧学和以其为思想基础的封建专制，要求“打倒孔家店”，解放思想。进行文学革命，提倡使用白话文，反对文言文。

1917 年，“十月革命一声炮响，给我们送来了马克思列宁主义。十月革命帮助了全世界的也帮助了中国的先进分子，用无产阶级的宇宙观作为观察国家命运的工具，重新考虑自己的问题。走俄国人的路——这就是结论。”[①] 俄国十月革命让中国早期的革命家和先进知识分子看到了能够改变中国命运的另一条“出路”，因为十月革命的胜利第一次把社会主义的理论变成了现实，这促使他们开始研究和学习马克思主义，在将马克思主义与中国实际相结合的过程中，部分知识分子逐步放弃了资产阶级民主主义，变成了具有初步共产主

① 《毛泽东选集》第 4 卷，人民出版社 1991 年版，第 1471 页。

义思想的知识分子。但是这些新思想的传播和接受只局限于一些追求改变、比较激进的知识分子群体之中，他们对马克思主义的理解和认知也经过了一些曲折的发展。《新青年》杂志成为先进知识分子宣传马克思主义的重要阵地，刊物关注俄国十月革命及社会主义实践，以大量篇幅发表了宣传俄国十月革命的经验和社会主义理论文章。1918 年 11 月，《新青年》发表了李大钊写的《庶民的胜利》《布尔什维主义的胜利》两篇著名文章，热烈欢呼俄国社会主义革命的胜利。但是这种趋势使一部分顽固的资产阶级感到恐慌，于是他们开始否定十月革命，公开攻击马克思主义，或者打着拥护马克思主义的旗号，实行资产阶级的民主主义来代替科学的社会主义。因为当时马克思主义在中国的传播并不广泛，且随着马克思主义的传入，许多其他流派的社会主义也开始涌入中国。一时间人们对真正的马克思主义的认识还犹如“雾里看花”，分不清科学社会主义与其他社会主义的界限。例如，井勿幕在《二十世纪之新思潮》一文中，也曾逐一剖析无政府主义、基尔特社会主义和空想社会主义等众多社会主义流派。

1919 年，五四运动的爆发推动了马克思主义在中国的广泛传播。因为五四运动是一场充分发动了群众的、彻底的反帝反封建的爱国运动，同时也是一场深刻的思想解放运动。五四以后的新文化运动促进了各种新思潮的蓬勃兴起和马克思主义的传播，同时它也从旧民主主义的文化运动，转变为由马克思主义理论指导的新民主主义的文化运动。在这场运动中知识分子群体也产生了分野，马克思主义的拥护者和反对者展开了“问题与主义之争”、反对社会民主主义和反对无政府主义的三次论战。虽然不同的人对马克思主义有不同的态度，但是相比于之前不够重视的情况，马克思主义成为论战的焦点本身就是一种进步，正是在这些思想的交锋中，人们开始逐步认识科学的、系统的马克思主义。许多资产阶级的知识分子从民主主义者向马克思主义者转变，他们积极学习和宣传马克思列宁主义，从理论上认真研究马克思主义并使之与工人运动结合，在理论研究和实践中取得了一些进展。

陕西各地积极响应五四运动

巴黎和会上中国外交的失败，引爆了国内大规模的五四爱国运动。由于当时陇海铁路尚未通至潼关，陕西交通极为不便，信息传递比较困难；又因为军阀陈树藩的严密封锁，北京学生反帝爱国运动的消息未能及时传到陕西；加上陕北、陕南长期分隔，关中地区连年鏖战，以致陕西学生和群众响应北京五四运动的斗争进程比较曲折、复杂，各地的规模声势也大小不一。

当五四运动的消息传入陕西后，陕西学生与广大群众对日本帝国主义侵占中国青岛及北洋军阀政府卖国和镇压北京学生爱国运动的罪行，表现得极为愤怒。西安学生在 5 月 7 日举行停课，“通电北京，力争青岛，营救学生”。三原渭北中学也发出通告，提出：“青岛交涉，存亡攸关，一有蹉跌，国将不国。请电致巴黎议和代表，务期达到直接收回目的，万勿让步，致误会局。至卖国贼曹汝霖、章宗祥、陆宗舆等，尤请依法惩办，以儆效尤。”5 月中旬，西安成德中学选派代表与各中学和政法专科学校联系，召开了各校学生代表联席会议，决定支持北京学生的爱国反帝斗争，通过了举行罢课、游行示威，派代表请愿和抵制日货等决议。接着，各校学生推选代表到省教育厅和省督军公署请愿，抗议北洋军阀政府的卖国行为，要求支持学生罢课、游行示威的爱国行动。

陕西督军陈树藩唯北京政府马首是瞻，极力压制学生运动。西安学生在数次计划流产后，不顾陈树藩的阻挠，举行了盛大的游行示威。游行队伍高呼“外抗强权，内除国贼”“头可断，血可流，青岛不可失！”“取消二十一条”“诛卖国贼曹汝霖、陆宗舆、章宗祥！”等口号。学生还组织讲演队、宣传队深入街巷宣传，写传单、发通电，痛斥北京政府的卖国行径，声讨帝国主义的侵华罪行，声援北京学生。为了进一步领导反帝斗争，西安各校学生代表联席会议决定成立陕西省学生联合会，并推选成德中学学生屈武为会长，创办《白话报》为会刊，指导省内学生运动。省学联成立后，积极领导学生宣传五四运动，组织了陕西学生救国讲演会，每日下午四时，在省议会门前举行定时讲演，同时，还组织了街头流动讲演队。在学生的宣传下，广大市民群众也积极投身爱国运动，连基督教中的爱国分子也组织了“基督教救国团”。省学联还积极领导开展了抵制日货斗争。5 月 24 日，省学联联合商会，通电全国，提出与全国一致，“坚决抵制日货，誓为青岛问题抗争”。

上海《民国日报》1919 年 6 月 2 日刊登的《陕西学界力争青岛电》

6 月初，为声援北京学生的爱国运动，并加强同全国各地学生运动的联系，陕西省学联响应全国学生联合会的号召，派屈武、李伍亭二人赴北京，参加了全国学生赴京反对签订丧权辱国条约的请愿。屈武进言激烈，言毕即长跪痛哭，以首触地有声，头部受伤，血流满面，影响很大，一时传闻全国，后来有人称之为“血溅总统府”事件。事后二人还参加了 6 月在上海召开的全国学生代表大会，这次大会的主要任务是成立中华民国学生联合会，以统一指导全国学生的斗争，进一步加强了陕西学生运动同全国学生运动的联系。

旅京陕西学生联合会慰劳5月4日被捕的杨明轩、郝梦九、陈兆枢三同学合影

在陕西靖国军的辖区渭北，学生运动则是另一种景象。由于陕西靖国军大力支持学生的爱国运动，三原、高陵、泾阳、蒲城等县都举行了示威游行，游行队伍多达六七千人，不仅有学生、市民、商人参加，许多军人和官员也参加了爱国反帝游行示威。三原是全省最早响应五四运动的地区之一，1919年6月6日，渭北中学及甲种工业学校、三原县高等小学校、民治学校等三原全城中小学校学生实行罢课，联合组成救亡团，连续三日举行游行示威。他们手执三角旗，上面写着“打倒日本帝国主义”“不承认二十一条”“打倒卖国政府”“铲除卖国贼曹、陆、章”等。部分市民、商人和靖国军军官也主动参加了这些活动。6月8日，学生和各界群众集合于三原县城隍庙戏台前，举行了一次规模较大的集会讲演，然后绕南北二城举行游行，参加的群众达数千人。各学校的教职员及部分学校的校董、校长和学生一起积极参加了爱国活动。经过这次大罢课大游行，爱国思潮在渭北各学校更加深入。在靖国军辖区建立的救国团体，有三原学生建立的

救亡团和高陵县建立的西北救国会。6月16日，西北救国会在高陵县城隍庙召开成立大会，并印发《西北救国会布告》，参加成立大会的有农工商界及城郊附近各校学生数千人。

陕北和陕南是军阀井岳秀、吴新田的辖区，学生运动亦受压制，只有榆林、汉中、西乡的个别学校举行了一些活动。

陕北首先响应五四运动的是榆林中学。该校时为陕北仅有的一所中学，由毕业于北京高等师范学校、接受了新思想的杜斌丞任校长。他得悉北京五四运动的消息后，及时向学生介绍五四运动的情况，支持学生组织讲演团上街宣传，抵制日货。李子洲、呼延震东等陕籍在省外求学的学生也及时把京、津一带爱国学生运动的消息传到家乡，五四运动的激流便以榆林中学为中心逐渐波及陕北许多县。

在陕南，最早响应五四运动的是汉中中学。该校校长联系南郑中学、农业学校、女子学校等一致举行罢课，支持北京爱国学生斗争。各校学生、教职员及各界人士数千人在汉中北校场召开声援大会，会后举行了游行。西乡、城固等县学生也积极响应并宣传、支持北京学生的爱国斗争。

由于陕西工商业不发达，产业工人很少，参加爱国运动的规模不够广大，基本以学生为主体，通过学生向广大人民传播了反帝反封建的革命思想。学生振臂而起，登高号呼，反帝爱国，向军阀陈树藩进行坚决斗争，驰援了京沪爱国运动。

五四运动在陕西得到学界的积极响应，并由于在靖国军管辖区内，民主空气比较活跃，新思想的宣传比较自由。这样一支政治力量，加上五四运动前夕，陕西已有一批学生相继出国或赴京、津、沪、汉等地求学，他们在外面接受了新文化的熏陶，通过各种渠道，不断把新思潮传至家乡。这与陕西青年不满现状，追求光明，渴望进步的心理要求紧相呼应，使五四运动在陕西从震荡到发展，为马克思主义在陕西的传播创造了积极有利的条件。

（二）五四时期马克思主义在陕西的传播

传播新思想、新文化的报刊纷纷涌现

新思想、新文化在陕西的传播开阔了陕西人民的眼界，开化了陕西社会风气。新思潮、新文化的传入震荡了陕西的知识界。十月革命的胜利，让中国的有识之士开始了解不同于民主主义的社会主义。对于哪一种“主义”才是中国的未来，知识分子在五四运动期间展开了激烈的讨论。一部分顽固的资产阶级始终坚持走改良道路，发展资产阶级民主政治。一部分受了新思潮影响的知识分子坚持革命。在经过多次论战和实践之后，有一批知识分子正拨开云雾，向真正的马克思主义靠近。经过十月革命的冲击和五四运动的洗礼，全国新文化运动不断发展，进入新的阶段。五四运动后，陕西新思想、新文化的主要传播内容是俄国十月革命及马克思主义。

五四时期涌现出大量的报纸杂志，它们既是时代思潮的产物，又分别在各种思潮的传播中起了重要作用。一方面，旅京的陕籍学生杨钟健、刘天章、李子洲、魏野畴、刘含初等积极地参加了五四爱国运动并且组织陕西旅京学生创办了《励进》《秦劫痛话》《秦钟》等刊物，旅沪陕籍青年学生雷晋笙、严信民等通过旅沪陕西学生会创办了期刊《秦铎》《新时代》（旬刊）。另一方面，在陕西本地的青年学生积极响应五四运动，通过上街进行示威游行、演讲宣传给当局施压，对北京的学生进行声援。同时陕西省学生联合会创办《全陕学生联合会会刊》《白话报》作为省学联指导运动的刊物。除此之外，陕西本地创办的报纸有《西北日报》《启明日报》《救国日报》《鼓昕日报》

等[①]。其中《启明日报》是靖国军总部机关报，由《战事日刊》改刊而来，《西北日报》由原属于皖系军阀陈树藩派的报纸《长安日报》改刊而来。因此，这段时期马克思主义在陕西传播的主要途径还是依靠省外和省内的报纸杂志。这些杂志的创办大多受了新文化运动及五四运动的影响，同时又为马克思主义等新思想的传播以及革命运动提供了宣传阵地。

介绍马克思主义基本学说

1899年，马克思和马克思的学说始现于中国。是年，上海《万国公报》第121期刊载了由英国传教士李提摩泰翻译、蔡尔康笔述的《大同学》一文，首次用中文提到了马克思和恩格斯的名字，并引用了《共产党宣言》。之后，资产阶级维新派梁启超和革命派朱执信等都对马克思及其学说作过一些介绍。但在十月革命前，国内尚未有人正确阐释马克思主义，马克思主义学说也没有引起人们的关注和重视。

十月革命胜利后，新文化运动的发展进入了新阶段。十月革命是人类历史上第一次获得胜利的社会主义革命，它使中国追求先进、富有革命思想的知识分子受到了启发，照亮了中国革命的道路。从那时起新文化运动便增添了新的内容，进入了宣传十月革命、宣传马克思主义的新阶段。但是当时马克思主义作为国外众多新思潮的一种并没有得到突出的重视和普遍的认同，因此它的传播范围有限，只局限在部分知识分子的圈子里，人们对它的把握程度也有限，分不清真正的马克思主义。

五四运动的爆发，真正促进了马克思主义在中国的广泛传播，但

---

① 中共陕西省委党史研究室编:《五四运动和马克思主义的早期传播在陕西》，陕西人民出版社1990年版，第320—325页。

是它的传播也并不是一帆风顺的，经过多方的论战和多次实践，人们对马克思主义的认识逐步趋于科学。

《西北日报》从 1919 年 10 月到 1920 年 9 月，连续数十次以专栏的形式，刊登了有关诸如《社会主义之一斑》等有关马克思主义的一系列文章，还刊登有关俄国十月革命后国内形势发展的信息。但这些文章中对马克思主义及社会主义带有某种明显贬低和歪曲的性质。比如在《社会主义之一斑》一文中对马克思的《资本论》的评价就带有明显的贬低。但是在《启明日报》中我们又可以看到，一些人对马克思主义的重视。该报有一个“新潮”专版，曾连载罗素的演讲《布尔什维克的理想》及《布尔什维克与世界政治》。1919 年 12 月 14 日该报还登出马克思画像和克鲁泡特金的《告少年》。

1920 年 1 月，魏野畴在《秦钟》创刊号上发表《潼关之外新思潮》一文，呼吁陕西人民要重视“潼关之外新思潮”，鼓励陕西人民学习马克思主义新思想，号召人们用科学的态度研究社会、改造社会。但《秦钟》的思想倾向比较复杂，除一般倾向于民主主义外，在一定程度上还受了社会改良主义、无政府主义、杜威的教育思想、柏格森的创造进化论以及当时北京出现的“平民教育演讲团”的影响。

《鼓昕日报》对马克思主义的报道比较完善，它虽仅出版九个月，却发表了一些介绍马克思主义学说和苏俄建设初期的政治、经济、文化等情况的文章和报道，是西安最早宣传马克思主义的报纸。连续刊登过不少介绍社会主义的文章和译文，如《布尔什维克主义论》《俄国联工会之实力》《八点钟劳动的理论与实际》《列宁的演说》《民主主义论》《扫除婚姻专制》等一系列重要文章。1921 年 3 月还连续刊登了李大钊的《各国妇女参政运动》讲演词，对陕西妇女思想解放影响很大。该报在宣传马克思主义时态度比较明朗。席石生的《布尔塞维克主义论》一文，比较全面地介绍了俄国社会主义运动的历史，称颂俄国社会主义运动为“万国社会主义史上之奇光异彩”，赞扬十月革命后的苏俄“蒸蒸而上大有一日千里之势，无怪世界惊骇，人人叹赏”，论证“不劳动者不得食”的原则是“(人类)生存上必要而不可缺之共同天职也”。大略介绍了马克思主义的国家学说，批判了无政府主义非国家主义的思潮，指出此种思潮之不能实现“犹若佛家唱大千世界，其说虽善，奈人皆不能成神”，指出布尔什维克主义“大有研究之价值”“其初列宁振臂一呼，而与之作桴鼓应者遍于全欧，而今也则欧洲殆有全化于劳动政府之倾向矣”“此乃事实之现象，非吾之固好为其鼓吹焉”“吾恐布尔塞维克，布尔塞维克之声浪，不期年而弥漫全世界矣！”[①]。文章最后这句话明确地向读者指出了布尔什维克主义是不可抗拒的历史潮流。

五四后陕西旅外学生创办之部分宣传新思潮及马克思主义报刊一览表

名称	刊期	地区	起止时间	出版总期数	主办人	社址
秦劫痛话		北京	1919年秋冬—		杨钟健	
秦钟	月刊	北京	1920年1月—1920年6月	6	陈顾远、李子洲	
共进	半月刊	北京	1920年10月—1926年6月	105	刘天章、李子洲、杨钟健等	北京后门内吉安所左巷6号
励进	月刊	北京	1919年夏		傅鹤峰等	汉中旅京学生励进学会
贡献	月刊	天津	1922年3月—1922年6月	4	武止戈、韩志颖等	天津南开学校
促进		天津	1922年6月—1924年11月		白超然等	陕北教育促进会天津分会
改进		天津				
汉钟	月刊	上海	1923年10月—		刘秉钧、钟进泉、廖作民等	汉中旅沪学生会
南鍼	月刊	上海	1924年4月—		刘秉钧、雷述祖等	上海南方大学陕西同乡会

① 席石生:《布尔塞维克主义论》,《鼓昕日报》1920年11月2日。

续表

名称	刊期	地区	起止时间	出版总期数	主办人	社址
新时代	旬刊	上海		10	雷晋笙、严信民等	上海新闸路B字1040号
新群	半月刊	上海	1925年12月—		曹趾仁、邹遵（均）等	上海大学陕西同乡会
秦铎		上海	1920年10月—		雷晋笙等	陕西旅沪学生会
竞进		南通				南通纺织专门学校
进化	月刊	北京				北京东皇城根亮果厂7号
陕西旅鄂同乡学会月刊		武昌			魏岳瑞	武昌师范大学
西乡报		北京	1923年—1927年4月	49	薛祥绥	西乡旅京同学会
甲子社刊		北京	1924年—			北京李阁老胡同穿堂门11号
新潮		北京	1919年1月—1922年3月	12	李子洲等	北京大学
战事日报			1918年初—1919年10月		于鹤九	三原
捷音日报			1918年初—1920年		党晴梵	凤翔
正义日报			1919年—		李椿堂	三原
救国日报			1920年—1922年		杨憾尘	三原
启明日报			1919年10月—1921年9月（由《战事日报》改刊）		蔡江臣	三原

续表

名称	刊期	地区	起止时间	出版总期数	主办人	社址
白话报			1919年6月		刘道洁、邹遵（均）、韩志颖等	
长安日报			1919年4月—1919年9月			
西北日报			1919年10月—1920年9月（由《长安日报》改刊）			
鼓昕日报			1920年7月—1921年4月		田芝芳、张仞鸣	
新社会日报			1925年4月—1925年7月		何镜清、黄宪之	
青天白日报			1925年—1926年		宋树藩、赵葆华	
陕西日报			1921年8月—1925年12月		吴星映、刘醉玉等	
新秦日报			1921年10月—		俞嗣如	
雪耻日报			1925年—		张秉仁	三原
渭北青年			1925年8月—		蒲子政、亢惟恪等	三原
西北晨钟	旬刊		1924年12月—1925年		武止戈、魏野畴、雷晋笙、崔孟博、康少韩等	
西北青年	周刊		1924年秋—			西安梁家牌楼
青年文学	旬刊		1924年7月—1924年10月		魏野畴、张秉仁	西安成德中学

续表

名称	刊期	地区	起止时间	出版总期数	主办人	社址
青年生活	旬刊		1924年10月—（由《青年文学》改刊）		魏野畴、张秉仁	西安成德中学
西安评论	先三日刊后周刊		1925年8月—1926年3月	36	魏野畴、张秉仁、关中哲	西安东举院巷58号
全陕学生联合会会刊	旬刊		1919年9月—		屈武、刘道洁等	西安省立一中
二中旬刊			1922—		江隆基等	西安省立二中
塞声			1923—		王森然指导	榆林中学
榆钟			1923—		王森然指导	榆林中学
榆中旬刊			1923—		王森然指导	榆林中学
榆林之花			1923—		王森然指导	榆林中学
望洋						西安
乐观	旬刊		1923年5月			西安
濯汉						
陕西青年			1924年—		张秉仁、张秉辉、张金印等	西安

总之，这个时期的陕西，还处在马克思主义等新思潮的启蒙阶段，报刊宣传还是以民主主义思潮为主，社会主义的内容相对很少，且多为客观介绍，甚至带有不同程度的歪曲和误解，真正有分量的宣传马克思主义的文章一鳞半爪，只能说是马克思主义的传播在陕西的萌芽和起步。

知识分子思想的觉醒与陕西学生爱国运动的开展

马克思主义的传播，促进了先进知识分子的思想转变。宣传马克思主义成为五四后新文化运动的新潮流。他们选择和接受了马克思主义，把马克思主义作为拯救国家、改造社会和推进革命的思想武器。同时也是因为接受了马克思主义，五四运动后有越来越多传播新思潮的报刊，它们对马克思主义、民主主义、社会主义等思潮和俄国的革命和建设的实践进行了探讨。虽然，当时人们对这些新思想和实践有不同程度的歪曲和误解，但是这些思想的火花却促成了一个伟大的转折，促进了中国人民特别是知识青年的觉醒，为马克思主义在中国的进一步传播创造了条件，也为中国共产党的诞生作了思想准备。

尽管马克思主义系统传入陕西的时间较晚，对于马克思主义的宣传比较初步，但它们给陕西带来了马克思主义思想的启蒙。马克思主义传入陕西就与陕西的社会实际相结合：一方面，推进了陕西一些中学的教育改革以及打倒军阀的实践运动；另一方面，又为后来马克思主义在陕西的广泛传播和陕西党、团组织的建立作了思想方面的准备。

（三）中国共产党建立初期马克思主义在陕西的传播

先进党、团分子促进了马克思主义在陕西的系统传播

五四运动后，马克思主义在中国广泛传播，中国的先进知识分子经过反复比较、分析和尝试，最后选择了马克思的科学社会主义。由于马克思主义在中国的广泛传播，五四运动中涌现的一批比较年轻的左翼骨干如毛泽东、邓中夏、蔡和森、周恩来等开始转变思想，接受了马克思主义，并把它作为观察世界和国家命运的工具。中国共产党

是马克思列宁主义同中国工人运动相结合的产物，中国共产党作为马克思主义政党，从它成立起就肩负起了传播马克思主义的使命，如李大钊、陈独秀等共产党人在中国早期的马克思主义思想运动中，对马克思主义的传播起了主要作用。

中国共产党的创建，是中华民族发展史上开天辟地的大事变，具有伟大而深远的意义。随着中国革命形势的发展，马克思主义在陕西的传播也更加深入。旅外求学的陕籍学生在北京、上海、武汉、天津等地经过五四运动的洗礼，他们深刻地认识到马克思主义是挽救中国的强大思想武器，而正处在黑暗与腐朽中的家乡更急需这种新思想的浇灌。特别是在北京、上海求学的陕籍学生有机会接触到孙中山、李大钊、毛泽东、周恩来、罗亦农、赵世炎等领导人，直接聆听他们的教诲，受到革命思想的熏陶。例如，李大钊不仅是中国最早的马克思主义传播者，也是中国社会主义革命运动的最早实践家，他积极参加和指导新文化运动及五四爱国运动，引导北京的青年学生们逐渐走上革命道路。其中也包括当时陕西旅京求学的魏野畴、李子洲、刘天章等，他们后来成为马克思主义在陕西最早的一批传播者。此外，旅京陕籍学生中还有很多人参加了北京大学马克思学说研究会，他们在逐步接受新思潮和马克思主义启蒙教育后，积极参加当地的革命活动，同时也通过邮寄和创办先进刊物的形式向陕西传播马克思主义。

从 1921 年开始，陆续有许多在外求学的陕籍和非陕籍青年知识分子回到陕西，并通过各种方式传播马克思主义。他们中的大多数在外求学时就在当地加入了党、团组织。这些青年知识分子受到党、团组织的指示，陆续在陕西的渭南、华县、西安、三原、绥德、榆林等地区，建立了社会主义青年团和中国共产党支部或特支。陕西省早期地方党、团组织建立的过程一般表现为以下几个特点：先建立青年团的组织，再建立党的组织；先发展革命的知识分子，再发展工农劳动群众；先在城市建党、团，后在乡村建党、团。因此，在 1924 年陕西正式成立团支部、1925 年成立党的西安特支以前，1921 年至 1923

年，是陕西发展党、团组织的酝酿过程，并没有形成正式的党、团组织。在这个过程中，归陕的青年知识分子主要工作是为陕西党、团组织的成立培养新生力量，指导党、团外围组织的建立。他们主要以学校为阵地，到陕西各地学校任教，以推进教育改革，传播马克思主义的理论知识，在学校指导学生成立自治组织，如学生会、学生联合会以及各种青年学社等，并且通过领导革命运动，将马克思主义运用到陕西的革命实际中。

作为党、团组织成员及骨干的归陕知识分子，在从事教学和指导各类活动的过程中，为党、团组织培养了年轻的革命力量，将马克思主义从书本上转移到了实践中，促进了马克思主义与群众运动的结合。马克思主义在陕西的早期传播不仅为中国共产党在陕西的建立准备了思想条件和骨干力量，而且为党中央把革命大本营放在西北奠定了坚实基础。

回陕先进知识分子有组织地传播马克思主义

随着中国共产党的成立以及进步党员的发展，马克思主义在陕西的传播重心由省外转到了省内，同时马克思主义在陕西本地传播的方式也更加丰富。五四运动后，一批从京、津、沪、汉等地高等学校毕业的陕籍学生陆续回陕，他们和一些非陕籍人士接受了中国共产党的指示回到陕西发展地方党、团组织，传播马克思主义、开展革命运动。回到陕西后，他们传播马克思主义的途径主要有三种：首先，魏野畴、李子洲、王尚德等人在各自任职的学校提倡、促进和从事教育改革，在教学方面，采用以马克思主义基本原理编写的书籍和教材以及将进步书籍、报刊的文章作为教学内容。其次，他们还引导学生建立学生会、读书会、青年学社等党、团外围组织，对同学们进行理论指导，使学生将课堂学习和课外学习结合起来进行自我教育。例如，他们经常组织和指导学生参加一些爱国运动、创办报刊、撰写针砭时弊的文章，从而使学生从“读死书”中解放出来。最后，他们除了以学校为主要阵地宣传马克思主义外，还经常向社会人士如陕西的军人、普通百姓等传播新思想和马克思主义，号召和组织他们参与反对军阀及帝国主义的革命运动，这对马克思主义在陕西的传播、革命组织的形成以及反抗运动的爆发产生了巨大的催化作用。

回到陕西后，这些在外求学的青年学子传播马克思主义的方式和途径也愈加多样和灵活，他们不再通过邮寄报刊这种单一的方式向家乡传播马克思主义，他们更多的是直接将马克思主义思想讲给学生、讲给群众，将马克思主义投入到革命运动中，将越来越多的学生和群众变成马克思主义者。

1．魏野畴

魏野畴

魏野畴（1898—1928），原名凤标，字明轩，笔名金士铎。陕西兴平人。三岁丧父。幼读私塾。1913年春考入西安三秦公学，1917年考入北京高等师范学校，1920年冬加入社会主义青年团，1923年初由李大钊、刘天章介绍加入中国共产党。

五四运动期间，他参加了反帝爱国斗争，并参加了李大钊领导的革命活动，接受了马克思主义。他是《秦钟》《共进》刊物的领导人和撰稿人之一，是中国共产党早期党员，是中共陕西地区组织的首建人和主要领导之一。受李大钊等的影响，较早接受新文化、新思想，并参加进步师生创办的讲演团和平民学校等工作，成为宣传新文化、新思想的得力战士。

魏野畴于1921年夏从北京高等师范学校毕业后回到陕西，在咸林中学担任教务主任和历史教员，1923年上半年又在陕北榆林中学任教。他到咸林中学后，看到教材陈旧，认为“若用现在出版的课本作教材，那就牺牲光阴多了……无异把粪给学生吃。”[①] 于是，他积极改革学制，改革教学内容，他以自己撰写的《中国近世史》为教材，初步运用马克思主义的立场、观点和方法向学生讲述中国近代的历史。该书曾受到蔡元培、毛泽东等人的称赞。他还为咸林中学聘请进步教员，对宣传马克思主义和社会主义思想的先进分子更为欢迎。如他聘请王复生来咸中任教，他给杨钟健去信说：“新教员王先生讲一点社会主义，我极力欢迎这样人物来陕。”[②] 魏野畴在榆中担任语文教员时，积极传播马克思主义。他在榆中任教不到一年的时间里，翻译了《马克思主义经济学》，向学生讲授《马克思主义浅说》《共产党宣言》《共产主义 ABC》《资本论》等著作。向学生们揭露帝国主义军阀和封建统治阶级的本质，指出读书与救国的关系。他在榆林中学还领导学生组织读书会，向学生介绍进步书刊，如《向导》《中国青年》等，引导学生学习新文化和马克思主义，还领导学生演新戏，走出学校，到农村进行宣传，参加反帝反封建斗争。因此，榆林中学也成为陕北最早传播马克思主义的主要阵地。在魏野畴的教育和影响下，榆林中学涌现出了刘志丹、谢子长、杜润滋、阎揆要、曹力如等一大批思想进步、信仰马克思主义的学生骨干。这些同志后来都加入了中国共产党，在革命斗争实践中锻炼成长为陕北党、团组织和红军的领导者，坚定的无产阶级革命战士。

魏野畴不仅在校内向学生教授马克思主义，还积极在校外传播马克思主义。1922 年秋，在关中失利的陕西靖国军第三路司令杨虎城，为保存实力率部暂驻榆林。经杜斌丞介绍，魏野畴与杨虎城相识，他俩一见如故，经常促膝谈心。魏野畴从中国民族资产阶级的软弱性谈

---

① 中共陕西省委党史研究室编：《五四运动和马克思主义的早期传播在陕西》，陕西人民出版社 1990 年版，第 118 页。

② 中共陕西省委党史研究室编：《五四运动和马克思主义的早期传播在陕西》，陕西人民出版社 1990 年版，第 117 页。

到辛亥革命的不彻底性；从靖国军的失败教训，谈到无产阶级领导的重要性。明确指出，只有马克思主义才能指导中国革命走向胜利，在魏野畴的影响下，杨虎城对中国革命的前途有了初步的认识，对他后来积极向共产党靠拢，力主抗战，发动西安事变起到了积极的思想启蒙作用[①]。除此之外，魏野畴也积极通过报刊这种形式，向更多的人传播新思潮。他同刘天章、杨钟健、李子洲等发起组织陕西旅京学生进步团体——共进社。魏野畴既是共进社领导成员，又是《共进》的撰稿人，先后写了十多篇文章，宣传反帝反军阀，倡导移风易俗、改革教育、改造社会，号召青年投身于火热的斗争。他热心社务，参与社章和纲领的起草，被誉为共进社的“健将”。另外，为了唤醒民众，他采取了更为通俗易懂的方式——亲自编排话剧《爱国贼》来揭露帝国主义侵略和军阀卖国的丑恶嘴脸。

1924年春至1926年春，魏野畴在西安陕西省立三中和省立一中任教，积极参与建立中共和青年团地方组织。1924年夏，和团中央派来的武止戈在西安建立社会主义青年团小组；年底，同团中央派来的邹均等一起，建立了社会主义青年团西安第二支部。1925年秋至1926年初，先后参加组建共青团西安特别支部、西安地方执委会及中共西安特别支部、西安地方执委会，分别担任党、团西安地方执委会的委员。

2. 李子洲

李子洲（1892—1929），名登瀛，笔名逸民，陕西绥德人。由于家境艰难，十五六岁才开始上学。1917年春考入北京大学预科，两年后入哲学系。五四运动中，担任北京大学学生会干事，积极参加火烧赵家楼等正义斗争，不久加入李大钊创建的北京大学马克思学说研

① 中共榆林市委党史研究室编：《中共榆林历史》(1919—1949)，陕西人民出版社2004年版，第12页。

李子洲

究会。1923 年由李大钊、刘天章介绍加入中国共产党。

1920 年至 1922 年，参与进步刊物《秦钟》《共进》的创办和陕西旅京青年进步组织共进社的创建，是共进社的主要领导人之一，又是《共进》的撰稿人和发行人，先后发表了《陕西师范学校应改革的几点》《纪念五一》等十余篇文章，被誉为共进社的“大脑”。二七惨案发生后，中共北京地方执委会和劳动组合书记部北方分部组织追悼会，悼念被北洋军阀杀害的林祥谦、施洋等京汉铁路大罢工领导人。李子洲写下了《施、林“二七”被害诸烈士追悼会感》的挽诗，在《共进》上发表。

1923 年夏，李子洲从北京大学毕业，应邀回陕，先后在三原渭北中学、榆林中学任训育主任、教务主任，1924 年秋，任绥德陕西省立第四师范学校（简称绥德四师）校长。1924 年 8 月 25 日，李子洲在绥德四师开学典礼上对全校师生郑重宣布自己是马克思主义者，他办学的目的不仅是为陕北教育事业培养新的师资，更重要的是要用科学的马克思主义思想武装学生，唤醒工农劳苦大众起来改造中国为实现人类最高理想的共产主义而奋斗。上任后，除自己在教学中继续传播马克思主义，还广从外地邀请共产党员、学界知名人士来绥德四师办学，试图在绥德四师建立一支教授马克思主义的教师队伍。在李大钊的帮助和支持下，应邀来校的有王复生、王懋廷、杨明轩、田伯英等十余人。在绥德四师，他改革教学内容，向学生传播马克思主义，订购了《中国青年》《向导》《政治生活》《共进》等一大批进步书刊。绥德四师的教师们一方面给学生讲授科学文化知识，一方面宣传马克思主义，并介绍有关共产党的知识，要求学生阅读《国家与革命》《共产党宣言》等书籍。在进步教师的教育引导下，白明善、王兆卿、马文瑞、乔国桢、贾拓夫、张达志、安子文、霍维德、唐洪澄等一大批革命青年先后走上革命道路，逐渐成长为创建陕甘革命根据地的骨干。在学生活动方面，李子洲指导成立学生会、共进社绥德分社和陕北青年社。为了活跃学习气氛，宣传进步思想，榆中师生结合教学成立了以刘志丹为主席的学生自治会及青年学社、青年文学研究会、陕北教育改进会等进步团体，经常利用课余时间组织学生进行学术、时局讨论，引导学生要“讲民主，反封建；讲科学，反迷信；宣传新思想，反对旧思想”。除此之外他们还指导学生组织创办了《榆中旬刊》《榆林之花》《榆钟》《塞声》等刊物向全国发行。因此，李子洲主教的绥德四师成为陕北地区传播马克思主义的另一个重要阵地。

李子洲在办学的同时，还把大量精力放在创建中共和青年团在陕北的地方组织上。1925 年 2 月，李子洲支持王懋廷、田伯英在绥德四师组建中国共产主义青年团组织。1926 年 1 月，他领导建立中共绥德支部，并代理支部书记。李子洲还先后在榆林中学、延安省立第四中学建立中共和共青团组织。1926 年 6 月，经中共北方区委批准，以原中共绥德特支为基础，成立了绥德地委，统一了陕北各地中共组织的领导。绥德四师成为陕北革命的策源地和活动中心，被誉为“陕西的上海大学”。

3. 王尚德

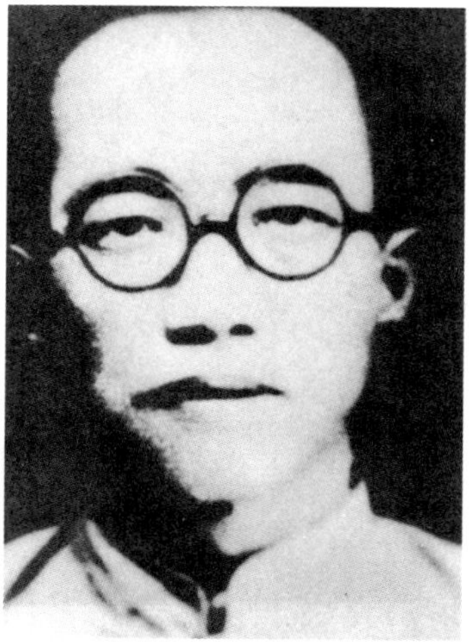
王尚德

王尚德（1891—1946），又名王璋峰，化名汪琴声，陕西渭南（今临渭区）人。幼入私塾，后进西安健本学堂、法政学堂读书，1918 年考入武昌中华大学。1919 年五四运动爆发，王尚德积极参加武汉地区的反帝爱国活动。1920 年 2 月加入恽代英、林育南创办的利群书社，次年夏又参加林育南、李求实等发起成立的共存社，1922 年 7 月加入中国社会主义青年团，1925 年 12 月加入中国共产党。

同年 8 月大学毕业后，中共和青年团武汉组织与董必武派他回陕建立团的组织。王尚德回陕后在家乡渭南县赤水镇，邀集友人张浩如、田涵荣一起，成立了乡村教育研究社，并在此基础上，集资创办了赤水职业学校。为了办好教育，他将自己家中的粮食、棉花等财物拿出来资助学校。王尚德在课堂上向学生讲授《共产党宣言》《唯物史观》《资本主义浅说》《阶级争斗》《今》《秀才造反论》等，并将《新青年》《向导》《中国青年》《共进》等作为学生的课外读物。他还组织学生办墙报，定期举办读书会、讲演会、辩论会，使学生对马克思主义产生了浓厚兴趣。在学生初步掌握马克思主义基本原理后，他便鼓励、指导学生运用马克思主义观点分析当地阶级斗争的现实。从 1922 年下半年起，王尚德逐步把马克思主义的传播范围扩大到华县、三原、西安等地，将《向导》《中国青年》《平民之友》等革命书刊分发给进步青年团体，指导其对马克思主义进行学习和研究。

在民众教育方面，有王尚德的支持，赤水职业学校等先后创办了平民学校或平民夜校。王尚德在渭南赤水举办了平民教育服务团，借房作校舍，招收附近农民和市民学习文化知识，课程有平民千字课、珠算、“农民谈话”“时事谈话”“常识谈话”等，通过“农民谈话”等课的学习，向农民灌输一些进步思想，做唤醒群众的工作，给他们讲解革命思想和马克思主义。

马克思主义在陕西的早期传播同归陕的知识分子建立革命组织紧密结合。1922 年至 1923 年，在宣传马克思主义和新文化较早的咸林中学、榆林中学、渭南赤水职业学校等学校中，先后涌现出一批先进分子。为了加强对这些积极分子的培养，发挥他们在青年学生中的先进作用，王尚德、王复生在咸林中学吸收潘自力等 10 名积极分子建立了青年励志团。1924 年春，在王尚德的指导下，三原省立第三师范学校和渭北中学的一些先进分子成立了青年自进团。1924 年，魏野畴、王尚德指导张性初（张秉仁）等在西安成立了青年文学社（后改为青年生活社）。这些组织的建立，既是1921年7月中国共产党成立后全国性的建党实践之一，也是马克思主义在陕西传播、与先进分子相结合的产物。除此之外，归陕后王尚德和张浩如开始在赤水发展青年团员，很快建立了团的组织。1924年5月下旬，团中央派武止戈到赤水巡视工作，指示要扩大和健全团的组织。王尚德于是年6月正式成立了中国社会主义青年团赤水支部干事会，担任书记，后任中共赤水特支书记。

创办报刊传播先进思想

由于中国共产党的成立，在大城市求学的旅外陕籍学生纷纷加入了中国共产党，在党的领导下接受和学习科学的马克思主义。在外求学的陕籍学生心系家乡，通过成立学生社团及同乡组织来集结力量创办杂志、维持杂志的发行，从而向陕西持续地输入马克思主义等新思想。1922年初，在天津求学的武止戈、韩志颖、屈武、白超然等人创办了《贡献》《促进》《改进》等刊物；在上海求学的雷晋笙、严信民、刘秉钧、钟进泉、廖作民等创办了《新时代》《汉钟》等杂志。这些刊物都不同程度地宣传了新文化、传播了马克思主义，唤起了陕西人民的革命自觉性，宣传了俄国十月革命和社会主义，论述了社会主义的强大生命力。

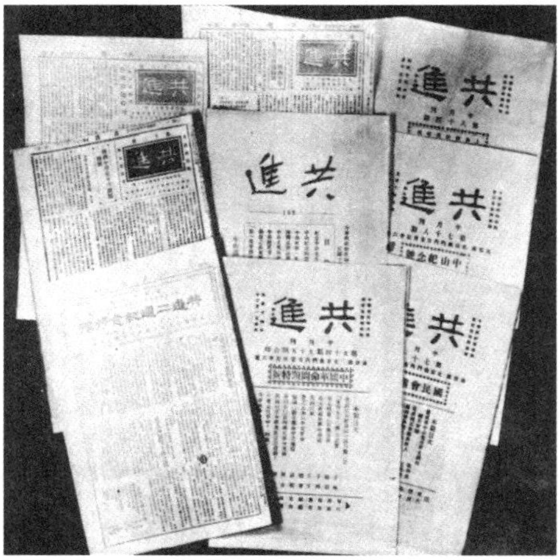
旅京陕西学生创办的《共进》杂志

1921年10月，旅京学生主办的《共进》创刊，刘天章、李子洲、杨钟健、杨晓初、呼延震东、赵国宾等都是《共进》和共进社的主要创办人。《共进》创刊后，在中国人民反帝反封建斗争蓬勃发展的形势下，为了满足进步青年的要求，进一步联合旅京陕西学生进行斗争，《共进》杂志创办人召开会议，决定扩大成立社团组织。1922 年 10 月，旅京陕西青年的政治性社团——共进社成立，《共进》成为它的机关刊物。共进社的领导人以后虽几经变化，但大多数仍然是受到五四运动锻炼和李大钊等革命先驱影响的青年知识分子，这就保证了共进社和《共进》的健康发展。

《共进》和共进社成立以后，在探索社会改造的过程中，逐步摆脱了原先过分注重“感情结合”的地方主义色彩，在中国共产党的影响下，受到马克思主义和时代精神的感染，成员中“向上、向新、纯洁”的思想要求不断发展，逐步有了明确的方向和坚强的战斗力。

《共进》创刊之始，宣布以“提倡桑梓文化，改造陕西社会”为宗旨，这仍和原来《秦钟》一样，带有浓厚的地方色彩，不同的是它已基本改变了《秦钟》那种避开政治、孤立寻求社会改造的软弱态度，明确地把政治改造当作社会改造的先决条件。

1. 促进教育，普及知识

陕西地理位置偏西，远离海岸，交通不发达，长期闭塞于关内，造成经济、政治、社会的发展都比较落后，而且各系军阀盘踞陕西，对人民进行了黑暗的统治。整个陕西人民生活痛苦，“啼饥号寒，十室九空，流民遍地”。在这种情况下，这些穷苦人民生活朝不保夕且大字不识，对帝国主义及其北方军阀空有朴素的恨意，却没有站起来革命的意识和斗争的途径。因此，为了动员和组织广大的普通民众，让他们对社会常识以及新知识、新思想有所了解，各报刊开始强调要重视教育，注意普及基础知识，为人们理解社会变革的理论、萌发革命思想以及认识马克思主义奠定基础。

1922 年 6 月 15 日，陕北教育促进会天津分会的刊物《促进》在第一期引言中指出：“谈论学理，鼓吹风化，是杂志同报纸的本能。无奈我陕北一般父老男女，极普通的常识都没有，哪里会懂得那些事理学问呢？”因此，该报的方针是“以最浅显的话，给陕北输入最普通并且最急需的常识，此外，稍稍加点对于陕北社会提议及改革的意见。”[①] 但后期该报意识到“社会的黑暗是多方面的”，“你只顾在那里促进教育，而旁边确有许多阻碍教育的东西”，因此“输入普通常识，促进平民教育——就仿佛有点狭隘了”[②]。所以宗旨的改变使《促进》改组为《改进》，除了重视教育还要趋重于旧社会上不合于时代精神的多方面。1923 年 12 月 10 日，汉中旅沪学生会创办的刊物《汉钟》在月刊第一期的发刊词《〈汉钟〉之产前及将来》中写道：汉中的教育不发达，风气又闭塞不开通，如果单凭各个人力量去宣传，也远是极其少数，所以不得不以笔代口借助报纸的力量。在第二期《改造汉中之急务》中提道：“我以为改造汉中，先须从思想改造起，因为‘思想为万事之母’”，因此，“若说治本的办法，自以普及教育为先”[③]。另外，这个时期的《共进》还以相当大的注意力和篇幅，揭露陕西教育界的黑暗，企图改变陕西教育，并将之当作改造陕西社会的突破口，对教育事业的改造寄予了很大的希望，这里既有许多积极的因素，也不可避免地包含着一些不切实际的想法。它的观点不尽正确，但在当时条件下确实启迪了人们的思想，吸引了人们的注意，对大革命时期陕西人民革命运动的高涨起了有力的推动作用。

2. 改造政治，打倒军阀

许多在陕外受过先进思想教育的学生意识到，陕西人民想要彻底摆脱帝国主义剥削和军阀残酷统治下的黑暗生活，不能只靠促进教育改变思想。陕西乃至中国人民之所以处在奴役和压迫之下，是因为

---

① 中共陕西省委党史研究室编：《五四运动和马克思主义的早期传播在陕西》，陕西人民出版社 1990 年版，第 121、122 页。

② 中共陕西省委党史研究室编：《五四运动和马克思主义的早期传播在陕西》，陕西人民出版社 1990 年版，第 135 页。

③ 中共陕西省委党史研究室编：《五四运动和马克思主义的早期传播在陕西》，陕西人民出版社 1990 年版，第 132—134 页。

帝国主义的存在以及资产阶级对穷苦大众的剥削和压榨。只有通过政治改造的方式改变这种现状，才能获得解放；只有通过政治改造取得政治权力，才能实现经济革命和社会改造。因此，《共进》明确地把政治改造当作社会改造的先决条件，一开始就集中全力对当时统治陕西的军阀刘镇华猛烈开火。它开辟专栏，以各种体裁，大量刊登“驱刘”文章，对刘镇华“祸陕”罪行进行无情揭露，号召陕西人民通过“罢税、罢工、罢市、罢学”等运动，“群起而攻之”[①]。《共进》的第5—8期连续刊登了“去刘篇”，从理论和事实两个方面来阐明“去刘”之必要。此后《共进》集中了全副精力从事于“驱刘”斗争，揭露刘镇华罪恶的文章几乎期期都有。这些文章笔锋犀利，直刺时弊，鼓动性很强，得到陕西社会舆论的广泛同情和支持，确实对军阀刘镇华的统治造成了一定的威胁，因而常被刘镇华中途扣截，不能如期和陕西读者见面。《共进》反对军阀的态度是坚决的，火力是猛烈的。但是打倒军阀以后，陕西社会究竟应该按照一种什么模式进行改造，《共进》在这个时期的回答还有很大的局限性。以刘天章《去刘之后》一文为代表。他主张“驱刘”以后实行“一、废督，二、裁兵，三、知识阶级摄政（或称专政），四、组织小实业团。”反映了一种地方性的资产阶级代议制的理想，而其中“知识阶级专政”的口号，无论在理论上和实践上都是不正确的。二七惨案后不久，共进社在《共进》上发表了一个“宣言”，十分明确地指出：“我们认为中国目前应该解除的两大恶势力，是国际资本主义和军阀政治。但是国际资本帝国主义，实借军阀恶势力予以澎勃与作恶的莫大机会，所以认为要首先努力打倒军阀，因为打倒军阀是对内谋政治清明的惟一的第一步方法，而对于解除国际资本帝国主义，亦为釜底抽薪的办法。”《共进》第44号《打倒军阀的意义》一文中，对于帝国主义和军阀统

---

① 中共陕西省委党史研究室编：《中国共产党陕西历史大事记》（1919—1949），陕西人民出版社1993年版，第69页。

治的关系，有了更进一步的认识，指出："国际帝国主义者惟一的目的是：帮助你们一个比较反动的势力，供给你们军械和金钱，使你们国内混乱，工商业不得发达，经济上控制你们的咽喉，至于变为他们的真正殖民地为止。"文章认为，打倒军阀和国际帝国主义的"伟大革命事业"，必须要"工人、农人、商人、教育界、实业界亲自武装起来，与军阀拼命，才可以有攫取成功的希望！"这表明《共进》对封建军阀的残酷统治和帝国主义的凶恶面目都有了新的认识，开始把反军阀和反帝的任务紧密联系起来。此后发表的一些文章，进而提出"革命是一个阶级对一个阶级的'阶级争斗'""打倒武力，必须武力"。对于"联合战线"的口号也较以前明确了，提出发动工人、农人、商人、教育界、实业界等各阶层被压迫人民，"组织阶级化的国民军"[①]。但对于在这个"联合战线"中各阶级的地位以及由谁来领导等问题的回答，仍然是不够明确的。

3. 介绍马克思主义学说的基本内容

五四运动以后，马克思主义就开始在中国广泛传播，为中国共产党的成立奠定了思想基础。因此，中国共产党成立后，作为一个以马克思主义为指导思想的政党就更加积极地在全国范围内传播马克思主义的知识、宣传俄国的革命和实践。同时，许多期刊报纸都开始介绍马克思、列宁的思想以及俄国的革命和建设的经验。

1924年1月13日，《汉钟》第三期，田杰生在《什么叫做"社会主义"》中阐明了社会主义与其他主义的不同："而那几种学说偏偏是些偏于哲理方面的几句空谈的资料，与人民切身利益的厉（利）害问题，不发生丝毫关系"，而社会主义则是："至于不尚谈空，能以爽爽快快、利利索索的解决人民切身利害问题的，现在一般学者，都

① 中共陕西省委党史研究室编：《中国共产党陕西历史大事记》（1919—1949），陕西人民出版社1993年版，第71页。

止望‘最新出世的’‘光明灿烂的’那一个主义！”[①]。接着他从“资产共有”“劳动报酬”“教育普及”等方面向陕西人民介绍了马克思主义。《贡献》月刊于1922年3月1日由天津南开中学的陕西学生屈武、武止戈、崔孟博等人创办。该刊提倡新文化，积极宣传马克思主义和教育革命，刊登有《我们为什么要讲社会主义》《“五一”运动史略》，论述了社会主义学说的强大生命力和必要性。出刊4期后与《共进》合并。《共进》也积极宣传马克思主义，并试图运用马克思主义的学说观察中国社会问题，这个变化起于1923年五一节。为了纪念五一，《共进》第三十七期提前出版，发表了《“五一”》及《“五五”》——纪念马克思诞辰一百零五周年的文章，对马克思的学说作了初步的介绍。此后宣传马克思主义、歌颂十月革命的文章逐渐增多，如《世界革命和中国前途》《俄罗斯革命第六周年纪念》等。列宁逝世后，《共进》等刊物大量转载了纪念文章，从各方面阐述列宁主义，大声疾呼“努力奋斗，勿忘列宁”，赞誉列宁“是实行马克思主义的指导者，是为无产阶级而奋斗，为全人类幸福的领袖”[②]。

4. 利用马克思主义分析中国革命实际问题

在对马克思主义进行理论上的介绍和论述后，结合俄国的革命实践，中国的共产党人和知识分子开始尝试着利用马克思主义来分析陕西的情况，从而更好地开展革命运动。

《共进》创刊宗旨为“提倡桑梓文化，改造陕西社会”，地方色彩很浓，在这点上，它是《秦钟》的延续。然而它已经基本上放弃了《秦钟》那种对待新旧文化的调和态度、对待军阀的妥协态度，以及避开政治孤立地寻求社会改造的改良主义幻想。1923年其宗旨改

① 中共陕西省委党史研究室编：《五四运动和马克思主义的早期传播在陕西》，陕西人民出版社1990年版，第137—143页。

② 中共陕西省委党史研究室：《马克思主义在陕西的早期传播》，《陕西日报》2018年5月8日。

为“提倡文化，改造社会”，立足点扩大了，认识到反军阀斗争不可能是孤立的，要反对陕西军阀的统治就必须整个地反对中国军阀的统治，提出打倒军阀的方法：一是联合全国被压迫的兄弟向军阀的老巢总攻，一是采取“散兵战术”分头向各地军阀的支队迎击。它发表的反对军阀，特别是反对陕西军阀的文章，比以前的火力更猛烈了。不仅如此，它还开始注意到世界革命的潮流，认识到“全世界将随俄罗斯而起社会革命了”[①]。《共进》试图用马克思主义观点分析中国革命实际问题，并注重推进陕西的革命斗争。在论证政治革命与经济革命的辩证关系后指出：“一切社会制度，是建立在经济的基础之上的，经济组织不改组，政治的改组是无用的……我们先应当由政治革命下手，得到政治权力，用政治权力，督催经济的改组提前举行。”如何下手，在《共进》发表的一些文章作了充分回答。对内“组织阶级的国民军”，把“工人、商人、农人武装起来做主力军”“形成民众团结”“造成大的联合战线”；对外“目下当与苏联作亲密的结合，并与弱小民族携手，形成国际的‘阶领斗争’，以武力铲除中国目前的两大恶势力，即‘国际资本帝国主义和军阀政治’”[②]。除此之外，《共进》还试图用马克思主义的观点，分析中国社会的实际问题，对于经济基础与上层建筑的关系，中国革命和世界革命的关系，妇女解放与社会制度的关系等，都作了比较符合实际的论证。

马克思主义的传播为陕西党、团组织的建立奠定了基础

中国共产党成立后，大批接受过马克思主义洗礼的青年知识分子认识到国家处于危急存亡之秋，只有转变思想，学习马克思主义，

---

① 中共陕西省委党史研究室编：《中国共产党陕西历史大事记》（1919—1949），陕西人民出版社 1993 年版，第 70 页。

② 中共陕西省委党史研究室：《马克思主义在陕西的早期传播》，《陕西日报》2018 年 5 月 8 日。

站起来与军阀和帝国主义斗争才有出路。因为对家乡军阀割据、人民生活痛苦的情况感到担忧，旅外求学的陕籍学生通过创办杂志的方式来揭露军阀的黑暗统治、痛陈人民痛苦，通过传播马克思主义等先进思潮的方式来开阔陕西人民的眼界，唤醒他们的革命斗志和决心。

《共进》和陕西当地一些进步刊物，如《西安评论》《青年文学》等，相互配合，成为早期陕西马克思主义宣传的主要阵地，比较系统地向陕西人民介绍了马克思主义学说的基本内容，以及无产阶级革命导师马克思、列宁等人的生平事迹；热情赞颂十月革命，并通过宣传十月革命的胜利，阐明了社会主义代替资本主义的历史规律；还试图用马克思主义观点观察中国社会现状，提出不少使人耳目一新的问题，这对帮助陕西人民摆脱闭塞状态和开展无产阶级革命运动作了重要的思想准备。

在组织上，《共进》及共进社还哺育和锻炼了大批青年，其中不少人成为陕西党团组织的骨干。共进社的最初成员，大都是经过五四运动锻炼的进步知识分子，以后的一些成员，也大都参加过波及全国的五卅运动、三一八群众运动等重大政治活动，不少人锻炼成为名副其实的无产阶级战士，甚至为革命献出自己的宝贵生命，为中国人民的革命事业立下了不朽的功勋。1926 年 3 月 18 日，在段祺瑞执政府门前游行示威中，北大陕籍学生张仲超是共进社第一个为革命献身的烈士，以后不少共进社成员相继为革命英勇牺牲。共进社的主要领导人，如李子洲、刘天章、魏野畴、杨明轩、武止戈等许多人，都在陕西早期革命运动中发挥过先锋的作用，其中李子洲、魏野畴、武止戈等还是陕西党团组织最早的奠基人。共进社的成员中，也出现了如刘志丹等这样一些著名的无产阶级革命家。共进社也是中国共产党的一个外围组织，它在陕西各地建立了不少地方团。后来，榆林方面的负责人有李子洲、魏野畴、谢子长、刘志丹、呼延震东等；绥德方面的负责人有杨明轩、常汉三、王懋廷、田伯英等。他们积极开展活动发展社员五六十人，其影响之大，使军阀井岳秀也惊恐不安地说："我不怕大共（指共产党），最怕小共（共进社）。"[①]

此外，一部分旅外的陕籍和非陕籍青年学生毕业后选择回到陕西传播马克思主义，使马克思主义在陕西的传播更加广泛和深入。他们以学校为据点，在校内，通过编撰教材、推荐书目、指导成立各种学生组织等方式给学生们灌输民主和科学的新思想，宣传马克思主义。在校外，他们还积极发展党、团组织，对穷苦大众宣传马克思主义思想，进行革命教育，并在此基础上组织和领导一些革命实践活动。由于归陕的青年知识分子以学校为据点，先教育学生，再逐步教育群众的渐进过程可以稳定、系统地输出新思想，并且在当地还可以通过直接号召参与革命运动的方式将革命思想付诸实践，因此，这一时期马克思主义在陕西的传播更加深入且具有组织性。

在校外，他们将马克思主义与陕西的革命实际相结合，领导和发动学生及群众参与反帝反封建、打倒军阀的运动。1922 年，汉中参加五四纪念会的各校学生于会后上街游行，不畏卫兵持枪威胁，冲进汉中道尹公署，与道尹王炳坤谈判，迫使其同意施行抵制日货条例并通电全国。1924 年西安的反吴新田斗争获胜，吴新田来到汉中，汉中地区也掀起了反吴驱吴的斗争热潮。1925 年，西乡北区在西安上学的何庚伯，因家里受苛捐杂税的剥削而辍学，他们组织几十名农民起来抗捐抗税，农民积极响应，最多时近千人。在李子洲等人的宣传和组织领导下，绥德地区的群众运动蓬勃开展，如改组劝学所为教育局；成立农民协会、小学教师联合会、运动会、青年社；声援三一八和五卅惨案等。在绥德每遇大节日、纪念日，利用贴标语、撒传单、讲演、演戏、闹秧歌等形式，宣传马克思主义、爱国主义、国民革命的道理。这些运动的开展是为了促进马克思主义的传播，如成立青年

---

① 中共榆林市委党史研究室编：《中共榆林历史》（1919—1949），陕西人民出版社 2004 年版，第 11 页。

社团促进马克思主义的学习和研究，创办宣传马克思主义的刊物。而有些活动既受了马克思主义指导的同时也提升了人们对马克思主义的热情和了解。这些学生活动和群众运动，让人们在除了通过书本学习马克思主义之外的实践中切身地体悟马克思主义的真理，这对面朝黄土背朝天的劳动人民来说是更为直接和生动的传播方式。

在党、团组织先进分子的引导下，马克思主义在陕西的传播掀起了高潮。一方面，介绍马克思主义、社会主义与俄国革命的文章增加了，陕西的知识分子不再于黑暗中盲目呐喊，马克思主义带来的光明让他们看到了实现解放的现实道路。他们意识到要实现解放不能只依靠武力，特别是带有封建主义性质又是资本主义附庸的军阀，也不能只依靠社会改造和人的思想改造，最根本的是需要进行政治革命，需要掌握政治权力的人代表被压迫人民的利益。因此，广大被压迫的人民群众需要接受教育并被组织起来，形成联合的力量来推翻帝国主义和军阀。明白了这一点，越来越多的陕西青年学生和人民群众接受了马克思主义的教育，找到了新的奋斗方向。在旅外留学的陕西青年以及来陕的外地知识分子的指导下，陕西群众积极参与了革命活动，对地方军阀形成压力并给予打击。其次，在陕西培养和发展了一批马克思主义者，逐步发展和壮大了陕西的党、团组织，为大革命时期的群众运动特别是农民运动的兴起创造了条件，也为陕甘边、陕北革命根据地乃至陕甘革命根据地的建立奠定了坚实的思想与组织基础。

蓬 勃 气 象

三、大革命时期马克思主义在陕西的传播

大革命时期，陕西党团组织广泛建立，有力推动了马克思主义理论向基层的传播。但是，在半殖民地半封建时代的中国，各地政治经济发展极不均衡，加之陕西境内陕北、关中及陕南地区之间交通不便，导致各地基层党组织的创建与活动尚未实现高度统一。总体而言，陕北与关中地区党的组织体系发展较早，马克思主义的传播效果较为显著，陕南地区相对滞后，大革命时期仅有少数党员在当地进行建立党团组织的活动[①]。

（一）陕西党团组织体系的形成与马克思主义的传播

大革命时期，马克思主义在陕西的传播呈现出组织化传播的特征，传播的主体由之前的马克思主义者个体传播发展成为党团组织的组织化传播。

中国共产党陕西组织的建立

大革命时期，陕西党组织活动主要集中在关中与陕北两个地区，

① 齐心、孙启蒙、张守宪：《中国共产党陕西地区组织的建立及其初期的革命活动》，《人文杂志》第S1期，1981年。

关中地区以西安和三原为核心，陕北地区初以绥德为中心，陕南则仅有零星党员活动[①]。该时期马克思主义在陕西传播的区域主要是关中和陕北地区，其中西安、三原、绥德三地最为集中。

1. 关中地区中共组织体系的形成

关中地区党团组织体系的核心区域是三原与西安，最早有党团员活动的地方是咸阳三原地区。早在 1922 年 7 月，受武汉党、团组织和董必武的派遣，王尚德回陕发展党团组织。1924 年 3 月，社会主义青年团中央扩大执委会决定在西安、华县、三原等地建立团组织，而后武止戈奉团中央指示帮助建立西安团组织。武止戈到西安后发展团员 3 人，并于 1924 年秋建立社会主义青年团西安第一支部。1925 年秋，中共北方区委派安存真来陕做军事工作，并发展党组织。同时，共青团中央派吴化之来西安整顿团组织。他们到达西安后，在整顿团组织的同时，会同西安党员魏野畴、雷晋笙、刘含初于 1925 年 10 月创建了中共西安特别支部，隶属于豫陕区委领导。11 月，豫陕区委派黄平万来陕筹建西安地委，后经豫陕区委批准于 1926 年初将特支改建为地方执行委员会。

1925 年 11 月，西安地委在发展组织计划中就明确指出了要在“景龙、一中、成德、民立、西中、女师、女中一师须介绍同志。同志须在二日内将所认识的进步熟人（无论西安或他处）报告地委（另发熟人调查表）。”[②] 此后，在西安市区先后成立了私立民立中学支部（1926 年初）、陕西省立单级师范学校支部（1926 年 2 月）、私立敬业中学支部（1926 年 2 月）、私立成德中学支部（1926 年春）、

---

① 大革命时期，陕南有个别党员在当地进行建立党团组织的活动。1927 年 2 月，党曾委派共产党员王子明为南郑、城固、洋县的国民党党务指导员。王子明曾计划在汉中地区的进步知识分子中发展党员，但因大革命失败而被迫停止活动。直至 1927 年 10 月，陕西省委才派人在陕南地区建立了陕南特委。故本章对陕南地区党的活动略而不论。

② 中央档案馆、陕西省档案馆编：《陕西革命历史文件汇集》（1924—1926 年），1991 年版，第 117 页。

陕西省立第一中学支部（1926年春）、省立第三中学支部（1926年春）、东九府街支部（1926年上半年）、西九府街支部（1926年6月）、暑期学校支部（1926年7月—1926年8月，暑期学校结束后支部取消）、省立第一女子师范学校第一小组（1926年初）、省立第一女子师范学校第二小组（1926年2月）、省立第一女子师范学校支部（1926年2月）。

但至1926年11月，西安市党组织仅剩余8个[①]。主要原因是1926年4月刘镇华率“镇嵩军”兵围西安，西安党团地委的领导成员黄平万、吴化之、魏野畴、刘含初、雷晋笙、张含辉、张秉仁、吕佑乾、王观政等均困守城内，与外界联系不畅。加之围城后期，城内极度缺粮，常有居民饿死，给党组织的生存与发展造成相当大的困难。1925年12月至1927年2月间，“刘镇华入陕，连年战争，交通阻塞，中央及豫陕区委根本上就莫有管到陕西的工作。西安被围八月之久，渭河南北，全成战区，许多故有的组织□□无形消灭了，居政治中心的西安的党的组织□□不能有很大的发展。”[②]西安解围后，西安市党的工作有了恢复，1927年2月支部增至14个，5月增至29个[③]。西安地委还派人分赴各县建立了组织，先后成立了富平特支（1926年10月）、兴平党小组（1926年11月）、泾阳特支（1926年11月）。

三原党组织的建立几乎与西安同步。1925年12月，吴化之来三原对当地团组织进行整顿，并在陕西省立第三职业学校召开会议，成

---

① 中共西安市委组织部、中共西安市委党史研究室、西安市档案馆编：《中国共产党陕西省西安市组织史资料》，陕西人民出版社1994年版，第53页。

② 中央档案馆、陕西省档案馆编：《陕西革命历史文件汇集》（1925—1936年），1992年版，第22页。

③ 中共西安市委组织部、中共西安市委党史研究室、西安市档案馆编：《中国共产党陕西省西安市组织史资料》，陕西人民出版社1994年版，第53页。

立中共三原特别支部，张仲实任书记[①]。1926 年 1 月，曾就读于省立第三师范的团员严木三根据共青团西安地委指示，在富平立诚学校成立共青团富平特别支部，严木三任书记。3 月，中共三原特支通知严木三由共青团员转为中共党员，并指示他在共青团员中积极发展党员，建立党组织。5 月，中共立诚学校小组成立，隶属中共三原特支领导。10 月，中共富平特别支部成立，隶属西安地委领导，1927 年 3 月改属三原地委领导[②]。1926 年 4 月，中共三原特支派高陵籍学生崔守仁、于廷林等回到高陵，于 10 月下旬建立了共青团高陵特别支部，崔守仁任书记，隶属共青团三原特别支部领导[③]。1926 年 7 月，共产党员李琦、曹永丰建立岐山第一个党小组，10 月成立中共岐山支部，将团员编入党支部一起过组织生活。1927 年 2 月，岐山党团组织分设，成立中共岐山特别支部，李琦任书记[④]。1926 年 11 月，受中共三原特支派遣，崔贯一回云阳地区开展革命工作，建立了党小组。1927 年 3 月，扩建为中共云阳特别支部，崔贯一任书记[⑤]。1927 年 3 月，中共陕甘区委召开第一次代表大会，决定建立三原等地党的地方委员会。3 月 22 日，中共三原地委正式成立，隶属陕甘区委领导，下辖 4 个特支、4 个支部。5 月，泾阳特支改为地委，归属陕甘区委，云阳特支改为支部，归属泾阳地委。此时，三原地委下辖 3 个特支、12

---

① 中国共产党三原县委员会编:《渭北革命根据地史》，陕西人民出版社 2016 年版，第 85 页。

② 中共富平县委组织部、中共富平县委党史研究室、富平县档案局编:《中国共产党陕西省富平县组织史资料（1926.5—1987.10）》，陕西人民出版社 1993 年版，第 5、7 页。

③ 中共三原县委党史研究室:《中国共产党三原县简史》第一卷，陕西人民出版社 2012 年版，第 28 页。

④ 中共岐山县委组织部、中共岐山县委党史资料征集研究办公室、岐山县档案馆编:《中国共产党陕西省岐山县组织史资料（1926.7—1987.10）》，1988 年版，第 10、11 页。

⑤ 中共泾阳县委组织部、中共泾阳县委党史研究室、泾阳县档案局编:《中国共产党陕西省泾阳县组织史资料》，1995 年版，第 11 页。

个支部，有党员 207 人[①]。

以上情况清楚地显示，关中地区党的组织体系是围绕着西安和三原两个中心区域逐步构建起来的，使得这两个区域成为马克思主义在陕传播的重点地区。

2. 陕北地区中共组织体系的形成

陕北地区是陕西党组织建立最早的地区之一。陕北党组织是在中共中央《关于加强北方工作的决议》精神指引下，在团中央发出第 121 号通告后创建的。陕西省立第四师范学校是陕北党、团组织的发源地。继省立第四师范学校之后，榆林中学和宜川驻军李象九部、谢子长部也建立了党的组织，延安地区党组织也随之建立。

陕北党团组织创立地——陕西省立第四师范学校

1926 年，陕北地区受刘镇华进攻的危害比较小，党组织发展较快，至 6 月，共建立党组织 7 个，其中，省立第四师范建立党支部 3 个，有党员 31 人；宜川建立党的特支 2 个，有党员 21 人，全是军

① 中共三原县委组织部、中共三原县委党史研究室、三原县档案局编：《中国共产党陕西省三原县组织史资料》，1995 年版，第 11、12 页。

人；榆林中学建立党的特支 1 个，党员 7 人。

因历史原因，中共陕西党的活动几经调整最后统归于中共陕甘区委领导。1926 年 5 月之前，中共绥德特别支部归北方区执行委员会（1925 年 10 月—1927 年 5 月）领导，1926 年 6 月组建中共绥德地方执行委员会，地执委设组织部和宣传部等工作机构。1927 年 2 月，绥德地执委归中共陕甘区执委领导。关中地区的党的宣传工作由中共豫陕区执行委员会（1925 年 10 月—1926 年 8 月）下属的西安特支——西安地执委（1925 年 10 月—1926 年 8 月）、三原特别支部（1925 年 12 月—1926 年 1 月）、赤水特别支部（1925 年 12 月—1926 年 1 月）负责。1926 年 8 月，中共豫陕区执委撤销，12 月西安党团组织的主要负责人集中力量，组成陕西党团联席会议作为临时性的陕西党团最高指导机关。1927 年 1 月，中共中央和共青团中央决定成立党团陕甘区委。3 月，中共陕甘区委在西安成立，耿炳光为书记。区委下设西安、绥德、榆林、延安、三原、渭南、泾阳等地委和 41 个特支[①]。

3. 陕西党团活动的地域性特征

陕西全省从北到南分为陕北、关中与陕南三个区域。近代以来，西安名为省会实际上并未能成为全省的中心，各区域间经济、文化、政治、军事乃至不同民众的心理需求、习俗等存在较大差异，且陕北距离西安路途遥远，距离北京、天津等地交通较方便。据载：陕北多山，交通不便，“旅行尽步行或骑驴马，旅费特贵，由陕北中心绥德到西安，要半月，旅费三、四十元；往东到北京，要八、九日，旅费少在二十多元、三十元；北到榆林，要三天，旅费也须六、七十

---

① 中共中央组织部、中共中央党史研究室、中央档案馆编：《中国共产党组织史资料（1921—1997）》第一卷，中共党史出版社 2000 年版，第 124 页。陕西省地方志编纂委员会编：《陕西省志 · 中国共产党志》（上），陕西人民出版社 2002 年版，第 226—227 页。

元”“且路途中零星土匪时常出没行劫旅客。”[①] 在这种交通状况下，对于经费紧张的陕北党组织而言，与北京直接联系更为便捷可行。“由西安到陕北倒反要出潼关经河南、山西才能去到”，故当地党团组织负责人建议“陕北的活动除陕西政治外”“不必列入西安下面，顶好自为一区域，中央或区特派一二人去主持工作”[②]。

基于以上因素的考虑，加之陕北的党组织是在北京大学求学的李子洲返乡创建的，为便于开展党的工作，1926 年在党的组织归属上“陕北属北方区，西安一带属于豫陕区”[③]。到 1926 年底，“由北方区向中央提议统一陕西党的组织。到一九二七年一月二十八日中央会议决定成立陕甘区，同时派耿 ××（炳光）同志带中央决议回陕工作”[④]。1928 年 1 月 4 日，为了解决陕西省委指导陕北工作“迟缓”“不见灵光”的难题，又决定成立“陕北特委”[⑤]。并特别强调鉴于“陕北与太原、北京、天津等处，交通比西安为便，消息灵通，中央对于陕北的消息情况，也容易明了”。建议“将陕北划为特别区，直属中央，或归山西、顺直省委指导”。“不依地域关系，只求工作上的便利。”“并且事实上陕北现时与顺直党关系比西安省委更为密切。这都是交通便利事实上自然的结果。”[⑥]

但是，这在实践中又导致了陕北与关中地区的党组织关系呈现某

---

① 中央档案馆、陕西省档案馆编：《陕西革命历史文件汇集》（1927—1929 年），1992 年版，第 423 页。

② 中央档案馆、陕西省档案馆编：《陕西革命历史文件汇集》（1924—1926 年），1991 年版，第 324 页。

③ 中央档案馆、陕西省档案馆编：《陕西革命历史文件汇集》（1925—1936 年），1992 年版，第 33 页。

④ 中央档案馆、陕西省档案馆编：《陕西革命历史文件汇集》（1927—1929 年），1992 年版，第 83 页。

⑤ 中央档案馆、陕西省档案馆编：《陕西革命历史文件汇集》（1927—1929 年），1992 年版，第 315 页。

⑥ 中央档案馆、陕西省档案馆编：《陕西革命历史文件汇集》（1927—1929 年），1992 年版，第 425 页。

种“混乱”。1929年8月22日，任子良在《关于陕北社会现状、党的组织及工作缺点等问题给中央的报告》中曾特别指出，陕北与关中地区的党组织之间较为混乱的组织关系影响了党在陕的地方工作，“全陕北工作由陕北特委指导，特委可说是陕北的上级指导机关，特委在组织系统上虽受西安省委的指导，但是实际因交通关系，与顺直党发生关系较为密切”，“顺直党时常派人到陕北或西安工作，今年五月间，天津派两个同志（李、黄）到西安去工作，并由我（任子良）转达顺直特派员对于陕北工作的意见。”[①]“（陕北党的）组织系统紊乱，是个纵横相并的组织，形式是纵的组织，但以工作关系上说又是各横的组织。特委与省委发生关系，又能与北平市委发生关系，以致于县与县、支与支都能直接发生关系。”[②]为了厘清二者之间的关系，直至1931年，中共中央北方局依然在强调“陕北特委直属北方局”，与中共陕西省委“发生横的关系”。

陕西省区域之间党的组织关系的复杂成因在于省内因交通不便而造成的地缘隔绝。交通的困境对于基层党组织的活动而言，是一个需要考虑的现实问题，耿炳光巡视陕北工作时就曾言因“定边县路太远，来回路上需一月”，故未能至当地开展工作[③]。可见，在考察早期党组织在基层活动时，地理交通是必须要纳入考量的一个重要因素，同时基于地理空间之上的区域政治文化环境也会对党的组织活动产生影响。

早期党的组织活动多依托学校开展，并依托当地的教育系统逐步发展而形成。学校是党的组织体系的关节点，学生是党组织扩展的桥梁，因此文教环境较好的区域，如西安、三原、绥德，发展成为党

① 中央档案馆、陕西省档案馆编:《陕西革命历史文件汇集》(1927—1929年)，1992年版，第414页。

② 中央档案馆、陕西省档案馆编:《陕西革命历史文件汇集》(1927—1929年)，1992年版，第416页。

③ 中央档案馆、陕西省档案馆编:《陕西革命历史文件汇集》(1924—1926年)，1991年版，第343页。

组织的核心区域。明确此点即可知大革命时期马克思主义理论在陕西传播的重点区域，亦可知该时期学校是马克思主义理论传播的重要空间，在学生与工农群众之间逐步建立了传播渠道。

党组织推动马克思主义理论的传播

这一时期马克思主义理论在陕西的传播呈现组织化传播的特征，主要是依靠党的组织进行理论的传播，该时期陕西党组织通过创办进步刊物、创办学校、开办农民运动讲习所、发动工农运动等方式，推动了马克思主义理论传播范围的扩大。

1．发行进步刊物传播理论

为了以马克思主义理论启迪民众，陕西党组织在大革命期间创办了一系列进步刊物用于传播马克思主义。早在 1924 年 7 月，魏野畴在西安依托青年文学社出版《青年文学》旬刊，后改名《青年生活》旬刊，对陕西学生特别是西安学生产生了较大影响。该刊物明确提出反帝反封建的口号，号召青年学生团结起来，从事社会改革，进行革命斗争，谋求民族独立。魏野畴在《青年生活》刊发《学生会整顿法》等文章，对各校学生会的整顿工作进行指导，强化了对学生会的领导，使各校学生会组织迅速健全起来，成为各种学生运动的组织者和领导者，整顿后的学生会在开展读书会、讲演会、学术研究会、平民教育等活动中异常活跃①。

1928 年 8 月中旬，魏野畴还创办了《西安评论》，实际上成为了当时陕西党组织的理论指导刊物。刊物的内容主要是根据共产党的理论和政策，对当时陕西的政治、经济、文化、教育等各方面问题进行

① 中共陕西省委党校党史教研室、陕西省社会科学院党史研究室编：《新民主主义革命时期陕西大事记述》，陕西人民出版社 1980 年版，第 63 页。

评述，曾经刊发《省议员所干何事》《官僚与土匪》《恶势力一时的挣扎》等时评文章，揭露当局的黑暗与腐败。魏野畴还先后撰写了《西安学校的大写真》《农民的痛苦》《敬告西安工友》等数十篇文章，积极宣传无产阶级革命理论，指导西安各界的群众斗争，被誉为“古城号角”[①]“陕西革命舆论的惟一指导者”[②]。该刊物先后在西安、三原、华县、榆林、绥德、赤水、同州（今大荔）等地的学校设立了代派处，甚至在北京、天津、开封等处都有专门代派处发行。最高发行量一度达到2000多份，阅读对象主要是学生，“工人如有能力阅读则予以优待”，按期予以赠送[③]。

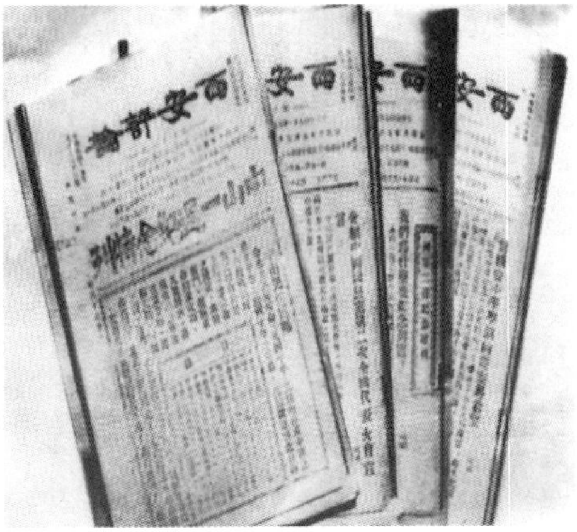

魏野畴等创办的《西安评论》

大革命时期，影响较大的革命刊物还有《陕西国民日报》。该报纸名义上是国民党陕西省党部的机关报，但其实是中共陕西党组织的机关报，社长刘天章是中共陕甘区委候补委员，负责日常宣传工作。中共陕西省委给各级党委的指示中指出：“《国民日报》是可以作为我们宣传工具的，应在宣传部的指导下，集中一部分有能力的同志去工作，努力充实内容，改良发行方法，以期普遍。”[④]该报以大量篇幅介绍了苏联十月革命的经验，阐述了革命必须效仿十月革命，宣传了中国共产党的政治主张，对蓬勃发展的陕西各种革命运动，进行了热情

① 陕西省档案局（馆）编:《陕西档案精粹》，三秦出版社2012年版，第175页。

② 中共陕西省委党史研究室编:《五四运动和马克思主义的早期传播在陕西》，陕西人民出版社1990年版，第290页。

③ 西安市地方志办公室:《西安通史》第4卷，陕西人民出版社2016年版，第160页。

④ 陕西省地方志编纂委员会编:《陕西省志·报刊志》，陕西人民出版社2000年版，第175页。

的报道。

雷晋笙、吕佑乾等创办《西北晨钟》，宣传新文化、新思想，揭露帝国主义、封建军阀的罪恶，唤起民众，公开提出“提倡移风易俗推翻腐败政治”和反帝雪耻的主张[①]。《青天白日报》则创办于国民军三军第三师之中，由杨虎城倡办，魏野畴为主编，主要报道军政消息和传播革命思想。在“西安围城”期间，共产党员通过《青天白日报》进行宣传，鼓励杨虎城和李虎臣的守城部队同仇敌忾众志成城保卫西安城[②]。《西北人民》是中共陕甘区委机关刊物，虽仅刊出四期即停刊，但曾刊登过《介绍同志须知》《入党须知》《工农入党须知》《党员须知》《党员问答》《干部须知》《党的组织讨论提纲》等与党建相关的论文，对于普及党的基本理论与党的组织工作知识发挥了重要的作用。特别是该刊物及时转载中央理论，并以共产党的名义对西北许多地方问题提出建议，故曾被誉为“西北革命的急先锋”[③]。

这一时期陕西出版的进步期刊如下表：

刊物名称	创刊时间	创刊者	备注
《青年文学》	1924 年 7 月	魏野畴	1924 年 10 月改为《青年生活》
《西北晨钟》	1924 年 12 月 10 日	武止戈、魏野畴、雷晋笙、崔孟博、康少韩	1925 年停刊
《陕西青年》	1924 年	张秉仁、张秉辉、张金印、陈嘉惠	
《青年生活》	1924 年 10 月	魏野畴、张秉仁	1926 年 3 月 12 日停刊

① 陕西省地方志编纂委员会编：《陕西省志 · 报刊志》，陕西人民出版社 2000 年版，第 580 页。

② 西安市地方志编纂委员会编：《西安市志》，西安出版社 2000 年版，第 39 页。

③ 陕西省地方志编纂委员会编：《陕西省志 · 报刊志》，陕西人民出版社 2000 年版，第 232 页。

续表

刊物名称	创刊时间	创刊者	备注
《渭北青年》	1925 年 8 月 4 日	渭北青年社	
《西安评论》	1925 年 8 月 12 日	魏野畴	1926 年 3 月 12 日停刊
《新群》	1925 年 12 月 26 日	上海大学陕西同乡会	
《青天白日报》	1925 年	国民军三军第三师	1926 年停刊
《陕西国民日报》	1927 年 1 月	中共组织派雷晋笙以国民党陕西省党部的名义创办	1927 年 7 月停刊
《西北人民》	1927 年 5 月 1 日	中共陕甘区委机关刊物	大革命失败后停刊

为了更好地宣传马克思主义理论，中共陕西党组织还编辑出版了《孙中山先生传》《马克思主义概论》《共产主义与共产党》《社会科学概论》《帝国主义侵略中国史》《唯物史观》等理论书籍。另还有十一书店、廿四书报社等机构专门经销各类革命报刊和书籍，其带销量由二三千至一万份不等[①]。这些无疑都促进了马克思主义理论在陕西的传播。

这些报刊的出版发行，宣传报道了马克思主义理论家和革命家，普及了马克思主义理论的基础知识，热情讴歌了人民群众的革命活动，宣传了党的理论方针和政策，并对党的会议、党组织负责人及全国革命斗争形式进行了报道，面向大众并在一定程度上提升了人民的觉悟，鼓舞了革命斗志，推动了马克思主义理论的传播。

2. 开办学校培养人才

大革命的蓬勃兴起对马克思主义理论人才与革命干部的需求越来

① 中共陕西省委党史研究室:《中国共产党陕西历史》第一卷（1921—1949），中共党史出版社 2021 年版，第 66 页。

越急迫，中共陕西组织开始以办学的方式加快马克思主义理论的宣传与教育，为革命加速培养干部。

1926 年 12 月，为了适应斗争的需要，魏野畴举办了地下党内骨干分子训练班，为革命培养干部。参加学习班的有陈云樵、王菊人、王炳南、吕剑人、王文彬、李恒茂、韩鼎等十几人，刘继曾、潘自力等担任教员。讲授的内容是：中国共产党的性质和任务、批评与自我批评、民主集中制、群众运动等。1927 年 1 月，魏野畴举办了一个军事政治队，为党培养军事政治干部。军事政治队招收了 80 余名学员，都是陕西各地党组织推荐而来的党员、团员和进步青年。

中共陕西组织与国民军联军司令部合作组建了西安中山学院，共产党员刘含初、李子洲、赵葆华等进入中山学院的筹备委员会。该学校吸纳进步学生入校学习，旨在培养农民运动骨干、党务人才和政治工干部。1927 年 3 月 10 日，中山学院举行成立大会，国民军联军总司令部政治部代部长共产党员刘伯坚及苏联顾问赛夫林等出席并发表演说。中山学院院长刘含初、副院长兼教务处长李子洲、教育长徐梦

在西北大学校址上建立的西安中山学院

周、总队长任敬斋、总务科长呼延震东均为共产党员，“实际上是共产党创建和领导的、用以培养革命干部和人才的学校”[①]。

中山学院先后开办了农民运动班（杜松寿为负责人）、组党班（金鸿图为负责人）、军事政治训练班（陈玉璧、高锦尚、李万斌任中队长，陈云樵、吴岱峰任区队长）、妇女运动班（杨怀英为负责人）、教育行政人员养成班（陈云樵为负责人）。其学员多是陕甘地区中共党团组织介绍而来，尤以绥德四师、榆林中学及三原地区党的组织发展较好的地区为多。开设有专业课程和政治课程，其中政治课程主要有《社会进化史》《政治经济学概论》《中国政治状况》《帝国主义侵略中国史》《不平等条约》《农民运动》《革命的三民主义》等。中山学院以马克思主义理论为指导，培养了不少优秀的革命干部，“西安中山学院既是共产党人的战斗堡垒，又是锻炼和造就革命军政人才的熔炉。”[②]

为了培养党的军事人才和政治工作骨干，中共陕西组织还创办了西安中山军事学校。该校名义上归国民军联军驻陕总司令部管辖，实际由中国共产党直接领导和掌握。校长史可轩、副校长兼教务主任李林、政治部主任邓希贤（邓小平）、学员总队长许权中均为共产党员。全校学员分三个大队，担任大队长的均为共产党员，中队长、分队长和绝大多数政治教官都是共产党员或共青团员。学校开设了《社会主义概论》《共产主义ABC》《国家与革命》《中国革命史》《三民主义》《国民党史》等政治理论课。学校先后招收学员700余名，绥德地委及团组织选派各县共产党员、团员及进步青年马子敬、杨岐山等62人入校学习，史唯然、高岗、王曙等共产党员都曾在此学习过。

---

① 中共陕西省委党校党史教研室、陕西省社会科学院党史研究室编:《新民主主义革命时期陕西大事记述》，陕西人民出版社1980年版，第68页。

② 中共陕西省委党史研究室:《中国共产党陕西历史》第一卷（1921—1949），中共党史出版社2021年版，第63页。

3. 开展反帝反封建运动扩大影响

马克思主义在革命的实践中体现了科学性与真理性，大革命时期陕西轰轰烈烈的革命运动提升了马克思主义的影响力，广大学生、工人与农民群众在大革命洗礼下接受了马克思主义的启蒙。

1925 年 5 月，陕西军阀吴新田部下与西安省立一中学生发生冲突，四十多名学生被打伤，即“五四惨案”。事件发生后，陕西党的组织联合各校学生从 5 月 10 日开始一律罢课，发起“驱吴运动”。西安与三原的学生先后派人到各地开展宣传活动，并派代表到杨虎城部和国民军二军等部队做工作，获得了各省学生与国民军第二军、第三军驻陕部队的响应。“驱吴运动”强化了各地学生之间的联络，锻炼了学生队伍，改善了学生群体与驻陕进步军队之间的关系，展示了马克思主义理论的革命性魅力。

上海五卅惨案的消息传到陕西后，正在参与“驱吴运动”的党团领导人及时印发传单、宣言，声讨帝国主义残害同胞的罪恶行径，召开西安市民大会举行游行示威，通告陕西各县做五卅运动宣传，组织学生团体分赴各乡间讲演。6 月 20 日，数千名学生在西安举行游行示威，高呼“打倒帝国主义”“收回租界”“取消一切不平等条约”“对英日经济绝交”等口号，沿途向市民宣传讲演反帝思想。“讲到痛切之处，竟有人咬破手指，将‘雪耻’二字书于白手帕上。”[①] 学生的抗争精神极大地感染了西安市民。

陕西工人也组织起来声援五卅运动，6 月 18 日，陕西工界召开援助沪案大会，会上专人演讲“工人对于国家责任”，“各工人闻听之下，愤慨异常，咸愿竭力援助。”[②] 在“陕西工界致沪工界函”中呼吁工人要承担起反抗帝国主义的使命：“列强侵略我国已经八十多年了。

---

① 陕西省地方志编纂委员会编：《陕西省志 · 共青团志》，陕西人民出版社 2007 年版，第 263 页。

② 《新秦日报》1925 年 6 月 20 日。

我们若不急图奋发，亡国灭种，即在目前。同人等由我国数千年民族革命史上看来，惟有我们工人能担负反帝国主义运动之使命，及能以不妥协的精神和他们奋斗。”①

陕西革命形势高涨

党组织推动下的马克思主义理论启蒙了民众，成为推动陕西革命形势高涨的助燃剂。大革命期间，进步报刊宣传工人、农民、青年学生和妇女及各阶层的革命活动，配合革命形势推动马克思主义理论的传播。

《陕西国民日报》用大量篇幅介绍马克思主义理论，广泛宣传了马列主义和中国共产党的方针政策，充分报道了党的活动和领导人讲话。通过刊登《巩固革命的统一战线》《军队何以要施行政治训练》《我们为什么纪念列宁》《对于第一次全省代表大会希望的》《中国共产党对于时局的宣言》《革命须知》《护党运动与蒋介石背党》《纪念人类的导师马克思先生》等文章，大力阐释了中国革命必须要效法十月革命的道理，突出宣传中国共产党领导中国革命的政治纲领，强调必须实行“联俄、联共、扶助农工”的三大政策，号召民众把革命进行到底。该报连载杨慰祖写的《马克思小传》和《列宁志略》，发表《纪念人类的导师马克思先生》的社论。1927 年 2 月 16 日刊登了中共为反对帝国主义的《中国共产党对于时局的宣言》。1927 年 4 月 25 日刊登《护党运动与蒋介石背党》的社论，揭露蒋介石反革命政变的罪行，明确指出蒋介石与英日帝国主义妥协，包庇研究系余孽，有做反动中心的倾向，号召人们根据总理的遗产——主义和政策，在党的纪律之下，努力护党、努力反对背党的蒋介石，救党救国，保持革命的胜利，并在最后提出“打倒蒋介石就是护党”的口号。4 月 14 日刊登《江南肃清后中国革命的时局》一文，为新的北

① 《陕各界援助沪案之通电》,《新秦日报》1925 年 6 月 21 日。

伐造舆论，支援国民军东征。4 月 25 日发表《纪念人类的导师马克思先生》的社论，对马克思进行了宣传和纪念。1927 年 4 月 28 日李大钊在北京惨遭杀害，刘天章即夜挥泪疾书，撰文哀悼，文中写道："你已为革命而牺牲，今后割贼头，饮贼血惟有我们。"《陕西国民日报》连日辟专栏、出特刊，连续报道陕西人民追悼"四二八"死难烈士的活动。同年 6 月，报纸连载中共举办中山学院的"农民运动第三班""军事政治第二班"的招生简章，还刊登了中共中央机关刊物《向导》的出刊消息，以及《列宁主义概论》（瞿秋白著）和《政治学概论》（恽代英著）等新书预告[①]。轰动一时的反英帝运动、非基督教运动、反蒋介石运动、反何经纬运动、支持平民教育运动、北伐会师中原等重大活动和历史事件都是报道的中心内容。可以说，《陕西国民日报》配合大革命形势开展了马克思主义理论宣传，对党中央的重要文件以及初步的马列主义基础知识，也都作了一定的反映和宣传。"这些都有效地教育了人民群众，提高了人民群众的革命知识和思想觉悟，指出了奋斗的方向，鼓舞了胜利的信心，推动了革命的迅速发展。"[②]

1925 年 7 月，党组织通过《西安评论》向西安各界提出今后反帝工作：（一）尽量扩大学生的反帝运动；（二）促使各界的反帝运动继续扩大，成立西安工、农大联合；（三）使西安反帝运动的热潮激荡到省城以外县各乡村镇。对学生运动也指出方向，号召学生在斗争中学习，成立自己的组织，通过组织领导斗争。党组织还通过《西安评论》指出了在当时国际形势下，无产阶级是革命的中心；分析了陕西工人阶级的情况，号召工人组织起来和反动的阶级作斗争；指出了消极的"交农"斗争是不能彻底摧毁反动统治阶级的，农民们必须组

① 中共陕西省委党校党史教研室、陕西省社会科学院党史研究室编：《新民主主义革命时期陕西大事记述》，陕西人民出版社 1980 年版，第 132、133 页。西安市地方志编纂委员会编：《西安市志》第 6 卷，西安出版社 2002 年版，第 614 页。杜文玉主编：《陕西简史》下册，陕西师范大学出版总社 2014 年版，第 515 页。

② 中共陕西省委党校党史教研室、陕西省社会科学院党史研究室编：《新民主主义革命时期陕西大事记述》，陕西人民出版社 1980 年版，第 133 页。

织农会，学习广东海陆丰和湖南衡山的经验；指出了教育界的斗争不应只停止在经济斗争上，而要认识到给教育界带来灾难的是万恶的帝国主义和封建主义，因此应把经济斗争与政治斗争结合起来[①]。在《西安评论》上连续刊登的《孙中山主义与戴季陶主义》《孙中山主义与工农阶级》《十月革命与民族解放运动》等文章，赞扬孙中山先生接受共产党人的帮助，确立“联俄、联共、扶助农工”的三大政策，宣传马列主义关于无产阶级革命的理论，宣传党的民主革命的策略思想，指导陕西革命斗争的发展。该刊连续刊登了《对于关税问题的意见》《“九五”纪念》《岂但是承认“有强权无公理”吗？》《沪案秘密解决与关税问题》《基督教的妇女观》《日本公然出兵帮助张作霖》等文章，有力地揭露帝国主义和封建军阀的反动本质，揭露他们互相勾结镇压中国革命压迫中国人民的罪行。该刊报道了《大荔农民之苦况》《兵匪蹂躏下的渭南人民》，反映陕西人民在经济上受封建军阀官僚的掠夺民穷财尽，在精神上受封建礼教的束缚没有自由。西安的中共党团组织通过《西安评论》向西安各反帝团体指出：在目前应尽量扩大学生运动，促进各反帝运动继续扩大，建立西安工、农、商反帝大联合，使西安反帝、反封建的热潮激荡到全省农村。该刊还对学生运动指明了斗争的方向和方法，号召学生建立自己的组织，指出学生会“是学生群众的必要组织，是维护学生自身利益的惟一工具”。号召青年学生在斗争中学习，到工人农民中去宣传，组织他们共同进行反帝反封建斗争。《西安评论》在宣传革命理论，反映全国和陕西革命斗争情况，指导陕西革命斗争发展等方面都起了重大作用。它还积极介绍代销中共中央和其他地区中共党的刊物，如《向导》《中国青年》《政治生活》及各种新书报[②]。

---

① 中共陕西省委党校党史教研室、陕西省社会科学院党史研究室编：《新民主主义革命时期陕西大事记述》，陕西人民出版社 1980 年版，第 86 页。

② 西安市地方志办公室：《西安通史》第 4 卷，陕西人民出版社 2016 年版，第 161 页。

西安中山学院和中山军事学校为陕西培养了大批革命干部人才。如中山学院农运讲习班就曾先后派胡景岳、徐经林、吕林之、周德俊、康兴源、强建斋等同志赴乾县搞农运工作[①]。张云锦、侯百里、雷宏声也是在西安中山学院期间入党并被组织派回岐山组织农民协会[②]。

此外，这两所学校还曾在甘肃宁夏等地招生，为西北各省培养革命人才，推动了西北地区革命形势的发展，扩大了马克思主义理论在西北地区的传播。如黄延年曾和十多人专程从兰州赶赴西安中山学院妇女班学习，“比较系统地接受了革命理论教育”。姜炳生在中山学院农运班学习期间加入了中国共产党，后与同学贺鸿茅被组织委派至甘肃平凉开展革命宣传工作，并担任了当地的《新陇民报》的编辑和记者[③]。1927年春，中共宁夏特别支部曾选派袁金章、雷启霖、李雨村、张子宽、李廷栋等进步青年到西安中山学院学习。当时校内学习的宁夏籍学生大约十名左右，其中党政人员养成班学习的李景林解放后任宁夏区党委第二书记[④]。

（二）陕西学生运动与马克思主义的传播

大革命时期，学校是马克思主义在陕西传播的重要阵地，学生是党重点关注的群体之一，学校与学生对基层党组织创建以及马克思主义理论向基层的深入传播发挥了重要的作用。

---

① 中共陕西省委党史资料征集研究委员会编:《大革命时期的陕西地区农民运动》，陕西人民出版社1986年版，第594页。

② 中国人民政治协商会议陕西省岐山县委员会文史资料研究委员会编:《岐山文史资料》第4辑，1989年版，第40页。

③ 中共甘肃省委党史研究室、甘肃省党史纪念馆编:《甘肃党史资料选编》第1辑，甘肃文化出版社2015年版，第167页。

④ 中共银川市委党史研究室编:《峥嵘岁月：民主革命时期中共银川党史资料》上册，宁夏人民出版社2006年版，第17页。

陕西学校中马克思主义的传播

渭南赤水职业学校

中国共产党陕西早期地方组织的活动与学校密不可分，早期党员的教师身份为他们依托学校传播马克思主义与建立党团组织提供了便利，也为陕西学生接近并加入党团提供了通道。该时期学校成为了发展党团员的重要场所，并形成了“先在知识分子中发展党、团员，后在工农群众中发展党、团员”[①]的发展模式。

以学校为基点，陕西党团组织的发展初具雏形。1922年王尚德归陕后，按照董必武指示在当地创办了赤水职业学校（简称“赤职”），作为革命工作的据点，并于1924年6月正式成立陕西第一个团组织——中国社会主义青年团赤水支部干事会（后改为特支）。据统计“赤水职业小学学生中的团员占到百分之九十以上”[②]。

1925年创立的共青团谷堆小学支部和1927年3月组建的中共高塘特别支部，则是陈述善从北京朝阳大学毕业返陕后，利用教师身份在华县谷堆、高塘小学发展建立的。1925年初，李子洲在绥德四师指导成立了“由李大钊同志直接领导”[③]的陕北第一个团组织——社会主义青年团陕北特别支部。张仲超从北京大学休学后，到陕西省澄城

① 陕西省地方志编纂委员会编:《陕西省志·中国共产党志》(上)，陕西人民出版社2002年版，第249页。

② 中共陕西省委党史研究室、中共渭南地委党史研究室编:《王尚德》，陕西人民出版社1991年版，第1页。

③ 甘肃师范大学政治系中共党史教研室、资料室编:《中国共产党英烈小传》第1集，甘肃人民出版社1980年版，第123页。

县初级中学任教，在王超北的协助下建立了直接和共青团北方区委联系的团澄城支部并先后“吸收杨森定、雷逢泰、李鼎新、刘仲棣、杨世昌、杨世英等”[①]一批青年骨干。1925 年秋，方仲如受中共北方区执委和团组织派遣，在渭南县固市镇渭阳中学担任训育主任兼数学教员，成立了共青团固市特别支部。

为直观了解大革命时期陕西党团组织的发展情况，特列表如下：

大革命时期陕西部分党团组织驻地表

党团组织	驻地	备注
团赤水特支	赤水职业学校	1924 年 6 月成立
团绥德特支	绥德省立第四师范学校	1924 年 12 月成立
团三原特支	三原省立第三师范学校	1925 年 2 月成立
团绥德地方执行委会	绥德省立第四师范学校	1925 年 12 月成立
团三原地方执行委会	三原省立第三师范学校	1926 年 3 月成立
团渭南地方执行委会	渭南县立高级小学	1926 年 12 月成立
团陕甘区执行委员会	庙后街西仓门小学	1927 年 2 月成立，驻地先后在西安桃胡巷子、庙后街西仓门小学、土车巷
团泾阳地方执行委会	泾阳成林桂巷女子小学	1927 年 5 月成立
团延安地方执行委会	延安省立第四中学	1927 年 4 月成立
中共赤水特支	赤水职业学校	1925 年 12 月成立
中共三原特支	三原省立第三师范学校	1925 年 12 月成立
中共绥德特支	绥德省立第四师范学校	1926 年初成立
中共榆林特支	榆林中学附设平民学校	1926 年初成立
中共延安地方执行委员会	延安省立第四中学	1927 年 3 月成立

① 陕西省革命烈士事迹编纂委员会编:《英烈传选》第 1 卷，陕西人民出版社 1987 年版，第 2 页。

续表

党团组织	驻地	备注
中共榆林地方执行委员会	榆林中学附设平民学校	1927 年 3 月成立
中共泾阳地方执行委员会	泾阳县城第一高级小学	1927 年 5 月成立

在陕西党的领导下，学校成为马克思主义理论在陕西传播的桥头堡。现以绥德四师为例，对该时期学校之中马克思主义理论的传播情况作以说明。

建立绥德四师的本意是为陕北培养新的师资，但是校长一职初为前清榆林腐儒高竹轩所占据，高本人“对教育既无知识，能力又弱，沿袭旧的一套教学方法，为社会一般人及学生所不满。”[①]

翌年，由李子洲接任绥德四师校长。李子洲上任后便立即着手对绥德四师进行大刀阔斧的改革。他先是解散了部分守旧的“先生”，聘请杨明轩、常汉三、王懋廷、王复生等党、团员教师，为绥德四师注入了新鲜的血液。紧接着又开设马列主义的课程，“学校设有‘马克思主义浅说’‘社会科学概论’‘中国革命’等课程，还向学生推荐阅读《新青年》《向导》《共进》等刊物”[②]，这些进步思想受到了绥德四师学生的热烈欢迎，“以至讲英文课的老师很为难，因为学生要求结合英文讲马列主义”[③]。这些举措，使得马克思主义得到很好的传播，到 1926 年冬，绥德四师 80% 的师生都加入了党、团组织，为党培养了一大批人才。

此外，还有很多有旅外学生任教的学校把马克思主义理论纳入

① 陕西省革命烈士事迹编纂委员会编:《李子洲》(传记 · 回忆 · 遗文)，陕西人民出版社 1985 年版，第 21 页。

② 陕西省教育厅《陕西教育志》编纂办公室编:《陕西教育志资料选编》下卷，陕西人民出版社 1988 年版，第 47 页。

③ 陕西省革命烈士事迹编纂委员会编:《李子洲》(传记 · 回忆 · 遗文)，陕西人民出版社 1985 年版，第 25 页。

了教学范畴。曾在上海大学学习的蒲克敏于1926年秋到1927年冬在渭南渭阳中学先后当教员、教导主任。他利用公开身份组织学生开展业余读书会、讲演会、辩论会，学习《共产党宣言》《剩余价值》《社会科学概论》《帝国主义浅说》和《孙文学说》等等。还开设党员训练班，耐心地给党员讲《共产党宣言》，讲党史，讲党的秘密工作策略等[①]。魏野畴在榆林中学“为学生讲授《共产党宣言》《资本论》等著作，介绍《向导》《中国青年》等革命刊物上的重要文章”[②]，董耀卿在延长一高“引导进步师生秘密阅读《共产党宣言》《向导》《新青年》《共产主义浅谈》”[③]等。可见，学校之中马克思主义传播的主要方式是教师讲授相关课程，推荐理论著作和进步报刊引导学生进行系统的学习。

对于马克思主义的学习，陕西学生表现出极大的兴趣。由于陕西地理位置偏远，平素“商务杂志都买不到……无书可读”[④]，加之地方教育因循守旧，使得“凡是我们出的东西，一般普通青年，都望之若渴，巴不得一见”[⑤]。陕西党团组织看到了这点，及时与中央沟通，争取到大量期刊读物。《王尚德关于寒假工作及经费问题给团中央的报告（一九二四年十二月二十八日）》中提及“赠刊《向导》《中国青年》均已收到。分派一事，《中国青年》早已担任，《向导》，正设法

① 蒲城县革命烈士事迹编纂办公室：《蒲克敏》，中共陕西省委党史研究室、陕西省中共党史人物研究会编：《中共陕西历史人物传》第二卷，陕西人民出版社2001年版，第401页。

② 共青团陕西省委青运史研究室编：《陕西青运史资料》第2辑，1985年版，第139页。

③ 中共延长县委组织部、中共延长县委党史研究室、延长县档案局编：《中国共产党陕西省延长县组织史资料》，陕西人民出版社1995年版，第7页。

④ 中央档案馆、陕西省档案馆编：《陕西革命历史文件汇集》（1924—1926年），1991年版，第82页。

⑤ 中央档案馆、陕西省档案馆编：《陕西革命历史文件汇集》（1924—1926年），1991年版，第59页。

进行”[①]；《团赤水支部关于组织情况给团中央的报告（一九二五年一月七日）》中记载“《中青》四份，《平民之友》五份，团刊五份，每次寄到后，当即照来示分配于各支部”[②]；《团绥德特支给团中央的报告》汇报“接到六十九期《中青》十二本及〈告〉四十五、四十六两期”[③]等。加强陕西学生对马克思主义的学习研究，提高了学生的思想认识和理论水平，为马克思主义向广大群众中传播培养了中坚力量，推动了学生运动的兴起。

学生运动风起云涌

通过早期陕西共产主义革命者的活动，马克思主义在学生群体中得到一定传播，并催生了一批进步团体，推动了陕西学生运动，进而又加深了马克思主义进一步的传播。

1. 催生进步团体

大革命期间，中共陕西组织对学生运动的指导，经常策略性地“变更名目或另易他法进行”[④]。在党团组织周围又出现了一批进步的团体，这些团体或多或少都受到了马克思主义理论的影响，可视为党的外围组织和马克思主义传播的初步效果。

许多进步团体是党（团）地方组织的前身或补充，在训练团员过程中起到重要作用。比较典型的有：平民教育服务团、青年励志社、

① 中央档案馆、陕西省档案馆编:《陕西革命历史文件汇集》(1924—1926年)，1991年版，第4页。

② 中央档案馆、陕西省档案馆编:《陕西革命历史文件汇集》(1924—1926年)，1991年版，第7页。

③ 中央档案馆、陕西省档案馆编:《陕西革命历史文件汇集》(1924—1926年)，1991年版，第237页。

④ 中央档案馆、陕西省档案馆编:《陕西革命历史文件汇集》(1924—1926年)，1991年版，第3页。

共进社榆林中学分社、渭北青年社（其前身是“青年同志共进社”）等，这些团体都是由共产党员（团员）一手创办，成员此后基本上都加入了党（团）组织。其中，渭北青年社的建立，还受到了当时团中央负责人恽代英的重视[①]，青年社的基本章程也是“以中国社会主义青年团团章为蓝本而起草的”[②]。这些团体在党（团）组织建立后，大多继续存在和工作，“李维屏负责成立华县团支部，以青年励志社作为公开活动的团体；由姚志哲负责成立三原团支部，以青年同志共进社作为公开活动的团体；赤水团支部以平民教育服务团作为公开活动的团体”[③]，为陕西培养和锻炼一批早期党（团）员以及后续开展工作作出了巨大贡献。这一时期，学生会（学联）和青年生活社是陕西多次大规模学生运动中的中心力量，并积极参加党（团）领导的工运、农运等工作，在青年学生中的影响很大，有力推动了陕西革命活动的迅速发展。

2. 展开革命斗争

大革命时期，国民会议促成运动、非基督教运动、驱吴运动、五卅运动、反“围城”斗争等交织演奏出陕西反帝反封建的宏伟篇章，为马克思主义在群众中传播提供了舞台。

1925 年 2 月，魏野畴、王授金等在西安组织成立陕西国民会议促成会，召开代表会议，批驳段祺瑞政府拟定的《国民代表会议条例草案》。同时，王尚德以赤水农业职业学校为中心，发起成立陕东国民会议促成会，并发动学生与为段祺瑞“善后会议”奔走呼号的渭阳中学校长贾雨天展开斗争；李秉乾、屈武、董汝成也在三原组织成

---

① 陕西省革命烈士事迹编纂委员会编：《英烈传选》第 1 卷，陕西人民出版社 1987 年版，第 131 页。

② 中国人民政治协商会议陕西省委员会文史资料研究委员会编：《陕西文史资料》第 12 辑，陕西人民出版社 1982 年版，第 102 页。

③ 陕西省教育厅《陕西教育志》编纂办公室编：《陕西教育志资料选编》下卷，陕西人民出版社 1987 年版，第 14、15 页。

立国民会议促成会[①]。团陕北地委在《关于组织活动情况给中央的报告》中表示："组织陕北国民会议促成会，规模很大……尤其是青年学生对这会表示很热烈。"[②]时人撰文称赞陕西"各地的国民会议促成会。风起云涌，初而陕北，继而陕东，现在西安省城，真是闹得蓬蓬勃勃。"[③]

1925年3月12日孙中山在北平逝世，中共中央指示党内"借追悼会做广大的宣传，尤其紧要的是根据中山遗言做反帝及废约宣传"[④]。1925年4月15日，陕西国民会议促成会在王授金主持下，联合56个团体，各界市民五六万人在大莲花池广场举行追悼大会，号召学习孙中山的革命精神，要继续进行革命，反对帝国主义支持的北洋军阀政府，与会群众振臂高呼"打倒帝国主义""打倒军阀""革命万岁"等革命口号，学生在会后进行示威游行。

大革命期间，陕西各地深入开展了非基运动，较早受到马克思主义理论熏陶的绥德、延安、三原、西安等地做得较好。绥德四师"每星期必游街讲演一次，揭穿基督教的黑幕及阴谋"[⑤]。"四师、平民学校、高小学校全体的约三百余人，由四师操场排队出发，每人有一小旗，摇旗呐喊，所喊的口号是'打倒基督教'、'退出基督教'、'不入基督教'、'收回教育权'等"，"讲演时各队皆带讽刺画数张、作图画的宣传……绥德基督教，经过同学屡次反对，势力一概没有

① 中共陕西省委党史研究室编：《国民革命在陕西》上卷，陕西人民出版社1994年版，第14页。

② 中央档案馆、陕西省档案馆编：《陕西革命历史文件汇集》（1924—1926年），1991年版，第220页。

③ 王德崇：《我所希望于陕西各地的国民会议促成会》，《共进》第76期，1925年。

④ 中央档案馆编：《中共中央文件选集》第1册，中共中央党校出版社1989年版，第328页。

⑤ 中央档案馆、陕西省档案馆编：《陕西革命历史文件汇集》（1924—1926年），1991年版，第231页。

了”[①]。延安进步学生“每人手执小旗，上书：‘打倒帝国主义走狗的基督教！’‘不给基督教卖粮！’‘不给基督教卖地’等，沿途高呼各种口号：‘收回教育权！’‘反对文化侵略！’‘打倒基督教！’”[②]延安反基督教游行迫使县知事允诺“废除从前延安恶绅和外人所定的不平等条约（杀了外国传教士后所割的地方）”“收回教育权（不许教会在延安办学校）”“出示禁止人民入教”三点要求[③]。三原与西安等地的学生也通过游行集会等方式，迫使一些教会学校停办。对于陕西非基运动的成绩，《共进》予以高度肯定：“陕西绥德、延安、澄城……等处反基督教、非基督教运动传单、特刊、报告纷纷飞来了。陕西人民觉悟大有一日千里之势头，如此向前去，岂但基督教可以消灭，一切恶势力都不可能苟延残喘了”[④]。

在非基运动中，青年学生团结在党团组织周围，争取到了教会学生支持，使他们加入革命阵线，扩大了马克思主义理论影响力。如一名教会学校毕业的基督徒加入了共青团，“其不但不能传教，今反成了有力的团员，愿尽力破坏教会学校，及布道之黑幕。前中国青年社寄来非基督会刊物二册，他亲带入西安教会中学去了。”[⑤]

其他如驱吴运动、五卅运动、反“围城”斗争均取得了非常好的效果，而且在革命斗争过程中，党意识到了“我们的成效，但是做到的工作，只是学生方面，至于农工方面的进行却非常困难”，并进一步指出工农群众缺乏阶级意识，需要马克思主义理论的启蒙，因

① 中央档案馆、陕西省档案馆编：《陕西革命历史文件汇集》（1924—1926 年），1991 年版，第 298 页。

② 中央档案馆、陕西省档案馆编：《陕西革命历史文件汇集》（1924—1926 年），1991 年版，第 299、300 页。

③ 中央档案馆、陕西省档案馆编：《陕西革命历史文件汇集》（1924—1926 年），1991 年版，第 303 页。

④ S. S.：《陕西各地反基督教运动之风起云涌》，《共进》第 99 期，1926 年。

⑤ 中央档案馆、陕西省档案馆编：《陕西革命历史文件汇集》（1924—1926 年），1991 年版，第 10 页。

此决定鼓动学生到各地去组织农民协会，让农民接受“补习教育”，提出要“多介绍青年农人加入”[①]，加速了马克思主义在农村地区的传播。

反“围城”斗争中西安城墙上的弹痕

（三）陕西工农运动与马克思主义的传播

马克思主义理论的宣传一直被中国共产党置于突出重要的位置，因为当时民众受教育水平较低，因此党一直强调理论的宣传一定要杜绝学院式的方式，以更加简单直观、易被理解的形式传播给群众。

就当时陕西经济发展状况而言，传统农业强而近代工业弱，因此陕西农民阶级力量强大，但工人阶级力量相对弱小[②]。因此，马克思主

① 中央档案馆、陕西省档案馆编:《陕西革命历史文件汇集》（1924—1926 年），1991 年版，第 301 页。

② 据资料记载，1930 年陕西工人数量为全省的产业工人约在两千左右（兵工厂约一千人，汽车夫约二百人，印刷约三百人，邮电约一百人，工艺约一百人，制革厂约二百人），其他手工业工人与苦力工人数目当在两万以上。

义理论向农民群体的传播更具典型性，大革命时期陕西农民运动较工人运动更为声势浩大。

以马克思主义理论启蒙工农大众

这一时期，马克思主义理论向工农大众传播的主要目的就是进行启蒙，将国民革命的理念传递至民众，激发民众的反帝反封建热情，增强阶级认同感。中国革命的成功必须要发动与组织工农等劳动阶级。对此陈独秀认为：

“因为讲社会主义的人，总离不掉劳动阶级的。社会主义如何在中国开始进行，就是劳动阶级应该如何开始奋斗。劳动阶级的奋斗有两种：一是政治的奋斗，一是经济的奋斗。凡是奋斗总有一定的对象，中国劳动阶级奋斗的对象是什么？现在中国若是资产阶级的政治，劳动阶级自然是要打倒资产阶级即行社会革命。但是半殖民地的中国，不像欧美……各国已达到资产阶级的政治，统治中国的是封建的军阀阶级，他们勾结外国帝国主义者为后援，资产阶级劳动阶级都在他们压迫之下，所以中国劳动阶级和社会主义者的目前工作，首先要做打倒军阀打倒帝国主义的国民革命。”①

农民要摆脱苦难只有走革命之路，革命要成功则必须要联合其他革命势力，建立民主主义的联合战线。“如果贫苦农民要除去穷困和痛苦的环境，那就非起来革命不可。而且那大量的贫苦农民能和工人握手革命，那时可以保证中国革命的成功。”②“中国的工人、农民和小资产阶级要建立一条民主主义的联合战线”③。在帝国主义压迫之下，

① 中共中央宣传部办公厅、中央档案馆编研部编：《中国共产党宣传工作文献选编》（1915—1937），学习出版社1996年版，第498页。

② 中共中央宣传部办公厅、中央档案馆编研部编：《中国共产党宣传工作文献选编》（1915—1937），学习出版社1996年版，第408页。

③ 中共中央宣传部办公厅、中央档案馆编研部编：《中国共产党宣传工作文献选编》（1915—1937），学习出版社1996年版，第394页。

只有实现工农联盟，实现革命势力的联合，才能取得独立和自由，才能取得革命的胜利。为此，党制定的策略是以无产阶级为主体，联合一切劳动群众，“以事实以行动，以实际的经验，证明无产阶级独裁之必要于民众之前，而且能积极猛进；复以事实，以行动，以实际经验，包罗一切种种革命派之要求，导之向真革命，而后能有实力作战。”[①]在宣传鼓动工人农民等劳动阶级加入国民革命，需要培养“革命精神”和启迪“阶级意识”，开展“纯粹的国民运动”，即“团结民众的势力，满具革命的精神，绝不与任何帝国主义者、任何军阀妥协”[②]。

李大钊不仅写文章论述中国农民问题的重要性，而且领导北方党组织成立了北方各省的农民协会，开展了农民运动。他认为“中国是一个农国，大多数的劳工阶级就是那些农民。他们若是不解放，就是我们国民全体不解放；他们的苦痛，就是我们国民全体的苦痛；他们的愚暗，就是我们国民全体的愚暗；他们生活的利病，就是我们政治全体的利病。”[③]

大革命时期，毛泽东也意识到了“国民革命运动，其大部分即是农民运动”，只有把农民组织起来，“帝国主义、军阀的基础才能确实动摇，国民革命才能得着确实的胜利。”[④]这是因为中国是一个半殖民地半封建国家，工业发展很不充分，因而工人阶级队伍不够壮大，而中国农民人数众多，而且中国早期的工人大多来自农村，同农民有着血肉联系，因此主张革命成功必须要注重对农民的组织和动员。1926年，毛泽东在《国民革命与农民运动》一文中指出：“农民问题乃国民革命的中心问题，农民不起来参加并拥护国民革命，国民

① 中共中央宣传部办公厅、中央档案馆编研部编：《中国共产党宣传工作文献选编》（1915—1937），学习出版社1996年版，第480页。

② 中共中央宣传部办公厅、中央档案馆编研部编：《中国共产党宣传工作文献选编》（1915—1937），学习出版社1996年版，第499页。

③ 李大钊：《青年与农村》，《晨报》1919年2月20—23日。

④ 《毛泽东文集》第1卷，人民出版社1993年版，第37页。

革命不会成功；农民运动不赶速地做起来，农民问题不会解决；农民问题不在现在的革命运动中得到相当的解决，农民不会拥护这个革命。”①

中国共产党在大革命时期进行马克思主义理论的宣传主要集中在工人与农民阶级意识的培养、工农联合必要性的宣传及“打倒列强除军阀”等内容之上。这种传播内容的选定既是动员农民推动大革命的现实政治需求，也是马克思主义与中国革命结合的时代产物。

工农群众中的马克思主义理论宣传

大革命时期，中共陕西党团组织在中央的要求下，明确了对工农群众宣传的主要目的在于以马克思主义理论启迪民智，方法要尽量接近工农大众的认知水平。在内容上取材日常生活，特别指明自身利益与政治运动的关系，以求在实质上能推动国民革命②。

对工人阶级而言，要注重工人教育，“先由其母亲实际状况说明其生活痛苦之原因，使为自身利益而奋斗；并宣传民族革命的理论与途径，使之明了自己的地位与责任，促进工人群众实际参加国民革命，作经济的、政治的风斗，以达到一般国民政治的自由。”③ 对于身居农村的农民而言，特别强调要动员青年“到乡村去帮助这一般农民改善他们的组织，反抗他们所受的压迫。随着乡间的组织工作，当注意到乡间文化提高的问题”“须要联合乡村中的蒙学教师，利用乡间学校，并办农民补习班。”④

在宣传策略上，中共提出要借助熟人网络和私人感情来推动理论

---

① 《毛泽东文集》第 1 卷，人民出版社 1993 年版，第 37 页。

② 中共中央宣传部办公厅、中央档案馆编研部编:《中国共产党宣传工作文献选编》(1915—1937)，学习出版社 1996 年版，第 561 页。

③ 冰人:《西安工人运动之初步》,《西安评论》第 20 期，1925 年 10 月 24 日。

④ 李大钊:《守常文集》，上海书店出版社 1989 年版，第 251 页。

宣传工作。具体做法在恽代英《怎样进行革命运动》(1924年11月22日)一文中言之甚详:

“我们应当把最活动而有能力的朋友介绍加入一个革命的党，应当多训练革命党的同志使他们每个人都负责活动起来。甚么是重要的活动呢?为农民、工人、妇女、青年作种种可以帮助他们的事，或为他们组织各种普泛的团体以联络他们的感情;对于感情比较融洽的人，就他本身的利害问题，宣传革命的意义与其必要。我们并不需要四万万人加入一个革命的党，但总要大多数人明了革命的必要，然后才可以号召指挥他们去进行革命。”①

教育是唤起民众的最好途径。为了让识字率普遍较低的劳动人群能够接受马克思主义理论，党组织曾用办夜校的方式促进马克思主义理论的传播。如乾县康兴源就在冬季农闲时期开办夜校，教学内容除了识字的文化课之外，“还讲打土豪劣绅的事情”。②授课内容有知识类的，如认字、珠算，也有政治类的，“从封建剥削、军阀混战、帝国主义侵略，直讲到迷信命运的害处，逐渐深入地将革命的道理和人民当家作主的民主权利。”③有些平民夜校还开设了“中山主义、社会主义、资本主义、社会科学概论、国民党、共产党新社会观”等政治理论课程④，用以启迪民智。中国共产党逐渐掌握陕西的教育领导权，很多县的教育局长和省城学校领导人是由共产党员担任的。1927年4月28日颁布的《陕西革命教育宗旨》明确指出:“教育以培养国民革命实际斗争人才，实现民族民权民生主义，达到世界革命为宗旨。”

① 中共中央宣传部办公厅、中央档案馆编研部编:《中国共产党宣传工作文献选编》(1915—1937)，学习出版社1996年版，第600页。

② 《大革命时期咸阳地区农民运动》，中共咸阳市委党史资料征集研究委员会:《咸阳党史资料集》第1辑，1986年版，第318页。

③ 中国人民政治协商会议陕西省岐山县委员会文史资料研究委员会:《岐山文史资料》第4辑，1989年版，第40页。

④ 原载1927年4月14日《陕西国民日报》，转引自中共西安市委党史资料征集研究委员会办公室:《西安党史资料》第1辑，1984年版，第43页。

西安市内还开设了各类平民学校，编写《平民课表》，平民教育运动在陕西各县市迅速开展，极大地促进了马克思主义理论向工农大众的传播。

这一时期对工农的宣传讲求要灵活多样，方式要贴近工农的生活现实。如对农民的宣传，可以“印送鼓动农民的图画（花纸画片），幻灯等”“乡村里可以张贴‘壁上新闻’”[①]。岐山县中共党员就以“宣传妇女放脚为名，沿北山一带，挨村逐户，进行宣传。除口头宣传外，我们还油印短小通俗的传单，分送识字的农民和小学教师。这样就有些比较积极的青年农民接近我们。”[②]

陕西党组织还采用民谣的方式进行宣传工作。当时编的歌曲有：“农民满年苦耕田，打下粮食糟蹋完。农民、农民，快快起来向接连，打委员，不怕官，我们决不受人怜。洪水滔天，只手挽狂澜，工农联合起来，永向前。”教育群众团结起来，万众一心，和敌人进行坚决的斗争，取得最后胜利[③]。“革命潮流高涨哟！工农商学大联合。我辈学生须当共同来革命，这是我辈新使命。不怕死，不逃生，须当共同来革命。”[④]号召进行阶级大联合，共同推进革命。

在面向工农群众的宣传中，青年学生担负起了“平民劳动界”的历史责任，“新青年既为中国社会思想的先驱，如今更加切实于社会的研究，以求知识上的武器，助平民劳动界实际运动之进行。”到乡下进行理论宣传，依靠的主要力量依旧是青年学生，宣讲团“每到一处先尽力联络各中小学学生，以便引导他们力（加）入我们的

---

① 中共中央宣传部办公厅、中央档案馆编研部编：《中国共产党宣传工作文献选编》（1915—1937），学习出版社 1996 年版，第 577 页。

② 中共陕西省委党史资料征集研究委员会编：《大革命时期的陕西地区农民运动》，陕西人民出版社 1986 年版，第 606 页。

③ 中共西安市委党史资料征集研究办公室编：《西安党史资料》第 1 辑，1984 年版，第 73 页。

④ 中共陕西省委党史资料征集研究委员会编：《大革命时期的陕西地区农民运动》，陕西人民出版社 1986 年版，第 377 页。

队伍。”[①]绥德四师、榆林中学学生在各县乡宣传时，还编排表演了揭露官府士兵对农工压迫的话剧《农家》，向农民宣传阶级斗争思想。西安团地委组织学生利用假期散布关于农运的刊物《为告农民书》2000余份，传单1.5万份[②]。1926年，选派了陕西籍党、团员乔国桢等16名学生到广州农民运动讲习所学习；10月后分赴渭北、陕东、陕北等地开展农民运动，创办农民协会。三原团组织也通过学生帮农民组建了西关农民俱乐部，向农民传授进步观念。可以说，青年学生成为了党及其理论与陕西农民之间的桥梁和媒介，事实也证明，凡是学生做了大量工作的地方，在大革命期间的农运也比较出色。

到1927年上半年，在共产党的领导下，陕西出现了一个宣传马克思主义理论的热潮。《陕西国民日报》大力宣传马克思主义和国民革命思想，对于陕西蓬勃兴起的革命群众运动起了宣传和指导的作用。这年春天，陕西共产党组织在西安创办了廿八书报社和十一小书店，发行各类革命书刊，并代销中共中央机关刊物《向导》、共青团中央机关刊物《中国青年》及其他革命书刊。西安城内军政各机关、学校等单位，大多建立了马克思主义研究会、列宁主义研究会、中山纪念堂、中山俱乐部等。遇有革命纪念日，西安军民工人往往举行大规模集会。当时革命标语贴满全城，以至于商店之中商品包装皮上都贴有“打倒帝国主义”“取消不平等条约”“一切利益归于民众”等宣传标语，极大地唤起了民众的革命热情[③]。

---

① 中央档案馆、陕西省档案馆编：《陕西革命历史文件汇集》（1924—1926年），1991年版，第26页。

② 中央档案馆、陕西省档案馆编：《陕西革命历史文件汇集》（1924—1926年），1991年版，第127页。

③ 王宗华主编：《中国大革命史》上册，人民出版社1990年版，第320页。

大革命时期陕西工农运动的蓬勃发展

马克思主义理论在陕西工农大众中的传播，极大地促进了工人阶级和农民阶级的觉醒。1927 年上半年，在国共合作局面下，陕西工人运动、农民运动得到蓬勃发展。

陕西工人数量偏少，多集中在城镇。中共陕西组织做了大量工作，进行工人的启蒙和组织工作。在西安，魏野畴领导西安工人捣毁了旧的省工会，成立了革命的西安总工会。西安市鞋业工人举行了罢工，要求增加工资。在陕北，绥德县成立了“脚夫工人自保会”“铁匠工会”，榆林惠济地毯厂举行罢工，并取得了一定的胜利。1927 年 2 月中旬，西安工人俱乐部成立，在其指导下，鞋业、修械、电灯、纺织、织袜、精业等工会迅速恢复和建立起来。工人运动在全市范围蓬勃展开[①]。西安城内的工人先后成立了陕西印刷工会、制造局工会、电话工会、电报工会、鞋业工会。“陕西工人运动大起声色”，“前途甚为乐观”[②]。

在群众革命浪潮之中，陕西农民运动取得了令人瞩目的成绩。到 1927 年 5 月底，全省 51 个县建立了农民协会，8 个县成立了县农民协会筹备处，25 个县成立了区、村农民协会。全省共有区农民协会 179 个，村农民协会 3828 个，农会会员 41.9 万人，农民自卫武装人数达到 10 万人以上[③]。

泾阳县农民认识到，“我们在过去所受的痛苦，没有一样不是帝

---

① 中共陕西省委员会组织部、中共陕西省委员会党史研究室、陕西省档案馆编：《中国共产党陕西组织史资料》，陕西人民出版社 1994 年版，第 61 页。

② 《陕西工人运动大起声色》，《陕西国民日报》1927 年 2 月 18 日。

③ 中共陕西省委党史研究室：《中国共产党陕西历史》第一卷（1921—1949），中共党史出版社 2021 年版，第 67 页。

国主义和军阀给我们的。”[①] 要彻底打倒军阀，必须要打倒帝国主义，因为如果仅仅打倒国内军阀“外人还会造出许多军阀，我们一辈子也将军阀打倒不完。所以，要从根本上除害，我们要打倒的只是帝国主义。”[②] 英帝国主义制造的汉口“一·三”惨案的消息传到陕西后，陕西各地立即掀起反英浪潮。三原县武字前区农民协会召开了有1500多名会员参加的反英大会，通过了反英宣言。泾阳县甘延区农民协会代表两万多名会员发表反英通电，呼吁“全国民众应即群策群力，以消灭此惨无人道之英帝国主义”。长安县农民协会筹备处组织了两万多农民参加了在西安市召开的反英大会，声讨英帝国主义破坏中国革命的罪行，会后还举行了武装示威反英大游行。

在革命纪念日的集会活动中，如纪念五一、五四、五七、五九、五卅等，西安、长安、三原、渭南、绥德、咸阳、旬邑、乾县、兴平、岐山、泾阳、富平、蒲城、固市、潼关、商县、龙驹寨等地的农民，都举行群众集会，甚至出现数万人的集会，声讨帝国主义对中国人民犯下的滔天罪行。

在反对帝国主义的斗争中，各地农民协会还同帝国主义侵略中国的工具——反动基督教传教士进行了坚决的斗争。渭北地区的各地农民协会，通过广泛深入的宣传工作，揭露基督教以“组织农协”为名破坏农民运动的可耻阴谋。三原、蒲城等地的农民协会与借传教为名收集农协情报、散布谣言、破坏农民运动的反动传教士作坚决斗争。

陕西省农民代表大会通过了《拥护省政府及革命军决议案》，宣布“本大会愿率四十万有组织的农民誓死拥护革命的国民军，不但要表示军民合作之意义，更要竭力共同努力打倒奉鲁军阀，铲除一切反革命分子，完成国民革命。”[③] 西安、户县、周至、渭南等县召开了主要由农民

---

① 中共陕西省委党史资料征集研究委员会编:《大革命时期的陕西地区农民运动》，陕西人民出版社1986年版，第557页。

② 中共陕西省委党史资料征集研究委员会编:《大革命时期的陕西地区农民运动》，陕西人民出版社1986年版，第558页。

③ 中共陕西省委党史资料征集研究委员会编:《大革命时期的陕西地区农民运动》，陕西人民出版社1986年版，第212页。

陕西省第一次农民代表大会《议决案及宣言》

协会会员和农民自卫军团员参加的群众大会，一致拥护国民军东征，誓作革命军队的后盾。泾阳县甘延区农民协会发出通告，号召各里、各村的农协会及会员“赶紧供给国民军粮秣，帮助他们早日出关，把帝国主义和军阀打倒，到那时才能真正得到幸福”，“父老将此事细心思索，明了大义，决将正粮完纳。”[①]

农协会成立后即宣布“一切权力归农协会”，取缔原有的旧的乡村政治组织，如旧农会、乡治局、民团局、保卫团等。一批曾经为害乡里，侵吞公款，逼死人命的土豪恶绅被清算镇压。解放女性男女平等之观念也被一些农民所接受。不少地方，农民协会设置了天足委员，鼓励女性放脚剪发、宣传婚姻自由，反对买卖婚姻和歧视妇女。长安县五楼农民协会还批准男女青年的结婚申请，支持包办婚姻者可离婚[②]。

不少地方的农会还组织农民开展修桥补路、植树造林、帮助鳏寡孤老等公益活动。陕西第一次全省农民代表大会作出决议，号召各地的农民协会根据各地的情况发展农村经济合作事业，如：“组织积谷仓以备不测”、设立信用合作社、“集股举办购买、消费、生产各合作社”[③]。

---

① 中共陕西省委党史资料征集研究委员会编：《大革命时期的陕西地区农民运动》，陕西人民出版社1986年版，第557页。

② 中共西安市委党史资料征集研究委员会办公室编：《西安党史资料》第1辑，1981年版，第9页。

③ 中共陕西省委党史资料征集研究委员会编：《大革命时期的陕西地区农民运动》，陕西人民出版社1986年版，第224页。

苏 区 星 火

四、土地革命战争时期马克思主义在陕西的传播

（一）中共陕西地方组织的成立与马克思主义在陕西的传播

大革命失败后，白色恐怖笼罩陕西大地。省内一批优秀的共产党员和群众领袖被捕，各级党团组织遭到不同程度的破坏，党的活动被迫由公开转入地下。在极其险恶的形势下，具有坚定共产主义信念的陕西共产党人高举革命旗帜，不断恢复并逐渐发展壮大，领导人民群众进行不屈不挠的英勇斗争，在革命低潮传播马克思主义理论，创建工农红军和革命根据地，为中国革命作出独特贡献。

陕西党组织的生存状态

大革命失败后，陕西党组织陷入困境之中，党组织的生存状态空前艰难，主要表现在以下几个方面。

1. 内外交困：党组织发展势头顿挫

在大革命失败之前，陕西党组织曾有过一个飞速发展的阶段。但1927 年 6 月徐州会议后，以冯玉祥为首的陕西各地军阀在省内开展“清党”活动，大量党员遭到屠杀。至 9 月，陕西的党员总数迅速下

降到1681名[①]。与此同时，由于自身力量的弱小、领导能力的不成熟，中共陕西省委领导的起义与暴动最终都以失败而告终，一部分领导人及大量革命群众惨遭杀害。陕西各派军阀开始在各个起义地区实行武装“清乡”，层层设立“清乡团”“铲共团”等反动组织，实行“连保法”“连坐法”，大批逮捕和屠杀共产党员和革命群众[②]。至1929年初，关中地区的党员被捕400余人，党员损失大半，党组织散失50%以上[③]。根据1929年8月的统计数据，全陕西省只有1291名党员[④]，吉国桢在1931年的报告中甚至直言“关中、汉南两道（的党员）合共不过百余人”，陕北也只有“约三四百人”。陕西党组织在反动势力的镇压下处境艰难。

在进行残酷镇压的同时，国民党及各派反动势力又辅之以宣传利诱的手段，对党组织进行分化瓦解。反动派进行污蔑宣传，破坏党在群众中威望，致使群众对党产生了误解[⑤]。他们还用威逼利诱的手段，让一些党团内的“犹豫分子”“叛党告密”[⑥]。

除反动势力的外力压迫以外，大革命失败以后党内“左”倾路线在陕西的贯彻实施也给陕西党组织带来了极其严重的后果，导致一些同志脱党。特别是王明“左”倾教条主义路线在党内的泛滥，削弱了党的力量。

---

① 中央档案馆、陕西省档案馆编：《陕西革命历史文件汇集》（1927—1929年），1992年版，第185页。

② 中共陕西省委组织部、中共陕西省委党史研究室、陕西省档案馆编：《中国共产党陕西省组织史资料》（1925.10—1987.10），陕西人民出版社1994年版，第76页。

③ 张宏志：《西北革命根据地史》，陕西人民出版社2000年版，第39、40页。

④ 中央档案馆、陕西省档案馆编：《陕西革命历史文件汇集》（1927—1929年），1992年版，第345页。

⑤ 中央档案馆、陕西省档案馆编：《陕西革命历史文件汇集》（1930—1931年），1992年版，第544页。

⑥ 中央档案馆、陕西省档案馆编：《陕西革命历史文件汇集》（1927—1929年），1992年版，第366页。

2. 组织涣散：部分基层党组织工作停顿

中国共产党向来重视组织的严密性与纪律的严格性，但大革命失败后的陕西基层党的组织却组织散漫，一度不能高效发挥革命政党应有的作用。

渭华起义时召开群众大会的合影

1930 年，陕西临时省委在通告中称，渭华起义失败后，党在各地的组织“相继塌台”，“使党陷入极端散漫的状态中”[①]。此时，距离渭华起义失败已经将近两年，但党组织因此而受到的负面影响却在一直延续，认为党的基层“组织多半瓦解溃散，同志逃亡星散，成为陕西党目前一严重问题”[②]。例如：绥德地委“负责同志的行动不一致”，党的工作“全是个人的努力与活动，党的权力不在党的组织上”[③]。渭

① 中央档案馆、陕西省档案馆编：《陕西革命历史文件汇集》（1930—1931 年），1992 年版，第 286 页。

② 中央档案馆、陕西省档案馆编：《陕西革命历史文件汇集》（1927—1929 年），1992 年版，第 341 页。

③ 中央档案馆、陕西省档案馆编：《陕西革命历史文件汇集》（1927—1929 年），1992 年版，第 57 页。

北“斗争的整个过程中，看不见党的组织工作，都是党员个人的活动”[①]。渭南赤水附近姚里堡的党支部因党员同志忙于秋收，而忽略了党的组织工作，甚至“他们过去半年之中，无有工作”[②]。直到1931年，陕西省委在给中央的报告中仍然无奈地指出：近二分之一的基层党组织不能正常运作，有些党支部“不能起核心作用”[③]。

3. 盲目扩张：党员质量下降，落后思想渗入党内

大革命时期，陕西省委号召“党到农民中去”。大革命失败后，党组织被迫转入农村，在中央提拔表现积极的“贫农分子”参加党和群众的工作[④]，陕西省委大力发展农民党员“尽力在斗争中吸收大量急进的贫农到党中来”[⑤]。

在此背景下，基层党组织片面追求组织发展速度，而忽略了党员质量。例如，绥德地委有的人“甚至于把侦探介绍入党，泄露秘密”[⑥]；陕北则出现了“你拉你的相好，我叫我的知音，发展非常之快，客观上造出了党的组织公开和许多纠纷，同时他们回家又把自己的佃农、雇农发展成党员”的现象[⑦]。

事实上，陕西省委早在1927年9月就已经认识到“因三月来组

---

① 中央档案馆、陕西省档案馆编：《陕西革命历史文件汇集》（1930—1931年），1992年版，第225页。

② 中央档案馆、陕西省档案馆编：《陕西革命历史文件汇集》（1930—1931年），1992年版，第561页。

③ 中央档案馆、陕西省档案馆编：《陕西革命历史文件汇集》（1930—1931年），1992年版，第561页。

④ 中国人民解放军历史资料丛书编审委员会编：《土地革命战争时期各地武装起义》（冀晋绥地区　陕甘地区），解放军出版社1997年版，第648页。

⑤ 中央档案馆、陕西省档案馆编：《陕西革命历史文件汇集》（1927—1929年），1992年版，第185页。

⑥ 中央档案馆、陕西省档案馆编：《陕西革命历史文件汇集》（1927—1929年），1992年版，第57页。

⑦ 中央档案馆、陕西省档案馆编：《陕西革命历史文件汇集》（1932年），1992年版，第24页。

织发展的太快，所以一般党员的政治见解与党内知识水平线非常低落”[①]。但盲目扩充党员数量的现象在大革命失败后的数年里一直存在，导致该时期党员的能力素质也迅速下降，难以胜任党的工作。“有同志讲演，说‘苏维埃’是一个人，称县委书记‘县委他舅’”[②]。还有部分“地方党部的负责同志，能力多半薄弱。”[③]在素质参差不齐的农民大量进入党员队伍的同时，小农社会中各种落后意识和习气自然会被带入到党组织之中，中央曾一再指出：“许多党部的行动差不多跟了农民的意识走”[④]。陕西省委在文件中提及：党的活动“表现了农民意识、烧杀主义、私有观念、经费纠纷、党员腐化右倾的特严重”[⑤]。可见，对党组织进行整顿已是迫在眉睫之事。

4. 信仰危机：反面分子不时出现

由于部分党员缺乏共产主义的理想信念，在革命低潮时期，陕西党组织内部出现许多不良现象，突出表现是部分党员消极怠工。有些意志消沉者，“完全失掉自动和勇敢精神”，部分干部“动摇犹豫”“且大没有生发气象”[⑥]。对于党的工作，“只是将就敷衍”[⑦]。甚有部

① 中央档案馆、陕西省档案馆编：《陕西革命历史文件汇集》（1927—1929年），1992年版，第143页。

② 中央档案馆、陕西省档案馆编：《陕西革命历史文件汇集》（1927—1929年），1992年版，第365页。

③ 中央档案馆、陕西省档案馆编：《陕西革命历史文件汇集》（1927—1929年），1992年版，第481页。

④ 中央档案馆编：《中共中央文件选集》第4册，中共中央党校出版社1989年版，第115页。

⑤ 中央档案馆、陕西省档案馆编：《陕西革命历史文件汇集》（1930—1931年），1992年版，第225页。

⑥ 中央档案馆、陕西省档案馆编：《陕西革命历史文件汇集》（1927—1929年），1992年版，第361、362页。

⑦ 中央档案馆、陕西省档案馆编：《陕西革命历史文件汇集》（1927—1929年），1992年版，第390、391页。

分党员干部认为工作“没有出路”，“表现动摇、消极、怠工”[①]。特别是1929年春白色恐怖以后，蒲城县委书记竟然“自由离去”，导致蒲城的工作“骤形停顿”[②]。

此外，因为革命失败，一部分党员开始怨党脱党。有的党员在日益严重的白色恐怖中，看不到出路，以致“在《中山日报》上之登报自首者，日必有人”。1929年春，富平县委在“白色恐怖降临后，把我们管理的几个高小学校被人夺去，且强迫几个负责同志自首”[③]。1930年，陕北“许多的农民及学生群众都渐次脱离党的组织”[④]。当然，其中也不乏找不到组织，而无奈脱离者，例如“西府各地同志都是各地溃散同志，斗争失败后与党脱离关系”[⑤]。

更有甚者，竟然走上叛党之路。部分党员“以时局沉闷，多怀疑革命没有出路，而改换面目，另作他图，以至于叛党告密”[⑥]。而叛党人员或多或少掌握着一定的信息，这给敌人的破坏提供了便利。据载：西安地区“敌人利诱了许多叛党同志作他们的眼线，侦探布满全市（约有三百），所以在过去十二月中，破坏了下级机关几处（交通、秘科、长安县等），捆去同志十余人”[⑦]；而蒲城、鄜县（今富县）委“因一个县委工作人（农民同志，现在盐所工人中工作被捕，把县

---

① 中央档案馆、陕西省档案馆编：《陕西革命历史文件汇集》（1927—1929年），1992年版，第401页。

② 中央档案馆、陕西省档案馆编：《陕西革命历史文件汇集》（1927—1929年），1992年版，第395页。

③ 中央档案馆、陕西省档案馆：《陕西革命历史文件汇集》（1927—1929年），1992年版，第394页。

④ 中央档案馆、陕西省档案馆：《陕西革命历史文件汇集》（1930—1931年），1992年版，第100页。

⑤ 中央档案馆、陕西省档案馆编：《陕西革命历史文件汇集》（1927—1929年），1992年版，第402页。

⑥ 中央档案馆、陕西省档案馆编：《陕西革命历史文件汇集》（1927—1929年），1992年版，第366页。

⑦ 中央档案馆、陕西省档案馆编：《陕西革命历史文件汇集》（1927—1929年），1992年版，第370页。

委负责同志招出了）”以致于县委坍台[①]；盐滩支部同志完全为麻俊卿告密，招来兵警搜捕，以致同志人心惶惶，省委巡视员连会都开不起来。[②]而1933年，袁岳栋、杜衡两大陕西省委高层领导的叛变更是使省委与关中各地党组织遭受到了一次前所未有的覆灭性打击。

陕西党组织的恢复发展与马克思主义在曲折中传播

尽管陕西党组织面临巨大的压力，但身处逆境的陕西省委始终积极采取措施，化解危机、缓解生存压力，在斗争中不断扩大自身的力量，并在这一过程中进一步促进了马克思主义在陕西大地上更为广泛的传播。

1. 坚持斗争：密切党群关系

为了与反动势力进行艰苦卓绝的斗争，将革命进行到底，逐渐转入农村地区的陕西党组织一直在为克服部分党员群众惧怕与敌人进行斗争的错误倾向而努力，坚持在日常斗争中争取民众支持，提升党的威望，壮大自身的力量，并在斗争中密切党群关系，强化马克思主义在群众中的影响。

大革命失败后不久，陕西省委明确提出：“党支部应坚决的运用党的新政策，积极的领导青年学生和农民不断的与反革命势力斗争，与各种斗争中积极的发展我们的组织”[③]“要做到农运党能深入以组织

---

① 中央档案馆、陕西省档案馆编:《陕西革命历史文件汇集》(1930—1931年)，1992年版，第531页。

② 中央档案馆、陕西省档案馆编:《陕西革命历史文件汇集》(1930—1931年)，1992年版，第569页。

③ 中央档案馆、陕西省档案馆编:《陕西革命历史文件汇集》(1927—1929年)，1992年版，第184页。

来领导，要努力在斗争中发展农村支部”[①]。

经过努力，党的各项工作逐步好转。1932年，“工人反日救国会的成立，士兵反日联合会的迅速发展，情绪的增高，农民反日救国会的发展，已经与农民的日常斗争——分粮、抢粮斗争联系成一气（如三原、鄠县）”，甚至于“韩城农民兵士派代表要求党去领导”“富平、澄县农民自动的起来，用共产党的名义与豪绅地主国民党作斗争”[②]。1933年，金天华在给三原中心县委的报告中，指出群众已经在自动聚集在党的领导下与“富农流氓分子对立起来”[③]。

党在农村的影响也不断扩大，并不断向农村社会扎根，广大农民开始主动寻求共产党的领导，这为土地革命的开展和红军的建立打下了坚实的群众基础，并使群众亲身感受到了共产党与马克思主义的斗争性、人民性与正确性。

2. 加强联系：完善组织体系

坚实的组织体系，是马克思主义政党能够展现强大力量的保证，而组织体系必须依靠上下级之间的紧密联系来维系。陕西省委为了加强与中央的联系，在给中央的报告中多次请求中央派人巡视陕西，向陕西输送干部及东南各省的斗争经验，甚至针对中央对于陕西的不够关注提出意见。例如，因省委在1929年初遭到破坏，陕西临时省委在报告中要求中央“请在最近无论如何速派一、二得力同志来陕，成立正式省委，推进一切”[④]。1931年，陕西省委在报告中继续请求“中

---

① 中央档案馆、陕西省档案馆编:《陕西革命历史文件汇集》（1927—1929年），1992年版，第331页。

② 中央档案馆、陕西省档案馆编:《陕西革命历史文件汇集》（1932年），1992年版，第436页。

③ 中央档案馆、陕西省档案馆编:《陕西革命历史文件汇集》（1933—1936年），1992年版，第175页。

④ 中央档案馆、陕西省档案馆编:《陕西革命历史文件汇集》（1927—1929年），1992年版，第477页。

央能派两三个得力同志到陕西工作，成为中心领导，帮助陕西党的实际转变”，并提请“中央不能忽视以影响陕西工作了”[①]。在陕西省委持续的请求之下，中央也作出了一定的回应，中央对陕西的巡视、对陕西工作的指示自1931年开始明显增加。

大革命失败以后，尤其是1928年5月各地暴动相继失败以后，陕西省党组织大部分塌台，且大半涣散，这也导致省委与各地方党组织的联系渐趋松散。1930年9月，陕西省委在给中央的工作报告中指出：“省委与各级党的关系，真是一百二十万分的糟糕了。自去年代表团回来，直到现在没有接到任何地方党部的较有系统的报告，甚至三言两语的关系竟数日不能发生关系。”[②]

为此，陕西省委痛下决心，决定“要坚决地站在组织裁判各级党部，这种变相的怠工。同时省委亦计划建立交通网”并已经调来同志，“成立交通科、专门整理全陕交通工作。同时规定各级党部每周通讯及每月总报大纲，经常督促各地报告，以建立与各级党部密切关系。”同时决定“今后省委经常要抽出一人巡视各地，帮助各地工作的转变”[③]。

此外，省委重视对各县委的巡视工作。例如1933年，在给三原中心县委的信中，省委指示：“巩固与加强中心县委的领导，保证县委集体领导来精密的分工，定期的工作与检查，建立经常的巡视制度，加强对各地各区各支部工作的实际领导”[④]。同年，在对韩城县委的指示中，也要求“建立坚强而灵活的巡视工作，经常巡视与帮助各

---

① 中央档案馆、陕西省档案馆编：《陕西革命历史文件汇集》（1930—1931年），1992年版，第207页。

② 中央档案馆、陕西省档案馆编：《陕西革命历史文件汇集》（1930—1931年），1992年版，第244页。

③ 中央档案馆、陕西省档案馆编：《陕西革命历史文件汇集》（1930—1931年），1992年版，第244、245页。

④ 中央档案馆、陕西省档案馆编：《陕西革命历史文件汇集》（1933—1936年），1992年版，第19页。

地与重要支部工作的进行"[①]。而从《陕西革命历史文件汇集》的记载以及收录的文件来看，自 1931 年开始，地方党组织向省委作的工作计划、工作报告，陕西省委对各地工作作的指示都明显增加，省委与各地方的联系也确实得到了加强。通过强化上下级之间的联系，陕西党组织建立起了较为坚实的组织体系，既完善了党的组织体系，也进一步推动了马克思主义的传播。

3. 夯实支部：规范组织建设

为改变基层党组织涣散的状况，陕西省委强调组织工作是党的一切工作的基础，主张发挥支部的作用。1927 年 9 月，在陕西省委第一次扩大会议上，强调"一切工作归支部""一切同志归支部"[②]。在 1928 年省委第五次全体会议上，再次强调"各级组织系统，按照新的组织法改变，集中指导与各级委员会及其常委中，党的组织基础支部工作要马上切实建立，务须做到'一切工作归支部'之口号"[③]。

而为了切实推进组织工作在各级党组织中的落实，陕西省委在对各地工作的指示中，不断提出规范组织生活的要求。例如，省委要求陕南特委"全体委员会每月至少开会一次，主席团每周至少开会一次。"[④]；省委要求三原"须速召同志回校，凡以前不服从团体决定而私意归家者，均需予以处分"[⑤]；省委要求蒲城"为发展党的组织而斗争""党必须在群众斗争中把积极勇敢的工人、雇农、苦力、贫农分

---

① 中央档案馆、陕西省档案馆编:《陕西革命历史文件汇集》(1933—1936 年)，1992 年版，第 34 页。

② 中央档案馆、陕西省档案馆编:《陕西革命历史文件汇集》(1927—1929 年)，1992 年版，第 180、181 页。

③ 中央档案馆、陕西省档案馆编:《陕西革命历史文件汇集》(1927—1929 年)，1992 年版，第 333 页。

④ 中央档案馆、陕西省档案馆编:《陕西革命历史文件汇集》(1927—1929 年)，1992 年版，第 218 页。

⑤ 中央档案馆、陕西省档案馆编:《陕西革命历史文件汇集》(1927—1929 年)，1992 年版，第 221 页。

子公开的大量的吸收到党内来，加强党的力量与树立无产阶级基础，健全支部生活，巩固党在群众中的堡垒。”[①]

1930年9月，在《陕西省委关于陕北党组织及工作状况给中共中央的报告》中，省委指出：“党的组织亦普遍了整个陕北。党的主观力量的确实有相当的积极”[②]；1932年11月渭北特委给省委的报告中指出“三原党的支部共有十个，同志大约有一百四五十人。三原县委没有对支部加强领导，有些支部能做积极的工作（如南原），有些支部还不能起领导作用（如四分会），但在土地革命的过程中，仍有很大的改善和进步，但是这些进步是万分不够的。”[③]可见，尽管与预期目标相距甚远，但党的组织与支部工作在地方上已有明显改进，这也为马克思主义在党组织内部的宣传教育及在群众间的广泛传播奠定了坚实的组织基础。

4. 加强教育：提升理论素质

为改变部分党员能力不足、信仰不坚的现状，提升党员质量，清除党内的落后思想，陕西省委多次督促各地要多举行新同志训练班、高级训练班以及农民工作同志训练班，以提升党员干部的马克思主义理论水平。1930年4月，陕西省委指出，“目前革命形势激烈的开展，党的工作的布置和发动自然是日益紧张，因之干部分子的需要，更是刻不容缓！”[④]因而专门出台干部训练班的办法，并规定“每一问题，须取讨论方式，切避授课者的注入式的演讲”“每个问题必须联

① 中央档案馆、陕西省档案馆编：《陕西革命历史文件汇集》（1930—1931年）1992年版，第528页。

② 中共陕西省委党史研究室编：《西北革命根据地文献资料精编》第2卷，陕西人民出版社2014年版，第55页。

③ 中央档案馆、陕西省档案馆编：《陕西革命历史文件汇集》（1932年），1992年版，第267页。

④ 中央档案馆、陕西省档案馆编：《陕西革命历史文件汇集》（1925—1936年），1992年版，第136页。

系到实际问题与工作方法的讨论”“每次讨论课，授课者须在所指定的材料中做出大纲或问题提出讨论，由授课者作结论”。这对党员干部深入认识现实问题，提升工作能力发挥了积极作用。

从1930年下半年开始，随着各地党组织的相继恢复，省委与地方党组织的联系有所加强，省委对各地的巡视开始常态化，地方向省委的汇报明显增加也更趋详细，省委在此基础上对各地的情况有了更加深入的了解，对各地的指示也更加具有针对性，而针对党员的培训教育工作的指示可以说是其中的一个重要部分。例如，1930年，陕西省委在给蒲城特支的指示中强调：“你们的（指蒲城特支）的训练班，除讨论党的知识党的政治任务及党的组织路线与策略外，还应必须侧重当地所发生的实际问题——政治的、经济的、民众斗争的、豪绅压迫剥削的情形和在工作中发生的困难和实际工作方法的讨论”，“联系党的基本任务与策略”，“才能训练出实际斗争的干部人才。”[①]1932年，省委在目前陕西党的中心工作决议中指明“三原、富平、蒲城”要“开办训练班，提拔和培养新干部”[②]，在关于省委工作检查与两条战线斗争彻底改造决议草案中又进一步指出：“加紧一般同志的教育与训练工作，提高一般同志政治水平”，“经过定期的训练班活动，训练班有计划地训练与培养〈出〉党的新干部来”[③]。

可见，省委在各类文件中关于党员教育工作的强调可谓是不遗余力，而且随着不断的发展，其形式也愈加多样，内容也更加细致。虽然各级党组织的落实程度不一，所取得的实际效果与理想存在较大差距，但是，这一时期的党员教育工作无疑为陕西各级党组织培养并输送了一批具备一定马克思主义理论储备的优秀人才，也为土地革命的

---

① 中央档案馆、陕西省档案馆编：《陕西革命历史文件汇集》（1930—1931年），1992年版，第124页。

② 中央档案馆、陕西省档案馆编：《陕西革命历史文件汇集》（1932年），1992年版，第352页。

③ 中央档案馆、陕西省档案馆编：《陕西革命历史文件汇集》（1932年），1992年版，第191页。

开展、游击战争的扩大、苏维埃政权的建立打下了坚实的干部基础。

5. 创办报刊：扩大影响范围

1927 年 11 月，大革命失败以后不久，陕西省委在处于白色恐怖中的西安创办了机关报《政治通讯》，该刊以通报情况、交流经验为主，着重反映陕西政治、军事、农运等方面的情况，同时介绍国内政治、军事、农运及中央决议等方面的情况。1928 年 10 月，陕西省委又在西安创办了《西北红旗》，1930 年 9 月将其改为月刊，刊登政治时事评论、群众斗争、中心策略解释等，每期印行 200 份，并在陕北、陕南、蒲城设有翻印处。

1931 年 5 月，陕西省委创办《西北真报》，该报以宣传党的路线、方针、政策，组织和领导群众斗争为宗旨，并从第 22 期开始，有系统、有计划地定期出版，内容涉及社论、红军消息、国际新闻、西安新闻、地方通讯等。

与此同时，陕北、陕南地区也涌现了一批宣传马克思主义的进步报刊。例如，1930 年秋，陕南特委以汉中省立第五师范学校自治会名义创办了《前驱》报刊，该刊设置论文、论坛、杂感、文艺、读者呼声、编后谈等栏目，积极揭露国民党反动统治下的青年生活困境，号召青年组织起来，参加实际斗争，反帝反封建，“跟着有革命行动的党派去干”。1932 年 7 月，陕北特委创办了《西北斗争》，该刊以“拥护苏联，建立西北苏维埃，介绍西北革命；揭露国民党军阀压迫剥削西北劳苦群众的罪恶，介绍西北灾荒和工农生活痛苦的惨状，唤起人民的觉醒；批判一切反革命派别麻醉西北青年的反动理论和欺骗宣传，以启发西北青年革命觉悟”为宗旨，并先后由西北斗争社、中共西北工作委员会、中共陕甘晋省委编印。

在秘密战线上，党对于马克思主义的宣传也同样得到了加强。1931 年 9 月，曾被党组织安排在杨虎城部的宋绮云（中共党员）开始担任十七路军机关报《西北文化日报》副社长兼总编辑，总揽社务。经过宋绮云的努力,《西北文化日报》逐渐成为揭露国民党反动派黑暗统治，宣传共产党抗日民族统一战线政策的进步报纸[①]，为马克思主义在爱国将士中的传播作出了贡献。

经过以上几方面的努力，陕西党组织逐步走出了大革命失败的阴影，不断恢复并日渐发展壮大，并且在1933年省委遭受到覆灭性打击后，依然能够在艰难困苦的环境中顽强地领导着陕西的土地革命运动。而该时期党的组织体系的恢复与发展，也为马克思主义理论在陕西各地更加纵深地向民众传播、开展武装斗争、建立革命根据地奠定了组织基础。

（二）陕西各革命根据地创建与马克思主义在陕西的传播

渭北革命根据地的创建与马克思主义的传播

1. 渭北革命根据地的创建

渭北革命根据地是土地革命战争时期在陕西省委领导下，从恢复武字区的中共组织、发展农民武装开始逐步建立起来的，是西北地区创建较早的一块革命根据地。根据地地处关中腹地渭河以北的三原、富平、耀县、泾阳和淳化五县交界处，以三原县武字区、心字区为中心，东至富平县的老户沟、淡村等地，西南接泾阳县的安吴、老庄、口镇等地，西邻淳化县的夕阳、固贤等地；南到三原的白鹿原、天齐原南畔，北连耀县的华里坊、楼村等地。南北宽25公里、东西长30公里，总面积约750平方公里，共辐射4万余人口。

渭北革命根据地自1931年7月建立至1933年8月失守，共坚持

① 陕西省地方志编纂委员会编:《陕西省志・中国共产党志》(上)，陕西人民出版社2002年版，第442—445页。

了两年一个月，其间广泛传播了马克思主义。虽然受到党内“左”倾机会主义路线的影响干扰，根据地的斗争一直处于艰难和曲折之中，但以乔国桢、许才升、秋步月为代表的共产党人以及先进的革命知识分子传播了马克思主义，教育和发动了群众，培养和锻炼了一大批革命干部，为陕甘边革命根据地的建立打下了基础。

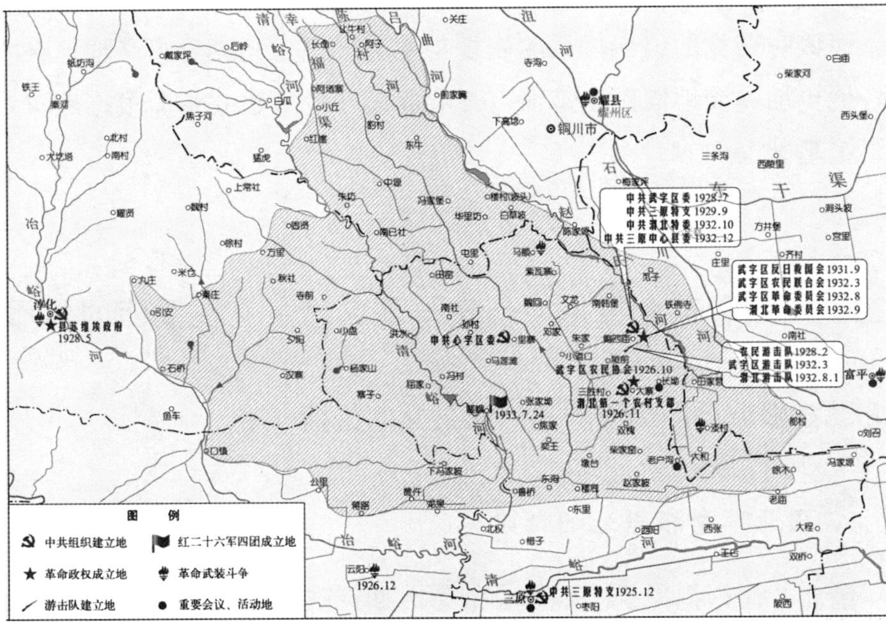

渭北革命根据地创建示意图

渭北革命根据地共经历了三个发展阶段：1927 年冬起至 1931 年夏，为根据地建立的准备时期，由乔国桢、唐玉怀等党员在武字区建立中共支部和农民协会。在中共陕西省委的领导下，中共三原县委和三原特支领导了 1927 年到 1928 年三原武字区的农民武装斗争、1928 年初三原和泾阳农民“交农”斗争、1928 年 5 月三原和淳化的农民武装围攻县城的斗争、1929 年三原武字区和富平淡村的筹赈斗争等一系列农民武装斗争。这些斗争虽然多有起伏，但为渭北革命根据地的进一步发展奠定了群众基础。

1931 年 5 月起至 1932 年 11 月，为渭北革命根据地的建立和发展时期。在陕西省委的指示下，1931 年 7 月渭北党组织开始筹建渭北革命根据地，先后建立了党组织、武装组织和政权组织。1931 年 5 月，受到破坏的中共武字区委恢复，1932 年 3 月，中共陕西省委决议组织中共渭北特委，但并未组建成立，并在 9 月改组了新成立的三原县委，再次决定组织中共渭北特委。10 月初，中共渭北特委正式成立，机关设立在武字区，领导三原、富平、蒲城等地的党组织和游击队，群众的革命热情被点燃，根据地呈现出一派革命新气象。

1932 年底至 1933 年，是渭北革命根据地的恢复和失守时期。根据地的壮大引起了军阀的警惕。1932 年 11 月 9 日，渭南区域内的六县民团及三原、庄里等地的国民党驻军“围剿”武字区，渭北革命根据地和党的工作陷入瘫痪。虽然条件十分恶劣，但当地党组织仍进行了艰苦卓绝的斗争，坚持在武装战斗中开展打土豪、分田地的工作，在分粮分地中向人民群众宣传党的政治方针。虽然渭北革命根据地军民一心，但由于国民党重兵“围剿”，红四团因寡不敌众陷入困境。1933 年 8 月，国民党派“渭北剿匪司令”刘文伯带重兵“围剿”渭北革命根据地，大肆围捕和屠杀根据地群众。红四团于 8 月上旬北上转移至照金，根据地被敌军占据，最终失守。

2. 渭北革命根据地早期马克思主义主要传播者

在五四运动以及旅京陕西进步学生创办的共进社的影响下，马克思主义开始在陕西知识界中得到传播。在魏野畴的影响以及当时形势的推动之下，一批进步的渭北籍青年开始通过求学、参加培训班、阅读马列主义经典文献等各种途径接触并接受马列主义，进而加入中国共产党，如乔国桢、李维屏等。其中最重要的人物当属渭北革命根据地的重要创始人乔国桢。

乔国桢是陕西佳县人，在家乡完成小学学业后，1922 年，16 岁的乔国桢考入佳县单级师范班，后进入革命氛围浓厚的榆林中学。在校期间，乔国桢通过阅读《新青年》等革命进步刊物，参加学潮，后又考入有“陕西革命者摇篮”之称的绥德四师。在早期马克思主义者杨明轩、王懋廷、田伯英等师长的影响下，乔国桢的思想觉悟迅速提高，逐渐成为一名马克思主义者，以进步学生的身份加入陕北地区第一个党团组织——绥德四师党团混合小组。随后在党组织中负责党政事务、参加广州农民运动讲习所培训。1926 年 10 月底，随着讲习所学员回到原籍，参加实际斗争，乔国桢等人也返回陕西，将马克思主义带到了渭北。

1926 年 11 月，由乔国桢、唐玉怀、郭明效三人建立的大寨支部在三原县武字区成立。大寨支部不仅是渭北地区第一个农村中共支部，也成为三原地区传播马克思主义的源头。在党支部的领导下，渭北地区第一个由农民自己建立的武装组织——农民自卫队成立。乔国桢等人十分注重对农民的宣传工作。他们亲自指导农协的建设和宣传工作，广泛宣传党的政策方针，将农协的斗争对象指向反动政权，提出要解散国民党为奴役人民设立的民团，打击土豪劣绅，废除苛捐杂税，减轻田赋粮款，维护社会治安等斗争目标。这为三原武字区后来成为渭北革命根据地的中心奠定了深厚的群众基础。

除了最早在渭北地区传播马克思主义的乔国桢，渭北三原周边地区，如旬邑、淳化、礼泉、富平等地传播马克思主义的人物主要有青年知识分子、国民党进步人士以及当地农民。

首先，是一批具有革命进步思想的陕籍爱国青年，尤其以渭北当地人居多，其代表人物是旬邑地区的许才升，他于 1924 年加入中国社会主义青年团，并于第二年加入中国共产党。毕业后受党组织派遣，他回到家乡担任旬邑宝塔高小的校长。他利用课堂宣传革命思想，指导学生阅读《唯物史观》《资本论》《阶级斗争》等马克思主义经典著作，培养和发展了一批进步学生加入中国共产党。在担任旬邑农民协会主席时，他同另一位旬邑重要的共产党员王廷璧一同主持创办了《民众周报》。该报刊面向农民群众，以简洁明快、活泼生动的文字宣传党的革命政策，指导旬邑地区的农民运动。此外，他还亲自奔赴旬邑、太村、土桥、清塬等周边地区，用地方戏剧和歌谣的方式宣传动员农民加入农协，组织成立了五个区的农民协会。

其次，是国民党以及民国政府、军队中的进步人士，其代表人物是淳化地区的赵新三。1902 年，赵新三出生在陕西省淳化县北城堡赵家村一户普通的农家。1923 年，21 岁的赵新三考入三原省立渭北中学，在老师和同学的影响下接触到马克思主义思想。毕业后报名参军，加入三原驻军国民革命军第二军做了一名普通的士兵，因表现出色被选送到有“西北黄埔”之称的西安国民军联军驻陕西总部中山军事学校深造。在军校里，他的革命思想进一步提高，发誓要为“赤旗的世界”奋斗。

再次，是一部分渭北地区具有朴素平等思想的本地农民和乡绅，其代表人物为礼泉地区的徐连宽。徐连宽出生于礼泉东乡徐家村，因为人忠厚被本地自卫团推选为团头。他经常带领团员反抗县署恶差，打击不法兵匪，为民除害。后在礼泉党组织的创立者秋步月的影响下加入共产党。

除以上代表人物之外，在旬邑、礼泉、淳化、富平等地还分布着为数众多的马克思主义者。他们从事党团的建设工作、领导工农革命，在渭北大地上传播着马克思主义的先进理念（见下表）。

渭北各地区马克思主义的重要传播者（1921—1930）

地区	姓名	生卒年	籍贯	党籍	职业	备注
咸阳旬邑地区	雷德田	1896—1928	陕西礼泉	1927 年入党	礼泉县力士村自卫团团头	积极加入党创立的农民协会，向村民宣传马列主义，后成为中共礼泉县委委员。
	郑宗伯	1911—1928	陕西礼泉	1927 年入党	党团活动农运领导人	于礼泉县县立高小读书时接受马列主义；以上街开会演讲的形式宣传马列主义，斥责劣绅。

续表

地区	姓名	生卒年	籍贯	党籍	职业	备注
咸阳旬邑地区	许才升	1903—1928	陕西旬邑	1925年冬入党	旬邑宝塔高小教员	于新民中学求学时，在党员教师吕佑乾影响下接受马列主义；任教后向学生宣传《唯物史观》《资本论》等马克思著作。
	吕佑乾	1896—1928	河北枣强	1923年入党	西安新民中学教员	创办西北晨钟社和西北青年社，出版《西北晨钟》宣传马克思主义。
	吕凤岐	1907—1928	陕西西安	1925年入党	旬邑宝塔高小教员	建立旬邑党团组织，宣传马克思主义，发展党员。
	程永盛	1906—1928	陕西旬邑	1926年入党	从事党团活动	在旬邑宝塔高小接受马列主义。
渭北地区	程国柱	1910—1928	陕西旬邑	1927年入党	领导旬邑农民起义	在西安一中求学期间接受马列主义，通过讲习班学习《社会主义科学论》《唯物史观》《共产党宣言》等理论书籍。
	王浪波	1900—1928	陕西渭南	1925年入党	渭南县教育局长	改革渭南教育界，推动党团工作在渭南地区开展。
	王廷璧	1906—1928	陕西旬邑	1925年入党	旬邑宝塔高小教员	于西安新民中学接受马列主义，任教后改革宝塔高小教务会，宣传革命思想与马列主义。
淳化地区	赵新三	1902—1928	陕西淳化	1927年入党	淳化县立第一高级小学教员	国民军第二军连长；入党后任淳化县县立第一高级小学教员，积极向学生及农户宣传马列主义。

续表

地区	姓名	生卒年	籍贯	党籍	职业	备注
淳化地区	田望秀	1896—1928	陕西富平	—	国民革命军手枪营营长	在渭北中学读书时接受马列主义，后担任富平尹家庄农团团长，领导淳化农民起义。
礼泉地区	秋步月	1902—1930	陕西礼泉	1926年入团	党团革命活动负责人	在陕西省立三中读书期间接受马列主义，后成为礼泉党组织创建者。
	徐连宽	1897—1928	陕西礼泉	党员	村自卫团负责人	
	郑宗伯	1911—1928	陕西礼泉	1927年入党	从事党团革命活动	在县立高小读书时接受马列主义，后深入农村宣讲革命理论，领导农民运动。
	段育藩	1903—1928	陕西礼泉	1927年入党	礼泉县立高等小学任教	任教期间举办暑期乡小教师讲习会讲授《社会科学概论》，编写《中国革命史稿》，后深入农村宣讲革命理论，领导农民运动。

这些革命者大多加入中国共产党，并成为家乡党支部的创始人或重要建立者。在他们的领导下，困苦不堪的乡民们于1927年冬至1931年夏间掀起了一系列农民起义斗争。此外，大革命时期学生运动中被国民党反动派抓捕的多数党、团员和进步学生在党组织的营救下被救出，他们继续从事革命活动，积极传播马克思主义。

3. 渭北革命根据地马克思主义传播途径及主要内容

渭北革命根据地，主要通过干部培训与发动群众运动，在建立和巩固党组织建设、武装建设与建立苏维埃政权的过程中宣传马克思主义。

（1）党组织建设与干部培训

党的组织建设和党、团干部培训为马克思主义的传播提供了组织保障。1931 年 5 月，中共武字区委恢复，马先民为书记，黄子祥、侯守愚、孙平章、胡德润、孙铭章为委员。随着根据地党组织的建立和完善，根据地的革命活动引起了国民党的注意。在民团的“围剿”下，武字区区委多位领导被捕，党组织蒙受了巨大的损失。在严峻的斗争形势中，1931 年 9、10 月间，陕西省委改组中共三原县委，并成立了中共渭北特委。李杰夫任书记，李冲霄、黄子文等为常委，设在武字区的特委机关领导三原、富平、蒲城、耀县、白水等地党的组织和游击队，同时讨论了省委颁布的《关于开展游击运动创造渭北新苏区的决议》，强调组建根据地政权组织的重要性。在渭北特委的领导下，共青团渭北特委也建立起来，由习仲勋、陈建文等人负责团委工作。党团组织的建立为马克思主义的传播提供了组织保障。

党组织还通过发展武装斗争为马克思主义在军队和农民群众中的广泛传播提供保障。渭北地区在大革命时期就是陕西农民运动较为活跃的地区。由于 1930 年党内叛徒的出卖和敌人的残酷“围剿”，渭北革命根据地一度蒙受巨大损失，党的工作一时陷入低潮。1931 年 5 月，中共武字区委恢复，标志着渭北革命根据地的建设工作开始提上日程[①]。7 月中旬，陕西省委指示渭北党组织加强农民运动，尤其强调巩固和发展在富平、三原等地业已建立的农民委员会和穷人会，并在此基础上积极准备发动游击战争。经过一段时间的斗争，1932 年武字区游击大队成立，并在此基础上成立了共 60 余人的渭北游击队，后改编为武字后区游击队，又称武字区第二游击队，活动在三原、富平和耀县一带，为党宣传马克思主义提供了坚实的武装保障。

① 中共陕西省委党史研究室编：《中国共产党在陕西》（新民主主义革命时期），陕西人民出版社 1992 年版，第 320 页。

此外，渭北革命根据地还通过建立反日会、农联会、革命委员会等政权组织为马克思主义的传播提供制度性保障。1931 年 9 月下旬，武字区农民反日救国会成立。侯守愚任主任，唐玉怀任副主任。反日会依照农民协会的组织形式，下设五个分会，各村都设村会。反日会在党的领导下进行了反契税、反豪绅、反国民党政权的斗争。1932 年 3 月上旬，武字区反日会改为农民联合会，黄子祥为主任。它的组织成分完全是中农贫农和雇农苦力，会内设有雇农工会，工作主要是发动农民群众反捐税，分粮食。9 月 12 日，渭北革命委员会（即原富耀革命委员会）成立，10 月，在省委指示下，渭北革命委员会改组，并由农联会、雇工会、妇联会和少先队的代表选举产生了苏维埃政府。

1932 年 9 月，在中华苏维埃共和国中央政府的指示下，渭北革命委员会成立，成为替代农联会的根据地政权，以建立政权的方式广泛地传播了马克思主义。按照苏维埃政府的机构组织设置，革委会下设土地、军事、财政、肃反、教育五大部门，并通过了《苏维埃土地法》。10 月，依照省委关于巩固加强群众参加革命委员会的指示，渭北革命根据地选举出了苏维埃政府。苏维埃政府重视对干部的政治教育工作，强调干部加强学习，尽可能用革命的方式组织农民，动员懂得农运原理的干部和同志前往乡村中去，积极宣传和动员广大农民加入农民组织中进行斗争[①]。

在上级党委的指示下，武字区党委开始积极传播马克思主义，为根据地培养新干部。1932 年 2 月中旬，中共陕西省委渭北巡视员焦仲鸣和从北平回到陕西的黄子文到武字区指导成立游击队工作。他们在长坳堡举办了党员短期训练班，每期 3—4 天，在一个多月内集中培养了 40 多名学员。培训的内容包括马克思主义原理，具体工作内

---

① 中共陕西省委党史研究室编：《西北革命根据地史》，陕西人民出版社 2014 年版，第 93 页。

容包括怎样开展游击战争，怎样发动群众进行分粮斗争，做一名共产党员的要求等等。率领中国工农红军陕甘游击队到渭北活动的刘志丹也作为教员为训练的学员们讲过课[①]。由于建立游击队要脱离生产，因此如何发动群众，令群众和党、游击队一条心，成为培训班的教学重点[②]。随着1931年九一八事变的爆发，9月下旬，武字区成立了农民反日救国会，第二年改为农民联合会，广泛发动群众开展抗日救亡活动。宣传日本帝国主义侵略中国的危害，呼吁大家进行反豪绅、反国民党政权的斗争。

（2）群众运动传播

在积极建立党政组织和武装组织的同时，渭北特委还广泛开展了群众运动，以“分粮运动”“土地革命”“拥红扩红”等群众政治动员为载体，积极传播马克思主义和党的革命理念。对渭北农民群众而言，马克思主义主要通过群众武装斗争得到传播。作为西北第一块革命根据地，渭北地区具有良好群众基础。首先，陕西关中地区人民受压迫最深。民国时期，渭北地区遭受了严重的自然灾害，农田荒芜，甚至出现了易子食人。但当地的贪官和地主却更为疯狂地压榨农民，兼并土地，渭北地区的农民生活在水深火热之中。

其次，渭北地区党的组织建立较早，党员人数多，党组织力量较强。正是在艰苦的条件中，以乔国桢等为代表的先进知识分子开始发出声音，他们接受了马克思主义的革命理念，加入中国共产党，领导农民起义。大革命时期，渭北地区三原武字区一带，就在乔国桢、唐玉怀等共产党员的领导下发动了轰轰烈烈的农民运动。

基于以上两点原因，陕西省委一直十分重视建立渭北武装政权以及发动群众运动，曾多次委派专员，指导渭北特委的群众工作。在上级党委和渭北地方党委的领导下，渭北革命根据地开展了一系列群

---

① 陈永恭、秦生：《星火燎原燃西北》，中共党史出版社2007年版，第118页。

② 孙铭章：《渭北琐忆》，中共陕西省委党史研究室编：《西北革命根据地回忆录精编》第1卷，陕西人民出版社2014年版，第64页。

众斗争运动，包括抗粮、抗款、抗丁、抗债、抗捐斗争，打倒土豪劣绅、恶霸地主的斗争运动，分土地、分粮食、分财产运动，在斗争中宣传了马克思主义和党的革命纲领。

在动员群众建立游击队初期，党在群众中宣传马克思主义主要以“拥红扩红”活动为主。1932 年 4 月 21 日，陕甘游击队第五支队来到武字区。次日，武字区农联会便组织当地农民在火烧庙召开欢迎陕甘游击队第五支队的大会。“到会约三千人，一律武装，校镖如森林似的排列起来”，“农民对游击队的态度，如久出远门的家人父子团聚一样，高兴到极点”。

除了“拥红扩红”运动外，党在群众中宣传马克思主义的最主要途径是开展农民日常斗争，发展与扩大游击运动。在日常斗争中，最具有代表性的是分粮分地斗争，这也是渭北地区发动群众斗争最常见的方式。1931 年 8 月间，农联会发动了反区公所、反地亩契税和反豪绅的斗争。10 月，武字区反日会在大寨堡召开了有一千多人参加的群众大会。斗争大会群情激愤，烧毁了豪绅地主崔福成的“变天账”。1932 年 4 月，太和堡农民在党的组织下分了地主张玉泉家粮食 20 余石。农联会组成分粮委员会，具体组织农民分粮斗争。中共陕西省委呈给中央的报告称：“渭北一带的农民，已由普遍的抗粮抗租过渡到分配粮食和武装冲突。在三原武字区有五六十人发动，以至很快就发展到一千五百人之多，整个的继续的分配五六天之久，分了武字区二十余家所存的粮食与财产。”①

渭北农民轰轰烈烈的分粮运动引起了省委的重视。在《中共陕西省委给三原县委的指示信》中，就明确强调“极广泛的开展高陵、富平、耀州、新（指新字区，即三原县心字区）、许（指许字区，即三原县肃字区）等区的群众斗争和游击运动”，“我们的党首先就应该

---

① 中共陕西省委党史研究室编：《中国共产党在陕西》（新民主主义革命时期），陕西人民出版社 1992 年版，第 311 页。

领导他们一切的日常斗争，从抗捐抗税一直到分粮抢粮。”[①]在三原党的领导下，开始了农民中普遍的分粮斗争，农联会发展到600余人，农民武装增加到1500余人，打土豪、分田地的革命目的深入人心。即使在最艰难的反“围剿”时期，人民群众仍然向渭北游击队赠送慰问品，举行军民联谊大会，体现了党和人民群众的密切联系[②]。

通过宣传根据地的政治、军事主张，向当地农民群众宣传马克思主义。以1932年9月富耀革命委员会给全陕工农群众的宣言为例，在宣言中，委员会明确提出的主张是“站到工农劳苦群众的阶级利益上，在中国革命唯一领导者——中国共产党领导之下，组织与领导原富耀几十万劳苦群众，广大的开展游击战争，立刻坚决的深入土地革命的斗争，武装与组织广大的群众为创造原富耀苏维埃区域而斗争，创造陕甘新苏区，争取苏维埃在全中国的胜利。”[③]虽然在一段时间内受到了党内路线斗争的影响，但总体来说，渭北地区的领导人仍然能够从根据地的实际情况和当地独特风俗出发，灵活宣传马克思主义和党的方针。

4. 渭北革命根据地马克思主义传播的效果及特点

（1）传播效果

在渭北革命根据地，以乔国桢、许才升为代表的共产党人以及先进的革命知识分子传播了马克思主义和党的革命方针，创造性地总结了马克思主义在渭北地区的革命经验，为随后陕甘边革命根据地的建立和发展奠定了基础。

---

① 《中共陕西省委给三原县委的指示信》（1932年10月4日），中共陕西省委党史资料征集研究委员会、中共咸阳市委党史办公室：《渭北革命根据地》，陕西人民出版社1990年版，第70页。

② 中共陕西省委党史研究室编：《中国共产党在陕西》（新民主主义革命时期），陕西人民出版社1992年版，第319页。

③ 《原富耀革命委员会成立大会新闻报道及原富耀革命委员会的宣言和通电》（1932年9月23日），中共陕西省委党史资料征集研究委员会、中共咸阳市委党史办公室：《渭北革命根据地》，陕西人民出版社1990年版，第85页。

渭北革命委员会机关驻地旧址——鲍四庙

首先，传播了马克思主义和党的革命方针，为党在渭北地区的革命活动提供了有力的思想指导。在渭北革命根据地的创建过程中，党组织领导开展群众运动，再从群众运动的基础上创建革命武装、开展土地革命，最终创建革命根据地，这种“先依靠群众运动发展武装力量，开展游击战争，然后再进行土地革命，建立和发展红色政权”的形式，丰富了中国革命的道路实践，为陕甘边革命根据地、陕甘革命根据地的创建奠定了基础。

其次，培养和锻炼了一大批优秀的干部，创造性地总结了马克思主义在渭北地区的革命经验。以三原地区为例，1929 年 9 月，三原特支共有 7 个支部，党员共 35 名。经过 2 年多的发展，党发展了十多个农民联合分会，共 1200 多名农会会员。同时充分发动妇女、青年群众的力量，仅妇女委员会就有 30 多名妇女委员，在她们的号召下妇女积极参加分粮斗争，并为红军做鞋和打仗用的大旗[①]。建立起

① 《中共陕西省委关于三原情况给中央的报告》（1932 年 9 月），中共陕西省委党史资料征集研究委员会、中共咸阳市委党史办公室：《渭北革命根据地》，陕西人民出版社 1990 年版，第 65—67 页。

200余人的少年先锋队，培养革命后备力量。[①]

最后，教育和发动了群众，为发动农民武装起义、建立和巩固渭北革命根据地提供了方向性指南。在渭北革命根据地鼎盛时期，马克思主义的传播覆盖了4万多名渭北群众，在750平方公里的土地上掀起了轰轰烈烈的革命运动。据1930年任陕西省委特派员的陈云樵回忆，当时他因只有9条长枪和1支短枪表现出对发动群众的担忧时，领导渭北游击战争的黄子文很有把握地说："只要省委指示开展游击战争，我一号召，发动几千人不成问题！"[②] 习仲勋在《陕甘高原革命征程》中所说："渭北苏区的斗争有深远的历史意义，它为革命斗争积累了宝贵的经验。"[③] 渭北革命根据地的创建不仅在西北革命史上具有重要的地位，也是中国革命史上的光辉一页。

（2）传播特点

渭北革命根据地传播马克思主义的历史过程主要表现出重视马克思主义基本理论学习、从本土实际革命情况出发以及重视马克思主义本土化的三个特点。

首先是重视对马克思主义基本理论的学习。渭北革命根据地的党、团员学习的均为《共产党宣言》《资本论》等马克思主义经典著作，此外，还包括中国共产党理论家们编写的理论性和本土化著作，如毛泽东的《农村教育》等。

其次，注重从渭北本地的革命实际状况出发，学习运用马克思主义指导革命实践。在地方党组织成立后，党十分重视政治宣传工作，成立了政治部，习仲勋和黄成章曾担任政治部的负责人。虽然受到当

---

① 《关于渭北农民分粮分地的情况》（1932年10月），中共陕西省委党史资料征集研究委员会、中共咸阳市委党史办公室：《渭北革命根据地》，陕西人民出版社1990年版，第75页。

② 陈云樵：《1930年的渭北游击战争》，中共陕西省委党史研究室编：《西北革命根据地回忆录精编》第1卷，陕西人民出版社2014年版，第42页。

③ 习仲勋：《陕甘高原革命征程》，中共陕西省委党史研究室编：《西北革命根据地回忆录精编》第1卷，陕西人民出版社2014年版，第208页。

时党的路线斗争的影响，但在渭北革命根据地发动的游击战争和群众运动中，当地党员干部始终坚持以马克思主义为指导的革命理念和方针引导农民群众。在充分了解群众的需求后，针对农民渴望土地、翻身和太平的愿望，渭北特委制定了农民运动的工作方针和内容，包括以抗粮、抗捐、抗款为主要诉求的农民运动，发动农民游击战，打击土豪劣绅；进行革命思想宣传活动，发动群众参加游击斗争①。除了加入军队，老百姓还以实际行动拥护军队和政府。据中共陕西省委渭北特派员贾拓夫的报告记载，由于苏维埃政府的成立得到了广大群众的拥护，国民党在渭北地区各县政府的一切命令如同废纸，无法影响中共的革命活动。群众为游击队放哨、守街、传递情报，封锁消息，许多革命活动敌人无法知晓。即使在武字区周围敌军驻扎很近的地方，在赤卫队的领导下群众仍然能进行分粮运动，开拥护红军的群众大会②。

最后，重视以戏剧、歌谣等民众喜闻乐见的形式传播马克思主义，在农民运动中发展和运用马克思主义。以许才升为例，在城市、乡村两种截然不同的环境中，他能够依据受众的不同特点采取不同的方式宣传党的主张。渭北地区的反日会还组织了各村以当地节庆特色节目“耍社火”等形式，新编写了不少以抗日为主题，以地方老调民歌为曲谱的“地方新歌”宣传抗日。此外，还编写了不少朗朗上口的顺口溜、简洁明快的口号标语宣传抗日斗争，并将反对日本侵略的民族革命和争取群众切身利益的斗争紧密地结合起来。

陕甘边革命根据地的创建与马克思主义的传播

大革命失败后，怀着坚定革命理想的陕西共产党人和革命群众

---

① 陈云樵：《1930 年的渭北游击战争》，中共陕西省委党史研究室编：《西北革命根据地回忆录精编》第 1 卷，陕西人民出版社 2014 年版，第 45 页。

② 贾拓夫：《1933 年 2 月 6 日报告》，中共陕西省委党史研究室编：《中国共产党在陕西》（新民主主义革命时期），陕西人民出版社 1992 年版，第 313 页。

从血泊中站起来，坚决执行中央的政治路线，在陕西及其边界地区推进土地革命的发展。在长达十年的土地革命战争时期，陕西党组织坚持武装斗争，领导人民群众进行了英勇的革命战争，创建了工农红军和革命根据地。其中，20 世纪 30 年代，以刘志丹、谢子长、习仲勋等为代表的中国共产党人，在与党中央失去联系、革命陷入极端困难的形势下，筚路蓝缕，开辟了陕甘边革命根据地，创立了红色政权。

1. 陕甘边革命根据地的创建

陕甘边革命根据地的建立和发展经历了三个阶段：从清涧起义、渭华起义和旬邑起义失败后，刘志丹、谢子长在陕甘地区进行兵运工作开始，到 1932 年 4 月在甘肃正宁寺村塬成立陕甘边区革命委员会；从 1933 年初至 10 月，建立以照金为中心的陕甘边革命根据地；从 1933 年 11 月至 1935 年 2 月，建立以南梁为中心的陕甘边革命根据地并稳固下来，经历了六个年头[①]。陕甘边革命根据地能够在国民党统治下创建起来，在与国民党军队、地方复杂势力的斗争中保存下来，在党内出现错误思想倾向时及时反省止损，始终坚持正确的斗争方向，都与根据地党组织和党员坚定的马克思主义信仰及马克思主义的传播密切相关。

陕甘边革命根据地马克思主义的传播，是在党的领导下，在社会经济文化落后，政治、军事斗争复杂尖锐的环境中逐步发展起来的。边区特有的自然与人文条件，逐步完备的政权建设，为马克思主义的传播奠定了良好基础。

---

① 中共陕西省委党史研究室:《中共中央在延安十三年史》上册，中央文献出版社 2016 年版，第 41 页。

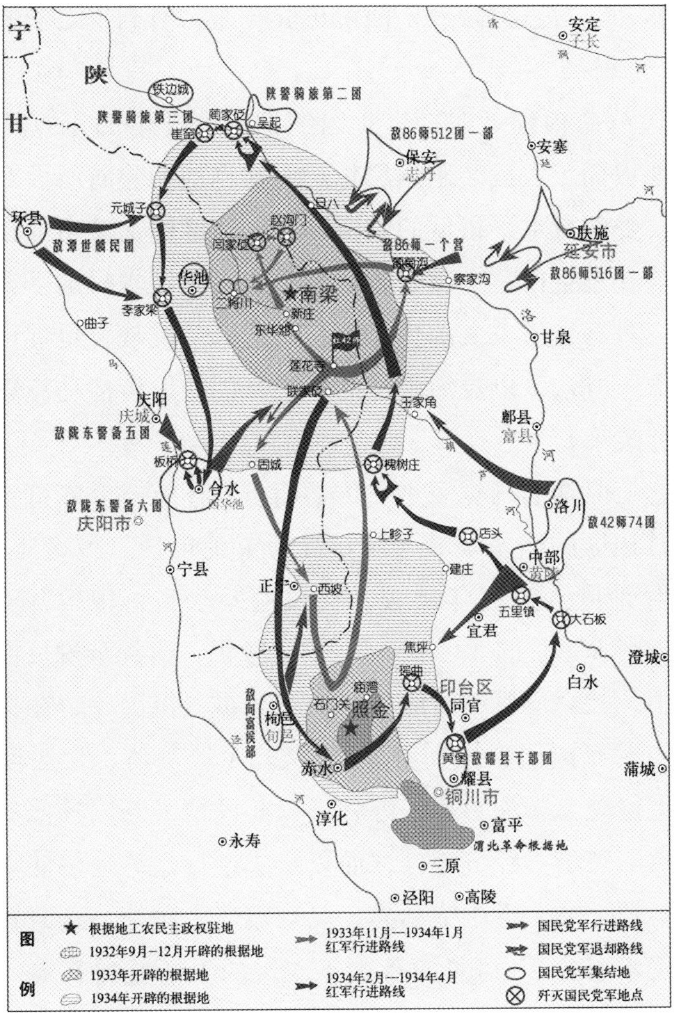

陕甘边革命根据地创建与发展示意图

陕甘边革命根据地地处黄土高原西北部，位于陕甘宁三省交界地区；东、西、北面被黄河阻隔，六盘山、桥山山脉穿境而过，境内沟壑纵横，森林茂密，地形复杂，交通不便，有利于防御国民党军队的进攻和“围剿”。同时远离西安、兰州、银川、太原等大城市，远离国民党统治的核心区域，又在反动势力集团容易发生矛盾的边界地区，行政、军事管理相对薄弱，属于三不管的中空地带，为革命工作的开展留下了广阔的空间。以此区域为战略依托，进可驱入关中，退可扼守梢林，东可直挺陕北，西可进驻陇东，有利于工农武装割据的开展。

陕甘边革命根据地时期，党组织把革命斗争的重点始终放在农村，坚决地贯彻工农武装割据思想。但根据地初建时所面对的是文化基础薄弱、受教育水平很低的农民群众，边区的文教事业在苏维埃政府创建之前几近空白。文教基础薄弱是当时中国农村地区普遍面临的一个问题，对马克思主义的传播而言，这既是挑战，也促使党更加实事求是、深入群众，以灵活多样的形式开创性地传播马克思主义理论和党的方针政策。

对于这一时期的马克思主义传播而言，还有一个不可忽视的影响因素即陕甘边区的诸多地域当时正经历灾荒年景。1928 年至 1932 年陕西大部分地区连遭五年旱灾，灾民遍及全省，1929 年全省共 535 万多灾民，到外逃荒的 40 余万[①]。灾荒频仍，苛捐杂税反而日重，致使民不聊生，社会危机、阶级矛盾空前严重，饥民斗争在秦陇大地此起彼伏。当时有国民党报刊记载：“陕北土地贫瘠，交通梗阻，一般民众旧有道德观念颇深，风俗淳朴。以此民情，若以其他意识，很难打破。惟政治黑暗，经济破产，而以酿成今日之势……催索之吏，遍布乡间，不孝之徒，更中饱私囊。民众破产者频频，致命者累累，怨声载道，民不聊生。”可见灾荒之下农民的生活更加悲惨，由此催生出更加强烈的反抗意识，加之共产党深入群众，不断进行马克思主义革命思想的传播，使得农民群众的政治觉悟逐步提高，革命热情不断高涨。1935 年，《大公报》记者范长江通过在陕北、陇东的实地采访，做了如下描述：“更经数年来赤化教育之结果，民众心中只知有苏维埃、瑞金、莫斯科、列宁、斯大林等，而不知有西安、兰州、北平、南京等名词。某县长曾在合水以东召集民众训话，数次申传，到

① 中共陕西省党校党史教研室、陕西省社会科学院党史研究室编：《新民主主义革命时期陕西大事记述》，陕西人民出版社 1980 年版，第 204 页。

者寥寥。而苏维埃召集开会，则二十四小时之内，可以立刻齐集数百里以内之民众。”[①] 在传播马克思主义的同时也推进了工农武装割据的顺利开展。

陕甘边革命根据地的建设经历了前后三个阶段，分别以寺村塬、照金、南梁为中心。大革命失败之后刘志丹、谢子长等人在陕西多地领导的大大小小多次武装起义，多以失败而告终，在革命实践的挫折中，刘志丹积极反思，认识到建立革命根据地的重要性。

1932 年 3 月下旬，陕甘红军游击队占领了甘肃正宁县山河镇南边的寺村塬，在寺村塬召开了农民代表大会，选举成立了寺村塬革命委员会（又称陕甘边革命委员会），陕甘边第一个红色政权由此诞生。寺村塬红色政权仅存五个月之余，却是在陕甘边革命根据地建立政权的初步尝试。

1932 年 12 月，陕甘红军游击队改编为红二十六军，标志着陕甘边武装斗争和创造红色政权的斗争向前迈进了一大步。1933 年，经过刘志丹、习仲勋等人的不懈努力，在消灭耀县照金周边民团武装的基础上，形成了以照金为中心的革命根据地；3 月初，成立了中共陕甘边特委；8 月 14 日，在陕甘边革命根据地面临生死存亡的关头，习仲勋等主持召开陕甘边党政军联席会议（又称陈家坡会议），成立了陕甘边区红军临时总指挥部，保证了党对陕甘边区工作的统一领导，红军游击队的力量得以保存，使陕甘边区根据地度过了最危险的时刻。

1933 年 11 月初，以刘志丹为代表的共产党人在甘肃合水县包家寨召开联席会议，作出了以南梁为中心建立陕甘边新的根据地、巩固红色政权的核心决策。会后，红军开展了广泛的游击战争和革命宣传，大力发动群众。1934 年 2 月的陕甘边工农兵代表大会上，

---

① 范长江：《刘志丹之鼓动与民众之背向》，刘志丹纪念文集编委会编：《刘志丹纪念文集》，军事科学出版社 2003 年版，第 794 页。

陈家坡会议旧址

选举产生了陕甘边革命根据地的最高临时政权机关——陕甘边区革命委员会，并选举习仲勋为革命委员会主席，以南梁为中心的陕甘边革命根据地基本形成。经过不断发展，红色政权扩展至附近 14 个县域、数万平方公里的范围内，根据地初具规模。随着根据地的发展，为了保障人民当家作主的权利，建立正式的苏维埃政府已成必然。之后在 1934 年 11 月的边区工农兵代表大会上，选举产生了陕甘边区苏维埃政府，习仲勋任政府主席，刘志丹任军事委员会主席。陕甘边革命根据地的发展进入相对成熟、稳定的新的历史时期。

中共陕甘边特委建立地——照金兔儿梁

2. 陕甘边革命根据地马克思主义的传播主体

（1）党政领导

在土地革命极为艰苦的年月，陕甘边革命根据地能够在艰难的环境之下发展、巩固，与陕甘边的党政军建设工作有密切关系，而陕甘边党政军坚强的领导集体在其中又发挥了积极的作用。

刘志丹是陕甘边革命根据地的领导核心。作为陕甘边革命根据地的主要创建者，刘志丹始终密切联系群众，经常深入调查研究，是边区的“活地图”。长期的群众工作造就了良好的影响力和号召力，至今陕甘边区还留存着很多描述、赞颂刘志丹的民间歌谣，如“羊肚子手巾三道道蓝，哥哥跟的是咱刘志丹。老刘站在山上喊一声，咱们千家万户齐响应”[①] 等，生动地展现了以刘志丹为代表的边区革命领导集体亲民的执政方式，这也是马克思主义思想能够在边区群众中得以传播的重要基础。同时，刘志丹具有高超的政治组织和军事指挥才能，思维灵活，口才优秀，很多革命同志都很信任他，人民群众很敬服他。范长江基于在西北地区的采访，对刘志丹这样描述：“他正对着政府的缺点，来宣传组织民众。分大地主的土地与羊子给一般农民，反对捐税，反对派款。因此在消极方面，取消了民众的负担，积极方面增加了民众的所有。以实际利益为前提的民众，当然赞成刘志丹之组织，而愿为之用命。再加以刘志丹之组织，使民众更不得不为之用。”[②] 当时的《秦风》报刊上曾提到，“刘（志丹）非一般之草寇，有理论、军事、经济头脑，更有煽动之技巧。第一次听了他的演说，就深信不疑。颇有人缘，老幼称颂。看起来刘是解决民众吃饭问题，而其更有推倒民国之深意。可惜各级官吏视而不见。”张闻天评价刘志丹时认为，刘志丹在陕甘边区所走的革命路线是毛泽东同志的路线，

① 杨正发：《南梁之光》，甘肃人民出版社 2005 年版，第 146 页。

② 范长江：《刘志丹之鼓动与民众之背向》，刘志丹纪念文集编委会编：《刘志丹纪念文集》，军事科学出版社 2003 年版，第 793—794 页。

是布尔什维克的路线，是真正中国的马克思主义的路线。

毛泽东曾赞扬道："我们刚刚到陕北，仅了解一些情况。但我看到人民群众的政治觉悟很高，懂得许多革命道理。陕北红军的战斗力很强，苏维埃政权能够巩固地坚持下来，我相信创造这块根据地的同志们是党的好干部。"[①] 这样的领导集体紧紧团结着工农群众，在开辟、发展革命根据地的过程中以有效多元的方式展开了对马克思主义理论和工农武装割据等党的路线、方针、政策的宣传，使当地的人民群众受到了阶级性、主体性教育，也深受革命理想信念、集体主义、爱国主义思想的熏陶，同时对开展土地革命、进行武装斗争和创建革命根据地有了一定认识。通过长期的马克思主义传播和教育，农民阶级逐渐认识到自身受压迫的根源，认识到国民党政权的反动本性，从而可以自觉地投入到土地革命战争中。

（2）社团组织

陕甘边区时期，农民联合会、赤卫队、贫民团、雇农会等组织在以南梁为中心的几条川里相继成立[②]。依托这些革命团体，陕甘边革命根据地也进行了有效的马克思主义宣传。

1932 年初，中国工农红军在寺村塬发动穷苦大众闹革命，成立赤卫队。赤卫队积极配合红军游击队劫富济贫。1932 年 3 月 22 日，陕甘边区革命委员会在寺村塬成立，赤卫队员站岗放哨，保障了大会的圆满召开。赤卫队长唐致祥率赤卫队员先后没收了西城村、于家庄、琴宅豪绅的粮食和牛羊，分给当地贫苦农民，还惩处了民愤极大的豪绅。唐致祥次年加入中国共产党。

1932 年 3 月，中国工农红军陕甘游击队在寺村塬建立贫农团。贫农团成立后，积极动员农民打土豪、分田地，并在之后十余年逐渐

---

① 刘志丹纪念文集编委会编：《刘志丹纪念文集》，军事科学出版社 2003 年版，第 407 页。

② 中共陕西省委党史研究室、中共甘肃省委党史研究室编：《陕甘边革命根据地》，中共党史出版社 1997 年版，第 400 页。

发展为有影响力的农会[①]。贫农团、农会组织在减租减息、解决地权纠纷、查租工作中发挥举足轻重的作用，在保护广大农民根本利益的过程中践行马克思主义思想，走工农武装割据道路，无形中对马克思主义进行了有力有效的传播。

3. 陕甘边革命根据地马克思主义的传播途径及内容

（1）报纸刊物

陕甘边革命根据地期间，为了宣传党的方针政策，团结与教育更广大的人民群众，1934 年 11 月在南梁荔园堡刊行了陕甘边区苏维埃政府机关报《红色西北》，1935 年 1 月 20 日，中共陕甘边区特委在南梁荔园堡创办了其机关刊物《布尔什维克的生活》。

《红色西北》八开二版，主要负责刻写蜡版的是席德仁，王子宜等领导同志也经常刻写蜡版。《红色西北》字迹美观，排版精巧，图文并茂，且以黑、红、蓝三色油墨套印，美观朴实，每 3 至 5 天不定期出版。中共陕甘边区特委宣传部长龚逢春兼任主编，中共陕甘边区苏维埃政府文化委员会委员长蔡子伟兼任报纸负责人[②]。刘志丹、习仲勋、惠子俊、蔡子伟等陕甘边区党政军领导，对办好报刊格外关心，给予了很大支持。除了经常为《红色西北》撰稿，还派人设法搞来油印机和质地较好的有光纸、蜡纸和油墨，保证了报刊的印刷质量，对在艰苦的战争环境中《红色西北》的办报质量起到了重要作用，刊物深受党政工作者、红军指战员和边区人民群众的欢迎。

《红色西北》创办正值以南梁为中心的陕甘边革命根据地不断巩

---

① 1935 年 8 月新正县成立后，区、乡农会组织比较健全，一些村还有佃农小组。抗日战争中，贫农团改称农民会。至 1944 年春耕前，新正县建立农会 34 个，有会员 205 人。正宁县志编纂委员会编:《正宁县志》，甘肃文化出版社 2010 年版，第 764、765 页。

② 陕西省地方志编纂委员会编:《陕西省志 · 报刊志》，陕西人民出版社 2000 年版，第 229 页。华池县志编纂委员会编:《华池县志》，甘肃人民出版社 2004 年版，第 846 页。

固、发展的历史时期。在将近一年的时间里，《红色西北》主要刊登陕甘边区的政治、经济、军事、文化建设等消息，尤以红军战讯为最多；积极宣传陕甘边特委、政府和军委的政策、法令，刊登陕甘边区政府公报，党、政、军领导机关的某些决议和其他号召性文件[①]。陕甘边区苏维埃政府成立时的《政治决议案》《军事决议案》《土地决议案》《财政决议案》《粮食决议案》，以及陕甘边特委和政府号召根据地人民同春荒作斗争的决议等文件，都先后在《红色西北》刊载[②]，对指导根据地的政治、军事斗争，土地革命和经济、文化建设发挥了积极影响。

1935 年 4 月，国民党军马鸿宾部侵占南梁苏区前夕，《红色西北》被迫中断出版。6 月，《红色西北》在甘泉县下寺湾恢复出版，由陕甘边区苏维埃政府教育部部长冯玺玉兼任主编，席德仁、李郁负责缮写、油印工作。10 月，在王明“左”倾路线造成的错误肃反中，冯玺玉、席德仁、李郁均遭诬陷被捕，《红色西北》被迫停刊[③]。

《布尔什维克的生活》是中共陕甘边区特委机关刊物，是一份党内读物，不定期出版，陕甘边特委宣传部长龚逢春（后为蔡子伟）任主编。刊物的宗旨为“使广大党员群众在马克思列宁主义坚定的把握上铁一般的团结起来，为了加强党的战斗力量……提高每一个党员的政治水平，传达党的经验教训，交换党的工作方法，并转达一切政治及群众斗争的消息，以引起党员的工作积极性”，“英勇的来领导千百万广大劳苦群众的斗争，争取西北以至全中国苏维埃革命的最后胜利”，主要刊登党在陕甘边区的工作方针、时事论文，每期都有刘志丹写的政论[④]。1935 年 4 月，《布尔什维克的生活》出版第二期后，

① 陕西省地方志编纂委员会编：《陕西省志・报刊志》，陕西人民出版社 2000 年版，第 229 页。华池县志编纂委员会编：《华池县志》，甘肃人民出版社 2004 年版，第 846 页。

② 巩世锋：《陇东，说不完的革命故事》，甘肃文化出版社 2015 年版，第 141 页。

③ 华池县志编纂委员会编：《华池县志》，甘肃人民出版社 2004 年版，第 846 页。

④ 陕西省地方志编纂委员会编：《陕西省志・报刊志》，陕西人民出版社 2000 年版，第 249 页。

因国民党军马鸿宾部侵占南梁苏区而停刊①。

《红色西北》《布尔什维克的生活》两份报刊的创办，使得边区的宣传事业借助媒体的形式，对广大党员、群众进行了思想政治教育，尤其是对党员政治水平的提升发挥了一定作用。革命进步刊物对陕甘边革命根据地马克思主义的传播具有重要作用。通过红色刊物来推动党的宣传工作，体现出陕甘边特委和政府对利用传媒方式开展工作的重视，同时表明根据地各项建设工作进入到欣欣向荣的新阶段。

（2）文艺作品

民国时期，处于偏远的秦陇乡村的农民群众文化生活十分匮乏单一。随着革命的兴起，一些反映时代精神的革命歌谣、深受群众欢迎的戏剧、报刊及群众文化娱乐活动等先进文化应运而生。

基于艰苦的革命实践所创作的一系列革命歌谣，如《盼红军》《打江山》《跟上哥哥上梁山》《遍地红》《红军起首三嘉塬》《妇女放脚歌》等，以淳朴的语言，独特的风格，紧密配合各个阶段的革命斗争，充分发挥了宣传教育、动员激励人民的战斗作用。

红旗谣②

红旗展，红旗红，
红旗下面是红军，
红军本是受苦人，
受苦人儿要翻身。

红旗飘，红旗绕，
红军力量真不小，
土豪劣绅都打倒，
民团跑了赃官逃。

---

① 华池县志编纂委员会编：《华池县志》，甘肃人民出版社 2004 年版，第 846、847 页。

② 高文、巩世锋：《陇东红色歌谣》，甘肃人民出版社 2011 年版，第 43—44 页。

红旗飞，红旗扬，
分了田地分牛羊，
分了窑洞又分粮，
老百姓来喜洋洋。

红旗来，红旗去，
咱们南梁立苏区，
穷人当家做了主，
不受压迫不受欺。

红旗鲜，红旗明，
打起红旗闹革命，
天下穷人随红军，
红旗一展满天红。

红旗好，红旗好，
红旗举起高又高，
跟上红军朝前走，
工农政权牢又牢。

找红军

受压迫，仇满胸，
受剥削，一世穷，
血债总要血来还，
要想翻身当红军。

背上炒面上南梁，
翻山越岭找红军，

不怕山高沟又深，
跟上红军打敌人。

我们是红军的武装

同志们，赶快起来拿刀枪，
我们是红军的武装，
打倒日本强盗和汉奸，
打倒日本建立新中国。
敌人来到了，
我们向前攻，
我们是无敌的红军。
噼哩叭，噼哩叭，
端起枪，向前杀，
打倒日本鬼，
除掉卖国贼。
嗨！我们要求民主解放！

人人都说革命好（信天游）

芦花公鸡当院里站，
共产党来了自由汉。

人人都说革命好，
哥哥你把我引上道。

高坡上筛糠低坬里落，
我跟山哥哥去工作。

盒子枪打死也不后悔，

咱二人相跟上一对对。

青天黄天老蓝天，
闹上革命不犯难。

翻身不怕拦路狗[①]，
如今穷人有路走。

哥当红军妹宣传，
裤腿儿缠在大腿弯。

妹妹穿的是一身绿，
共产党引我见晴天。

五黄六月歇阴凉，
至死也忘不了共产党。

妇女放脚歌

开口说一声，
妇女们都来听，
旧社会缠脚害苦了妇女们，
活肉缠成个死肉疔，
缠脚的人儿多苦情。

敌人来进攻，
小脚跑不动，

---

① 拦路狗，指地主老财，土豪劣绅。

大脚儿就比小脚强十分，
担水送饭抬伤兵，
样样工作都能行。

封建制度是祸根

封建压迫几十年，
咱们妇女实可怜，
三四岁上下把脚缠下，
疼得人儿难动弹。

可叹咱们妇女家，
从小就要守家法，
长大成家不由自己，
父母卖咱当牛马。

一天围着锅台转，
夜里推磨到二更天，
起床等不得鸡叫唤，
光学会个包娃娃。

丈夫打来公婆骂，
人前头做事没有咱，
说话不敢把牙齿露，
走路不敢抬起头。

男人女人都是人，
为啥男女不平等，
恨爹恨娘不顶用，

封建制度是祸根。

晴天响起一声雷，
组织起妇女联合会，
齐心推翻三座山，
妇女们才能把身翻。

妇女们婚姻自由了，
自己对象自己找，
相亲相爱甜如蜜，
再不受那旁人的气。

（3）各类学校

陕甘边苏维埃政府成立后，提出了“十大政策”，其中文教事业是根据地建设的一项重要内容。各县、区、乡政府建立健全教育领导机构，提倡办学并给予物质支持，促进了根据地文教事业的发展。南梁政府开办的陕甘边红军干部学校和列宁小学，成为陕甘边革命根据地传播马克思主义的重要阵地。

陕甘边区时期，各级党、政、军干部大多来自出身贫苦的农民，多数是文盲。为了提高他们的思想、文化、军事等基本素质，1934年3月，陕甘边区特委、军事委员会和陕甘边革命委员会在南梁荔园堡将刘志丹在红二十六军四十二师创办的随营学校（既学军事知识，又扫盲识字）改办为陕甘边区红军干部学校。同年秋，迁往林镇豹子川张岔乌鸦寺，改名为陕甘边区军政干部学校。

学校开办后，刘志丹兼任校长，习仲勋兼任政委，吴岱峰任副校长，马文瑞、蔡子伟等兼任教员。培训对象主要是红军、游击队中的中、下级干部，以及少数地方干部，具体而言，为排、连、营干部和县、区苏维埃政府干部。学校开设政治、军事、文化和政权建设等课程。政治课包括“工农红军”“共产党”“土地革命”（怎样分配土地）、“六大决定”（十大纲领、革命性质等）；军事课包括“制式教练”（基本动作）、“尖兵活动”“班排连进攻”“游击战术”等，还开设了群众工作和文化课程，同时兼搞生产。刘志丹与习仲勋、吴岱峰一起编写了《军事教育大纲》《政治工作训令》等教材。刘志丹等人经常给学员讲课、作报告，关心学员的生活，鼓励教员搞好教学工作。刘志丹还常到学校给学员讲政治课和军事课，如讲十月革命、井冈山斗争的经验、开创陕甘边苏区的条件和政策、军事知识等。他还向学员讲解社会发展规律的常识，亲自编写了包括原始社会、奴隶占有制度、封建制度、资本主义、从资本主义到共产主义等社会形态的讲授提纲。在讲军事课时，总是身体力行，边教边练，特别在军事训练中，培养学员的组织纪律性和关心群众利益的思想行为，把革命纪律教育、军民关系教育等内容渗透到军事训练之中，对提高学员军事素养、学习游击战争常识和地方干部动员组织民众工作知识等起到了重要作用。吴岱峰、马文瑞、蔡子伟等人分别教授政治、语文、政权建设等课程，主要内容包括陕甘边根据地南区的建立和发展情况、苏维埃选举法、土地革命和政权建设、十大政策等。

学校条件简陋，住房全部是土窑洞，有些是在学校迁来后学员们自己动手新挖的窑洞，门窗简陋，用木柴和木棍制成，窑内盘土炕。没有正规教室和教材，每位学员发十张麻纸、一支铅笔，教员在台前或黑板上写，学员们用铅笔在麻纸上做记录。由于多数学员并不识字，很多人不会做笔记。学校的日常生活也很简单，主食是黄米，蔬菜很少，学校生活充实而愉快。陕甘边军政干部学校学员编唱的歌谣：“喝的是山泉水，吃的是糜子饭，睡的五孔窑，穿的羊毛毡。上山去种地，下山把书念，敌人来‘围剿’，勒马和他干。”[①] 歌谣饱含革命豪情，也生动再现出当时艰苦的学习生活。

---

① 高文、巩世锋:《陇东革命歌谣》，甘肃人民出版社 1982 年版，第 96 页。

陕甘边区军政干部学校每期学员百余人，从 1934 年到 1935 年春，共办了 3 期，第一期为期 1 个月，第二期 70 多天，第三期 3 个月，共培训了从陕甘边农村、红军部队、游击队中派来的军、政干部 322 名，号兵 10 名[①]。学员毕业后，分配到红军、游击队、赤卫队和根据地各级苏维埃政府工作，他们在长期革命实践和斗争中成为有才干的党政领导干部和军事指挥员，成长为陕甘红军和各级基层苏维埃政府的中坚力量。

中央红军到达陕北后，军政学校与中央红军大学合并。红军干部学校是党在陕甘边区创办的第一所军政学校，对于培养提高广大军政干部的政治军事素质起到了重要作用，同时有效地促进了军队的正规化，对陕甘红军的发展有着重大意义，对巩固根据地的政权建设产生了直接影响。军政干部学校为红军的发展壮大和根据地的政治、经济、文化建设培养了大批有用人才，同时为马克思主义在陕甘边地区的传播作了干部和人才上的储备，这对条件艰苦、地处偏远的陕甘边区极为宝贵。

1934 年 3 月，陕甘边区革命委员会创办了边区第一所红色学校——列宁小学，校址在今甘肃省华池县林镇乡四合台村老庄河沟的半山坡上，有土窑 2 孔，招收附近贫苦农民的子女免费上学。办学初期，霍建德同志任校长，妇女委员会委员长高敏珍任教员，有学生十多人。同年 4 月，由于国民党地方军与庆阳陇东民团司令谭世霖兵分八路，对南梁苏区发动了反革命“围剿”，迫使列宁小学停办。这年 7 月，刘志丹、杨森率领红二十六军四十二师，在边区人民的大力支持下，英勇反击，九战九捷，一举粉碎了反革命“围剿”，学校又在闫洼子恢复开办。1934 年 11 月，陕甘边区苏维埃政府在南梁成立后，将学校迁至今南梁乡荔园堡村转咀子。校舍有瓦房 3 间、窑洞 3

---

① 华池县志编纂委员会编:《华池县志》，甘肃人民出版社 2004 年版，第 681、682 页。

孔，学区辖白马庙、玉皇庙、荔园堡、山庄、林镇等村镇，主要招收周边的贫雇农少年。霍建德任校长，妇女委员长张景文接替高敏珍任教员。

在艰苦的条件下，学校师生就地取材，用石板作黑板，扫锅灰当墨水，自己动手垒泥土墩为桌，在沙盘内置绵土，用柴棍练字算数，坚持办学。学生从开初的十三四人很快就增加到三四十人。这些学生多数是当地贫苦百姓子女，少部分是边区政府干部子女和收养的孤儿。学校开设国文、算术、军体、歌咏等课程，教材为自编的油印或手抄本。蔡子伟、张景文等为南梁苏区列宁小学编写的语文课本，为华池境内专业著述的拓荒之作[①]。教材都是按照华池的风俗民情和当时的革命斗争形势新编的，多采用诗歌或顺口溜形式，通俗易懂，好学易记，发挥了文化教育与政治引导的双重作用。如关于马克思其人的介绍，列宁小学国语课本中写道："马克思是谁呢？是世界革命的领袖，他终生领导着我们穷人革命，还把穷人革命的办法指示出来。"他们结合实际，一面教文化课，一面带领学生参加社会活动和生产劳动，经常上集市，下村舍，向群众宣传"闹革命，打江山，穷苦人儿把身翻，要想把穷根剜，跟上红军上前线"等革命道理，另外还给群众教唱革命歌曲。"穷苦大众一条心，跟上红军闹革命，打土豪呀分田地，穷人能过好光景，嗨嗨呀呼嗨，穷人能过好光景"，这首歌就是张景文同志教给荔园堡群众的一首革命歌曲。在学生管理上，民国初虽提倡废除旧法，但打骂、体罚学生现象仍然存在，列宁小学废除打骂、体罚制度，采用说服教育、启发诱导式的民主管理方法。

刘志丹、习仲勋、蔡子伟等边区领导人对列宁小学非常关心，除了亲自编写教材，挤出办公经费用于学校教学，有时还亲临学校讲课、作报告。1934 年秋，由于国民党反动派的经济封锁，学校的笔

---

① 华池县志编纂委员会编：《华池县志》，甘肃人民出版社 2004 年版，第 766 页。

墨纸等教学用品非常匮乏，霍建德将这些困难如实汇报给蔡子伟后，得到刘志丹、习仲勋的高度重视。刘志丹从陕甘边军事委员会的经费中挤出 30 元送给列宁小学作经费，习仲勋又从边区政府的办公费中挤出铅笔墨纸送给学校，解决了学校教学的燃眉之急。由于边区政府的重视和关怀，群众的大力支持，到 1935 年春，列宁小学的学生已发展到 60 多人。后由于国民党反动派进犯南梁，学校被迫停办。列宁小学的创办，使许多农家子弟得以接受比较全面的基础教育，使文化知识的传授进入寻常百姓家庭。

苏维埃政府还非常注重成人的文化教育，在一些村庄办起扫盲识字班。同时，发动群众，广泛开展破除陈规陋习、移风易俗活动，设立禁烟、禁赌、妇女放足委员会，发布相应条例，制定反对封建买卖婚姻、反对迷信活动等法规，开展以“劝破除迷信、劝戒赌博、劝戒鸦片烟、劝禁止买卖婚姻、劝妇女放足、劝男子剪辫子”为内容的“六劝”活动，用新思想、新文化教育和引导群众从封建思想的枷锁中解放出来。

4. 陕甘边革命根据地马克思主义的传播特点

刘志丹在陕甘地区领导的多次武装起义失败后，总结认识到革命根据地的建设对武装斗争的极端重要性，明确提出“向井冈山学习”，实行“工农武装割据”，要在陕甘地区建立一块革命根据地。刘志丹等共产党人从陕甘边根据地的实际情况出发，创造性地实践毛泽东“工农武装割据”思想，走“以农村包围城市”的中国革命武装夺取政权的道路。陕甘边革命根据地时期马克思主义的传播，始终紧紧围绕党的中心工作，围绕土地革命战争的主题需要，围绕工农武装割据，围绕与国民党的斗争而展开，凸显了马克思主义思想的核心地位和土地革命战争时期中国共产党人对中国革命新道路的艰苦探索和开辟，确保党的思想政治工作沿着正确的方向发展。

（1）区分对象，注重主体

陕甘边革命根据地在宣传马克思主义理论，党的路线、方针、政策的过程中，基于对边区基本情况的调查了解，为了提高宣传和思想政治教育的有效性，最大限度地扩大革命思想的影响力和传播力，在宣传过程中十分注重宣传对象本身的特征，针对不同的对象展开了分群体的宣传工作。

比如农民群众，他们的特点是文化水平低，阶级意识、主体意识较弱，封建地主土地所有制之下基本的土地要求得不到满足，缺地少地，生活困苦，因而具有强烈的革命性，是革命的主力军。但同时存在相应的不足与局限，从思想上武装农民尤显重要。基于农民阶级的基本特点，农民群众的思政工作除了要生动鲜活、容易理解之外，更重要的是要关注他们的切身利益和实际需要，尤其是重视他们的土地愿望。“过去，他们一愁无地，弄不上饭吃，弄不上衣穿，地富剥削和压榨使他们喘不过气来；二愁土匪横行，拉票子抢劫……红军和游击队消灭了土匪，使他们能过上安宁的日子，又分配了土地，更使他们生活有了保障，贫苦大众真是高兴得了不得。”[①] 在根据地开展了土地革命之后，土地问题得到解决，广大农民在政治、经济上翻了身，极大调动了他们参与革命的热情，提高了政治觉悟，这样就为革命思想的传播、武装斗争的开展奠定了良好的群众基础。此外，陕甘边苏维埃政府还制定了一系列发展生产、设立集市、发行货币的政策，都坚持从人民群众的实际需要出发，赢得了边区群众的真心拥护和支持，也为根据地的发展壮大提供了坚实保障。又因为农民文盲率较高，开办的识字班、扫盲班、夜校、冬学等等在教学内容、教学形式上都紧密结合农村、农民的实际情况。如教学时间选择了避开农忙时期，内容上与农业生产相交织、与地方性知识相结合，积极

① 刘凤阁、任愚公：《红二十六军与陕甘边苏区》，兰州大学出版社 1995 年版，第 935 页。

宣传土地改革政策，从政治思想上武装人民群众，使他们真正认识到土改是穷人从政治上、经济上翻身的大事，从而纷纷投入到土改运动中去，推动土改运动的蓬勃发展。在文化教育方面，也是强调用新思想、新文化教育影响群众，引导群众从封建思想的禁锢中解脱出来。

而对中下层军官、红军战士等的思政教育工作，更加注重理论宣传和阐发，军事作战的战略方针等，多在干部学校、培训班、领导层的讲话中实现这种宣传教育。对于来自国统区的知识分子、国民党军队俘虏等也有不同的宣传教育方式和政策，对他们采取尊重、自愿的原则。对哥老会、扇子会、红枪会、硬肚、软扇等会道门采取教育、争取、改造和使用的政策。在邻近的国统区，通过坚持不懈的思想工作，扩大了马克思主义思想和党的影响力。“当时在敌占区开展工作十分困难，我们就用单线联系的方法，以严密党的组织，主要任务是调查敌情，培养骨干……随之大力选拔了一批贫雇农积极分子，作为开展活动的基本力量，还团结了除反动的地主分子以外的开明人士。对地方上的老知识分子也进行争取和团结，从而扩大了党的影响。”①

（2）坚持创新，曲折发展

陕甘边革命根据地的马克思主义传播始终关注到了农民的切身利益和实际需求，深入群众的大量群众工作使得边区领导人深刻把握了边区的艰苦状况。土地革命战争后期南方革命力量受挫，革命形势相较更加艰难。为了在有限的条件下开展工农武装割据，充分调动广大人民群众参与革命、支持革命的热情和觉悟，巩固一步步得之不易的红色果实，马克思主义的传播工作就要贯穿整个根据地建设始终。艰难的条件反而催生出很多更具地方特性的宣传手段，呈现出丰富多元

---

① 刘凤阁、任愚公:《红二十六军与陕甘边苏区》，兰州大学出版社 1995 年版，第 451 页。

的宣传方式。基于陕甘边区实际情况的宣传方式就是这一时期马克思主义传播的最大创新性。

与此同时，陕甘边革命根据地的马克思主义传播过程并非一帆风顺。党中央 1945 年 4 月在《关于若干历史问题的决议》中指出：土地革命战争的这十年内，我党不仅有了伟大的成就，而且在某些时期中也犯过一些错误。从六届四中全会到 1935 年 1 月这个时期内所犯的政治路线、军事路线和组织路线上的“左”倾错误，给中国革命造成的破坏最为严重，使苏区损失百分之九十，白区损失百分之百。陕甘边革命根据地同样也遭受到了王明“左”倾教条主义的严重破坏[①]。寺村塬、照金时期，在以杜衡为代表的“左”倾冒险主义的错误干扰下，红色政权和革命军队损失严重。而南梁时期，陕甘边革命根据地得以快速地发展壮大，习仲勋在总结这一短暂发展的原因时提到，一是这个时期执行王明“左”倾路线的陕西省委遭到破坏，在客观上使王明“左”倾教条主义不能对陕甘边根据地继续发生影响；二是陕甘边根据地的党组织经过革命斗争的锤炼，在政治上、思想上、组织上有了很大提高，在与上级党组织失去联系的情况下，能够坚持马克思主义的原则和斗争方向，按照毛泽东同志游击战争的军事思想，进行顽强卓绝的斗争[②]。“左”倾错误思想在陕甘边革命根据地发展的过程中产生过严重的危害和影响，因而在根据地的马克思主义传播工作中加强了有关无产阶级领导权、工农联盟、武装斗争等理论的传播。总的来说，陕甘边革命根据地时期中国共产党理论的宣传与传播始终伴随着对错误思想的批判，这也是这一时期马克思主义传播的主要特征之一。

---

① 张秀山:《我的八十五年——从西北到东北》，中共党史出版社 2022 年版，序第 1—2 页。

② 张秀山:《我的八十五年——从西北到东北》，中共党史出版社 2022 年版，序第 2 页。

陕北革命根据地的创建与马克思主义的传播

早在大革命时期，马克思主义的火种就在陕北开始播撒了，以绥德四师和榆林中学为中心，培养了一批信仰马克思主义的进步青年，并且建立了陕北早期的党组织和团组织。1927 年，蒋介石悍然发动四一二反革命政变，榆林军阀井岳秀随即打出“清党”旗帜，于 8 月 4 日查封了绥德四师和延安四中，教师学生被武装遣散回乡，大批党团组织负责人被捕，许多进步学生被开除学籍，陕北党的组织遭到严重破坏，白色恐怖笼罩了整个陕北大地。但革命的星星之火是扑不灭的，1927 年 10 月 12 日，在陕西省委领导下，共产党人唐澍、李象九、谢子长等发动了清涧起义。起义虽然失败了，但它作为中国共产党在西北地区打响武装反抗国民党的第一枪，有力地推动了西北地区尤其是陕北地区革命运动的发展。

1. 陕北革命根据地的创建

1928 年 4 月，中共陕北第一次代表大会在绥德召开，焦维炽、冯文江等共 10 多人出席会议，会议传达了八七会议精神和省委第一次扩大会议精神，选举成立了中共陕北特委和共青团陕北特委，党特委书记由杜衡担任，冯文江为组织委员，团特委书记为焦维炽。中共陕北第一次代表大会的召开和中共陕北特委的成立，为陕北地区土地革命战争的开展提供了组织保障，对陕北地区革命斗争产生了深远影响。此后，陕北红色武装和革命根据地开始建立，陕北革命进入新高潮。

1929 年 2 月，中共陕北特委在绥德县张家岔召开了第一次扩大会议，并在会议上传达了中共六大和陕西省委第四次扩大会议精神。大会根据中共六大决议精神，认为革命形势暂时还处于低潮，党、团员目前的工作应是在白军中争取武装力量，并且进一步加强农民运动，积极开展兵运，以迎接革命高潮。同年 3 月，在清涧高杰村召开会议，决定以“五抗”（抗租、抗税、抗捐、抗粮、抗债）为中心开展斗争。

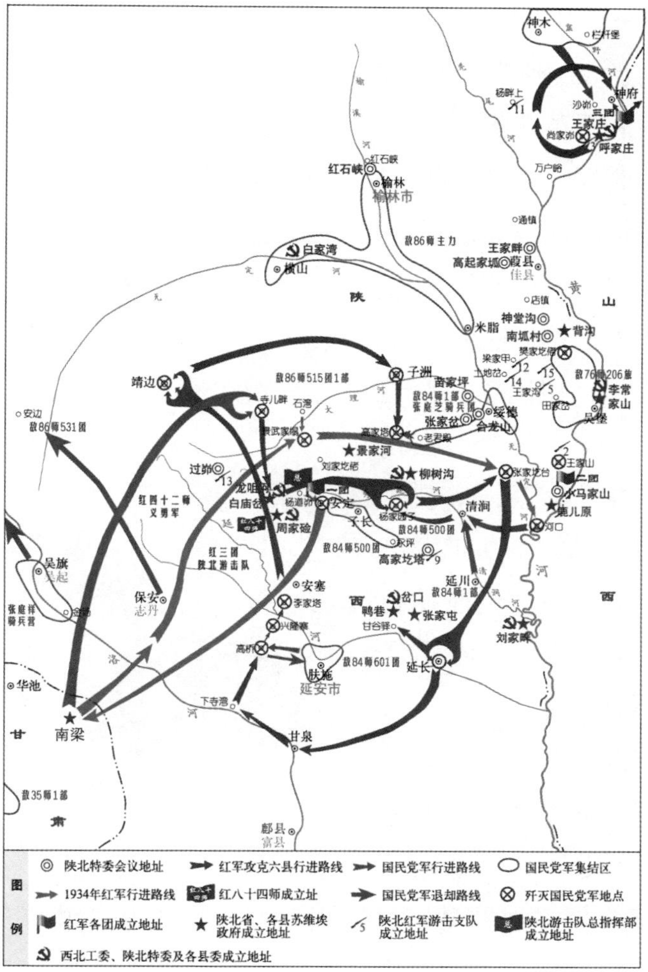

陕北革命根据地创建与发展示意图

1929年四五月间，中共陕北特委在榆林红石峡召开第二次扩大会议。会议决定任刘志丹为特委军委书记。此次会议提出三种武装斗争的形式，即红、白、灰“三色”创建红军的理论，红色指由共产党人组建工农红军；白色指派人争取国民党军队及民团起义，使其成为红军；灰色指派人教育、改造土匪武装，使其成为红军。“三色”革命理论的提出和实践，有力地推动了陕北地区乃至西北地区革命武装的创建和发展。

在创建陕北革命根据地的过程中，中共陕北特委多次提出建立革命政权的任务。1933 年 7 月 23 日，中共陕北特委在佳县高起家坬召开第四次扩大会议，这次会议是陕西革命历史上的一次非常重要的会议。这次会议标志着革命的武装斗争已经由以搞白色的形式为主转向全面创建红军的时期，对后来陕北党组织和红军、陕北革命根据地乃至陕甘革命根据地的建设和发展都产生了较大影响。1934 年 4 月召开的佳县神堂沟会议，再次明确提出要武装开辟村庄，使苏区连成一片，发动群众，分配土地，建立苏维埃政权。同年 5 月，中共陕北特委作出《开展游击运动与创造陕北新红军与苏区的决议》，明确要求“在陕北很快地建立革命委员会的临时政府，统一军事行动”。随着陕北地区人民武装力量的不断扩大，陕北根据地的政权建设迅速发展起来。1935 年 1 月下旬，陕北第一次苏维埃代表大会在安定召开，宣布成立陕北省苏维埃政府，标志着陕北革命根据地的发展进入了一个新的历史时期。

高起家坬村会议旧址

陕北革命根据地的开辟、巩固和发展离不开武装斗争。中共陕北特委创建的第一支工农武装是中国工农红军陕北游击队第一支队。1932 年 3 月，刘善忠等人在清涧淮宁湾收缴了地方民团的枪支，组建了中国工农红军延川县游击队，队长刘善忠，政委高朗亭。4 月 18 日，延川县游击队改称中国工农红军西北先锋队，高朗亭任队长兼政委。10 月 1 日，中共陕北特委将其改称为中国工农红军陕甘游击队第九支队，并明确指示其任务为“解除豪绅地主武装，武装工农劳苦群众，彻底执行土地革命，并创造陕甘新苏区”。1933 年 4 月下旬，陕北特委将陕北游击队第九支队改编为中国工农红军陕北游击队第一支队。

1933 年 7 月，中共陕北特委高起家坬扩大会议之后，特委委员分赴各地传达会议精神，帮助各县创建红军游击队，使得革命武装迅速发展起来，陕北游击战争从组织准备、初创阶段转向全面发展和迅速壮大的阶段，由秘密活动转向公开武装斗争阶段。随着游击队的迅速发展壮大和游击战争的广泛开展，1934 年 7 月 8 日中国工农红军陕北游击队总指挥部在安定成立，总指挥谢子长，政委郭洪涛，参谋长贺晋年。1935 年 2 月，陕北红军游击队已发展到 25 个支队。陕北红军游击队的迅猛发展和壮大，使陕北革命根据地不断巩固和发展，为建设一支执行野战任务的正规红军奠定了坚实的基础。

1934 年 8 月 28 日，在粉碎了国民党军队对陕北革命根据地的第一次军事“围剿”的大好形势下，中共陕北特委在清涧县召开会议，决定撤销陕北游击队总指挥部，将第一、二、三支队分别扩编为中国工农红军陕北独立师第一、二、三团。1935 年 1 月，根据中共中央驻北方代表的指示，中共陕北特委又将第二、第三团合编为中国工农红军第二十七军第八十四师，下辖三个团。陕北红军独立师第一、二、三团的相继成立，使陕北革命根据地和陕北红军的创建发展进入了一个新的阶段。红二十七军八十四师组建后，由于第三团在神府地区活动，不能与师的主力会合，遂将该团改为神府独立团，坚持神府地区的武装斗争。至此，陕北革命根据地共有一个师的主力红军，一个正规独立团，几十支游击队和两万多人的赤卫军，形成了主力红军、地方部队和群众武装相互支援的局面。

陕北省苏维埃政府、红二十七军成立地——赤源县白庙岔（今属子长市）

在全国其他地方，尤其是南方各革命根据地相继丢失的同时，刘志丹和谢子长领导的陕甘边和陕北两块革命根据地因为坚持正确的革命路线保存下来并蓬勃发展。1935 年 2 月 5 日，中共陕甘边区特委和中共陕北特委在赤源县周家崄刺儿圪塔举行联席会议，中共陕甘边区特委书记惠子俊、陕甘边革命军事委员会主席刘志丹，中共陕北特委书记崔田夫、组织委员郭洪涛、宣传委员马明方等出席。会议决定成立中共西北工作委员会和西北革命军事委员会，对两个苏区实行统一领导，对红军和游击队实行统一指挥；撤销中共陕北特委，所属各县中共组织由西北工委直接领导；保留中共陕甘边特委，在西北工委领导下继续领导陕甘边的党政军民组织。会议还讨论了粉碎国民党军第二次“围剿”和打通两块根据地联系等问题，标志着陕甘革命根据地的初步形成，陕北革命根据地完成了它的使命。

2．陕北革命根据地马克思主义传播主体

（1）陕北革命根据地的党政机关

政治宣传是党的政治优势和优良传统。开展马克思主义基本理论特别是革命理论的宣传，是根据地政治宣传的首要任务。新民主主义革命时期，中国共产党领导的各级党团组织和苏维埃政权不仅要在实际的革命斗争中，肩负起巩固游击区和根据地的任务，团结群众的任务以及领导武装斗争的任务，还要承担起宣传马克思主义和党的策略主张的任务。陕北地区的党组织与团组织是中国共产党同陕北革命根据地的人民密切联系的组织，苏维埃政权是属于工人、农民、红军兵士及一切劳苦民众的政权，因此，陕北党团组织和苏维埃政府的工作和政治宣传则直接影响着人民群众对马克思主义的认知，对中国共产党和中国革命的态度。

1928 年 4 月中共陕北特委和团陕北特委的成立，使陕北这块土地上党、团工作都有了工作的总抓手。譬如：1933 年 10 月，崔瑞生给中共中央报告陕北情况中指出，陕北特委“各支部及群众团体务必

按照区组织宣传队，讲演队”进行“反帝抗日”的宣传，并且要求“翻印宣传品”“组织特刊”，建立支部宣传报，以此发动群众斗争。又指出，这些宣传的基础应该是“抓着群众的实际要求”，内容应该通俗切实、扼要简单，还要办墙报和粉笔队。

1934 年 2 月共青团陕北代表也指出，陕北团组织当下的任务也包括“扩大反帝运动的宣传”和加强互济会、拥护红军游击队的宣传，宣传的内容可以涉及“中国革命浪潮的高涨，红军苏维埃区域的发展，日本帝国主义占领华北”等。形式为出传单和群众大会，以及到学校中影响学生团体，还要在各地开短期的训练班，为宣传工作服务。

1935 年 1 月下旬陕北省苏维埃政府成立，苏维埃政府的文化教育工作，为根据地马克思主义的传播和动员广大群众投身土地革命斗争发挥了重要作用。在各级工农民主政权建立之前，各级中共组织和共青团组织，深入广大农村，普遍利用兴办小学、冬书房和农民夜校等形式，进行土地革命斗争的宣传工作，使一大批青壮年农民走上了革命道路。随着各级工农民主政权的相继建立，各地的列宁小学和识字班也纷纷建立，使投身革命的工农干部在短时期内脱盲，掌握了初步的文化知识。各地的赤少队和儿童团也积极组织少年儿童学习文化知识，教唱革命歌曲，为根据地文化教育工作的开展发挥了极为重要的作用。在陕北革命根据地，涌现了一批优秀的无产阶级宣传家，对马克思主义的宣传起到了重要的作用。

（2）陕北革命根据地的红色武装

陕北地区人民的武装斗争，是与全省乃至全国的革命武装斗争相联系和呼应的。1927 年三湾改编时，毛泽东就为红军士兵委员会制定了 5 条任务，其中就包括写标语、贴标语、发传单和演讲宣传，可以说，中国共产党领导的武装力量，不论是赤卫队、民兵组织，还是正式的游击队和红军，都必须在武装斗争之外，承担宣传工作的任务，以达到组织群众、武装群众、建立政权的目的。

宣传工作首先就是要在武装队伍内部进行宣传，包括进行马克思主义基本理论知识教育，让战士们了解党的政治思想和主张等。如1934年7月，中央驻北方代表对于陕北特委创造陕北新苏区的工作意见，就包括要加强游击队员的政治教育工作，建立读报小组、做关于政治问题的简单解释、设立列宁棚等，将党的书籍、文件等收纳起来，并且办墙报和随军壁报，“提高游击队员的政治文化水平”[①]，同时也是将马克思主义通过这样的方式被游击队员们接受。

除此之外，游击队也承担着对群众进行宣传的任务。1934年5月，在陕北各赤色工农红军游击队与各游击队区域代表联席会议上通过的《开展游击运动与创造陕北新红军与苏区的决议》中指出，在游击战争普遍的发动中，陕北各游击队的紧急任务包括“号召勇敢青年参加红军”、在游击区域内宣传“政治军事”理论、开展宣传鼓动工作，以获得劳苦大众的支持，并且提高他们的政治水平，提高革命情绪，以“巩固与发展游击区域，一直到创造新的苏区”[②]。红色武装内也少不了擅长宣传工作的同志。谢子长就是其中的典型，他在革命实践中提出了一系列正确的主张。

（3）学校教育

学校作为教书育人的基地，同样也是马克思主义宣传的前沿阵地。榆林中学和绥德四师一起，成为陕北革命根据地马克思主义早期的传播中心，对榆林地区乃至陕北的社会和群众运动产生了积极的影响。1923年后，最早在这两所学校接受教育的学生，受到李子洲、魏野畴等影响，视野更加开阔，开始关注国家和民族的前途，在他们的影响下，清涧、佳县、米脂等地的进步青年积极赴此学习，而寒暑假期间，也是这些人将马克思主义传播回家乡的好机会，他们向乡亲

① 中共陕西省委党史研究室、中共榆林地委党史研究室编：《陕北革命根据地》，中共党史出版社1995年版，第184页。

② 中共陕西省委党史研究室、中共榆林地委党史研究室编：《陕北革命根据地》，中共党史出版社1995年版，第171页。

们讲共产主义，讲马克思，宣传进步思想，这些都为大革命时期陕北革命根据地的群众运动尤其是农民运动的高涨创造了条件。

平民教育是马克思主义传播中的重要一环，绥德、榆林等地的团组织建立较早，所以陕北地区的平民教育也较早就开始了。平民学校是重要场所，不仅承担了推广文化教育的工作，还承担了培养共青团员的任务。刘志丹等人就曾在榆林开办平民学校，有力地推动了马克思主义的传播。

3．陕北革命根据地马克思主义传播的内容及其途径

（1）马克思主义传播的主要内容

一是以“打土豪、分田地”为中心的土地革命的宣传。1927 年大革命失败，中共中央八七会议指出：“土地革命问题是中国资产阶级民权革命中的中心问题”，是“中国革命新阶段的主要的社会经济的内容”。现时主要的是用平民式的革命手段，发动千百万农民自下而上地解决土地问题。规定要没收大地主和中地主的土地，没收一切所谓公产的祠族庙宇等土地，分给佃农及无地的农民。对于小田主则减租，强调贫农是农民运动的主要力量。陕北党组织在八七会议精神指引下，广泛开展土地革命。在实际工作中，主要是通过编口号，深入基层等方式，进行打土豪、分田地、抗租抗债等宣传。

1928 年陕北发生大旱，陕北特委加强了对灾民的领导，例如该年 6 月，领导绥德数千农民进城示威，迫使国民党当局开仓放粮；安塞县也掀起了声势浩大的“三抗”（抗粮、抗捐、抗税）和“三要”（要土地、要饭吃、要自由）运动。这些群众运动或多或少取得了一些成果。

1930 年，中共陕西省委就提出秋收斗争的中心口号是“抗租、抗债”“向豪绅地主县政府要饭吃”“分配豪绅地主的食粮”[①]。1933 年

---

① 中共陕西省委党史研究室、中共榆林地委党史研究室编：《陕北革命根据地》，中共党史出版社 1995 年版，第 65 页。

3 月，陕北团组织实际工作的口号，就有鼓励同志深入群众与普通士兵当中工作，进行“分配地主豪绅的土地”[①] 的宣传。在陕北革命根据地，有专门分管土地革命的党的机构。以绥德为例，1934 年时，“在城外又建立了领导土地革命的机构，在南区及土地革命地区游动”，也就是说，在白区，“城市有一个领导秘密工作的县委，在乡村有一个领导打土豪，分田地，反‘围剿’的县委”[②]。可见，陕北特委对于土地革命的宣传十分重视，并且有一套行之有效的管理模式。

二是积极开展“枪杆子里出政权”的宣传。武装斗争是新民主主义革命胜利的三大法宝之一，也是中国革命的主要形式，八七会议中，我党第一次提出了“枪杆子里出政权”的思想，而这也是由我国的国情所决定的，只有通过武装斗争的形式，才能彻底完成反帝反封建的历史任务。陕北根据地的武装斗争从未停止，从开始的游击小组到发展为最后具有正式编制的红军。

对于陕北的群众来说，这样不屈不挠同反动势力做斗争的行为，已经是对武装斗争这个方式以及以马克思列宁主义为指导的中国共产党最好的宣传了，它让人民看到推翻“三座大山”的希望，也切实地保卫了人民的利益。

武装斗争的一个重要基础就是得到人民的拥护，因此，在陕北根据地内开展关于对游击队和红军支持的宣传也是十分重要的，这对于扩红、支前、掩护等工作都是大有裨益的，有利于游击队和红军能最好地利用现有力量与群众力量相配合，最大化地发挥战斗力。只有与群众打成一片，让群众从日常利益获取中感受到中国共产党的武装是他们自己的武装，才能将武装斗争发挥最大作用。

1934 年 7 月，中央驻北方代表明确指示陕北特委，要通过开动员会、欢迎会，深入群众宣传，召开群众会议，有计划地向群众解释

---

① 中共陕西省委党史研究室、中共榆林地委党史研究室编：《陕北革命根据地》，中共党史出版社 1995 年版，第 123 页。

② 赵通儒：《陕北早期党史资料》，中共党史出版社 2018 年版，第 309 页。

游击队与群众的关系，并广泛开展募捐运动，并且应该“经常用标语传单，联欢会等形式去争取群众，使群众自愿为武装斗争服务”，“捣乱敌人后方，破坏敌人交通”，“侦查敌人的军情”，“以便于游击队的战斗与行动”[①]。

为了建立巩固的红色区域，也为了一步步取得革命的胜利，陕北革命根据地通过各种方式进行武装斗争的宣传，使广大的士兵群众团结在党的周围，这也为之后陕北成为群众基础良好的中国革命新的起点打下了基础。

三是对党的统一战线理论的宣传。统一战线是中国共产党人取得新民主主义革命胜利的重要法宝之一。在陕北革命根据地时期，统一战线的具体工作，就是要将工人阶级、农民阶级、知识分子和其他劳动者团结在党的周围，团结一切可以团结的力量反对敌人，将陕北工农群众发展起来，以促成陕北地区革命形势的大发展。

1931 年日本人侵东三省后，中国共产党就展开了抗日民族统一战线工作，以“反对日本帝国主义瓜分中国”“反对投降帝国主义压迫反日运动的国民党”“保持中国的独立和完整”为中心口号，在群众中发展抗日会、反日联合会等组织，同时将中国共产党的抗日主张宣传出去，将抗日的爱国群众团结在党的周围。随着中日民族矛盾上升为主要矛盾，1933 年陕北党的工作方针就有：“在广泛的下层统一战线的基础上，建立群众的统一领导机关”，“公开地向群众”宣传团结“陕北、蒙边、汉回蒙工农”，组织反日义勇军，“广泛宣传军事委员会的通电”，并通过宣传“反帝反封建的彻底胜利，必须打倒国民党”来使工农群众“拥护红军”。还要派人到工人群众中去，发展赤工小组和工会，以达到使工人意识到“在斗争中建立与农民的联系，和农民一起来分粮食”，以工农群众的力量，完成革命斗争的使

---

① 中共陕西省委党史研究室、中共榆林地委党史研究室编:《陕北革命根据地》，中共党史出版社 1995 年版，第 187 页。

命，但一切的基础应是“建立无产阶级对广大农民群众的领导”[①]。

1934 年 9 月，中共中央驻北方代表给中共陕北特委的指示中也说，要“在显明的抗日反帝旗帜下去团结群众武装群众”，进行“陕北群众的总动员”。同时，要“用各种宣言、传单、画报、告士兵书及口头方式”向白军中的士兵宣传中共的主张，以达到这些士兵“带着枪弹到游击队去”，或者至少是“不打自己的兄弟同胞”[②]的目的，1930 年 7 月，中共陕西省委对陕北党组织目前几个中心斗争的指示中要求，在秋收斗争中，士兵斗争的具体策略路线包括“在士兵群众中作广大的宣传”，加强政治宣传，“扩大土地革命和红军的宣传”[③]，将反动派中那些基层的、愿意与人民群众团结在一起的士兵也联合了起来。但最重要的还是在城市中，在贫民、学生、警察特别是工人群众中开展工作，在实现无产阶级的领导权上，具有重要意义。同时，还注重在城市工作中，注意在小手工业者及小商人中，宣传工农联盟，使其成为一支有力的同盟军。统一战线的理论和工作方法使陕北特委在工作中注重团结一切可以团结的力量，为新民主主义革命的胜利提供了保障。

四是关于其他方面内容的宣传。陕北革命根据地的宣传工作还包括其他的内容，比如对工人运动的宣传，1930 年 7 月，中共陕西省委就要求陕北特委的同志们，为了争取革命最后胜利，要到工人当中去，“作广大的宣传鼓动”，并创办工厂小报，宣传工人参与“广大的工人群众斗争”[④]。工作的主要方法则是，深入群众，切实掌握工人

---

① 中共陕西省委党史研究室、中共榆林地委党史研究室编:《陕北革命根据地》，中共党史出版社 1995 年版，第 117 页。

② 中共陕西省委党史研究室、中共榆林地委党史研究室编:《陕北革命根据地》，中共党史出版社 1995 年版，第 208 页。

③ 中共陕西省委党史研究室、中共榆林地委党史研究室编:《陕北革命根据地》，中共党史出版社 1995 年版，第 7 页。

④ 中共陕西省委党史研究室、中共榆林地委党史研究室编:《陕北革命根据地》，中共党史出版社 1995 年版，第 71 页。

的生活和诉求，然后提出一些既满足工人愿望，又简单可行的口号来吸引工人群众。

为了提高党在群众中的政治影响，提高群众的革命热情，陕北根据地内还十分注重对党的政治宣传，主要方法就是在一切实际工作和每次会议上进行党的政治的讨论与宣传，以提高革命群众的政治水平，同时利用一些宣传口号，使广大的群众围绕在党的周围并向群众耐心说明我党的主张，为此还办了一些专门的训练班。

还有一个重要的方面，就是对苏维埃政权和民主政治的宣传。例如，中共北方局1930年10月18日给中共陕北特委的《工作指示》中提到，要领导群众为了苏维埃政权而奋斗，并且制定出了行动纲领和宣传工作的方法，主要是“不断地印发苏维埃的政纲”，用通俗易懂的语言向人民群众解释苏维埃政权是什么，让群众知道苏维埃统治下的生活是什么样，建立工厂委员会、士兵委员会、农民委员会、革命学生会等作为“苏维埃的支柱”。具体的宣传方法还有组织宣传队深入群众进行宣传，举办十月革命纪念节等活动，而前提是“要普遍深入到群众中去很切实的建立起群众的基础”。

还有关于保卫苏维埃的宣传内容，如1934年中央驻北方代表指示，为了保护苏区，要对苏区的群众进行“武装苏区与游击区域”“破坏敌人的后方”等宣传，动员群众来真正地巩固苏区。在对苏维埃政权的宣传中，经常采取口号的形式，例如“建立工农自己的苏维埃政权”“中国苏维埃万岁”等。同时，在实际工作中，注意使广大贫农、雇农、中农得到土地革命胜利的果实，真正提高群众为苏维埃而奋斗的积极性。正是因为有了这些努力，1935年1月25日，陕北第一次工农兵代表大会在安定胜利召开，正式成立了陕北省苏维埃政府。

（2）马克思主义传播的途径及主要方式

陕北革命根据地建立的初期，党、团组织的各项工作还未走上正轨，宣传工作也多有欠缺，任子良在1929年8月22日给中共中央的报告中提出："宣传方面（工作）更是不堪回想，因为经费交通的困难，阻碍宣传工作的进行，实在不少。对于宣传方针，没有个详细正确有总结的计划。"[①] 随着陕北特委扎根立足，以及全国革命形势的发展，陕北根据地的各项工作也逐渐走上正轨，宣传工作也取得成效。

宣传工作的方式多种多样，包括口号、讲演队、传单、粉笔队书写标语、墙报、群众会议、出版报刊以及组织同志深入群众进行宣传等。总体而言，就是口头宣传、活动宣传、文字宣传，具体工作中往往是综合使用这三种方式。

一是口头宣传。在包括陕北革命根据地在内的苏区，劳苦群众普遍文化程度低，识字的较少，因此口头宣传工作更为直接有效，这也是宣传工作中更主要的一种方式。早期的宣传工作，主要就是通过这样的方式，比如派两三个学生去乡下找农民谈谈话这样简单的方式。陕北地区自然环境恶劣，经济落后，农民尤其贫苦，再加上当地军阀井岳秀等的压迫，简单通俗、朗朗上口的口号，相对容易将中共的主张宣传出去，也能激发农民群众的积极性。口号涉及的方面很广，从打土豪劣绅到积极参军都有。

后期增加了群众会议、斗争委员会、粉笔队和讲演队这样的活跃在最基层的组织形式来做群众工作。群众会议是深入基层宣传的一种形式，比较有特色的一种宣传途径就是粉笔队，这些小队伍主要就是办墙报，或者在村路左右写口号，十分贴合群众，所需代价也不高。

二是活动宣传。主要是印刷小传单、贴标语、深入群众办墙报等方式。马克思主义在陕北根据地的传播工作遇到的现实问题就是，物质资料匮乏、交通不便、乡村之间隔离较明显、群众文化素养普遍不高，且很大一部分群众囿于生产劳作繁忙，资金不足等因素，无法及时、足量地阅读报刊。也就是说，最主要的传播媒介无法将触角伸向

---

① 中共陕西省委党史研究室、中共榆林地委党史研究室编:《陕北革命根据地》，中共党史出版社 1995 年版，第 37 页。

数量不少的群众，无法完成传播的使命。在这种困境下，根据地有一种独特的传播媒介，就是墙报和黑板报。这是立足于基层、几乎随处可见的媒介，既有公办，也有民办，内容往往短小精悍，富有趣味，同时又满足了群众快速简便阅读的需求。

1933 年，崔瑞生给中共中央作的《关于陕北情况的报告》中，提到了必须要有壁报、墙报和符合群众口吻的机关报这样的宣传形式。墙报的内容主要是：时论、报告、诗歌、小说、小调、鼓词、漫画等人民大众喜闻乐见的形式，还有一些翻译的文章和论著，例如，民众教育馆编的《大众周刊》和民众夜校版的《少年先锋》。这样的传播方式，在根据地的宣传工作中占有重要地位，弥补了一些大众媒介无法深入的空白领域，信息反馈及时迅速，是当时一种重要的舆论工具。

1934 年 2 月，《共青团陕北代表关于恢复团组织情况的报告》中明确指出，陕北团组织在当前的几个中心任务就包括“扩大反帝组织”，到群众中去，并扩大反帝运动的宣传，方式为“出两个传单，一个宣言”，并且要开展纪念周活动，到榆林六中、米脂女校等地“召集群众大会”“发展同志和群众组织”，并且因为没有自己的印刷处，所以要靠手抄的形式将其传达出去。虽然当时宣传条件艰苦，但同志们也没有放弃将党的策略宣传出去。

共青团陕北特委积极参与马克思主义的传播工作，他们领导赤少队和儿童团开展文化普及活动，宣传科学文化知识和马克思主义的思想，还组织团员站岗放哨、传送情报等。

1934 年 11 月，中共陕北特委和共青团陕北特委给各级党部团部及红军游击队政治员的一封信，从中可以看到，陕北特委要求各党支部、团支部要“扩大抗日的宣传鼓动”，把“抗日纲领在群众中作耐心艰苦的解释”[①]，还要制定抗日传单，组织宣传队和发散队，使群众

① 中共陕西省委党史研究室、中共榆林地委党史研究室编：《陕北革命根据地》，中共党史出版社 1995 年版，第 235 页。

深刻了解抗日的重要性。1933 年共青团陕西省委指出，当前陕北团的中心工作之一，就是要深入到士兵群众当中去，大力宣传苏维埃革命军事委员会的宣言，告诉群众“苏维埃是反对帝国主义的组织者与领导者，工农红军是民族革命战争的主力军”[①]。

标语、墙报、传单等作为一种动员手段，是马克思主义传播的现实选择，并且是有效选择。深奥的马克思主义理论很难被群众完全接受和消化，短小简洁的标语、布告、小传单等高度概括马克思主义的内涵。陕北革命根据地时期，“阶级斗争”“列宁是共产党的创立者”“实行共产主义”等标语在各根据地内十分流行，使得共产党的主张深入人心，具有强烈的号召力和感染力，朴实形象的群众语言，让群众产生亲切感，在这种生动的宣传中，马克思主义逐渐被群众所接受。

三是文字宣传。以文字为载体的公开出版的刊物，也是传播马克思主义的另一重要途径。陕北经济落后，印刷条件简陋，因此出版的刊物并不多，但其中影响力最大、宣传覆盖面最广的当属陕北特委的机关刊物《工农先锋》和《西北斗争》。

《工农先锋》创刊于 1928 年，作为陕北特委的机关公开刊物，在陕北具有很大的影响，该刊物创有“政治时事”“消息报道”“理论”等栏目。1932 年 7 月 22 日，在北平中国大学创刊的《西北斗争》也是陕北特委的机关刊物，不定期出版，1935 年改为中共西北工作委员会机关刊物。该刊出版的文章，主要介绍政治形势、革命理论等，譬如发表在其创刊号的文章《写在前面》一文，就提到了“建立华北苏维埃”这样宣传苏维埃政权的内容，旨在“启发青年的革命思想”，以“争取西北广大劳苦群众的解放”[②]。这些刊物由于其信源的可靠性、纸质载体的可重复阅读性，以及内容水平有保障，在马克思

---

① 中共陕西省委党史研究室、中共榆林地委党史研究室编：《陕北革命根据地》，中共党史出版社 1995 年版，第 121 页。

② 陕西省地方志编纂委员会编：《陕西省志・报刊志》，陕西人民出版社 2000 年版，第 233 页。

主义传播的过程中，起到了粉笔队、讲演等不可代替的作用，尤其是对于有一定文化基础、会识字的群众来说，这类刊物是更准确、更深入地理解马克思主义理论的重要载体，加强了马克思主义和革命理论的传播。

马克思主义实现有效传播必须坚持从实际出发、坚持以人民为中心，充分发挥党员干部的引领作用，提供必要的组织和载体保障，做好“话语转换”。由于经济、文化、地理等各方面条件，陕北根据地的宣传工作总体来说是比较贴合实际的，多使用群众易于接受的通俗切实的语言，内容涉及与工农群众密切相关的各个方面，手段灵活，具有独特优势。这就可以理解，为何陕北的党、团组织能将革命群众团结在自己周围，并且将革命理论广泛地传播。

4. 陕北革命根据地马克思主义传播的特点及效果

（1）马克思主义传播的特点

一是采用通俗切实的途径与语言。陕北地区信息闭塞，地处偏僻，经济文化落后，自然环境严酷，农民普遍文化程度不高，对文字的接受程度不高，马克思主义传播在此不能也无法采取传统的形式，因此，陕北地区的马克思主义大众化的途径，基本是宣传小页、画报、民歌、口耳相传等方式，做到尽可能广泛地覆盖到陕北的农民群众。受众基础好是传播效果好的首要条件。中国共产党凭借出身于工农群众这个先天性的优势，很容易就能得到身份的认同和精神上的信赖。在内容上，则是采取通俗易懂的语言，鲜明生动，简洁明了，贴近群众的语言习惯；同时，以民间艺术为纽带和载体，如打油诗、信天游等，使受众对本来晦涩难懂的理论知识有更深切的体会，这样也就提高了传播的效力。总体来说，是用群众听得到、听得懂、看得明的语言，实现对马克思主义的传播。

二是不唯书，只唯实。马克思主义大众化取得的效果，有赖于对相关理论的大力倡导和推进。马克思主义在广大党员干部、农民和知识分子中得到广泛的认同和信仰。对广大的农民群众来说，马克思主义的理论过于新颖且难懂，仅仅依靠书本读物去传播，可能会收效甚微，甚至引起反感，所以中共在陕北地区的马克思主义传播，并没有采取简单的学习理论的方式，而是着眼于做些实事，真实地改善农民的生活，强化利益驱动作用，辅以适当的、高频率但方式简单的宣传，使农民真正接受党的方针政策，并且自发去拥护，潜移默化中接受马克思主义的意识形态。而密切联系群众，是不唯书、只唯实的重要基础，真实地反映群众的要求，从生产、文化、民主建设等多个群众关心的方面入手，马克思主义如春风细雨，被群众所接受。

（2）马克思主义传播的效果

如同陕北根据地的革命形势一样，根据地内马克思主义传播的效果也是逐渐发展的，总体来说，包括以下几个方面的内容。

一是扩红和党组织的扩大工作成效显著。陕北根据地成立的早期，党组织成员人数不多，根据任子良 1929 年 8 月写的报告来看，1928 年“党的男女同志共约为 1100 多人”[①]，1934 年秋时，《中共陕北特委关于工作状况的报告》中提到，此时陕北“同志的数量增加了 3 倍（3000 上下）左右”[②]。可以说，在陕北特委的努力下，陕北党组织以较快的速度发展起来。游击队、赤卫队等具有武装力量的正式和非正式组织人数的增长则更能说明问题，因为这是和陕北特委一直将武装斗争作为宣传工作的重点内容密不可分的。陕北的工农群众通过各种途径，接受了关于武装斗争的宣传，自愿加入队伍，以保卫游击区域、根据地和得来不易的较之前更安稳的生活。1930 年的时候，陕北还没有正式的武装力量，而到 1932 年，已经可以组建起一支游击队，到 1934 年时，在陕北已经可以建立一个红军师，这些武装力量

---

① 中共陕西省委党史研究室、中共榆林地委党史研究室编：《陕北革命根据地》，中共党史出版社 1995 年版，第 33 页。

② 中共陕西省委党史研究室、中共榆林地委党史研究室编：《陕北革命根据地》，中共党史出版社 1995 年版，第 217 页。

在之后的中国革命中发挥了重要的作用。

扩红工作的顺利展开与中国共产党给予红军的良好待遇也是分不开的，1934 年 5 月，陕北红军游击队与苏区代表联席会议中，通过的《开展游击运动与创造陕北新红军与苏区的决议》明确规定，在土地分配中，除了照顾贫农、雇农以外，红军战士有土地分配的优先权。这就吸引了穷苦百姓愿意参加红军。这种实实在在给百姓好处的做法，不仅有利于中国共产党得到人民拥护，吸引群众加入革命事业，同时也是对马克思主义的一种传播。

除了相当力量的正式红军的存在外，不脱离生产的、完全由群众组织起来的赤卫队，虽然缺乏专业的军事训练，作战技术不成熟，但革命意志十分坚决，可以配合正式部队进行作战，作用很大。1934 年 10 月，赤卫队的组织有很大发展，神木有 6000 人，安定、横山、安塞、靖边共 3000 余人，佳县、吴堡共 2000 人，绥德 300 人，清涧更是有 5000 余人，并且这些群众武装多半有土炮土枪等旧式武器。从数据就可以看出，这是一股不可小觑的力量。无论是正式红军，还是群众组织的赤卫队，队伍的迅速扩大离不开根据地内武装斗争的宣传，且效果明显。

二是农民群众积极支前。之所以说陕北地区群众基础好，就是因为陕北的群众能自发地拥护中国共产党和工农红军，在武装斗争中还能支援前线和帮忙打掩护。譬如：党、团组织可以在村中开会、组织群众工作，且大多数时候较为安全；游击战争中，群众愿意为游击队放哨，甚至打掩护；党组织、红军进入苏区，群众提供饮食、衣物的供给。而这些同陕北特委深入群众进行各种形式的宣传，以及游击队、红军给予切实的保护是分不开的。

1929 年，任子良给中共中央报告陕北的情况时曾说“陕北工作是没有群众的”[①]，而到了 1932 年 12 月“党的政治影响普遍和深入”，

---

① 中共陕西省委党史研究室、中共榆林地委党史研究室编：《陕北革命根据地》，中共党史出版社 1995 年版，第 34 页。

大部分劳苦群众“对党和红军非常信仰和拥护，并且经常希望红军到来”[①]。到 1934 年，在绥清苏区，群众会帮助红军做放哨工作，一旦有敌人来袭，就联系红军及时撤离，同时将粮食等都藏起来，白匪在苏区无衣无食，但红军却能得到群众的支援。1934 年 6 月 27 日《中共陕北特委工作报告大纲》中提到，“一般的富农、中农都自动的给游击队送钱送枪”，劳苦群众更是热烈拥护，游击队到某村，“四五十里路的地方就有农民放哨”[②]。

三是人民群众的自发宣传。文艺作品是反映民心的镜子。陕北革命根据地时期的民歌，多为民众自发编成，从一个侧面体现出马克思主义在根据地内传播的成效，也是对党组织、游击队和红军宣传工作的一个重要的检验。这些民歌中，仅歌颂刘志丹的就达上百首。例如在民歌《当红军》中就唱道：“长枪短枪马拐子枪，刘志丹的队伍势力壮。风刮树叶呼啦啦响，红军哥哥挠上长筒枪。七九步枪扛肩上，从此吃上红军的粮。”可以看到人民群众对刘志丹是十分崇敬的，对刘志丹当时所领导的红军也是十分崇敬的，这种群众自发的歌颂，足以体现我们党和人民军队在陕北革命根据地的影响力。在陕北根据地的创建和发展期间，马克思主义得到广泛的传播，为推动西北革命乃至中国革命的胜利产生了积极的促进作用。

川陕革命根据地的创建与马克思主义的传播

1. 川陕革命根据地的创建

九一八事变后，蒋介石坚持“攘外必先安内”的政策，于 1932 年 6 月，筹集军队 60 万，对包括鄂豫皖根据地在内的各革命根据地

---

① 中共陕西省委党史研究室、中共榆林地委党史研究室编：《陕北革命根据地》，中共党史出版社 1995 年版，第 106 页。

② 中共陕西省委党史研究室、中共榆林地委党史研究室编：《陕北革命根据地》，中共党史出版社 1995 年版，第 177 页。

发动第四次军事“围剿”。红四方面军是红军中的尖刀部队，曾粉碎敌人的三次“围剿”，在面对敌人第四次“围剿”时，由于领导方向的错误，加之中央信息没有及时传递到各级负责人，导致红军部队损失惨重，丧失一部分革命根据地，面对敌人的围追堵截，部队被迫西征，欲在陕西汉中地区重新建立新的革命根据地。

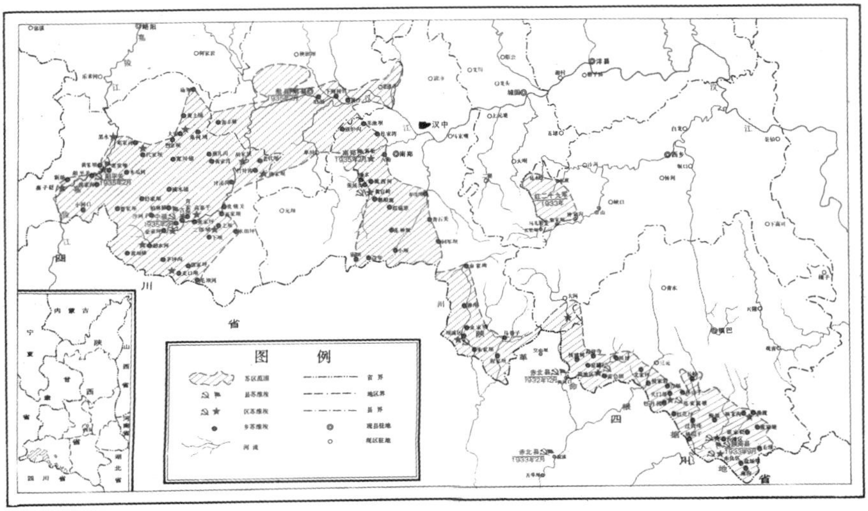

川陕革命根据地区域图

中共陕南特委机关旧址

红四方面军西征经新野、邓县（河南省），翻越秦岭，到达陕西城固县。因当地的地理条件，不利于红军进行战略上的长远安排，不适合建立革命根据地，因而继续南行至西乡钟家沟。进入汉中地区，我军获得人民群众的拥护和支持，人民欢欣鼓舞，沿途送茶送水、抬担架、运粮草，纷纷支援红军。

1932 年 12 月 8 日，红四方面军召开了小河口会议，决定留在陕南一带开展斗争，创建新的根据地。根据陕南特委的汇报了解到，当地正值旱灾，经常受到土匪的搜刮，人民生活本就贫苦不堪，更加无法为军队提供必需的给养，不适合部队驻留。加之当地的地形地势不利于开展游击战，四川的各派地方军阀正在成都混战，川北防务空虚，川陕边的大巴山又有利于开展游击战争，于是红四方面军翻越大巴山，进入川北地区。红四方面军仅入川一个月，即歼敌三个团，溃敌八个团，解放了通南巴三县城及周围的大部地区，初步实现了我们的战略预想，从此，以南巴为中心的川陕革命根据地开始形成。

小河口会议旧址

1933 年 1 月，陕南特委发布《扩大西乡、城固边新苏区创造红二十九军的决议》，在原来游击队的基础上，建立红二十九军，创建新苏区。2月13日，中国工农红军第二十九军正式宣布成立，陈浅伦任军长，李艮为政治委员，在农村地区发动群众，开展武装斗争，掀起了群众高昂的革命热情。红二十九军以机动灵活的战术，先后同国民党军和反动民团作战20余次，以川陕革命根据地陕南苏区的西乡马儿岩为中心，开辟了面积400多平方公里的游击区，并在根据地的中心区域建立了区、乡、村苏维埃政权，没收地主豪绅的土地1.8万余亩，粮食1200多石。2月17日，川陕省第一次工农兵代表大会召开并通过了《川陕省苏维埃临时组织法大纲》，决定成立陕南县苏维埃政府，选举康洪礼为主席。中共川陕省和苏维埃政府的建立，标志着川陕革命根据地的建立。从1933年3月中旬到1935年4月，川陕革命根据地不断发展壮大，先后经历反“三路围攻”“六路围攻”和“强渡嘉陵江战役”。到川陕革命根据地的鼎盛时期，面积约42000平方公里，人口高达700万，红军由15000余人发展到80000余人。

陕南苏区的成立，为我军进攻川北地区提供坚实的后备基础。红四方面军进入川陕边境后，蒋介石命令国民党第十七路军攻打川陕革命根据地，我军在陕南和川北战争的过程中，陕南苏维埃政府积极组织运输队、担架队，运送伤员，补充军用供给。据记载，勉县苏维埃政府筹措粮食5万多斤，肥猪30余头，各地群众主动给红军送粮食、送酒肉、送草鞋。红四方面军进入川北地区之后，遭遇十七路军孙蔚如部队，川军刘湘、田颂尧等部队的围攻。十七路军是杨虎城的西北地方军事集团，杨虎城为保护自身实力，决定与红四方面军达成合作，粉碎蒋介石的阴谋，双方达成了“互不侵犯，共同反蒋”的秘密协定，挫败了蒋介石的阴谋，为川陕革命根据地的建设赢得了相对稳定的军事环境，使得红四方面军再无后顾之忧，顺利地向南方进一步发展，同时能够在川北的斗争以及争取人民群众支持等方面取得了不小的成绩。在此形势下，中共陕南特委和国民党第十七路军中的中共组织充分利用这一有利条件，“以汉中为起点，相继建立了三条通往川北苏区的红色交通线：一条是经南郑县的牟家坝、回军坝、羊圈关、碑坝进入川北苏区；一条是经南郑县的牟家坝，城固县的二里、天明寺，再经南郑县的法慈院进入川北苏区；一条是经城固、西乡、镇巴边境进入川北苏区。”① 为组织好各条交通线的运输工作，中共陕南特委在汉中城内民主人士李世英的公馆和第三十八军第十七师国民党特别党部书记袁作波（中共党员）的公寓建立了两个交通站，负责集中物资。红四方面军总部和川陕省苏维埃政府在川北苏区边界组织了物资转运站，负责接收转运物资。红色交通线不断将重要的军事情报和大批军用物资送往川北苏区，有力地支援了红四方面军和川陕苏区。

川陕革命根据地及其陕南苏区的创立与发展，也为党领导下的陕西其他地区的革命斗争的深入发展，提供了甚为有利的政治军事条件。中共陕西省委和陕南特委，充分利用这一有利形势，特别加强了党对陕南国民党统治区革命斗争的领导，积极地支援配合了川陕革命根据地的斗争。

川陕革命根据地的自然环境和社会状况。从地理位置上来说，川陕革命根据地位于陕西南部和四川北部，地跨两省交界的山区。川陕地区有利的自然地理环境和人文环境，为红四方面军建立革命根据地提供了充足的条件。川东北背靠川陕交界的米仓山和大巴山，境内崇山峻岭，巴河、川河纵贯其间，有灌溉运输之利。地势由北向南倾斜，通江、南江大山绵亘，巴中地势稍低平。气候适宜农作物生长，仅北部大山老林地区气温较低，冬季积雪，夏季时有冰雹。全境物产丰富，满山遍野生长着绿竹、山茶、苍松、翠柏，地下蕴藏着铁、煤、铜、铅、锌滑石等矿藏，土特产有茶叶、银耳、黑木耳、生漆、桐油、药材、蜡虫、兽皮等，农作物有稻、麦、红苕、玉米、棉花和

① 中共陕西省委党史研究室：《中国共产党陕西历史》第一卷（1921—1949），中共党史出版社 2021 年版，第 174 页。

蔬菜等。川北地区相对比较闭塞，远离大革命的中心区域，加之当地缺乏党组织，党员很少，为我军在川北地区建立革命根据地，建立党组织提供了有利条件。

2. 川陕革命根据地对马克思主义理论的宣传

在建立川陕革命根据地之前，当地的人们经常遭受残酷的盘剥，一方面，人民的土地掌握在地主手中，人们遭受着沉重的地租剥削；此外，人民群众还要遭受反动政府苛捐杂税的盘剥，“军阀梳子梳，豪绅篦子篦，乡约团头刀子剃，催款委员来剥皮”①。人民生活在水深火热当中，对国民党军阀和地主阶级恨之入骨，这为红军宣传马克思主义理论奠定了客观基础。

由于川陕地区交通不便，信息闭塞，人民群众文化水平较低，容易被一些错误思想诱导。在国民党的污蔑、破坏共产党形象的情况下，人们对共产党持观望态度，对共产党的了解是十分局限和片面的，甚至怀疑共产党的正义性。红军达到川北后，进行了多方面、多层次的马克思主义的传播，从党员到红军，再到人民群众，建立了不同层次的宣传机构。

（1）党的宣传部门对马克思主义理论的宣传

党内教育。党内马克思主义理论的传播主要采取党内学习的方式强化马克思理论的修养。川陕革命根据地建立过程当中，干部数量不足，难以适应革命与根据地建设的需要，再加上“川陕革命根据地的党员，其成分绝大多数是贫苦农民，其次是手工业工人，由于在旧社会劳动人民没有学习文化的机会，所以绝大多数党员都是文盲，有文化的很少，很多党员对马列主义不了解，缺乏阶级斗争的知识和经验，为了提高党员的无产阶级觉悟和政治、文化、理论水平，培养其

---

① 川陕革命根据地历史研究会编：《川陕革命根据地历史英烈传》，四川省社会科学院出版社 1984 年版，第 137 页。

工作能力，以造就革命干部，中共川陕省委注意了党内教育，要求党员5天一次小组会，一月两次支部大会，省委还办了党校，各县委也有短期培训班。”①

川陕省第一次党员代表大会于1933年2月7日召开，大会通过了《关于目前政治形势与中国共产党川陕省党的任务》《发展党的组织与扩大红军》和立即召开川陕省第一次工农兵代表大会等重要决议。大会还决定创办省委机关报《川北穷人》（后改为《共产党》），以指导工作；创办省委党校，以培养干部。1933年2月23日，在召开的中国共产党川陕省第二次革命代表大会上，会议明确指出，最要紧的是切实整顿和扩大党的组织，加强每个党员的共产主义教育，在新的胜利的条件下，动员千万群众，扩大与加强红军，改进与巩固苏维埃，团结群众在共产党的周围，扩大革命战争，彻底消灭四周敌人，争取更大的胜利。如何达到对党员群体内部的宣传教育？川陕革命根据地建立之后，红军沿袭了在鄂豫皖地区的革命教育，建立了各式各样的学校，在学校教育的过程中，将党的政策、观点，马克思主义的观点，用通俗易懂的、老百姓易于接受的方式传播。如：1933年川陕苏区杂志《干部必读》中发表《培养干部的提案》一文，文章中明确说到“共产党党校、苏维埃学校、彭杨学校、军区党务训练班、各级政治部训练班、各军教导队、新同志训练班、列宁小学教师速成班、经济人才培训班、列宁学校、通俗演讲所、群众俱乐部、巡视员培养、宣传队”②等各样的宣传机构。

川陕省委党校建立于1933年7月，其主要任务是培养担任县委和区委工作的干部……学院按班、排、连编制，最多时有5个连，分高级班、初级班和专业班（如宣传训练班）。每天上午学习革命理论，

---

① 林超、温贤美主编：《川陕革命根据地史》，四川省社会科学院出版社1988年版，第182页。

② 西北革命军事委员会：《干部必读》第41期，1933年8月23日。

下午学习射击、打靶，晚上学习爬山、夜战。

党外宣传。借助群众组织对党外群众进行宣传教育。在全省第二次党员代表大会通过的《目前政治形势与川陕省党的任务》决议中，明确提出要“扩大和健强共产主义青年团的组织”。中共川陕省第三次党员代表大会还专门作了《对青年团工作的决议案》，指示“在各乡村要多组织读报班、识字班及成立青年俱乐部……来做广泛的宣传工作”[①]。“川陕革命根据地建立以后，穷苦的工农群众获得解放，成了新社会的主人。随着建党建政工作的开展，各县开始培养工人积极分子，建立工人组织。”[②] 成立反帝拥苏大同盟组织，1933 年 2 月第一次党员代表大会上，就决定了要发展反帝大同盟组织。反帝拥苏大同盟的主要工作是：结合根据地的中心工作，通过重要节日纪念活动，宣传苏联的社会主义建设成就，介绍苏联人民的生活情况等，号召拥护苏联，反对帝国主义进攻苏联，反对日本等帝国主义瓜分中国，反对国民党投降帝国主义，进攻苏维埃和红军，动员群众配合、支援红军消灭四川军阀刘湘。

红军之友社是在青年团组织领导下，以宣传工农红军、教育组织青年支援工农红军为主要任务的群众组织。红四方面军进入川陕边境后，中共陕南特委在 1932 年 12 月 20 日发出紧急通知，要求红军之友社发起广大的为红军募捐的运动，组织红军慰劳队，宣传红军战斗消息，揭破敌人的反宣传。1933 年 4 月 20 日，中共陕西省委宣传部在《红色五月宣传大纲》中提出，要在每个工厂、作坊、农村、兵营、学校里组织红军之友社，组织广大群众的募捐运动（一枚铜元、一粒子弹）来帮助工农红军。他们运用公开或秘密的形式，向群众宣传红军，在群众中为红军募捐物资。汉中女子师范学校的红军之友社

---

① 四川大学等编:《川陕革命根据地历史文献选编》上册，四川人民出版社 1979 年版，第 620 页。

② 林超、温贤美主编:《川陕革命根据地史》，四川省社会科学院出版社 1988 年版，第 211 页。

社员在汉中城内秘密散发红四方面军在川陕边取得胜利的传单，并秘密募捐到鞋袜、红旗等不少物资。南褒西南区的红军之友社社员以为东北抗日义勇军募捐的名义募捐物资，一次上交铜钱200余串，鞋袜400余双，八音手枪1支。国民党第十七路军警卫团里的红军之友社社员以“子弹内的火药能治心痛病和烫伤火伤”为由，公开在官兵及其亲属中为红军收集子弹。有的红军之友社内还有游击小组，采取打土豪的办法为红军征集物资。红军之友社募集到的财物通过党、团组织秘密送到川陕边区，支援红军。

党领导的一些宣传部门，为日后宣传红军的基本主张，团结统一广大人民支持革命斗争，反对剥削压迫起了非常重要的作用，为川陕革命根据地的建设和发展以及巩固起到了不容忽视的作用，极大地促进了当地人民的觉醒，为赢得革命斗争的胜利奠定了较好的宣传环境和舆论环境基础。

（2）军队系统对马克思主义理论的宣传

红军始终把军事教育摆在中心位置，“苦练出精兵。战争的事实告诉我们，一支能在战场上过得硬的军队，毫无疑义，平日必然是训练有素的军队”①。在进行军事训练的过程当中，还有必不可少的政治教育的环节，“约占训练时间的百分之二十左右，搞得也比较实际、活跃”。“政治教育的根本目的，在于提高部队的阶级觉悟，发扬革命英雄主义精神，为完成红军担负的任务而斗争”。政治教育培训首先从军队中的骨干开始，“军、师、团三级政治机关，分别举办了政治干部训练班和党、团训练班，学习《干部必读》《党员须知》《连指导员须知》等，对广大政工干部、基层党支部委员和党、团员骨干，进行短期轮训。连队的政治教育，普遍以中共六大的《十大纲领》《红军战士读本》《红色战士必读》《红色战士丛书》为教材，着重解决为

① 徐向前:《历史的回顾》，解放军出版社1984年版，第304页。

什么要当红军和怎样才能当好红军的问题。”[①]“团以上的政治机关，还成立了‘白色士兵工作委员会’，以加强对敌军的宣传瓦解工作，检查对敌军工作的贯彻执行情况。军地关系上，要求克服骄傲情绪，尊重地方政府和党组织的领导，任何人不得随意干预地方工作，更不得指手划脚，命令地方干部干这干那”[②]。

（3）地方政府对马克思主义理论的宣传

地方政府对马克思主义理论的宣传主要是根据党和红军的政治主张而展开的。为了使宣传工作有条不紊地进行，专设多个工作队相互配合展开工作。“宣传队200余人，多系青年妇女。其任务是宣传党和红军的政治主张；遇纪念日，进行挨户宣传，个别谈话，大会讲演；扩红军时则作扩大红军的宣传工作。錾字队20余人，由石匠工人组成，手握铁锤钢钻，负责在城墙、石岩、石碑上錾刻标语。粉笔队10余人，专门负责在各个墙壁上写标语口号。贴发队10余人，负责将写好的标语、传单和报纸、布告等到处张贴，并发往根据地和白区。木工组5人，由木匠将木板刨得既平又光，上面用墨汁写上标语口号和各种法令，然后用桐油油好，将木牌钉在街上醒目处，或者放入河流漂浮下游区，使白区群众了解苏区情况。”[③]

3. 川陕革命根据地马克思主义传播的主要内容和媒介

（1）马克思主义理论传播的主要内容

川陕革命根据地向人民群众传播的内容都是同当时党和政府工作相一致的，宣传党的路线、方针和政策。毛泽东曾经说过，农民阶级中蕴藏着一股巨大的力量，这种力量一旦被激发出来，“其

① 徐向前:《历史的回顾》，解放军出版社1984年版，第309页。

② 徐向前:《历史的回顾》，解放军出版社1984年版，第310页。

③ 林超、温贤美主编:《川陕革命根据地史》，四川省社会科学院出版社1988年版，第258页。

势如暴风骤雨，迅猛异常，无论什么大的力量都将压抑不住。他们将冲决一切束缚他们的罗网，朝着解放的路上迅跑。一切帝国主义、军阀、贪官污吏、土豪劣绅，都将被他们葬入坟墓”①。由此得知，要想将川陕革命根据地最大程度发挥群众的力量，需要广泛地动员人民群众加入到斗争当中，因此进行马克思主义大众化的传播势在必行。红四方面军进行马克思主义大众化传播的内容大体包括革命信念教育、改正社会陋习教育、文化知识教育这几个方面。

革命信念教育。首先宣传革命的目的和意义。马克思主义理论中指出：思想本身根本不能实现什么东西，思想要想得到实现，就要有使用实践力量的人。中国共产党和红四方面军为了在川陕地区掀起反对国民党反动派的强大力量，就必须将川陕革命根据地的广大工农群众动员起来参加革命，让人民群众明白自己是在为谁流血牺牲，因而一定是需要让群众了解土地革命的目的和意义，使人民获得土地来实现自身的解放和自由。在川陕革命根据地马克思主义大众化传播的过程中，有很多教材，涉及基本的政治理论知识，比如：“土地是穷苦雇工农民的命根呀！地主豪绅富人占据了许多土地，自己不做庄稼，雇工农民每年缴纳租课给他，他就坐着享福，有钱有势，压迫穷人无所不为。”“雇工农民年年穷困下去，地主豪绅年年发财下去，土地不是被地主豪绅收买去了，就是典当给发财人去了。”②“土地分配了以后，一切收获均归耕种者所有，永远不要缴纳租课给土地旧有的主人或其他任何人。这块土地分给了哪一个，现在这土地上的稻子、豆子、菜蔬等等，即归他所有。”③在学校教育中，将土地革命

① 《毛泽东选集》第 1 卷，人民出版社 1991 年版，第 13 页。

② 四川大学等编：《川陕革命根据地历史文献选编》上册，四川人民出版社 1979 年版，第 501 页。

③ 四川大学等编：《川陕革命根据地历史文献选编》上册，四川人民出版社 1979 年版，第 501 页。

教育渗透到文化教育当中，《列宁学校读本》第一册，描述了穷人们悲惨的生活现状，启发人们为土地革命而不断地奋斗。“说起穷人真是苦，又冷又饿住茅屋。吃没吃顿好饭菜，穿没穿件好衣服。一年四季做活路，牛马畜牲都不如。……再看工农的红军，才是穷人一家人。工农自己谋解放，拿起武器做斗争。……款子免除田来分，穷人踊跃入红军，自己为的是自己，莫让敌人再翻身。”[①] 在《初级小学识字课本》第八课中指出：世界上有两种阶级，一种是剥削阶级，一种是被剥削阶级；川陕省委宣传部印发的《革命三字经》：“分粮食，吃大户。打当铺，取衣物。烧契约，和债据。大家来，分田地。狗豪绅，消灭完。全没收，地主田。富农们，剥削人。也没收，分坏田。是贫农，是雇农。分好田，乐无穷。是中农，不侵犯。若欠缺，添田园。”[②]

除了对当地的群众进行革命理论的宣传之外，还进行了普及阶级斗争和武装斗争理论的教育。马克思说：“批判的武器当然不能代替武器的批判，物质的力量只能用物质的力量来摧毁。”[③] 面对国民党反动派的强大力量，武装斗争是十分必要的。为了使得群众能够积极的投身于武装队伍当中，红四方面军在当地进行了一些宣传教育：“穷人不要怕死，怕死一定会死……只有坚决起来斗争才是我们的出路”“穷人只有自己救自己……拿出自己的力量坚决斗争，把刘湘棒老二打下”“穷人面前只有两条路：一条生路，一条死路。不消灭白匪穷人死，消灭白匪穷人生……”，从而发动起群众的力量，极大地扩充了红军的队伍，为巩固和扩大川陕苏区，实现解放作出了重要贡献。

---

① 林超、温贤美主编：《川陕革命根据地史》，四川省社会科学院出版社 1988 年版，第 266 页。

② 四川大学等编：《川陕革命根据地历史文献选编》上册，四川人民出版社 1979 年版，第 701 页。

③ 《马克思恩格斯选集》第 1 卷，人民出版社 2012 年版，第 9 页。

毛泽东曾指出，“中国过去一切革命斗争成效甚少，其基本原因就是因为不能团结真正的朋友，以攻击真正的敌人”，“我们要分辨真正的敌友，不可不将中国社会各阶级的经济地位及其对于革命的态度，作一个大概的分析。”[①]红四方面军在川陕革命根据地将这一革命理论进行了充分的贯彻，革命根据地编印的《怎样分配土地》以及《红军第四方面军和鄂豫皖边区、川陕边区史料》记载：“无产阶级：‘空着两只手，什么都没有；专替人做工，才能糊了口’；贫农：‘自己有点田，不够吃和穿；还卖劳动力，生活很艰苦’；中农：‘他不剥削人，人不剥削他；他受谁压迫，豪绅和军阀’；富农：‘自己种有田，还有田出租；又放高利贷，还请长活路’；豪绅地主：‘田地非常多，自己不耕作；收租又逼课，农民受剥削。身份比人高，政权握在手；压迫工农们，封建的代表。”[②]这种简单的阶级划分方法明确了阶级概念，为工农出身的苏维埃政府工作人员提供了明确的阶级划分标准。

通过发动人民进行土地革命，唤醒他们的主人翁意识，一副石刻对联中就体现了这样的思想，“谁是世界的创造者，只有我们劳苦的工农”。通过这些浅显易懂、结合现实而又便于记忆的内容的传播和灌输，工农群众的文化水平得到提升，加强了人民群众的革命性以及自觉性，广泛地号召起人民群众积极地投身到革命事业中，同时人们对马克思主义理论有了一个初步的感知。

改变社会陋习的教育。首先，宣传妇女解放。马克思主义认为：妇女受压迫是人类社会历史发展到一定阶段的社会现象，私有制是男女不平等的根源；妇女解放是无产阶级解放及全人类解放的重要组成部分，妇女解放的根本途径是消灭私有制，妇女的前途在于实现社会主义；广大劳动妇女是争取自身解放及人类解放的伟大力量，妇女与

---

① 《毛泽东选集》第1卷，人民出版社1991年版，第3页。

② 《川陕革命根据地历史长编》编写组编：《川陕革命根据地历史长编》，四川人民出版社1982年版，第90、91页。

男子同是人类历史前进的推动者；妇女解放是一个长期的历史过程，由法律上的男女平等达到事实上的男女平等任务仍然十分艰巨[①]。在革命根据地，发动妇女参加革命斗争，设立妇女生活改善委员会，改善妇女生活，在《妇女斗争纲领》中，对妇女的权益重新进行了规定："一、妇女在政治上、经济上、教育上与男子一律平等；二、妇女有结婚离婚的自由；……九、反对包办婚姻；十、反对买卖婚姻及童养媳制；十一、反对多妻妾、蓄婢制度；十二、反对封建势力的压迫和旧家庭的束缚。"[②] 川陕妇女解放之后，对革命作出了贡献。1934 年 10 月，第三次妇女代表大会召开，动员广大劳动妇女积极配合红军粉碎"川陕会剿"，在这次会议召开前后三个月内，省委妇女部动员妇女做了布鞋、草鞋、袜套 30 余万双，送给前线红军指战员，为前线的战士提供了充足的战争生活物资。

其次，是戒烟禁烟、改变陋习。党领导人民进行革命，不仅要将人民从帝国主义的压迫和封建主义的桎梏中解放出来，还要帮助人民摆脱陋习，健康自由的发展。"红军到来之前，通（江）、南（江）、巴（中）一带鸦片是普种、普售、普吸。老百姓吸烟的很多。如南江县男的吸烟者占三分之二强，女的占三分之一左右，连放牛娃都吸烟。农民做活路休息时，到处都摆起烟灯吸烟。城市内开烟馆的也很多。当时南江城内有 27 家烟馆，其他城镇烟馆也不少。"[③] 在川陕省第一次工农兵代表大会后，各地政府都纷纷响应戒烟禁烟的行动，"我们通南巴的穷人受鸦片的毒害甚深，苏维埃政府为除此害魔，解除我们穷苦工农的痛苦，特设戒烟局，精制戒烟丸，评价赠送穷人戒烟。据戒烟局医生报告，连日来戒烟的将及百余人，两星

---

① 彭珮云:《中国特色社会主义妇女解放理论》，人民出版社 2013 年版，第 18—29 页。

② 四川大学等编:《川陕革命根据地历史文献选编》上册，四川人民出版社 1979 年版，第 681 页。

③ 林超、温贤美主编:《川陕革命根据地史》，四川省社会科学院出版社 1988 年版，第 275 页。

期内已有五十余（人）完全戒脱。四年者即需一月，毫无痛苦。”[①]禁烟的第一项工作就是禁止种植鸦片，“巴中县第一次工农兵代表大会苏维埃法令特宣布苛捐杂税一律取消。并严重提出设法戒烟，禁种禁吃。”[②]由于种植烟草是当地农民的一大收入来源，如果禁止，农民收入受到影响，所以，巴中县通过了如下决议：“（一）除已种之烟苗准予经营外，以后不得再行栽种；（二）立刻在各县、区进行戒烟、禁种、禁吃的宣传教育工作；（三）取消榜粮捐、红灯捐、瘾民捐及对农民的各种捐税；只收买烟税百分之五，以作戒烟的设备之用。同时因为各种烟捐已取消，易为商人利用，已收的则限期停收；（四）进行种烟登记、吸烟登记。未吸烟的绝对禁止再吸，已吸的则限期戒去；（五）征收戒烟税，特设戒烟局，进行戒烟设备，并代收戒烟税与出口税。”[③]经过一年多的努力，通南巴一带吸烟的人数大为减少。

此外，还进行了普及卫生知识的教育。在川陕革命根据地之前，该地区人民群众的卫生知识以及卫生习惯十分落后，落后的卫生意识以及不好的卫生习惯，使得当地各种疾病十分流行，因此生病以及受伤的人群不计其数，据史料记载，苏区的人民绝大多数是不洗脸不洗澡的，虱子长满了全身。在 1932 年，宣汉柏树乡流行伤寒，本地一万多人有三分之一生病……有的人无钱买棺材，用竹篾、稻草包尸去葬，掩埋不好，尸骨在外……惨不忍睹。而当这些疾病发生时，绝大多数的人只能是听天由命或迷信封建鬼神，不是问神就是化水或找巫师除鬼。为了改善川陕革命根据地广大工农革命群众的卫生状况，提高他们的卫生意识和改变他们的卫生习惯，一方面，中共和红四方

① 四川大学等编:《川陕革命根据地历史文献选编》上册，四川人民出版社 1979 年版，第 695 页。

② 四川大学等编:《川陕革命根据地历史文献选编》上册，四川人民出版社 1979 年版，第 248 页。

③ 四川大学等编:《川陕革命根据地历史文献选编》上册，四川人民出版社 1979 年版，第 249 页。

面军设立各种类型的医院，大量聘任、培养医护人员，积极开展医治工作；另一方面，开展广泛的清洁卫生常识宣传，编写出版了《一般的卫生常识》《卫生常识》《简略卫生常识》等书籍，在各种报纸、杂志上发表文章来宣传清洁卫生常识。

文化知识教育。川陕革命根据地的文化教育，由川陕省苏维埃政府文化教育委员会领导。1933 年召开川陕省第一次党员代表大会，把发展苏区教育纳入重要日程当中，作出了相应的决定："一切文化教育机关，都由工农劳苦大众掌握，工农子女享有受教育的优先权；广泛发展苏区的文化教育，提高文化水平，发展社会教育，有计划地建立各地的列宁小学，举办各种训练班培养干部、专门人才；以共产主义精神教育广大劳苦群众，使文化教育为革命战争和阶级斗争服务，使教育与劳动结合起来。"①

《文化教育决议（草案）》提出，"反对孔夫子的四书五经，蒋介石的反动教育，要学习马克思列宁主义理论。一、反对宗教迷信，不要信上帝、鬼神、和尚、道士、牧师、神佛。二、以后每年每月内，要各乡开一次群众大会，来宣传识字和反迷信工作。告诉群众只有团结在共产党的领导之下，保护苏维埃，才是穷人真正的出路。三、我们穷苦青年群众，要加紧学习比赛，进学校去读书，不玩耍，还要自己姐妹来读书、看报、讲演；不要做落后的青年，学习办法来整发财人，来保护苏维埃，争取一切利益。"②

文化教育有学校教育、干部教育、出版读物、社会教育几个方面。小学阶段的文化教育既教授课程知识，又可作为政治教育。《童子团站岗课本》写道："我们童子团，放哨要戒严。穷人分田地，富人不心甘；派些反动派，进来当侦探。希图探消息，破坏我政权。时

---

① 林超、温贤美主编：《川陕革命根据地史》，四川省社会科学院出版社 1988 年版，第 264 页。

② 四川大学等编：《川陕革命根据地历史文献选编》上册，四川人民出版社 1979 年版，第 699 页。

时要注意，岗哨要加严。就是亲父母，盘问也要严。无票不准走，有票才能过。”[①] 少先队中有《革命三字经》《消灭刘湘三字经》，叙述了劳动人民受剥削压迫的苦难生活，揭示了刘湘等反动派的种种罪恶，号召全体人民团结一致，进行革命。干部教育学习的内容“主要是政治课，学党章，《党员须知》和马列主义基本知识，党的方针、政策、法令等；也读书识字。女生还要学习医务知识、学习做宣传工作。学军事也是重要内容之一，即：下操、打野操，演习紧急集合等。每天早上出操，上午上课、写字，下午也上课，晚饭后下操做游戏，晚上还要学习。”[②] 川陕地区还建立了彭杨学校、红军大学、各种干部培训班，提高干部的政治、文化水平。社会文化教育的对象是还不能脱离生产的广大工农大众以及不能入校学习的青年人。主要开展识字教育，“区乡都办有识字班，凡不识字的，不管男女、大人小孩晚上都要去学习。识字班的课本，一般采用列宁小学的教材。每逢赶场，少先队、童子团即在岗哨和十字路口设识字牌，赶场的人从那里经过，都要叫认几个字才走，认不得就教，一定要学会。”[③] 还会利用红场对群众进行军事教育，“赤江县红场上有各种体育设备，‘规定每日下午3时至5时半为运动时间，参加打球、跳栏、赛跑、掷铁饼者极为踊跃，大家都为消灭刘湘去锻炼身体！’”[④]

通过对川陕革命根据地广大群众进行革命信念、文化知识、变革社会陋习等方面的马克思主义大众化的社会教育，川陕革命根据地的

---

① 林超、温贤美主编：《川陕革命根据地史》，四川省社会科学院出版社 1988 年版，第 265 页。

② 林超、温贤美主编：《川陕革命根据地史》，四川省社会科学院出版社 1988 年版，第 269 页。

③ 林超、温贤美主编：《川陕革命根据地史》，四川省社会科学院出版社 1988 年版，第 272 页。

④ 林超、温贤美主编：《川陕革命根据地史》，四川省社会科学院出版社 1988 年版，第 272 页。

一些陈规陋习基本被革除，多年来严重伤害人民群众身心健康的祸根也被铲除殆尽，这大大增强了广大工农革命群众的体质，为红四方面军提供了具有强壮体魄的兵源，对川陕革命根据地革命活动的胜利奠定了强有力的基础。

（2）马克思主义传播的主要媒介

在川陕革命根据地，宣传马克思主义思想的形式多种多样，主要分为文字宣传和口头宣传这两大类。文字宣传常见的有石刻宣传、报刊书籍宣传、材料宣传三类，口头宣传以红色歌谣、戏剧演出、演讲为主。中共和红四方面军因地制宜，根据川陕革命根据地的实际情况，创造了种类繁多的宣传方式，为马克思主义的传播营造了一个良好的舆论氛围，使得马克思主义的影响力在逐步地扩大。

石刻宣传。石刻宣传是川陕革命根据地最具特色的一种宣传形式。红四方面军在创建、巩固和发展川陕革命根据地的过程当中，进行了多种形式的政治宣传工作。通过石刻标语进行革命宣传活动，不仅仅是红四方面军革命斗争的一个重要的宣传形式，也是马克思主义大众化传播的一个极其有效的形式。

石刻宣传的表现形式是十分多样和灵活的，具备以下几个方面的特点。首先，直观易懂，便于传播。红军标语口号的石刻形式主要有三种，石刻文献、石刻标语和石刻对联。在这之中，石刻标语占据主要位置，经过实践的检验，石刻标语的宣传教育效果也是十分明显的。石刻标语在根据地四处可见，现在能辨认的还有4000多条（幅）。红军每到一地，便因地制宜地錾刻标语口号。有的刻在悬崖、陡坡上，有的凿于石柱、石坊上，或利用旧碑、旧匾、磨盘、石缸等。石刻标语能够长时间保存，不怕风吹雨淋，且当地具有石刻的传统，面对国民党经济封锁，纸张不易取得的情况，石刻便是最佳的宣传红军思想的途径。第二个特点是语言朴实生动，易于说教。石刻标语大多采用了非常口语化、大众化的百姓语言，人们喜闻乐见，内容通俗易懂，因而得以广泛的流传。石刻标语的内容大致可分为三种，动员性质的、政策性质的、群众组织的。常见到的有拥护党和红军的标语，启发人民大众只有跟着党才会有出路，“共产党是穷人的救星”“红军总司令朱德是仪陇人”“共产党要坚决反对帝国主义，救活中华民族，保卫全中国，保全中国领土”“共产党实行驱除一切帝国主义出中国，只有共产党，才能救中国！”等等；还有宣传土地革命的“铲除封建势力，实行土地革命”“只归生产者才有，哪里容得寄生虫”“没收豪绅地主的土地返还给穷苦农民耕种！”；尤其还有一批宣传妇女解放的石刻标语，“妇女在政治上、文化上完全平等，反对妇女封建压迫”“妇女在政治上、经济上、教育上与男子一律平等”等等，内容十分丰富。这些标语口号，大量地使用当地的地方语言，易于被当地的老百姓接受和记忆，整体来说形象感人，说教生动，绘声绘色，深入人心，富有浓厚的乡土气息，易于被广大人民吸收和接纳。

石刻内容除了标语之外，还有石刻对联、石刻文献。现在尚能见到的石刻文献有《中华苏维埃第一次代表大会劳动法（草案）》《川陕省苏维埃政府报告》《中华苏维埃宪法大纲》《中国共产党十大政纲》等。

报刊书籍宣传。用报刊书籍传播马克思主义在川陕苏区是最基本的方式。川陕苏维埃政府文化教育委员会下成立出版局，负责出版各种书报杂志和宣传品。印刷技术不断提高，最初只有石印、油印、木印，后来增加了铅印。同时建立工农书店，负责发售各种文化课本、政治理论书籍。“当时出版发行的书刊有《干部必读》《红色战士丛书》《五言杂志》《四言杂志》《土地法令》《劳动法令》《共产主义 ABC》和各种宣传材料等等”[①]。种类繁多的报纸中，内容十分丰富。“有国际消息，有国内消息，有中央苏区和其他苏区的情况介绍，更多的是反映川陕苏区情况的通讯报道，以及围绕中心任

① 林超、温贤美主编：《川陕革命根据地史》，四川省社会科学院出版社 1988 年版，第 270 页。

务所写的社论、专文等等。”[①]川陕苏区发行了17种以上的报纸，主要的报纸有中共川陕省委机关的《共产党》，川陕省苏维埃政府的《川北穷人》，西北革命军事委员会机关报《赤化全川》，红四方面军总政治部机关报《战场日报》，红四方面军政治部机关报《红旗》，川陕省总工会机关报《斧头》，红三十军政治部机关报《红星》等等。

传单告示宣传。材料宣传是川陕革命根据地的一种较为突出的宣传形式，这种形式也渗透在方方面面。材料宣传的内容十分丰富，而且易于传播，数量众多，种类也十分丰富，比如宣传党的政策的《告商人书》《春耕运动宣传要点》《川陕省苏维埃政府布告》《苏维埃的法令》等；有动员群众进行反帝斗争的《抗日宣誓文》《全国民众和全国不愿投降的帝国主义将士公鉴》等；有动员群众志愿红军的《为组织慰问部队告妇女群众书》《参加红军十大好处》《红四方面军扩军宣传》等；有对纪念日宣传的《“三一八”纪念宣传大纲》《“五卅”纪念宣传大纲》《四川省委宣传部“二七”纪念节报告大纲》《四川省委纪念“五一”劳动节宣言》等；还有向白军宣传的《告白色士兵书》《对白军士兵的宣传大纲》《关于白色官兵的标语大纲》等。“经过宣传，使白军士兵在政治上受到影响，不少人想托枪投红军，当时的火线宣传效果尤为显著。如1933年冬，少共苍溪县委火线宣传队经常晚上到前沿阵地喊话、撒传单，对瓦解敌军起了很大的作用”[②]。

红色歌谣。红色歌谣是红军进行口头宣传的一个典型方式，颇具当地特色。党政和群团的宣传机构发动宣传工作者，不管时间不论地点，在交通要道、重要镇中心搭好台子、桌子一摆，通过召开群众

---

① 林超、温贤美主编:《川陕革命根据地史》，四川省社会科学院出版社1988年版，第270页。

② 林超、温贤美主编:《川陕革命根据地史》，四川省社会科学院出版社1988年版，第263页。

大会、座谈会，将群众集中于区、乡、村苏维埃所在地，拉开阵势集中宣传，由红军中演讲能力较强的人或党的领导人对群众进行深刻且生动的讲话，报告红军近期工作和党的方针政策。有时候就分散开展，每个红军战士都是宣传员，每到一地的时候，红军战士三三两两分散到各家各户，深入茶馆酒馆、街道巷落，跟乡里乡亲拉家常扯闲话，通过摆龙门阵的方式做宣传，不知不觉中就打动了老百姓的心，通过浅显易懂的方式让老百姓明白参加红军能给穷人带来好日子，让他们自觉自愿地加入到红军中来。当时流传在川陕苏区的红军歌谣有 1000 首以上，这些歌曲的歌词来源包括：从其他苏区传来；从“传来的形式”中，填入了适应川陕地区情况的新词；根据红军和群众在本地的重要事件、重要的战役以及各项工作的宣传需要而创作的。这些出自民间歌手或者红军战士的歌谣，经大家的传唱，变成了集体智慧和群众感情的结晶。这些歌谣虽然没有文人诗篇那么的高雅清新，但带着川陕地区特有的气息，鲜活淳朴、真挚爽朗，唱起来朗朗上口，情真意切。

红军利用当地已经被人们广为传唱的山歌、民歌、小调等曲子为基础，根据人们的生活经验，进行填词工作，这样的曲目深受人民群众的喜爱，很快在民间中传唱起来，留下了经典的红色歌谣。这些歌谣不仅数量十分庞大，而且反映了人民群众生活的方方面面，有反映民情的《戒烟歌》：“鸦片烟，毒最深。吸上了，要成瘾。既化钱，又损身。一害己，二害人。身体瘦，一把筋。走起路，没精神。哪有劲，把田耕。日愈久，家愈困。劝告父老们，赶快戒烟瘾。身体强壮了，全家喜盈盈。拿起武器来，踊跃参红军。活捉刘湘贼，彻底闹翻身。”[①] 有热情赞颂共产党的：“盼星星，盼月亮，盼着救星共产党”“梦

① 西华师范大学历史文化学院、川陕革命根据地博物馆编：《川陕革命根据地历史文献资料集成》下册，四川大学出版社 2012 年版，第 1655 页。

见红军打胜仗，穷人翻身有指望。”[①] 有反映人们生活苦难的《穷人泪汪汪》：“乡长下了乡，好像活阎王，带着虎狼一大帮，舞棒又弄枪。保长下了乡，好像饿狗样，翻箱倒柜估倒抢，鸡飞狗跳墙。甲长下了乡，催款又催粮，穷人无钱泪汪汪，逼的去悬梁。”歌谣朗朗上口，无一不是人民群众生活的现实写照。

通过这些朗朗上口的红色歌曲，人们懂得了共产党的主张，主动支援红军的斗争，在总政治宣传队的宣传鼓动下，人民自觉到前线配合红军行动的同时，向敌军喊话，瓦解敌军，帮助红军运子弹、抬担架，慰问红军的伤病员。在 1934 年，中共川陕省委发出《中共川陕省委关于红五月工作的决议案》，明确要求“发展各县火线宣传工作，各县都要建立火线宣传队。”火线宣传从人民自觉自发的宣传逐步走向规范化、制度化的道路。

剧团表演。剧团表演是文艺宣传的一种突出表现方式，戏剧宣传极大地迎合了人们的喜好，丰富了宣传的形式与途径。在川陕革命根据地，特别是农村比较封闭，绝大多数工农群众是不识字的，他们认识和了解外界的主要方式就是戏曲。中共和红四方面军充分利用这种方式来进行马克思主义宣传。中共和红四方面军成立宣传队，通过创设情境进行戏剧表演，将体现马克思主义内容的戏剧在各乡、镇等地反复演出，强化广大工农群众对马克思主义的情感体验。

1933 年红四方面军成立“蓝衫剧团”，之后在巴中、达县、苍溪等县也成立了县剧团。戏剧宣传的主要内容是“宣传革命战争的胜利，人民如何配合红军作战的动人场面，以提高群众的阶级觉悟，同时也揭露反动统治者的罪恶和四川军阀的失败等等”。重要的剧种有川剧、歌剧、歌舞和活报剧等。川剧《刘湘投江》《田颂尧自叹》，

---

① 林超、温贤美主编：《川陕革命根据地史》，四川省社会科学院出版社 1988 年版，第 262 页。

话剧《慰问》，歌剧《送郎当红军》等都很受欢迎[①]。其中，最受川陕革命根据地广大工农群众喜爱的有《青年妇女歌》："青年妇女真可怜，男女同是人，妇女活下贱，旧礼教束缚得人格丧失完。婚姻不自由，父母来包办，这些痛苦都是社会制度的不全。青年妇女们，快快要觉醒，恶社会旧礼教一起铲除掉。建立苏维埃，男女齐参政，婚姻既自由，教育都平等，青年妇女齐心努力大家来革命。"

这些戏剧极大地迎合了人民群众的喜好，用歌调的形式将苦难的历史再次呈现在人们的眼前，很多观众在观看中触景生情，得到了人民极大的支持和拥护，使得马克思主义大众化传播达到很好的宣传效果。

4．川陕革命根据地马克思主义理论传播的特点

（1）传播方式因地制宜

川陕地区以劳动群众居多，人们在农时忙于耕田，不利于开展大规模的宣传活动，"各县委宣传部设有经常宣传队和临时宣传队。经常宣传队脱离生产，专任宣传。一般 10 人为一队，每队队长一人，副队长一人。每县设 3 个队到 5 个队。临时宣传队由革命组织临时组成。各区设临时宣传队受县经常宣传队指挥。"[②] 能够脱离生产的宣传队员，在农忙季节，奔走于田间地头，传播马克思主义思想。红四方面军在传播过程中，尽量用人们能够听懂的通南巴方言："同志们！现在我们川陕党第三次代表大会开会的时候，我们和刘湘最激烈的战争已经开始了。前方正在剧烈的战争中。这是一个决死的战争。如果不把刘湘打下去，我们全赤区的穷人就要受刘湘、田颂尧、杨森、邓锡侯等棒老二整"。"棒老二"和"整"这些词语颇具当地特色，"棒老二"是指"土匪、强盗，此处特指国民党"，"整"字类似于修理

---

① 林超、温贤美主编：《川陕革命根据地史》，四川省社会科学院出版社 1988 年版，第 262 页。

② 林超、温贤美主编：《川陕革命根据地史》，四川省社会科学院出版社 1988 年版，第 269 页。

的意思。此外，还有一些词语如“干人儿”是指穷人，“滚刀皮”是指无赖之人，“使焦了”即用尽了，“铁心斗把”指最信任的人等等，方言词语十分丰富。

川陕革命根据地马克思主义大众化的传播方式新颖灵活，能够利用川陕地区独特的资源条件，开展马克思主义宣传活动。首先，在文字宣传方面，除了运用最为传统的出版书籍报刊的形式，还能够利用当地多石头、多山川的独特地理环境，錾刻数量庞大的宣传标语，易于长时间地保存，随时随地地阅读，极大地弥补了纸质宣传方式容易损坏以及阅读条件有限的弊端，此外，还印制了大量的宣传材料、捷报、快讯等，能在短时间内较快地提升当地人们的知识水平，提升客观认识事物的水平，一来能够团结工农大众，二来还能动摇敌军军心，瓦解敌军力量。口头宣传也有所创新，以往对人们的口头宣传往往采用演讲、报告、教育的形式，红四方面军发掘当地流行的山歌、小调、民歌，填词创作，将歌声传唱到人们的心田，用工农大众喜闻乐见的形式传播马克思主义思想。这种宣传形式不受时间、空间的限制，人们一旦有闲暇时间，便可在嘴边哼唱几句，营造了一个良好的学习马克思主义思想的氛围，此外还采取了川剧、歌剧、话剧等形式来进行传播。通过与人们密切相关的各种活动的传播，将马克思主义传播到人们的心中，润物细无声。

川陕革命根据地马克思主义大众化的宣传渗透群众生活的方方面面，在注重文艺娱乐性的同时将宣传的政治性紧密结合起来，让劳苦的人民大众在享受娱乐的文艺作品的时候明白自身的处境，明白发动革命的意义，为自身的幸福和利益斗争，从而为川陕革命根据地的各项建设作贡献，为川陕苏区解放人民的革命事业达到红色高潮，为革命的胜利奠定了很大的基础。

（2）传播的组织性强

川陕革命根据地地处偏远的山区，远离中国政治经济文化中心，消息闭塞，很多大事件和革命好像都与其无关。加之严重的封建宗族观念，现在要他们冲破以血缘和地缘为纽带的传统障碍投入到革命中，他们往往很难以个体名义的形式进行斗争，而用组织的形式则能克服这种障碍。

川陕革命根据地建立以后，红四方面军和当地政府在当地充分建立起各种组织，发挥群众组织的作用。各县“建立工人组织。零星分散的各行业工人的小组和乡、区工会逐渐成立起来，接着又筹建了各行业的、系统的工会。在此基础上，中共川陕省委和红军领导机关决定抽调红军的炮兵营政委赵炳润负责组织省工会筹备委员会，积极筹备成立省工会。”[①] 还建立了共产主义青年团，形成对青少年群体的领导。“共青团在川陕革命根据地存在的两年多时间里，在 20 多个县（市）都建立了团的组织，共发展团员约 2 万人左右，其中劳动青年妇女占百分之十，全省有组织的青年群众约有 10 万余人，共青团还领导少先队和儿童团进行活动。广大青少年在共青团的领导和具体组织下，在巩固和发展川陕革命根据地的斗争中起了巨大的作用。”[②]

这种具有组织性的方式使社会群众组织化，不仅能增强、发展和壮大革命力量，也能极大地推进马克思主义在川陕革命根据地的传播。

（3）传播内容主旨鲜明

革命斗争的目标十分明确，采用朗朗上口的标语，易于人们理解和记忆。《战胜刘湘的作战要诀歌》：“十大要诀很要紧，个个干部要记清。一传十来十传百，又学又做莫要停。工农红军几十万，决战消灭贼刘湘。一旦刘湘消灭了，赤化全川胜利成。”[③] 针对消灭刘湘的宣传标语《消灭刘湘的标语口号》：“消灭刘湘残部，保护农民的土地

① 林超、温贤美主编:《川陕革命根据地史》，四川省社会科学院出版社 1988 年版，第 212 页。

② 林超、温贤美主编:《川陕革命根据地史》，四川省社会科学院出版社 1988 年版，第 220 页。

③ 四川大学等编:《川陕革命根据地历史文献选编》上册，四川人民出版社 1979 年版，第 365 页。

粮食！消灭刘湘残部，保护工人的8小时工作！消灭刘湘残部，穷人永远不出款子！消灭刘湘残部，保卫穷人的苏维埃。”[①] 这些内容都突出了反对地主、反对反动派的鲜明内容，能够极大地号召起广大的人民群众，能够很好地响应人民群众的一致要求，吸引人民群众投身于实践当中，为革命斗争的胜利铺垫蓄力。传播内容具备实效性。在当时社会革命的发展趋势瞬息万变，在党的领导作用和群众大范围的意识觉醒、战争和革命斗争不断地爆发、革命任务的主次要问题不断变化的情况下，党和红军的宣传工作和任务必须紧跟潮流，如果不能及时地更新党发布的一些纲领和宣传内容，革命的道路就会变得更加艰难，影响革命斗争目标的落实，甚至还会出现目标分歧问题。为了从根本上解决宣传内容的时效性问题，适应当前形势发展的需要，激发人民对革命胜利的斗志，红四方面军根据实际情况不断地调整传播的内容，展现出与时俱进的特点。

（4）传播过程以人为本

在川陕革命根据地马克思主义大众化传播的过程中，不仅要达到理论宣传与教育的目的，还要进行情感的沟通与交流，红四方面军在推进马克思主义传播的过程当中，非常注重对广大工农的情感动员工作。马克思主义究竟最终多大程度上能够在革命群众的心中种下革命的种子，关键在于其在多大程度上满足了广大工农革命群众在日常生活中情感诉求，解决群众的实际生产和生活困难。同时，中共和红四方面军在川陕革命根据地很注重结合群众日常生产生活，开展各种运动来向群众传播马克思主义，以此激发他们的革命激情。如成立各级苏维埃政府、庆祝红军打胜仗、成立各种军团、欢迎或欢送红军、庆祝各种节日、追悼阵亡战士等。运动内容涉及群众生活各个方面，如打土豪分田地和查田运动、春耕运动、秋收运动、卫生运动、扩红

---

① 四川大学等编:《川陕革命根据地历史文献选编》上册，四川人民出版社1979年版，第365页。

运动等。为了突出运动开展的质量，中共和红四方面军在川陕革命根据地还实行竞赛机制，以此激发群众的好胜之心。这些运动参加的人很多，场面非常壮观。这种以整体而非个体的形式对抗强大的蒋介石国民党军队，能够增加群众的安全感和斗争勇气并保持高昂的革命热情，让他们在生活利益的满足中受到革命的洗礼，慢慢地理解、认同和接受马克思主义，提高他们的阶级意识和革命意识并积极投身到革命中去。

川陕革命根据地虽然只存在了两年多的时间，但是对在陕西地区开展革命斗争起到了积极的动员和凝聚作用，在保卫川陕地区革命根据地的北线边境的安全中起了重要作用，对支援红四方面军在川北对国民党作战作出了重要贡献，在革命斗争史上具有重要作用。

鄂豫陕革命根据地的创建与马克思主义的传播

1. 鄂豫陕革命根据地的创建

鄂豫陕交界地区群山环绕，秦巴山、伏牛山、武当山坐落其中，地势呈西高东低走势，是天然的游击战场；该地河网密布、水源充足，加上雨热同期的自然条件，可生产土豆、红薯、玉米、小麦等粮食作物，另外河谷地区还能够种植水稻；该地地广人稀，广大居民生活简陋，甚至过着原始人的生活。但由于其向北可直逼西安，向东可进入中原，历来为兵家必争之地。与近代中国的阶级构成一致，农民占当地居民总数的 90% 以上，在红军主力到达当地前，广大群众曾长期遭受地方军阀和土匪强盗的残酷压迫。此外，为强化该地治安，国民政府早从 1932 年起，就在该地推行保甲户长式的军事管理模式，还确立了“联保连坐”制度。最重要的是，红四方面军主力及红二十六军曾在此地驻扎，有一定的群众基础。因此，鄂豫陕边界完全符合创建根据地的条件，红军可以在此立足并发展。

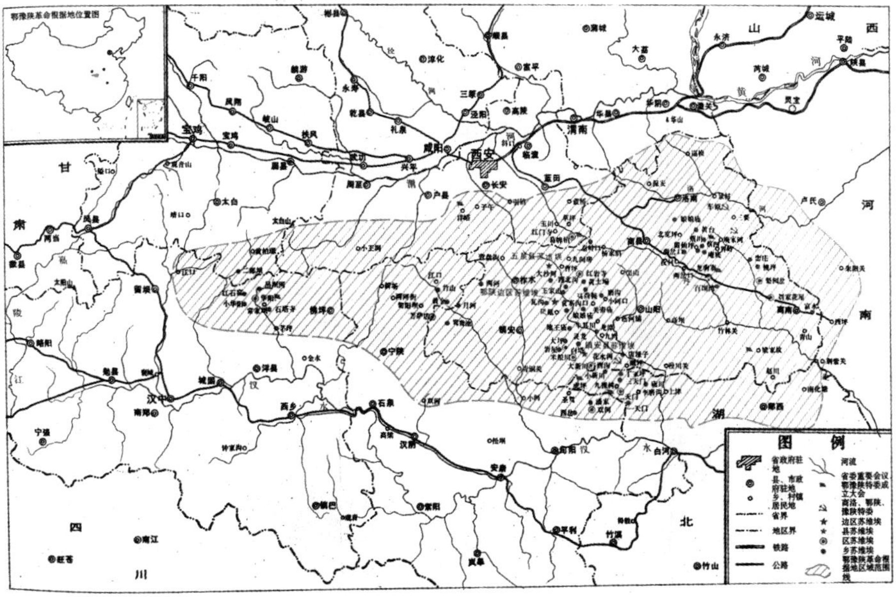

鄂豫陕革命根据地区域图

鄂豫皖革命根据地是土地革命战争时期，党领导红军在鄂豫皖三省交界，以大别山为中心的区域创建的革命根据地。1932 年 6 月，国民党集结重兵，欲趁根据地尚未巩固并扩大之时彻底“剿灭”之；加上根据地内部张国焘实施肃反扩大化，使得红军损失惨重，被迫于同年 10 月放弃原苏区，进行西征。主力西征后，鄂豫皖省委领导留下的部队重建红二十五军，继续坚持反“围剿”斗争。

1934 年 11 月 16 日，鄂豫皖省委率领红二十五军从罗山县出发，高举北上抗日先遣队旗帜开始长征。军主力于翌日在朱家店以南的罗古寨击退国民党“追剿纵队”第五纵队的进攻，当晚越过平汉铁路。接着，以最快速度西进，经青石桥、黄龙寺等地，在敌军围堵部署尚未完成之时进入桐柏山区。鄂豫边工委书记张星江和通讯员韩本清与鄂豫皖省委取得联系，详细介绍当地的革命斗争状况。省委分析后认为，该地靠近襄樊，极易受敌军重兵压境围歼，且群众基础和自然条件都不利于根据地建设，遂决定放弃该地，到豫西伏牛山地区建立新根据地。

为掩盖北上意图，红二十五军主力假装西进，同时派小股主力袭击枣阳县城，吸引敌人主力。接着，以迅雷不及掩耳之势向东急行军，并于22日、23日分别冲破敌第二和第五“追剿纵队”的围堵，后在张星江带路下，绕道平氏镇、泌阳城东，甩掉了尾追之敌。11月25日，红二十五军主力到达象河关西北的王店、小张庄一带，距许昌公路25公里，翻过公路即是伏牛山东麓。为尽快穿过公路，战士们忍受着饥饿，冒着大雪、穿着单衣，全力以赴向东北方的方城县前进。此时，国民党军发现了红军的意图，迅速调整围追堵截部署。26日，敌军追击而来，情况万分危机。在猝不及防之时，面对危局，军政委吴焕先亲临一线，指挥部队卧倒射击，凭借有利地形殊死抵抗，并拿起武器带头冲进敌营奋勇杀敌，后来在副军长徐海东率领赶来的二二三团协助下，经过全体指战员努力，经过几个回合，终于打退了敌人进攻。接着，军部欲组织二二三团对正面之敌发动冲锋打开缺口，但因敌强我弱，三次进攻均未成功，只得固守待天黑后，在地下党同志带领下从敌隙间绕道突围，最终从敌人防御松散的叶县保安寨北部的沈庄越过公路，进入伏牛山区。

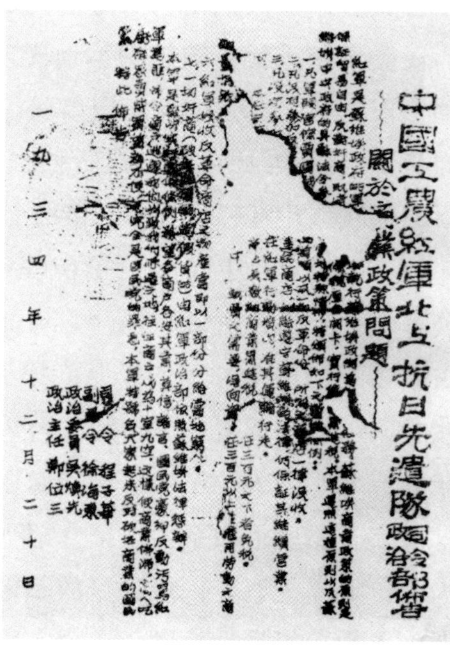
中國工農紅軍北上抗日先遣隊
政治部
司令部
佈告

關於商業政策問題

司令 程子華
副司令 徐海東
政治委員 吳煥先
政治主任 鄭位三

一九三四年十二月二十日

红二十五军军部驻地、中国工农红军北上抗日先遣队布告

但是，省委发现当地地域狭窄、人口稀少，粮食和其他生活物资十分匮乏，加上当地“内乡王”别廷芳的反动统治，发动群众十分困难。同时，敌四十军和“追剿纵队”又接踵而至，因此欲在当地落脚十分困难，所以鄂豫皖省委决定继续西进。

11月29日，省委率红二十五

军继续西进，边行军边做政治宣传。入陕前，红二十五军政治部对外发布了《中国工农红军北上抗日先遣队司令部、政治部布告》，详细诠释我党建立抗日民族统一战线、联合各阶级抵御日寇，消灭国内反动阶级的主张。其后，军主力经一行树、庙子、栾川等地，向豫陕边前行，于12月4日到达卢氏县叫河。面对前堵后追的严峻形势，经当地群众指引，很快找到一条由铁索关入陕的隐蔽小路。为迷惑敌军，红二十五军手枪团虚张声势，给敌造成军主力由东部入陕的假象；主力则在当地一位货郎带领下，走小路经铁索关入陕，成功摆脱国民党军精心策划布置的精密防线。

12月8日，红二十五军主力在铁索关击溃尤奉三民团一部，当日下午进入洛南镇。西进陕南前，军部首先于三要司处扫除障碍——歼灭敌第四十二师第二四八团一部，并翻山越岭，于12月9日赶到洛南县城宿营。敌六十师和四十二师夹击二十五军、阻击其进入陕南的计划失败后，断定二十五军“必取道核桃坪、庾家河，向龙驹寨逃窜，乃决定部署取捷径追击”[①]，重新调整部署。10日，主力部队于庾家河东坳与敌遭遇，军长程子华、政委吴焕先及副军长徐海东亲临前线指挥，广大指战员英勇奋战，经数小时激战，以100余人伤亡的代价，赢得胜利。

庾家河战役的胜利，有效改变了红二十五军主力被敌主力尾追的危机局面，结束了红二十五军历时20多天、转战1800余里的战略转移行动，为红二十五军暂时赢得了安全的环境，为根据地的开辟和创建奠定了坚实基础。

庾家河战斗纪念碑

① 《陆军第六十师庾家河之役战斗详报》（1934年11月—12月），中共陕西省委党史资料征集研究委员会：《鄂豫陕革命根据地的创立和发展》，1985年版，第493页。

鄂豫陕革命根据地以陕西商洛为中心区域，包括湖北省的郧西、郧县，河南省的卢氏、西峡、淅川，陕西省的洛南、商南、丹凤、商县、山阳、镇安、柞水、蓝田、长安、宁陕、佛坪、洋县、旬阳等县的中心地带或边界地区。共建立了10个区、46个乡、314个村基层苏维埃政权。

鄂豫陕根据地创建后，鄂豫陕省委在蔡川（今丹凤县）对红二十五军主力进行整训，并于同年底在商洛组建商洛特委和抗捐第一军。随后，红军主力采取声东击西、诱敌深入等机动灵活的战术先后攻占镇安、柞水等五座县城，于1935年2月成立鄂陕特委，组建陕南第六路游击师及鄂陕游击纵队司令部，有效巩固了根据地。

鄂豫陕省委根据实际情况，贯彻开辟西部、巩固南部、向东发展的方针，领导农民群众开展抗捐、抗粮斗争，建立基层苏维埃行政村。创建游击队、抗捐军的同时，全力争取地方势力团体的支持配合，采取机动灵活的战略战术，先后粉碎了数倍于己的敌军的“围剿”，巩固和发展了根据地。

1935年7月，鄂豫陕省委率领红二十五军威逼西安，到达沣峪口时，截获了《大公报》等报纸，获得了中央红军和红四方面军主力已于上个月的25日在川西北的懋功会师的信息。沣峪口会议在吴焕先主持下，认真分析了国内的政治形势，最终达成一致观点，指出新形势下，我们的任务是“配合红军主力行动，以争取最后全部胜利，这是当前最紧迫的战斗任务”。目前首先要“执行新任务，采取新策略，在一切行动极力去与陕北红军集成一个力量”，“配合红军主力在西北的行动，迅速创建西北新的伟大的巩固的革命根据地。”[①] 为此，红二十五军主力应即刻北上与陕甘红军会合。另外，省委决定鄂陕、豫陕两特委合并，负责领导留下的部队继续坚持根据地的斗争。7月

① 《鄂豫陕省委代书记吴焕先关于建立鄂豫陕苏区工作情况和问题给中央的报告》，中共商洛地委党史办公室编：《鄂豫陕革命根据地》，中共党史资料出版社1989年版，第51页。

16日，鄂豫陕省委率红二十五军主力从沣峪口出发，沿秦岭北麓北征，目标直指陕北。

1935年8月，鄂陕、豫陕特委在敌报上得知二十五军主力已北上向西前行，鄂陕特委当晚在宁陕县开会，会议经激烈讨论，决定率部返回商洛一带，与豫陕特委会合。根据决议，鄂陕特委率部东返至商南县沙坪。得知豫陕特委已率部提前向西移动寻找鄂陕特委，于是带领部队经刘家花屋、武关，从商南县太吉河过丹江寻找豫陕特委。两委最终在9月初于商南县梁家坟胜利会师。从长远角度考虑，两委决定各自返回各自原驻守区域，组织农民群众开展斗争，同时积极救治伤病员，将各地分散的武装力量进行整合，再进行下一步行动。为方便统一领导，鄂陕、豫陕两特委决定豫陕特委书记李隆贵同鄂陕特委一同行动。

9月8日，两特委再次在商南县梁家坟会合，次日举行联席会议，正式决定将鄂陕特委和豫陕特委合并为鄂豫陕特委（陕南特委），接替鄂豫陕省委统领根据地的斗争。

1935年10月，在陕南特委统一部署下，原豫陕各独立游击师部，鄂陕第六路、第七路游击师，山阳西区游击大队，依照梁家坟会议的决定，陆续向商南县梁家坟碾子坪村集结。各路红军游击队联合组成了中国工农红军二十五军第七十四师，陈先瑞为师长，李隆贵为政治委员，曾焜为政治部主任，李书全为政治部组织科长，李庆柳为宣传科长。师部由司令部、政治部、经理处、警卫连、通讯排、看护排等机关和分队构成。全师辖两个营、一个手枪团，共700人左右。

红七十四师组建后，在陕南特委的坚强领导下，紧密团结群众，坚决贯彻落实党的实事求是方针，及时调整土地政策，积极宣传党的抗日民族统一战线政策，并于西安事变后听从中央指示东进潼关，协助东北军防御中央军的进攻，为西安事变的和平解决作出了贡献。1937年4月，红七十四师党委奉命率部赴咸阳三原接受改编，后编入八路军林彪、聂荣臻领导的一一五师下属一部，至此根据地撤销。

2. 鄂豫陕革命根据地马克思主义的传播主体

为引导土地革命正确开展，以鄂豫陕省委、陕南特委和地方苏维埃为核心的组织机构开展了广泛的群众动员工作，并以各种方式传播党的革命理论。

（1）党政机构

早在确立创建根据地的庾家河会议上通过的《中共鄂豫皖省委关于创造新苏区新的革命根据地的决议草案》中就指出，党在当前最紧要的任务是加强红二十五军争取群众的工作，打破敌人的围追堵截[①]。《决议草案》要求，党要集中大力量来进行革命的群众工作[②]。会议当晚，省委就发布中国工农红军第二北上抗日先遣队政治部的《什么是红军》的文件，为根据地人民介绍红军的性质、宗旨、基本主张。12月20日，鄂豫陕省委又发布《关于商业政策问题》的布告，向外界宣布红军保护正常的商业活动、维护资本家及从商人士的合法商业权益。1935年1月9日，攻占镇安县城当日，省委发布《中国工农红二十五军为占领镇安县告群众书》，号召工农群众“建立穷人当家作主的苏维埃政权”。2月5日，省委、政治部重新颁布入陕之初颁布的《关于商业政策问题》的文件，对党和红军的革命对象进行详细介绍，宣传党和红军只打击、没收封建性质的资本，正常的商业活动一律支持的主张。

1934年12月29日，省委副书记吴焕先在洛南县宣布成立中共商洛特委，宋兴国为书记，程启文等为委员，原军政治部少年宣传队队长程启文、手枪团二分队指导员陈小瞎、军政治部干事张勤等为委员，负责统一指挥陕南抗捐第一军和刚由红二十五军手枪团调转地方

---

① 中共陕西省委党史研究室、中共商洛地委党史研究室编:《鄂豫陕革命根据地史略》，中共党史出版社1992年版，第31页。

② 中共陕西省委党史研究室、中共商洛地委党史研究室编:《鄂豫陕革命根据地史略》，中共党史出版社1992年版，第32页。

的第二分队的军事行动。

为加强党组织对根据地的全面领导，在组建地方武装和苏维埃行政村的同时，省委有计划地建立起区、县级的党组织。1935 年 2 月 11 日，以陈新焕为书记，王奎先、王海清为委员的红岩寺区委成立，下设共青团区委、区妇女会和童子团等组织。团委和妇女会积极宣传，鼓励青年踊跃参军，提供支前物资，为红军作战提供坚实的后勤保障。2 月 15 日，以夏云为区委书记的山阳县西区区委成立。区委成立后抓党建，发展党员，建立苏维埃行政村，组建儿童团等组织，领导四路游击师开展斗争。

伴随革命斗争的进程，党组织建设蓬勃发展。根据地创建两个多月后，以镇安县店垭子为中心，包括山阳、郧西、镇安、柞水、旬阳五个边界县部分区域的根据地初现规模。为统一领导各地区、各级党组织的革命运动，1935 年 2 月上旬鄂陕特委成立，郭述申为书记。

为加强党的全面领导，省委在基层建立起区县乡村四级苏维埃政权。其中最早的当属 1935 年 2 月成立的蓝田县葛牌镇区行政村，共辖 7 个乡苏维埃政府，294 个村落，面积 765 平方公里，拥有 5 万多人口①。

2 月 11 日，柞水县红岩寺区苏维埃政府成立。之后先后组建了 9 个乡苏维埃政权及 25 个村政权。各级政府主动开展分地运动，共分地 2.4 万亩。同时，还积极动员群众参军，其间出现了很多父送子、妻送夫、父子一起参军的感人事迹，15000 多人的县城竟有 300 多人加入红军。

2 月 14 日，郧西县二天门区级革命政权又宣告成立。下辖大新川、小新川两个乡及一天门、二天门等 43 个苏维埃村。其中绝大多数村委组织了分地运动，区游击队还在群众配合下，铲除“反共义勇

① 中共陕西省委党史研究室、中共商洛地委党史研究室编：《鄂豫陕革命根据地史略》，中共党史出版社 1992 年版，第 54 页。

队”，打败了反动民团。同日，山阳县袁家沟口区苏维埃政权诞生，前后建立了 14 个乡和 60 多个苏维埃村，全区共 8 万多人，总计 5 万亩土地。

镇安县苏维埃政权是在 1935 年 1 月红军攻占镇安县城后组建的，总领 7 个区、47 个乡和 404 个村。县政权贴标语、没收地主豪绅财产，成为发动群众的真正组织者。

1935 年 4 月召开的华阳会议，科学分析了红二十五军的军事斗争及根据地发展问题，确立了“坚持以商洛为中心区域，向鄂豫边发展”的方针。之后又根据地方形势，省委决定在华阳地区建立党组织。4 月中旬，负责洋县地方工作的薛朗夫来到华阳，成立华阳区革命委员会，郑直清为主任，薛朗夫为副主任。区革委会成立了由薛朗夫、郑直清、孙鸿、王三宝、彭三全为委员的党支部，全面领导革委会的工作。

1935 年 1 月，国民党军调集五个团，配合十七路军一二六旅、警二旅、警卫团，对根据地发动第一次“围剿”。4 月中旬，省委以镇安、柞水、山阳、蓝田、商县五县交界的红岩寺为中心，成立五星县委，下辖红岩寺区委和山阳西区区委，领导两区的工作。

针对敌军对根据地东部的突袭“围剿”使该区域的群众工作难以持续进行的状况，1935 年 5 月 11 日，鄂豫陕省委决定成立豫陕特委，郑位三为书记，袁崇安、李书全为委员，负责领导根据地东部的武装运动和其他工作。特委成立后，立即着手开展根据地东部地区的基层政权建设。适时，省委利用龙驹寨整训，直接领导组成龙驹寨区苏维埃政府，赵双印为主席，詹有道、张和等为委员；5 月 19 日，刘家花屋区苏维埃政权成立，下辖两个乡，人口 14000 余人。各村发动农户开展分田地、分房子、分粮食、分耕畜的行动，还先后在两岔河、沙坪等地处决土豪劣绅 10 余人。

5 月下旬，梨园岔区和孙家山区又先后建立起苏维埃政权。两区绝大多数地方都开展了声势浩大的分田运动，大多数贫民获得了土地。

1935 年 8 月，得知红二十五军主力北上的确切消息后，鄂陕和豫陕两特委决定合并，并最终于 9 月初在商南县梁家坟会师。9 月 8 日双方再度在梁家坟会师后，陕南特委于翌日正式成立。10 月，各路游击师相继在梁家坟集结合并为红七十四师，在陕南特委领导下继续传播党的革命理论，坚持艰苦的斗争。

红七十四师成立旧址

面对华北事变后日益加深的民族危机及国内主要矛盾的变化，红七十四师以大局为重，调整土地政策，不再完全没收地主的土地，不再建立新的苏维埃行政村。在 1936 年 3 月于梁家坟学习过中央指示文件的精神后，陕南特委将工作重点由开展土地革命转向促成、建立抗日民族统一战线，此后不再创建新的党组织和基层政权，宣传的内容也由土地革命理论转变为建立抗日民族统一战线理论。

总体上看，各级党组织在开展土地革命的同时，积极传播浅显易懂，但又和人民生活息息相关的土地革命、阶级斗争等理论，为革命的顺利开展奠定了坚实的思想文化基础。

（2）红军主要领导人及宣传队

鄂豫陕根据地党组织认真贯彻毛泽东提出的红军做群众工作的指示，红军走到哪里，工作队就派到哪里。

红二十五军入陕南的当月，吴焕先就派手枪团政委宋兴国和红军少年宣传队长程启文等数十名干部赴商洛开展工作，并组建商洛特委。后又派陈先瑞率一个连的红军到地方宣传“五抗”，打土豪，分田地，镇压豪绅恶霸，铲除“地头蛇”，消灭反动民团，改造“刀会”等地方组织。红军宣传队在传播中国共产党依据中国国情创立的浅显易懂的马克思主义理论方面发挥了不可替代的作用。

红二十五军在长征及根据地建设期间，除作战外，还通过政治宣传承担着做群众工作的任务。黎光同志回忆：“长征途中，部队一宿营，宣传队就打着小红旗到周围做群众工作，调查谁家是土豪，谁家是地主。若部队在一地住三天以上，就组织贫苦农民分土地。”[①] 夏云飞同志回忆：“1935 年 1 月，红二十五军在镇安县，每到一地，各连队都组织宣传队，深入到贫苦农民中间以‘五抗’为斗争口号，宣传红军是为穷人谋解放的队伍，红军来了不纳粮，不缴税，不还债，不出丁，不出夫。并通过打土豪分浮财，深入发动和组织群众，发现积极分子。”[②]

1936 年 12 月，红七十四师主力从小峪返回途中，由于通信不畅，在石砭峪和宋登贤部发生了误伤事件。之后，师部正式把宋部编为补充团，宋登贤任团长。随后在大峪口开展的半年集训期间，红七十四师主要领导人给宋部官兵讲述中国革命史、军事技术和帝国主义的真相等政治知识。另外，为培养地方领袖、更好地发动群众，鄂陕特委于 1935 年先后举办三届干部培训班。陈先瑞等红军主要领导人亲自授课，向学员讲授红军的性质和宗旨及红军在根据地的主要斗争形式是开展土地革命，革命对象是帝国主义和其扶持下的封建势力等内容。

---

① 中国工农红军第二十五军战史编审委员会编：《中国工农红军第二十五军战史资料选编》，解放军出版社 1991 年版，第 561 页。

② 中国工农红军第二十五军战史编审委员会编：《中国工农红军第二十五军战史资料选编》，解放军出版社 1991 年版，第 584 页。

此外，红二十五军和红七十四师的将领身先士卒，在传播党的思想方面发挥着示范作用。作为中央苏区的特派员，后担任鄂豫陕省委委员、红二十五军军长的程子华将自己聆听的周恩来对毛泽东军事思想的要领传教于广大指战员之中。他反复阐明土地革命、武装斗争和根据地建设三者的有机结合，并在反“围剿”军事作战会议上，就毛泽东的游击战、运动战战术结合根据地实际作了阐述，为反“围剿”战役的胜利作出重大贡献。省委委员、红二十五军副军长徐海东在行军途中经常不骑骡子，与战士们一同步行，并耐心询问他们吃饱了没有，累了没有，叮嘱战士们到宿营地要用热水泡脚。熊明计是鄂豫皖地区一个贫农家庭的孩子，因 12 岁丧父，随母亲和弟弟乞讨，母亲在乞讨途中病死，自己带着弟弟四处流浪找红军，好不容易找到红军但因年龄太小被拒绝收留。其后，他跟随红军战士来到红军指挥部。徐海东在询问了解他的基本情况后，不仅安排人给他军装，还亲自安排他下连队。之后，熊明计被调到军警卫连，行军途中，徐海东主动将自己的骡子让给身体不适的熊明计，让熊明计颇为感动。

除军队领导人外，党组织负责人也鞠躬尽瘁、死而后已。为应对敌人的大肆进攻，1935 年 5 月，省委将主力部队集结在丹凤县龙驹寨整训。其间，省委成员与战士干部促膝长谈。非党员郎献民被组织提拔为连长不愿就任，觉得自己不是党员不够硬气。省委副书记、红二十五军政委吴焕先找他谈话，从他的姓名上指出：“献民献民，就是要把自己的一切，甚至生命都献给人民。”郎献民听了吴焕先的教诲后，政治觉悟有了提高，担任连长后不久还升任营长[①]。5 月 11 日，整训结束，部队的战斗力有了很大提高。

广大红军指战员用言传身教的方式，使人民群众对党和红军有了直观认识，改变了他们过去对红军的错误看法，提高群众文化素养的

---

① 中共陕西省委党史研究室、中共商洛地委党史研究室编：《鄂豫陕革命根据地史略》，中共党史资料出版社 1992 年版，第 71 页。

同时也扩大了红军的影响力，为军事斗争胜利奠定了社会基础。

（3）其他个人和组织

近代中国“两头小、中间大”的国情决定了党领导革命必须实施统一战线政策。当时主政陕西的国民党军政要员杨虎城，就是一个有爱国倾向的典型。另外，当时潜伏在十七路军所办军校里的共产党员也利用隐蔽方式，积极传播党的理论，努力分化敌军，削弱根据地内的反动势力，减小军事斗争的压力。

十七路军将领何振亚1930年在十七路军军官班里就接触过党的理论刊物及宣传党的理论的传单。后因形势需要提前毕业后被派到警二旅四团。由于思想上深受共产党影响，何振亚一直在筹划起义之事，想率部加入红军。1933年起，他们与安康师范学院的学生取得联系，共同创办《汉声报》，宣传进步思想。受其影响，赵树勋、徐海山等一批团内军官也纷纷加入其中。

由于一直没能和地方党组织联系上，没有得到党组织的配合和帮助，1934年初的起义以失败告终。虽未能找到党组织，何振亚带领部队自力更生，效仿红军于1935年初组建陕南游击支队第二纵队，宣传红军打土豪、分田地的基本政策，积极开展游击战争。

1936年8月，在和陕西省委派来的沈敏、杨江、杜瑜华联络商谈后，正式打出陕南人民抗日第一军的称号。此后，部队按照红军的建设标准，部队内开展政治工作，成立儿童团、少年先锋队、宣传队等组织；对外，则在镇安、柞水、宁陕、石泉交界的秦岭山区，以及佛坪、洋县的华阳、黄金峡等地与敌人周旋，同时积极传播分地分粮思想，带领群众搞土改，还在根据地公开搞群众运动，夜晚到游击区给群众送粮食。

西安事变爆发后，红七十四师奉命移防陕西省东部镇安、柞水，抵御何应钦指挥的中央军进攻陕西的行动。曾任杨虎城部骑兵营长，后任柞水县长的贾志璞赴任两天后就接到红七十四师政治处的电话说红军要来驻防。县里的地主豪绅听到红军要来，吓得都准备逃跑。贾志璞告诉他们，中国共产党不计较一个人过去所做的一切，用实际行动构建最广泛的抗日民族统一战线。为稳定秩序，他每一两个小时在街道上走一圈，证明红军未剥夺自己的人身自由，以此打消县城驻扎的地主豪绅的顾虑，确保了县城秩序的稳定。

上述活动将党的理论传播到党实际控制区域外的县城，对于扩大党的统一战线基础，争取早日结束内战、团结各阶级群众共同抗日意义重大。

3．鄂豫陕革命根据地马克思主义传播的主要内容

根据地党组织以广大人民为传播对象，采取多种方式传播土地革命理论、阶级斗争理论及建立抗日民族统一战线等理论。

（1）土地革命理论

鄂豫陕革命根据地的土地政策基本沿用《鄂豫边区革命委员会土地政纲实施细则》，主要内容有："凡地主豪绅之土地一律无代价的没收之""凡祠堂、庙宇、祖积、公积之土地及一切公产官地一律没收之。"分配对象是无地、少地的农民，愿意居家耕种的雇农和红军军属等。根据经济地位，分地前基层政府通过调查划定阶级成分，把所有人划分成无产阶级、贫农、中农、富农和地主豪绅五类。其中，无产阶级指两手空空，只能靠给别人干活来糊口的人；贫农指手中有些地，但仅凭这点地吃不饱，必须靠出卖劳动力来维持生计的人；中农指不剥削别人，受豪绅地主剥削的人；富农指既自己种田，还出租田地，既放高利贷，又请人做工的人；地主豪绅指自己不劳动，拥有众多土地，收租又逼债的人①。

在明确可分配的土地及土地分配的阶级对象的基础上，根据地各区域的党组织通过召开群众大会，向群众宣传"一切土地归苏维

① 中共陕西省委党史研究室、中共商洛地委党史研究室编：《鄂豫陕革命根据地史略》，中共党史出版社 1992 年版，第 133、134 页。

埃所有，严格的使土地的利益落实在贫苦农民身上”的纲领性指导思想。没收地主的土地，优先分配给原佃户耕种。若原佃农耕种土地数超标，超标部分土地调整给其他无地或少地户，并插标立记，在土地上备注主人姓名。本村地主的土地在外村的，由外村的苏维埃政府处理；外村地主的土地在本村的，由本村苏维埃政府处理。

土地革命的实践，使广大农民对党和红军的革命理念有了直观的认识，坚定了广大无产阶级加入红军队伍，为解放自我、解放根据地穷苦百姓而奋斗的信念，对扩红运动和根据地的巩固作出了重要贡献。

（2）阶级斗争理论

红二十五军政治部发布的《什么是红军》介绍了红军的性质、全心全意为穷人服务的宗旨、红军坚持官兵平等和不存在克扣军饷等。宣传红军是代表穷人利益的部队，红军在中国已存在八年，红军的总司令是朱德。告诫广大国民党士兵，其实他们也是穷苦工农出身，也是因为受到地主严重剥削无地种才出来当兵的，而且在代表大地主大资产阶级的国民党军中整日受到来自上层军官的打骂，连最基本的温饱都无法得到保障。此外，还阐明了在洛南三要司、柞水蔡玉窑、蓝田葛牌镇被俘虏的1000多名士兵，全部给予了路费释放回家的事实，以此证明红军明确阶级斗争的对象，对误入敌人阵营，并为敌服务的人概不追究责任的言论的真实性。

红二十五军进占镇安后，发表的《中国工农红军二十五军为占领镇安县告全体同胞书》中向群众阐明党和红军坚持马克思的一切缴获归公的观点，对所有收缴的物资一律公开分配、拍卖，号召大家不听信地主豪绅的谣言，赶快向党组织和红军检举地主豪绅。党和红军组建由广大穷人当家作主的苏维埃政府，帮助穷人建立自卫武装——抗捐军，打击反动地主，捍卫自己的劳动成果。

阶级斗争理论的传播，坚定了广大受压迫群众投身土地革命的信念，改变了农民对自我身份、价值、地位的认知，极大增强了人民投身革命运动的动力。

（3）统一战线理论

鄂豫陕根据地构建统一战线的理论和实践分前后两个阶段。前期主要传播对国民党反动派的统一战线，后期则传播党中央的早日结束内战、一致抗日的统战理论。

党组织深入落实传播党的统一战线理论，前期主要表现在争取地方抗捐军、神团等带有革命性的地方组织上。党组织对加入红军的地方抗捐军给予充分信任和自主权。由于党对地方抗捐军给予充分信任，党组织发动的抗捐军除第六路首领阮开科杀了红军的干部叛逃外，其余的都主动听命于党组织，配合红军保卫根据地的斗争，并向广大农民宣传国民政府征收各种苛捐杂税的实质是维系建立在封建经济制度之上的压迫和剥削制度，号召广大农民自发组织起来反抗压在自己身上的沉重税赋负担。

神团首领宋登贤1935年到江口买猪苓因未带够钱找江口利经局长借钱时被红军错抓，受到红七十四师政治部主任刘守斋教导后，真实、全面地了解了红军对穷人的政策，之后决定归顺红军。党组织让他利用自身身份在天子峪口一带宣传党的主张。宋登贤积极向自己原来的徒弟和其他群众传播党“为人民，打土匪，做好事，不图升官发财”的优良作风，使党在群众中的威信大增。

1936年10月，红七十四师再度转战江口时，师长陈先瑞把宋登贤在神团团员基础上组建的部队集中起来进行政治教化。随后，宋登贤部请求与红七十四师一同行军转移，未被批准，之后在师部委派的李教练指导下，奉命到商县、宝鸡地区教育群众，宣传党的抗日民族统一战线政策。

1934年11月16日发表的《中国工农红军北上抗日第二先遣队出发宣言》，对日本帝国主义的铁蹄不断践踏中国主权，国民政府不但不反日却继续加紧“围剿”红军的事实进行说明。宣言鼓励人民武装自己，同时呼吁国民党军停止内战，一致对外，罗列出与红军签订联合抗日协议的三原则。1936 年 3 月，原红二十五军手枪团战士程福才从陕北苏区带来了中央的指示文件。此时的红七十四师已同上级失联 18 个月之久，重新听到党的声音都倍感欢欣鼓舞。于是，大家连夜开会学习《为抗日救国告全体同胞书》和瓦窑堡会议通过的《关于目前政治形势与党的决议》等文件。经激烈讨论，陕南特委决定立即转变理论宣传的重心，把重点放在传播党的建立抗日民族统一战线的政策主张上[①]。梁家坟会议后，红军打到哪里，就把“红军不畏强权，在坚持反对国民党内的顽固势力的同时，把抗日作为自己当前的首要任务；为建立统一战线，苏维埃政府愿意给予民族资产阶级和其他革命阶级选举权和被选举权等政治权利”的理念传播到哪里。

1936 年 12 月 20 日，中央派遣原派往杨虎城部的党员李涛带领干部 10 余人携带电台，赴陕南联络红七十四师。21 日晚，红七十四师联络科长与中央通讯员在蓝田县相遇，特委于次日开会传达中央的指示。李涛传达了周恩来关于停止内战，停止打土豪分田地的指示，并要求对部队进行思想政治教育，准备接受改编。从此，指战员们大力宣传“中国人不打中国人，应该联合打日本侵略者；中国共产党主张对所有人过去的所作所为既往不咎，只要真心愿意抗日的人，都是我们的团结对象”等主张。1937 年 2 月 1 日在商南县城，各界群众打出“一致对外，联合抗日”的标语。其后，在移防镇安、柞水期间，借助与柞水县县长贾志璞的合作，红七十四师官兵向外界传播红军不再将国民党地方官僚及地主等昔日的敌人视为敌人，只要不与红军为敌，并愿意抗日的，都是我们的朋友。此后，在联欢大会上，党和军队领导还就贾志璞释放七名政治犯表示欢迎，并详细介绍了我党主张建立的统一战线的性质，表达欢迎各阶级群众加入抗日民族统一战线的意愿。驻扎期间，红七十四师领导人还请贾志璞到师部参加宴

① 中共陕西省委党史研究室、中共商洛地委党史研究室编:《鄂豫陕革命根据地史略》，中共党史出版社 1992 年版，第 122、123 页。

会，并请他向县内的地主豪绅转达红军不再将他们视为敌人，不会没收他们的私人财物，希望他们认清现实中的主要矛盾，跟着党和红军共同抗日，有钱出钱、有力出力，共同抗日，维护民族独立的同时，也切实保障自身利益等新政策。

（4）武装理论

鄂豫陕革命根据地党组织始终高度重视贯彻“工农武装割据”思想，把建设红军正规武装和武装人民群众相结合，积极进行反“围剿”作战，保障根据地的生存和发展。同时，通过宣传党的政治主张扩大党的影响力，使很多收编的地方抗捐军主动服从党的领导。根据地初创之时，省委派宋兴国率手枪团和少年宣传队赴地方宣传“五抗”，后宋兴国在战斗中受伤，留下的部队改编为游击队，在新组建的中共商洛特委领导下战斗。此外，红二十五军政委吴焕先派陈先瑞，带领一个连以鄂陕游击师名义工作。除宣传“五抗”思想外，还宣传党和红军替广大受压迫的穷人作主的理念，放手武装群众，组建抗捐军、游击队等各式武装力量，改造“刀会”为党的武装部队。

1935 年 1 月，国民党调集五个团的主力，配合敌十七路军一二六旅、警二旅、警卫团，对红二十五军发起第一次“围剿”。红二十五军采取运动战战术，主动撤离根据地东南部北上，在运动中寻找战机，于 2 月 1 日在柞水县蔡玉窑击溃敌一二六旅两个营，歼灭一个营，2 月 5 日再度在蓝田县葛牌镇歼敌一二六旅五个营。2 月底，为配合红四方面军主力，红二十五军主力西征攻克佛坪、宁陕两县，并于 3 月 10 日在洋县华阳镇击溃警备第二旅五个营，初步稳定了战局。

面对强敌，省委领导红二十五军边作战边整训。为统一指挥各路地方武装，加强对军队的政治领导，贯彻古田会议政治建军的精神，尤其是“支部建在连上”的军队政治工作原则。翌年二月，省委决定成立鄂陕特委和鄂陕游击司令部，统一指挥领导红岩寺区的三路游击师，山阳县小河口的四路游击师，郧西县二天门的六路游击师。此外，鄂陕游击师也先后在镇安县大小米粮川创建五路游击师，在郧西县大小新川创建七路游击师，在山阳县唐家河创建九路游击师。

鄂陕特委和游击师司令部，采取单独部署或召开集体会议的方式，指导部队的工作。各游击队根据敌情，或单独作战，或与兄弟部队协同作战，并指定专门的交通员联系总部，沟通敌情。

同年 3 月，红二十五军在华阳镇击溃陕军警二旅后，组建华阳、茅坪游击队，归鄂陕特委领导。鉴于红四方面军已在川北会师，红二十五军主力遂折返洋县，途中于 4 月初在蓝田县葛牌镇召开政治扩大会议。会议在全面总结根据地创建四个月以来的工作的同时，对省委领导成员进行了改选。接着，军主力挥师东进，连克洛宁等县。5 月，为扩大根据地东部，省委又组建豫陕特委和豫陕游击师，下辖 4 个大队，共计 500 余人。

红二十五军反“围剿”的胜利及根据地的扩大，使敌人惊慌失措。1935 年 4 月 20 日，蒋介石命令杨虎城指挥 31 个团向根据地发动第二次“进剿”，企图在三个月内消灭鄂豫陕根据地的红军。

面对严峻的形势，省委在全面分析战争形势的背景下，作出先攻占山阳县城的决定。5 月 14 日攻城未克，被迫南下郧西县，并总结反“围剿”作战的经验。经过讨论，省委采纳徐海东的“先疲后打”方针。其后，军主力由郧西向北直插商县，跳出敌主力的包围。随后，红二十五军主力将敌军引向东南，于 6 月 16 日在鄂豫陕三省交界的紫荆关歼灭追击之敌，缴获大量军需物资的同时，有力调动了敌军，还消灭了敌人的有生力量。因敌军重兵包围过来，部队于 6 月 17 日撤离，继续诱敌深入，挥师西进。

6 月 22 日，西进征途中的红二十五军在山阳县姚家湾打垮“进剿”的敌四十四军一部，后回到根据地西面的商县黑水街。面对敌军穷追不舍的情况，省委决定采取假装撤退、诱敌深入的总方针，集中优势兵力歼灭之。7 月 2 日，红二十五军主力在鄂陕四路、九路游击师和当地群众配合下，在袁家沟口设伏，一举毙伤并俘虏陕军警一旅大部，缴获颇丰，取得第二个大胜利。

为巩固根据地，扩充军队实力，解决部队官兵生活物资匮乏，策应中央红军北上，1935 年 7 月 12 日，红二十五军及鄂陕四路游击师经商县、蓝田北上威逼西安。翌日，在长安区的杜曲、韦曲驻扎，并广泛开展群众工作，在有力调动“围剿”根据地敌军的同时，也配合了中央红军及红二十六军的军事行动。紫荆关、袁家沟口和威逼西安三次接连胜利，打破了敌军的第二次“围剿”。

武装斗争作为土地革命战争时期的中心内容，在鄂豫陕根据地得到了有序的开展。西安事变前，鄂豫陕省委和陕南特委将地主乡绅作为革命对象，在开展反“围剿”战斗的同时，最大程度争取工农群众。西安事变发生后，尤其是收到中央指示后，迅速改变武装斗争的对象，对根据地内非罪大恶极的反动力量不再予以坚决打击，团结一切爱国力量，同时东移潼关，准备与进攻西安的中央军决战，为西安事变的和平解决作出了重大贡献。红二十五军和红七十四师在与上级失去联系、孤立无援的情况下，面对数十倍于己的敌军的残酷“围剿”，以大无畏的勇气和坚定的革命意志，击溃敌军的进攻，保全根据地的同时也在斗争中壮大了武装力量。

（5）其他理论

经济实力是夺取军事斗争胜利的必要基础。为保障根据地内物资的自由流通，红二十五军政治部在刚落脚鄂豫陕边境时，就对外发布《关于商业政策问题》的布告，对党的商业政策进行阐述。

其主要内容包括“凡军阀官僚卖国贼（汉奸民团）首领以及一切反革命分子所开之商店一律没收；凡没有参加反革命（即令是地主）的商店，如能遵守苏维埃的法律，仍保证其继续营业；资本在三百元以上的商店行商必须缴纳商业累进税，（资本）在三百元之下者免税；红军在反日反国民党的作战中，为战费之需要，得向资本在三百元以上并雇用劳动之商人酌量捐款；红军没收反革命商店之物产当即以一部分分给当地穷人……”[①] 广大红军指战员在斗争中，尤其是在商业较发达的洛南县城和多次转战时途经的潘家河街道向群众传播党的商业政策，并用实际行动打消了包括商人在内的各界群众对红军的顾虑，改变了先前红军所到之处商户逃跑的局面。

总体上看，鄂豫陕革命根据地在和上级失联的情况下，从实际出发，将马克思主义的原理与土地革命的实际相结合，向群众宣传了具体的、务实的理论。

4. 马克思主义理论在鄂豫陕革命根据地传播的主要途径

（1）分粮分田

红军指战员在党组织领导下，采取一系列有效措施，最大限度保障人民的合法权益，实现人民对党的思想从开始的抵触到后来的自觉接受的根本性转变，由一无所知到逐渐深入了解的转变。

实践中，红军每到一地，或解放一地，立刻派出工作队开展分地运动，并依规惩处民愤大的地主恶霸，削弱国民党在农村的统治基础，保障农民的基本生活，解放农村生产力。

1935 年初，针对国民党军以救荒名义，向根据地加征捐税，地主资本家加大对根据地农民的剥削力度，土匪疯狂劫掠，再加上天灾，导致根据地出现严重的粮荒问题，鄂豫陕省委在《为完全打破敌人进攻争取春荒斗争的彻底胜利创造新苏区的决议案》中指出，要让群众明白，春荒不是“天灾”，而是地主豪绅残酷剥削的结果。要发动灾民向豪绅地主及国民党机关要饭吃、要衣穿，召开灾民会议，组织灾民救济会、抗捐委员会；同时武装灾民保护春耕，帮助灾民渡过

---

① 《中国工农红军北上抗日先遣队司令政治部布告——关于商业政策问题》，中共陕西省委党史资料征集研究委员会：《鄂豫陕革命根据地的创立和发展》，1985 年版，第 45—46 页。

难关[①]。在决议案精神指引下，军民齐心协力，很快解决了生产生活中的实际困难，维护了根据地群众的生存权益。

红军指战员们还将没收的封建军阀、地主恶霸的物品拿到市场上拍卖。红七十四师在多次转战路过的潘家河街，将收缴的地主财物拿到市场上公开拍卖，活跃市场氛围。对根据地群众利益的维护，使得党的理论政策被群众广泛接受。

（2）办培训班

鄂豫陕省委与红七十四师积极发动群众，支持各种群众自治组织建设。由于根据地开辟时间短，贫苦农民中缺乏一批真正的有影响力的领袖。为此，省委于 1935 年先后举办三期干部培训班，包括红军战士、地方游击师首领及地方苏维埃政府干部共 200 余人参加。学习的主要内容：政治方面是红军的性质和宗旨，打倒帝国主义，铲除封建制度，开展土地革命；军事方面主要是基本军事技能，包括瞄准、射击、刺杀等。鄂豫陕省委还主动保护地方学校师生的利益，以此获得学校的支持，并借助地方学校培养根据地群众和红军指战员。1935 年 6 月，红二十五军在袁家沟口驻扎时，利用当地的关帝庙小学创办夜校，通过教授群众学文化、学政治、学唱革命歌曲来传播党的理论。鄂陕第三路游击师师长汪世才要求部队在作战间隙主动学习文化知识，学唱革命歌曲。受物质条件限制，部队缺乏写字的纸张，汪世才就让大家把沙子摊开在上面写字。部队行军时，汪世才让战士在背包上写两个字，以便后面的战士学习。

通过各种形式的学习，培训班的数百名干部群众及部分红军指战员的政治觉悟及阶级觉悟有了一定提升。很多学生或加入中国共产党或成为地方游击队的骨干，还有的成为地方苏维埃政府的干部。他们立足自身岗位，发挥示范带头作用，扩展了党的理论的传播范围。

---

① 《(中共）鄂豫陕省委为完全打破敌人进攻争取春荒斗争的彻底胜利创造新苏区的决议案》，中共陕西省委党史资料征集研究委员会：《鄂豫陕革命根据地的创立和发展》，1985 年版，第 54 页。

（3）媒介传播

媒介传播包括张贴布告、标语、文艺等形式。鄂豫陕革命根据地各部印发了大量布告。内容丰富多样的布告对传播党的理论起到了助推作用。其中，有宣传红军基本政策主张的，如《中国工农红军北上抗日第二先遣队出发宣言》《什么是红军》《中国工农红军北上抗日先遣队司令政治部布告——关于商业政策问题》等；有动员国民党士兵的，如《告国民党士兵书》《穷人不替国民党当侦探——捕杀坚决替国民党当侦探的重犯》；有动员群众支持红军，积极参加革命的，如《中国工农红军二十五军为占领镇安县告群众书》《为完全打破敌人进攻争取春荒斗争的彻底胜利创造新苏区的决议案》《中共鄂豫陕省委关于完全粉碎敌人第二次进攻，为开创新苏区而斗争》等；有动员群众抗日的，如《为抗日救国告全体同胞书》等，还有基层苏维埃政府的干部战士为动员群众而张贴的各类布告。

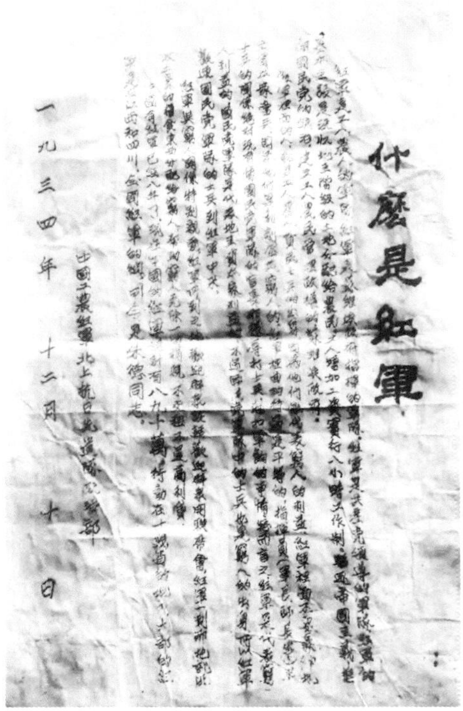
什麼是紅軍

一九三四年十二月十日

红军宣传布告《什么是红军》

红二十五军在途经的驻扎地区，组织广大指战员张贴“打土豪，分田地，建立穷人当家作主的政权”等标语。1936 年 3 月后，为贯彻落实瓦窑堡会议精神，红军打到哪里，就把“红军抗日反蒋、红军是抗日的先锋队”等标语写在哪里。1937 年 2 月，在商县举行的联欢大会打出“联合抗日，一致对外”的标语。

根据地军民也开展了丰富多彩的文艺活动，起到了很好的宣传效果。据不完全统计，当地群众用简洁质朴的话语创作的歌谣有300首之多。这些歌谣既宣传了红军的政策，也抒发了人民群众对红军的真挚情感。其中，“打土豪，分田地，红军是咱大恩人”“斗争地主插田地，帮咱穷人插秧忙”“除恶霸，分粮食，打富济贫送上门”“穷苦百姓翻了身，村村建立苏维埃，长工当了掌印人”“腊月梅花开，建立苏维埃，地主豪绅垮了台，穷人搬回来”等歌谣都用质朴的语言向外界传播了红军的经济政治政策。参加过渭华起义，时任陕南“红枪会”首领的刘实通、岳新明受到鄂豫陕省委书记吴焕先接见后，返回景村教当地青年唱《红军战胜歌》《穷人恨白匪》和《穷人怨》等歌曲传播党的政策主张。1935年4月19日，在洛南县城召开的庆祝大会上，军政治部宣传队还通过演出《纺线》《拉兵》等节目鼓动农民起来革命。

（4）扩红运动

庾家河会议通过的《中共鄂豫皖省委关于创造新苏区新的革命根据地的决议草案》中明确省委在当前的主要任务之一就是迅速扩大红军，巩固根据地。实践中，鄂豫陕省委及陕南特委适时颁布《什么是红军》《告国民党士兵书》等文件，传播红军的革命政策。与此同时，每个红军战士都深入群众中动员群众，帮住家的农民种田、做家务，废除农民群众与地主豪绅之间的债务契约，使广大农民群众真正相信红军是为穷人作主的军队，是能够真正维护他们利益的军队，于是纷纷加入红军。

另外，通过优待国民党军俘虏、优待红军属，尊重地方实力派等，大量青年、红枪会和神团成员加入红军。1935年3月18日，郑位三同志亲自在商县为新入伍的战士冯西金签发《红军家属优待证》。4月上旬，鄂陕边区苏维埃政府不仅给主动参军的战士家属发优待金，还组织群众帮军属砍柴、种地。此外，通过说服教育，主要由宋登贤的神团改编的红军及由陕军警四团起义的何振亚部，当地群众更真实、更全面地了解了红军，从而打破了只有工农群众参军的局面，扩大了红军的阶级范围。新入伍的红军，尤其是由地方实力派改编来的红军，利用自身在当地的影响力，向外传播党的理论，使党和红军的影响力有了很大提高。

5．马克思主义在鄂豫陕革命根据地传播的效果

党的理论在鄂豫陕革命根据地的传播，对根据地的巩固和发展壮大作出了重要贡献，也为党之后更好地领导革命进行了有益探索。

（1）提升了人民的科学文化素养

受制于鄂豫陕边区群山环绕的地形和落后的经济水平，当地人民的受教育程度极低，根据地创建前这里长期被封建文化所控制，人民受到封建文化的压迫和洗脑。

马克思主义的传播一定程度上使当地百姓，尤其是贫农从封建剥削思想中解放出来，增强了党在地方群众中的亲和力。虽然鄂豫陕根据地存在时间短，马克思主义传播内容浅显，但通过打土豪，分田地，号召群众建立穷人当家作主的苏维埃政权，并给群众传授浅显易懂的革命道理，群众首先对自己的身份地位有了正确认识，他们不再相信封建宿命论，积极投身创立穷人作主的政权建设。

（2）提高了党的政治影响力

红军到来前，军阀、地主及土匪等反动势力为维护其确立的统治秩序，对群众进行残酷镇压。因为缺乏坚强统一的领导力量，当地民间组织呈现出一盘散沙、各自为战的情形。抗捐军、刀会、神团等组织虽然都是具有一定的革命性的组织，但由于纪律松懈、缺乏统一的指导思想等弊端，加入的群众数量较少，影响也小。

根据地创建后，党领导军民打土豪、分田地，采取利益驱动、宣传推动、社会教育、扩红等方式，使群众的政治觉悟有了很大提高。广大青年积极参军，广大农民群众自发组织抗捐军，加入游击队；根据地的妇女帮红军做军鞋军衣；党组织下设的儿童团儿童当哨兵；邮递员主动给红军提供情报，充当情报员，群众的政治觉悟，尤其是革命觉悟得到了提升。

鄂豫陕省委、陕南特委及其他主体对党的土地政策、商业政策，

团结依靠对象及革命对象和税收、统战政策及后期党为团结最广大的人民群众、结成最广泛的抗日民族统一战线而制定的新政策的传播，让根据地人民真正认识到中国共产党是以民族利益为重，以解放全国穷苦人民为己任的政党。红七十四师在陕南坚持斗争时，出现的商县地主石老八派人给红军送粮食、棉花等物资，国民党保长刘学焕掩护伤员的事例，都是群众革命政治觉悟提升的有力证明。

此前，虽然红四方面军主力和红三军转战期间先后在此停留，也传播过党的理论，但由于时间短，均未能产生较大影响。根据地存在的两年零四个月创建的四级苏维埃政权，10 个区、46 个乡、314 个村及红军主力和各路游击队的扩员就是党的影响力的最好见证。

（3）保障群众利益

根据地创建前，鄂豫陕区域内地主恶霸欺压农民，土匪时常抢劫群众，加上国民政府征收的各种苛捐杂税，使占人口绝大多数的农民群众只占有极少量的土地，农业经济发展严重滞后。以柞水县为例，地主人口仅占全县总人口的 2%，但其占有的土地却占总面积的 1/5 以上；占全县 80% 总人口的自耕农只拥有不到 1/10 的土地。洛南县的贫农更是只占有 10% 的耕地，很多贫农只得靠出卖劳动力，给地主打长工、短工，做佃农来勉强维持生活[①]。封建地主还向农民征收高额地租，许多农民因无力支付被迫贷款，因无力偿还债务不得不背负新债务，利滚利，压得农民喘不过气。

党组织通过向群众宣传“依靠贫农，团结中农，限制富农，坚决打倒地主豪绅”的政策，切实开展土地革命，维护群众的利益。红军所到之地，坚决消灭民愤大的地主恶霸，没收地主的土地财物，分配给无地少地的农民；同时撕毁地主与农民签订的高利贷契约。

通过开展土地革命，所有无地少地的农民都获得了土地，广大农

① 中共陕西省委党史研究室、中共商洛地委党史研究室编：《鄂豫陕革命根据地史略》，中共党史出版社 1992 年版，第 3、4 页。

民与地主之间的人身依附关系也得以解除，农民群众重新获得了人身自由，能够自己享受自己的劳动果实。

1935 年 4 月，红二十五军攻克洛南县城后，除没收杨秉训及反动豪绅开的“顺兴恒”“新成德”“广开堂”等商号外，对正常营业的“兰盛德”“丁裕恒”“宏盛昌”等商号严格予以保护；对弃店逃跑的“致中和”“天兴春”“瑞义和”等商号进行设警或加封予以保护。

高利贷一直是中国近代封建社会中制约农业生产力发展的重要因素，也是广大农民身上的沉重枷锁。封建时代的高利贷主要分两种：一种是富农、地主下放的贷款，通常利率很高；另一种是旧银行放的款子，这种款子虽年利率不高，但与农民的生产紧密结合，银行用极低的价格收购农民种植的农产品。沉重的高利贷使广大农民生活苦不堪言，也严重制约着地方农业生产力的发展。

基于此，红七十四师出台一系列规定：农民群众之前所欠的高利贷一律不用偿还，由苏维埃政府为大家统一销毁债务，取缔民间各种形式的高利贷组织。地主豪绅拖欠群众的财物，必须按时还清。农民用房屋、土地进行抵押的契约，一律无效作废。通过践行正确的商业政策、依法打击高利贷，极大程度上减轻了人民群众的负担，促进其生活水平的提高。

（4）壮大红军力量

对敌斗争是根据地的中心工作。鄂豫陕革命根据地的党组织团结带领根据地群众，以马克思主义为思想武器，壮大红军力量，先后取得数次反“围剿”斗争的胜利，打败了数十倍于己的敌人的进攻。

党替穷人打天下，为群众办实事，树立起红军在群众心目中的良好形象。根据地内各区县乡村的有志青年、农民，还有起义的国民党士兵，纷纷加入红军队伍，使红军力量不断壮大。

优待红军及家属的政策及团结地方实力派的政策更加快了红军的发展速度。1935 年 4 月，鄂陕边区政府成立，仅边区政府所在地的袁家沟口及红岩寺区就有 500 多名青年参加红军。被红军争取的地方实力派人物宋登贤 1936 年 4 月返回沣峪口，以经商身份为掩护，用党的理论教育群众，短短半年当地就有400多名群众加入红军。

鄂豫陕革命根据地存在的两年多时间里，红二十五军由入陕时的2500余人发展到江口改编时的4000余人。以300多名老战士为主的红七十四师，至云阳改编时已发展至2100余人。加上各路游击队及地方武装，鄂豫陕革命根据地鼎盛时期拥有武装近万人。

陕南特委在敌军严密封锁、信息闭塞的情况下，紧跟国内外政治形势变化，因时因事调整政策。1936年3月梁家坟会议后，党和红军转变对土豪地主、乡绅恶霸等传统敌人的政策，不再一味地打压他们，使他们中的一部分逐渐转变对党和红军的态度。地主、国民党保长暗地里帮助红军筹集物资，白军士兵加入红军队伍，削弱了根据地的敌对势力。红军从地主土豪及国民政府的地方官员那里得到粮食、军服、棉花、药品等战略物资，也有效缓解了根据地物资匮乏的困难局面。另外，除各级党组织、各级苏维埃村、红军宣传队等传播主体外，被动员起来的主体也积极投入传播工作中，使红军所到之处的文化气氛有了一定好转，地方群众对中国共产党和红军也有了更直接、真实的认识，为军事斗争营造了良好环境。

群众为军事斗争的胜利提供了坚实的后勤保障。庾家河战斗中有许多红军指战员受伤后，分散在周围的村落农民家中养伤，村医杨春荣日夜奔波护理，没有西药就上山采中药为战士治伤，还冒着生命危险到县城搞药，使伤员得到及时救治；丹凤县蔡川小学教师何老五因收留红军干部张波在家养伤，被敌人抓去遭受严刑拷打，但始终没有暴露张波，直至他伤愈归队。梁家坟地方大士绅、国民党保长刘学焕在接受住家红军的教导后为红军办事，先后掩护了四个红军伤员和高南桥政委。红二十五军第三路游击师的二连排长王奎先1935年7月因病寄养在覃大娘家，不幸被奸细出卖给白军。为了保护他，覃大娘一家人找岩洞，四处打探白军信息。面对白军对村庄的疯狂扫荡，覃大娘一家人背着王奎先上山下山、东躲西藏，覃大娘和丈夫还被敌人抓住遭受严刑拷打，即使这样他们一家始终没有暴露王奎先，直到他病愈归队。这样的例子数不胜数。

根据地人民不仅积极掩护伤病员，而且在后方勤务及战地勤务方面做了大量工作。红军在山阳县袁家沟口设立后方医院后，许多农民的家被征用当“药房”，许多大娘、大嫂主动担任护理员，仅丛大娘一人就先后护理了四名红军伤员。红七十四师二度进攻佛坪县城时，群众主动为红军运送蔬菜，翟登娥等妇女还主动为战士缝衣服、赶做军鞋军袜。在战地勤务领域，战前，人民群众坚壁清野，封锁消息，组织担架队、救护队；战斗中，人民群众配合主力，全面投入作战，在歼灭陕军警一旅一战中，先后有2000多名群众参战；战后，群众主动把伤员抬回家中护理，并敲锣打鼓地送去慰问品。

广大人民被发动起来后，争做红军的线人，为红军军事行动的正确决策提供了依据。鄂豫陕边区山地林立，加上敌人对根据地的严密封锁，使得红军难以和外界接触，获得外界的信息，为决策提供依据。为获得情报，根据地党组织和红军从实际出发，通过言传身教和扩散信息，通过说服邮差获得报纸，阅读报纸信件来获取情报。

鄂豫陕革命根据地党组织在根据地地域范围较广、交通通信不便的情况下，克服种种困难，采取灵活多样的方式方法向革命群众传播党的理论、方针和政策的实践收到了很好的效果。受根据地人民文化水平低、根据地存在时间短等因素影响，马克思主义在鄂豫陕革命根据地的传播无法与同时期的中央苏区、川陕苏区相比，更无法与马克思主义在大城市的传播相提并论。但马克思主义的传播的直接意义是促成根据地的建立、巩固与发展。而红二十五军的行动具有策应中央红军长征，配合川陕和陕甘革命根据地的斗争，引导中央红军落脚陕北等历史意义。

陕甘革命根据地的创建与马克思主义的传播

陕甘革命根据地是在土地革命战争后期，在刘志丹、谢子长、习仲勋的领导下由陕甘边革命根据地和陕北革命根据地合并创建的。1935 年 2 月，西北工作委员会和西北革命军事委员会的成立，标志着陕甘革命根据地正式形成。1937 年 2 月改为陕甘宁特区，抗日战争全面爆发后，1937 年 9 月 6 日成为陕甘宁边区的重要组成部分。陕甘革命根据地是中国共产党在土地革命战争后期仅存的一块根据地，也是中央红军及各路红军长征的落脚点和抗日战争的出发点。

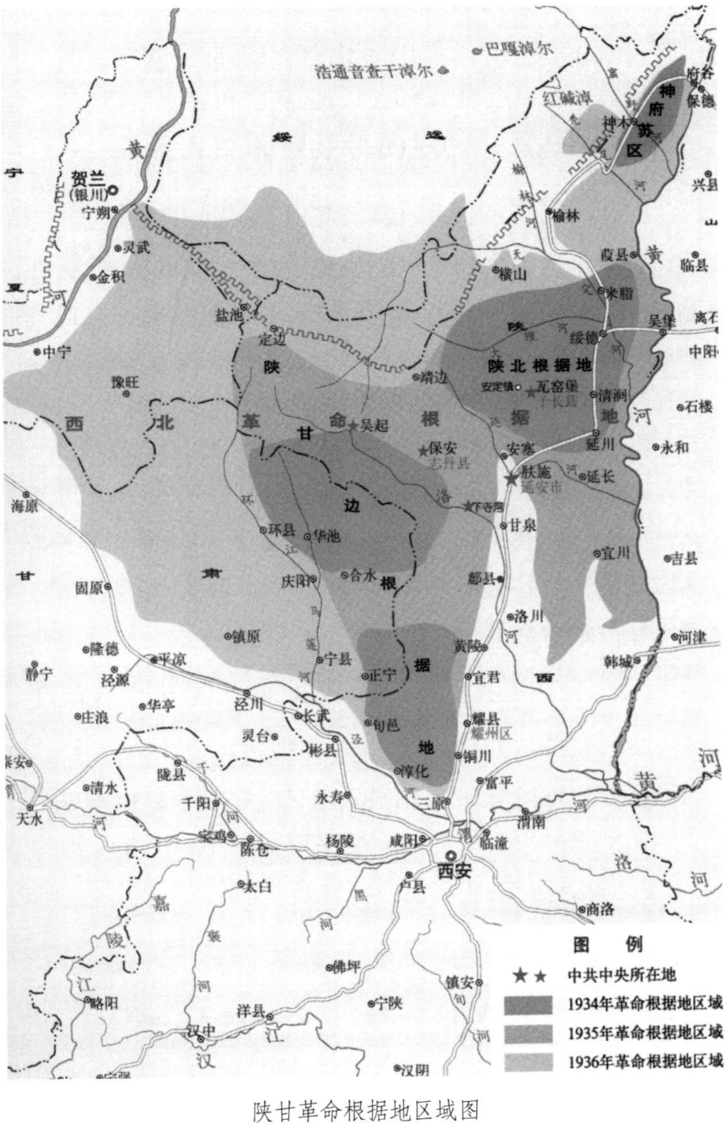

陕甘革命根据地区域图

1. 陕甘革命根据地的创建

陕甘革命根据地，位于今天的陕西省西北部和北部、甘肃省东部、宁夏回族自治区东南部地区，北靠长城、南至渭北平原、西倚六盘山麓、东临黄河，南北约500公里，东西约400公里。这里地处黄河中游、黄土高原的中北部。地势西北高东南低，全年无霜期仅3到5个多月，降水量稀少。境内有无定河、延河、洛河、环江、清水河等河流，有横山、梁山、桥山、吴山等山脉。高原壑大沟深，水土流失严重，土瘠地薄，农作物产量低下。进入20世纪，当地经济仍十分落后，仅有小手工业作坊，没有现代机器工业，小农经济处于主导地位。

在粉碎了国民党军对陕甘边、陕北革命根据地的第一次“围剿”后，陕甘边、陕北红军和根据地得到了进一步巩固和发展。到1935年年初，陕北苏区有9个县苏维埃政权或革命委员会，陕甘边苏区有11个县苏维埃政权或革命委员会。两块根据地之间相隔着安塞、肤施、甘泉3个县，而且这3个县都有游击队活动。两块苏区的迅速发展给国民党在陕甘乃至西北地区的反动统治造成了严重威胁。国民党对这两块苏区开始了新的大规模“围剿”。严峻的形势迫切需要将两个特委、两支红军、两块根据地统一起来，集中兵力，统一领导，以便更有力地粉碎国民党军的“围剿”。

1935年1月，中共陕甘边特委书记惠子俊和陕甘边军事委员会主席刘志丹，率领红二十六军第四十二师第二团和第二游击总指挥部第五、六支队前往陕北革命根据地。中共陕北特委和中共陕甘边特委经过协商，并征得中共中央驻北方代表孔原派出的巡视员黄翰的同意，拟建立统一的党组织领导两个苏区的斗争。刘志丹多次到赤源县水晶沟，看望在清涧河口战斗中负伤的谢子长，并就建立根据地党和军队的统一领导机构等问题进行商议，取得了一致意见。快过春节时，谢子长病情突然恶化，高烧不止。但他仍关心红军游击队的活动和各种消息，仍念念不忘红军的建设和革命根据地的发展。临终前，他痛苦地流着泪说："就这样死了，我对不起老百姓！""我给他们做的事太少了！"谢子长不仅自己献身于革命，还教育引导全家成为一个革命的家庭。短短的几年时间里，家里就有九人为革命英勇献身。

中共陕甘边区特委和中共陕北特委联席会议遗址——赤源县周家崄

陕甘革命根据地正式形成的标志是中共西北工委和西北军委的建立。1935 年 2 月 5 日，中共陕甘边区特委和中共陕北特委在赤源县周家崄刺儿圪塔举行联席会议，中共陕甘边区特委书记惠子俊、陕甘边革命军事委员会主席刘志丹，中共陕北特委书记崔田夫、组织委员郭洪涛、宣传委员马明方等出席。谢子长因伤重未能出席会议。会议由刘志丹主持，决定成立中共西北工作委员会和西北革命军事委员会，对两个苏区实行统一领导，对红军和游击队实行统一指挥；撤销中共陕北特委，所属各县中共组织由西北工委直接领导；保留中共陕甘边特委，在西北工委领导下继续领导陕甘边的党政军民组织。中共西北工委由惠子俊、崔田夫、刘志丹、谢子长、习仲勋、马明方、郭洪涛、张秀山、高岗组成，惠子俊任书记，郭洪涛任秘书长、组织部部长，高岗任宣传部部长，白茜任妇女部部长。西北革命军事委员会主席刘志丹，副主席高岗，秘书长兼政治部主任白坚，参谋长朱子休。会议还讨论了粉碎国民党军第二次"围剿"和打通两块根据地联系等问题。周家崄会议结束后，根据地军民在西北工委、军委领导下，立即投入反“围剿”斗争。

陕甘革命根据地统一后，刘志丹同志根据周家崄联席会议精神，亲自起草了粉碎敌人第二次“围剿”的动员令。这个动员令，从西北革命斗争实际情况出发，符合毛泽东人民战争路线和战略战术原则，有很大的号召力。因此，在西北工委的正确领导下，动员了整个根据地的红军和人民，从 1935 年 2 月 7 日开始，到同年 7 月 5 日止彻底粉碎了蒋介石亲自发动的“围剿”，取得了空前伟大的胜利。在这次战役中，西北红军主力兵团共消灭敌正规部队 2200 余人，消灭民团地主武装 3000 余人，解放了延长、延川、定边、安塞、保安、靖边 6 座县城。杨森和刘景范等同志指挥红军和游击队，也胜利地完成了控制咸榆公路和牵制敌人的光荣任务，歼敌千余人，攻克敌据点 50 余处，开辟了三块新的游击区。从此，陕甘边和陕北连成为一块完整的陕甘革命根据地，为马克思主义在西北的传播奠定了基础。

2. 陕甘革命根据地马克思主义传播主体

（1）根据地党政机关

1935 年 2 月，中共西北工委成立后，下辖中共陕甘边区特委和神府工委，陕甘边区特委则下辖南区区委，这时陕甘革命根据地先后有中共工委 26 个。[①] 到 1935 年 6 月，中共中央驻北方代表派朱理治，上海临时中央派聂洪钧先后到达延川县，至 9 月 16 日中共鄂豫陕省委率红二十五军长征到达永坪镇后，朱理治、聂洪钧与中共鄂豫陕省委代理书记程子华共同组成中共中央驻北方代表派驻西北代表团，并召开了中共西北工委与中共鄂豫陕省委与军队主要领导干部会议。会议决定撤销中共西北工委和中共鄂豫陕省委，成立中共陕甘晋省委。

---

① 中共陕西省委党史研究室编：《陕甘宁边区史纲》，陕西人民出版社 2012 年版，第 41 页。

而中共陕甘晋省委仍然下辖中共陕甘边特委和中共神府工委及 20 多个县委。1936 年春时，由于中共中央率领红军主力东征，国民党军趁虚而入，使得中共陕甘省委领导的关中特委和部分县委辖区的大部分被国民党占领。6 月，红军西征时中共中央新设陕甘宁省，12 月又重新恢复陕甘省。

虽然根据地内边区特委、工委一级的划分几经更迭，但在根据地扩大过程中建立起的基层政权仍然是发挥着作用的，而根据地内马克思主义的传播正依赖于基层的实践斗争。特委、工委一级常设宣传机构，负责马克思主义的传播、群众动员教育等工作，基层内部的组织机构设置思路与特委、工委基本一致，虽然基层受现实条件影响，宣传机构设置还不是非常规范完善，但发动教育群众与打倒地主豪绅的运动并没有止步。这些基层党的政权，就是根据地内马克思主义传播的中坚力量，也是马克思主义传播的领导者和发动者。

陕甘革命根据地下辖的陕西、甘肃和宁夏的各地区组织

<table>
<tr><th colspan="3">陕甘革命根据地下辖陕西地区组织</th></tr>
<tr><th>地方组织</th><th>负责人</th><th>下辖组织</th></tr>
<tr><td>中共陕甘边特别委员会</td><td>书记先后为李生华、李景林</td><td></td></tr>
<tr><td rowspan="5">陕甘边区革命军事委员会</td><td rowspan="5">主席刘景范</td><td>中共陕甘边区南区委员会，书记先后为张邦英、唐洪澄</td></tr>
<tr><td>中共陕甘边区特委驻东地区特派员，特派员马文瑞。东地区特派员下辖中共红泉县委员会，书记苏保全</td></tr>
<tr><td>中共肤甘县委员会，书记任文明</td></tr>
<tr><td>中共安塞县工作委员会，书记郭东升</td></tr>
<tr><td>中共韩城县委员会，书记姚权</td></tr>
<tr><td rowspan="4">中共神（木）府（谷）工作委员会</td><td rowspan="4">书记王达成</td><td>中共神木东县委员会，书记王恩惠</td></tr>
<tr><td>中共神木西县委员会，书记乔钟灵</td></tr>
<tr><td>中共神木北县委员会，书记刘北垣</td></tr>
<tr><td>中共府谷县委员会，书记呼子文</td></tr>
</table>

续表

地方组织	负责人	下辖组织
中共西北工委直辖县委员会		中共府谷县委员会，书记先后为赵希贤、呼子文
		中共神木县委员会，书记张晨钟
		中共佳县委员会，书记任子恩
		中共米东县委员会，书记郭文华
		中共米西县委员会，书记杨彩霨
		中共吴堡县委员会，书记先后为慕生桂、刘玉春
		中共绥德县委员会，书记先后为贺治国、鱼生池、耿如香、王学善
		中共清涧县委员会，书记先后为高长直、高峰
		中共赤源县委员会，书记魏怀礼
		中共秀延县委员会，书记李子厚
		中共延川县委员会，书记贺旭东
		中共子长县委员会，书记朱怀旺
		中共延水县委员会，书记白玉华
		中共延长县委员会，书记先后为白如冰、高朗亭
		中共延安县委员会，书记李向海

陕甘革命根据地下辖甘肃地区组织		
领导机关	负责人	下辖组织
中共陕甘边特别委员会	书记先后为李生华、李景林	中共华池县委员会，书记马仰西
		中共庆北革委会，主席强家珍
		中共新宁县委员会，书记焦怀兴
		中共合水县革委会，主席李彦
		中共新正县委员会，书记卢永财

续表

领导机关	负责人	下辖组织
中共陕甘宁省委和陕甘宁苏维埃政府	书记为李富春	中共曲子县委员会，书记刘昌汉
		中共环县委员会，书记刘占奎
		中共静宁县委员会，书记蒲耕钟
		中共赤庆县委员会，书记慕纯农
		中共定环县委员会，书记刘昌汉

陕甘革命根据地下辖宁夏地区组织		
领导机关	负责人	下辖组织
中共陕甘宁省委和陕甘宁苏维埃政府	书记为李富春	中共盐池县委员会，书记惠庆祺
		中共豫旺县委员会，书记邓国忠
		中共豫海县委员会，书记贺恩宽
		中共固北县委员会，书记陈德政
		中共固原三岔区委员会

（2）红色武装力量

陕甘革命根据地的建立和发展，离不开陕甘红军的发展壮大，同样，根据地马克思主义大众化也离不开陕甘红军的传播和宣传。中国共产党从创建红军之日起就十分重视红军的宣传工作，并把这一工作看作是建设人民军队，发展人民革命战争不可缺少的“第一个重大工作”，强调“中国的红军，是一个执行革命的政治任务的武装集团”，“红军的打仗，不是单纯地为了打仗而打仗，而是为了宣传群众、组织群众、武装群众，并帮助群众建设革命政权才去打仗的，离开了对群众的宣传、组织、武装和建设革命政权等项目标，就是失去了打仗的意义，也就是失去了红军存在的意义。”要求“共产党的干部和红军战士要克服单纯军事观点，要懂得一个根本思想，共产党是要左手拿传单右手拿枪弹才可以打倒敌人”，所以在红军中普遍建立了“宣传兵制度”。在敌人严密封锁，不断“围剿”的极其艰苦的环境中，标语、传单、布告、壁报等常常是红军文字宣传的主要形式。中共西北工委成立后，1935 年 2 月，刘志丹在赤源县主持召开军事会议，宣布正式成立西北革命军事委员会，统一指挥红二十六军和红二十七军。5 月 1 日西北军委成立前敌总指挥部，刘志丹兼任总指挥，高岗兼任政治委员，这时陕甘革命根据地共有 40 多支大小不等的游击队约 3000 余人，各区县还普遍成立了农民自卫军，为了更进一步发挥这些地方武装的作用，西北军委对苏区的地方武装普遍进行了整编。将陕北的各个支队分别合编为陕北游击第一纵队、第二纵队和第三纵队。同时，将投诚的国民党军史文华部改编为抗日义勇军陕甘骑兵第一师。在陕甘边成立了陕甘边区南区游击队总指挥部和陕甘边区直属区赤卫军总指挥部。并将宜川县的游击队、第十支队和第一支队合编为新编西北抗日义勇军，将宜川的其他几支支队合编为红军第二路游击师[①]。

陕甘革命根据地的红色武装既是马克思主义传播主体也是马克思主义传播受众。根据地的红色武装是根据地发展的重要保障，对根据地的红二十六军、红二十七军和根据地内的其他游击红军进行马克思主义教育显得尤为重要。因为只有通过对普通士兵进行反帝反封建和马克思主义立场、观点和方法的教育，才能坚定革命战士对共产主义的信仰，才能保障红色武装力量不被策反以及保障根据地巩固和发展。在这样的现实要求下，特别针对红色武装出版了《士兵的话》等刊物，还创办了军事干部学校等。另一方面，不断巩固壮大根据地的武装力量是根据地的主要任务之一，需要不断发动和策反其他武装力量加入根据地红军和游击队。这就要求加强兵运工作，对于加入根据地红军和游击队的策反人员，不仅要依靠组织工作，还要从思想上进

① 中共陕西省委党史研究室编：《陕甘宁边区史纲》，陕西人民出版社 2012 年版，第 47—49 页。

行教育，使士兵真正接受马克思主义、接受根据地的领导。因此，红色武装是陕甘革命根据地马克思主义传播的重点。

（3）根据地群众团体

在陕甘革命根据地时期，根据地内众多的群团组织作为一支特殊的力量，在西北工委和各级地方政权的带领下，充分发挥了自身的特点和优势，为马克思主义的传播和西北解放贡献了自己的一份绵薄之力。在这一时期诞生了众多的群团组织，如工会、青年团、军事学校等，他们纷纷在党组织的带领下，以根据地方针政策为学习内容，建立各种团体，并组织各种团体活动，号召群众和青年学生反帝反封建，推动了马克思主义在西北的传播，成为了促进西北人民解放不可或缺的重要力量。

3. 陕甘革命根据地马克思主义传播内容及途径

（1）传播内容

新民主主义革命作为实现马克思主义的必经阶段，党在陕甘革命根据地的马克思主义宣传上，做到了与中国实际情况相结合，更加注重与群众切身利益相结合的马克思主义宣传。在宣传内容上，与党在这一阶段的工作重点相结合，符合群众的现实要求。

对扩红工作的宣传。1935 年，为了粉碎国民党的“围剿”，争取陕甘劳苦群众的彻底解放，党制定了扩红工作计划，并将 10 月定为“扩红冲锋月”。在具体的扩红工作中，制定了详细的工作细则和要求。即“从政治上动员苏区广大的劳苦群众，使扩红运动变成千百万人的群众运动，使群众了解扩大红军对于他们自己的切身关系。各群众团体中的党团应详细讨论这个决议案，定出自己的工作计划，马上召开群众会议，讨论目前扩红工作的重要性，使每个群众知道扩红的真正意义，然后按着工作计划，使每人都担负起扩红的工作，就是儿童团也要定出自己的工作计划，劝告自己的父亲和亲戚去当红军，保护苏区。同时要猛烈地扩大游击队、赤卫队，使最好的游击队、赤卫队整队地参加红军，努力扩大游击小组和警卫连，使他们尽保护地方的责任。在运输新兵上前线时，要举行群众的欢送会，一面提高新兵的积极性，一面可乘机扩大宣传，在这种大会上，可尽量号召群众参加红军，对于红军优待条例要切实地执行。同时要从扩大红军拥护红军，发动和领导群众进行慰劳红军运动，慰劳前方英勇斗争的战士，慰问和救济牺牲战士家属，慰劳负伤战士。”① 在对扩红运动的宣传上，各级苏维埃必须组织宣传队，用标语、传单、宣言、讲演、讲话等方式尽可能地向群众宣传②，并随时提出了响亮的动员口号，如“把干部的扩红热潮推广到群众中去”“苏维埃和群众组织一起紧张的动员起来。”③

对查田运动的宣传。查田运动是陕甘革命根据地时期一项重要的土地政策，为土地革命的深入推进奠定基础。因此，查田运动中的宣传工作受到了党的重视。查田运动首先是“制定宣传大纲与口号大纲，组织大批的宣传队，在各村中各个院子中讲阶级，给群众说明查田不是重新分田，查阶级，不是查中农、贫农、雇农，广泛的讲我们定阶级的标准，举实际例子说明地主与富农的区别，富农与中农的不同之处，说明过去不按剥削方式只按人口平均土地后所多余的土地数量，是定阶级的错误。使群众明白查田查阶级是自己的责任，是自己的利益……更要动员雇农工会与贫农团，使他们也组织宣传队讲阶级，把讲阶级变成农村中男女老少谈话的材料。”④

对兵运工作的宣传。兵运工作作为党的中心工作之一，党在兵运

---

① 中共陕西省委党史研究室编:《西北革命根据地文献资料精编》第 2 卷，陕西人民出版社 2014 年版，第 359 页。

② 中共陕西省委党史研究室编:《西北革命根据地文献资料精编》第 2 卷，陕西人民出版社 2014 年版，第 351 页。

③ 中共陕西省委党史研究室编:《西北革命根据地文献资料精编》第 2 卷，陕西人民出版社 2014 年版，第 563 页。

④ 中共陕西省委党史研究室编:《西北革命根据地文献资料精编》第 2 卷，陕西人民出版社 2014 年版，第 382 页。

工作的动员与宣传上，更加注意白军从抗日战线向土地革命战线的转变。兵运的宣传动员工作，采取了许多口号，同时在不同的军队中，采取不同的口号，对白军进行瓦解和联合，以达到推动根据地发展的目的。

（2）传播途径

陕甘革命根据地时期的马克思主义传播，主要是通过中共组织创办或共产党人参与的报纸杂志和这一时期共产党人创办的学校教育共同进行。

通过报纸杂志对马克思主义的传播，陕甘革命根据地形成前后，中共地下党团创办的或具有影响的主要报刊有：

《红色西北》是中共陕甘边根据地革命政府机关报，主编蔡子伟，1934 年 11 月在根据地首府荔园堡出版。刊登政府公报、各地政情，以及各县政权建设情况。油印，3—5 天出 1 期，1935 年 10 月停刊。中共陕甘边特委宣传部部长龚逢春兼任该报主编，由席德仁负责缮写和印刷工作。陕甘边苏维埃政府主席习仲勋，陕甘边军事委员会主席刘志丹，陕甘边特委委员惠子俊和先后担任政府委员会秘书长、民政部部长等职的蔡子伟等陕甘边地区的领导人，经常为《红色西北》撰稿。《红色西北》主要宣传陕甘边区党的决议和号召性文件，同时反映陕甘边苏区的政治、经济、军事、文化建设等消息，并大量报道红军的战讯。该报在将近一年的宣传报道中有力配合和推动了陕甘边根据地的各项斗争和建设。

《西北斗争》是中共陕北特委机关刊物，1932 年 7 月 22 日在北平中国大学创办。16 开，铅印，出版不定期。随着党组织机构的变动，1935 年至 1935 年 9 月为中共西北工作委员会机关刊物，32 开，油印。《西北斗争》的创刊号是西安“四二六惨案”专号。刊载《“四二六”惨案与陕西学生运动》《四二六惨案的意义及今后陕西学生斗争的方向》《从殴打戴季陶说到国民党开发西北》《在反对教育法西斯蒂化运动中怎样援助西安惨案》《旅平陕西学生西安惨案后援会成立的经过及其工作》等文章，在《写在前面》一文里提出该刊的任务是在“拥护苏联”“建立华北苏维埃”的口号下，介绍西北革命军人特别是陕甘工农红军和苏维埃的情况，指出西北群众斗争的正确策略和方针，揭露国民党军阀压迫剥削西北劳苦群众的罪恶，揭露一切反革命派别麻醉西北青年的反动理论，启发青年的革命思想，团结青年革命力量，将西北群众的革命斗争与全国群众的革命斗争沟通配合起来，在完成中国民权革命的任务下，争取西北广大劳苦群众的解放。

在1932年10月9日出版的第2期上有《纪念十月革命》《从目前政治形势说到西北群众斗争的任务》《汪张冲突的内幕》《从四二六到八一》《汤九娃的革命政府》等文章，以及报道衡山农民斗争的、《陕北通信》和庆祝陕甘边红二十六军大获全胜的消息，还报道了北平革命群众为纪念九一八与国民军军警展开英勇斗争的情况。最后转载了《中华苏维埃共和国宪法大纲》，在“革新号”第3期上有《打倒右倾取消主义，为列宁主义的中央路线而斗争》的文章，以及陕甘晋省委关于庆祝红十五军团夺取瓦窑堡胜利的紧急通知等。

《西北红旗》月刊，是中共陕西省委机关刊物，1933年4月20日在西安创刊，32开，油印，小册子，该刊在发刊词中提出“在西北插起我们的红旗”的战斗口号，说明出版宗旨是：“要告诉西北群众，国际的形势，中国的风云，以及西北每个与群众相关联的政治、经济、群众斗争生活。他以布尔什维克正确的立场，在群众面前揭破国民党特别是一切反革命派别的武断宣传与欺骗。指出西北劳苦群众从饥饿穷困中革命的出路。它的作用不仅在宣传群众教育群众，而且要团结群众领导群众，为创造西北新苏区而斗争”。在《西北红旗》创刊号上，除了刊发以《在西北插起我们的红旗》为题的发刊词外，还有省委领导同志关锋（贾拓夫）写的《红军新的伟大胜利与帝国主义国民党新的进攻》《国民党的分崩离析》《鄂豫皖苏区的存在与发展》（转载自中共中央《斗争》第37期）、《美帝国主义的远东政策》《国际革命互济会世界大会》《日本劳动者农民之生活状况与反抗斗争》《西安法西斯蒂教育统治之下面面观》等文章。该刊在陕北、陕南、蒲城等地设立翻印处，大量散发宣传。

《士兵的话》创刊于1934年3月。系中共陕西组织在国民党统治区秘密出版的兵运刊物，由陕西省革命士兵委员会编辑出版。土地革命战争时期，中国共产党在领导工农武装割据斗争的同时，也很重视加强在军阀军队中的士兵运动。要求全党"必须将在军阀军队中的工作看作党的一般任务，而不是各级军委的专门任务。"为此规定，"党必须出版特别给士兵看的刊物，通过这些刊物加紧动摇军队的宣传，鼓动士兵的日常生活的斗争，以联系和发展到士兵群众投身于土地革命运动。"正是在这样的历史背景下，中共陕西党组织出了《士兵的话》这个兵运刊物。

《士兵的话》以白军士兵和下级军官为主要宣传对象，内容主要是反映白军士兵的痛苦和反抗；介绍红军和革命根据地情况；宣传鼓动白军联合起来，准备实行兵变、建立红军；进行土地革命，组织工农政权等。《士兵的话》现仅发现第2、3期。

《士兵的话》第3期刊登了《为"五一"劳动节告士兵书》，号召白军士兵积极行动起来，在无产阶级的领导下，打倒国民党军阀。《一个退伍士兵自述》一文，记述了白军士兵的痛苦遭遇。《士兵的话》文字简练，如一篇宣传红军为什么打仗的"社论"，简明地概括为两条："一、红军是工人农民因为受不了国民党的剥削，团结起来反抗地主豪绅而成长起来的工农的军队；二、红军是在自己的苏维埃政府管理之下，官兵待遇平等，薪饷公开。所以打起仗来很勇敢……"

《士兵的话》受到白军士兵的欢迎。如"士兵信箱"栏登载了署名"得功"的士兵来信："编辑先生、我老粗不会写文章，有舍弟自南昌来封信蛮有趣的，请你登出给大家弟兄们看一看。上次给我三十份报我都散完了，请这次再给我一点，因为散发士兵小报是我们每一个人的事，大家都要努力的散发才好。"

除中共组织创办的马克思主义为指导的新闻报刊外，还有一些民主人士创办的报纸刊物也为马克思主义的传播作出了贡献，如《西京民报》《解放日报》《出路》等。

《西京民报》是张学良来西北后在西安所办的报纸，创刊具体日期不详，大约最早在1935年冬（即张学良担任西北“剿匪”总司令时），西安事变结束后停刊。总编辑初为张兆麐。西安事变后，张兆麐被抽调接管《西京日报》，总编辑继由陈翰伯担任，直至西安事变和平解决后该报停刊。《西京民报》虽系张学良部所办，实际上其主要成员均系中共党员，并在报社建立了党支部，在西安事变中发挥了很好的组织推动作用。陈翰伯系中共党员（新中国成立后曾任国家出版事业管理局代局长），报社经理段兢、副刊编辑魏恩民也都是中共党员（魏现名魏文伯，曾任华东局书记和司法部副部长）。据陈翰伯回忆，西安事变发生后，“中共党组织常派人来报社讲解形势，办报的方针则由我们自己商量决定。支部里几个人都认为按照张、杨的八项主张来宣传为宜，不讲过头的言论，也不以党报口气说话，在群众中还是以张、杨的立场出现。”

《西京民报》是4开1小张，时间短暂，基本上与西安事变共始终。一版为国内要闻，主要报道和西安事变有关的新闻以及群众运动情况。其余3版为国际新闻、本市新闻和副刊。不管哪个版面，南京国民党政府发的东西一概不登。

《出路》周刊，大约创办于1934年6月，停刊于1936年1月，系景梅九在西安创办的“国学社”所办。1934年，景梅九受杨虎城将军礼聘来西安创办“国学社”，并出版了《出路》杂志，在青年学生中宣传抗日救国。《出路》的宗旨，在创刊号上宣布：“从帝国主义侵略下，要找着中华民族的出路；从人生暗淡灰色的生活中，要找着人生的出路；从失业的饥饿线上，要找着吃饭的出路；从被压迫的火坑人群中，要找着妇女的出路”。

在陕甘革命根据地时期，就马克思主义的传播而言，不论是物质条件还是群众的文化程度都有着一定限制，在各种条件都极为困难的状况下继续发展和恢复马克思主义的传播并不容易。然而，这一时期以书籍报刊为载体进行的马克思主义传播，显示出了明显的根据地特色，有着不同于其他时期的特点。

首先，在该时期纯理论的宣传马克思主义的报纸杂志较少。一方面，这与当时的革命现实有关，陕甘革命根据地的正式形成时期，正是我党在进行战略大转移的时期，怎样争取群众支持，扩大根据地范围是主要任务，因此党创办的一系列报刊大都以宣传党的方针政策为主，刊物内容更偏向实际，纯理论类不多见。各种报纸杂志对马克思主义的宣传即是对党的宣传，报纸的实际宣传主要涉及政策普及、干部教育、群众工作、兵运工作等几个方面。唤醒民众反帝反封建的意识，争取最广大的农民群众，在根据地发展并巩固党，是这一时期马克思主义宣传的主要任务。另一方面，纯理论的马克思主义宣传不符合根据地实际。根据地地处西北，群众生活水平低，文化教育条件差，既对理论缺乏兴趣，也没有接受理论教育的个人条件，因此，新闻报刊的主要重心还是应当放在浅显易懂的时事宣传和时事评论上。在陕甘革命根据地后期，除中共组织所创办的报刊之外，一些民主亲共人士创办的报刊也对根据地的军事行动、群众运动和抗日主张进行了宣传报道，因其较客观的立场、民主爱国的态度，如西京民报社主要人员绝大部分是共产党员，诸如此类的报刊也在一定程度上对根据地的发展和马克思主义的传播起到了促进作用。

第二，陕甘革命根据地创办的报刊虽数量少、出版时间短，但是都坚持着党的领导。由于中国革命正处于瞬息万变之中，部分党政军机构为适应形势的需要而更名、合并或撤销，使部分报纸杂志也因此而停刊，往往出版发行时间都很短。但陕西党组织历来十分重视报刊工作，中共陕西省委经常讨论报刊工作，对党报的性质、任务、作用都作出具体规定，并要求各级党组织把为党报按时写稿、组织读报、向群众推销，作为宣传部门的中心工作之一。要求把党报看作教育群众、团结群众、组织群众指导工作的有力工具，无论遇到什么困难，都要坚持办下去。不能出日刊，就出周刊、月刊；不能铅印，就改石印、油印；西安不让出，就到外县去办。在中央红军未到达陕北前，陕甘革命根据地的创建者们所创办的这些报刊，虽然规模较小，出版时间也不太长，但是这些报刊与中共陕西省委党团组织所创办的报刊，在组织上坚持了党的领导，在宣传上很好地贯彻了党的方针政策，在团结群众、教育党员、进行根据地建设和军事斗争过程中，都发挥了应有的作用，同时提高了党员及干部群众的马克思主义理论水平。这些报刊不仅在陕甘革命根据地播下了革命的火种，并且在西北培养起了一批能够接受革命思想和马克思主义的读者和战士，为之后的陕甘宁边区贯彻党的相关方针政策、继续传播马克思主义奠定了基础。

第三，陕甘革命根据地的报纸杂志在具体的宣传内容上，体现了中国革命由土地革命向抗日战争过渡的基本特征。在陕甘革命根据地前期的《西北斗争》《红色西北》等报刊，其宣传的重点集中于建立革命武装、巩固革命根据地、加强对党员的政治思想教育和反“围剿”等军事信息的报道上。在这些报刊中还有目标读者明确的小册子，如《士兵的话》，就是专门为士兵发行，动员和发展士兵投身革命运动。

根据地内以报纸杂志为载体传播马克思主义的方式，在克服一系列现实制约，充分发挥自身特点的基础上，为根据地的发展巩固和马克思主义的传播起到了积极作用。

陕甘革命根据地的前期新闻报刊，宣传了党的方针政策，报道了根据地的政权建设，反映了红军的战绩，对党员进行了一定程度的马克思主义教育，这些宣传报道有利于鼓舞士气，增强干部群众对革命的信心。同时，报道了西安事变和西北抗日民族统一战线工作的开展，促进了全国抗日民族统一战线的形成，有力地推动了根据地的扩大和红军的发展壮大。

各类学校也是传播马克思主义的重要途径。进行马克思主义的传播，除了创办报刊以外，兴办学校以培养受过马克思主义教育的青年干部和红军也是行之有效的手段。在陕甘革命根据地就曾先后创立过红军学校用来武装军队和干部，为建设思想坚定的马克思主义政党奠定基础。

4. 陕甘革命根据地马克思主义传播特点及效果

（1）传播特点

第一，陕甘革命根据地马克思主义传播的主体具有组织性。陕甘革命根据地由于地处偏远的山区，远离中国的政治经济文化中心，消息闭塞，若马克思主义的传播没有统一的领导，就极易造成思想混乱。在这样的现实要求下，陕甘革命根据地马克思主义的传播是有党的坚强领导的，传播主体体现出明显的组织性。

一方面，中共在陕甘革命根据地充分发挥了各种群团组织的作用，如建立了小组，同时领导着少年先锋队和社会主义青年团，加强对群团组织的教育和管理。根据地内广大的农民群众正是通过这些群团组织，积极参加革命运动，进行阶级斗争、武装斗争、扩红运动等。马克思主义在根据地传播的过程与根据地党和苏维埃政府紧密联系起来，广大工农群众在参与这些群团组织的过程中，逐渐对马克思主义的理解走向深入，最后形成了对马克思主义的认同。

另一方面，陕甘革命根据地始终重视宣传工作。动员根据地各方参与宣传工作，增强根据地的宣传力量，是最大限度进行马克思主义传播的有力武器。因此为了适应对马克思主义传播的需要，陕甘革命根据地宣传工作始终走在前面。党领导下的宣传，为根据地的发展和马克思主义的传播，做了坚实的保障。在根据地内，不论是军队、政府、群团组织，还是普通民众，都直接或间接地参与到了马克思主义的宣传中。根据地内马克思主义报刊的发行、学校教育的发展，使得参与的人民群众每个人都可以是宣传工作者，通过具有组织性的方式，使群众参与到传播的过程中来，不仅能促进民众觉醒，壮大根据地内的革命力量，也能极大地推进马克思主义在陕甘革命根据地的发展。

第二，陕甘革命根据地马克思主义传播的受众具有丰富性。在陕甘革命根据地马克思主义传播的过程中，传播对象一直十分明确，党的宣传工作紧紧围绕着几项主要工作进行，因此接受马克思主义传播的对象主要是以下几类。

一是革命战士。红色战士是参与革命的最基本单元，做好战士的马克思主义宣传教育，就是把握住了领导革命胜利的基础和关键。因此，在陕甘革命根据地时期，加入游击队伍和地方武装斗争的苏维埃革命战士，是党进行马克思主义宣传教育的重要对象。党要求政治委员关注每个战士的情绪和兴趣。采用列宁俱乐部、讨论班、群众工作突击队等方式，帮助每位战士受到浓厚的革命政治教育，提高战士革命的积极性和自主自动的精神。

二是根据地群众。在马克思主义群众观点的指导下，对群众进行马克思主义和党的方针政策宣传教育必不可少。在具体宣传教育方式上，党注重宣传内容与主要任务的结合。抓住了“分粮分地”等与群众切身利益的口号，来联合抗日救国的宣传。同时，在争取根据地群众中，党还特别注意要切实解决群众中一般的困难问题。比如，无粮的，即应从没收土豪的粮食中发一部分，不要因为红军需要粮食，而一粒不发；比如苏维埃纸币问题，要使之在群众中流通，不仅是要宣传解释，更重要的是注意建立对外贸易，努力办合作社，使群众接受苏币，而又能买他所需要的东西，这样苏票才能畅行。同时针对根据地群众的不同群体，采取不同的组织宣传方式。如妇女群体，有妇女联合会组织；农民群体，有互助合作社组织；儿童，有赤卫队少先队组织等。

三是白区士兵群众。陕甘革命根据地时期，兵运是刘志丹等同志根据现实情况摸索出来行之有效的增大革命势力、取得反“围剿”战争、民族战争胜利的重要方式。“兵运的重要性不下于工农运动。”[①] 根据地时期的主要任务即是将兵运变为广大的群众运动，而不是少数人的秘密工作。进行白军工作，号召并组织白军士兵群众抗日讨蒋，与红军联合，开展民族战争，以实现中国的独立与领土完整。针对白区不同的士兵，采用不同的对待政策，白区官兵和普通士兵的政策绝对不同，才能使士兵感受到群众的热情。其中还有专门针对白区士兵的《士兵小报》《士兵的话》等宣传材料，这些有针对性的材料为兵运工作的顺利推行发挥了重要作用。

第三，陕甘革命根据地马克思主义传播过程的曲折性。由于地处西北，远离中央，加之根据地建立时间不长，因此陕甘革命根据地的工作任务多，工作环境艰苦，加之蒋介石国民党反动派的反动宣传和阻挠，根据地干部奇缺，群众文化水平低下等，陕甘革命根据地马克思主义的传播面临着重重困难。

一是陕甘革命根据地工作任务艰巨，马克思主义传播条件有限。由于蒋介石国民党的多次军事进攻经济封锁、“围剿”和“左”倾错误的影响，陕甘革命根据地的党组织一直处于异常凶险的战争环境之中，为了尽快扩大根据地发展，中共西北工委一直面临着严峻的扩红任务和支前任务，物资匮乏，在根据地基本的巩固和发展任务都十分艰巨的情况下，使得根据地能够推进群众思想教育和进行马克思主义宣传的条件就更加有限。

二是陕甘革命根据地群众文化水平比较低。长期以来，在封建专制统治和蒋介石国民党的愚民政策影响下，加之生活条件艰苦，使得陕甘革命根据地内的广大群众没有接受过多少教育。因此，从普通农民群众到党员干部，文化水平低下的现象普遍存在，这使得民众接受马克思主义思想、运用马克思主义的立场、观点和方法的能力都受到

---

① 中共陕西省委党史研究室编：《西北革命根据地文献资料精编》第 2 卷，陕西人民出版社 2014 年版，第 510 页。

了一定影响，这是根据地内马克思主义传播要面对的挑战之一。

三是在陕甘革命根据地时期，容易受不同程度的错误思想的影响。尤其是在“左”倾错误的影响下，造成了陕甘革命根据地肃反的扩大化。1935 年九、十月间发生的肃反，在一个多月的时间内，造成了红二十六军营以上干部、陕甘边区县以上干部和从白区来的机关学校工作的知识分子几乎全部被逮捕[①]。肃反的扩大化，不仅危及了全国仅存的革命根据地，而且使根据地马克思主义的传播受到重大挫折，面对这样的形势，推进马克思主义的传播既是一个曲折的过程，也是一个要不断克服错误思想、与错误思想斗争的曲折的过程。

（2）传播效果

在陕甘革命根据地时期，马克思主义的传播得到了一定的发展。作为土地革命战争时期马克思主义传播的一大重要组成部分，马克思主义在陕甘革命根据地的传播有两方面重要的成果。

一是促使马克思主义在西北走向大众化。马克思主义的基本观点和立场，只有在指导实践的过程中才能得到进一步的发展。因此马克思主义不论在陕甘革命根据地还是在全国范围，都有着大众化的共同任务。而能够使马克思主义被人民大众所接受理解并得到运用，充分体现其本质要求及更好地用于指导革命事业是根据地的主要目标。陕甘革命根据地时期，马克思主义传播迎来了一个新的历史阶段，根据地既有着陕甘边革命根据地和陕北根据地已有的现实条件，还承担着迎接红军北上的重要历史任务，所以根据地内马克思主义的传播在某些方面有着优良的条件。根据地通过各种方式向各群众宣传和普及马克思主义，逐渐克服传播过程中那些不利条件，逐渐加深了人民大众对马克思主义的认识。同时，始终坚持依靠群众、团结群众、一切为了群众的工作原则和方法，要求传播的内容也随之相应发展，因此根

① 中共陕西省委党史研究室编:《西北革命根据地回忆录精编》第 5 卷，陕西人民出版社 2014 年版，第 259 页。

据地马克思主义的传播都是贴合实际的，人民群众逐渐认识和掌握了马克思主义的基本观点立场和方法，并在中国共产党的带领下，将马克思主义的理论指导用于中国革命具体实践中，不仅实现了根据地的发展，还将马克思主义的发展推向了新的阶段。

二是成为解放西北人民、发展巩固根据地的思想武器。正是在马克思主义的指导下，中共西北工委紧紧团结广大西北人民，同国民党政府进行了顽强的斗争，最终使根据地不断巩固，群众受到马克思主义影响。在陕甘革命根据地时期，中国共产党始终坚持以马克思主义为根本指导思想，贴近现实，不断向农民群众进行阶级斗争教育，号召广大农民群众敢于向封建地主和反动派斗争，不断领导和积极发动根据地群众进行各种群众运动。与此同时，在报纸刊物和学校教育的影响下，接受马克思主义教育的群众干部、青年学生和普通农民，用马克思主义的理论知识武装自己，并投身于革命实践。

淬火重生

五、延安时期马克思主义传播的新格局

（一）中共中央落脚陕北

20 世纪 30 年代初，以刘志丹、谢子长、习仲勋为代表的共产党人在陕西中部、北部与甘肃东部交界地区创建的陕甘革命根据地，是土地革命后期全国唯一完整保存并发展壮大的革命根据地，为中共中央和各路长征红军提供了落脚点，为后来全民族抗日战争爆发后由红军改编的八路军主力奔赴抗日前线提供了出发点。

1934 年 10 月，中共中央率中国工农红军第一方面军撤离中央根据地开始长征，历经湘江之战、四渡赤水、飞夺泸定桥、翻越夹金

红二十五军、红二十六军、红二十七军永坪会师

山、突破腊子口等艰难险阻，于 1935 年 9 月 18 日到达甘肃岷县以南的哈达铺。在这里，根据从当地找到的过期报纸《大公报》《晋阳日报》《西京日报》，获悉了陕甘革命根据地和红军仍然存在的消息，毛泽东果断地提出到陕北去。中央决定将北上部队改编为中国工农红军陕甘支队，彭德怀任司令员，毛泽东兼任政治委员。9 月 27 日，红军陕甘支队到达甘肃通渭县榜罗镇，中央政治局常委在此召开会议，正式决定前往陕北，保卫和扩大陕甘革命根据地。

此时，由鄂豫皖根据地出发长征的红二十五军到达陕甘革命根据地，同当地的红二十六军、红二十七军胜利会师，并合编为红十五军团，徐海东任军团长，刘志丹任副军团长兼参谋长。得悉中央红军已经北上，有向陕甘根据地前进的消息后，徐海东、刘志丹等立即决定组织主力部队向南发展，牵制敌人，迎接中央红军，为中共中央和红军陕甘支队的到来创造了条件。

10 月 19 日，中共中央率领陕甘支队胜利抵达陕甘革命根据地吴起镇。龚逢春率部在三边和吴起一带活动，听到消息后前往吴起镇迎接中央红军。为将尾追的国民党军消灭于根据地之外，毛泽东、彭德怀指挥红军陕甘支队在吴起镇西山地设伏，于 21 日全歼国民党军第三十五师骑兵团，击溃第三十二师和第三十六师 2 个骑兵团，此为著名的切尾巴战斗。29 日，红军陕甘支队政治部发布《给陕北工农劳苦群众书》，号召苏区、游击区和白区的工人、农民、士兵和学生动员起来，积极开展各方面的斗争，保卫和发展陕甘革命根据地。

中央红军在吴起镇散发的传单

11 月 6 日，红军陕甘支队和红十五军团在甘泉县象鼻子湾胜利会师，并在象鼻子湾召开全军干部会议，毛泽东第一次总结了红军二万五千里长征，俗称雪地讲话。讲话指出：从江西瑞金算起，我们走了一年多时间。我们每人开动两只脚，走了两万五千里。这是从来未有过的真正的长征。我们红军的人数比以前是少了一些，但是留下来的是中国革命的精华，都是经过严峻锻炼与考验的。留下来的同志不仅要以一当十，而且要以一当百、当千。他号召红军各部之间要加强团结，红军和陕甘革命根据地人民群众之间要加强团结，共同完成中国人民革命的伟大任务。

与中央会合之后，中央派了大批干部到红十五军团工作。那时，中央红军经过万里长征，各方面的供应比较困难，徐海东非常重视搞好全军的团结，宁可自己部队少花俭用，也要拿出钱款、布匹、医药、武器弹药等主动接济兄弟部队。当毛泽东派人到红十五军团，说明现在中央需要现金 2500 元时，徐海东立即询问供给部长，供给部长查国桢说还有 7000 元，徐海东马上把 5000 元送中央。当时中央供给部长叶季壮高兴地说："这真是雪里送炭啊！"

中央红军和陕甘红军会师后，陕甘革命根据地成为中国革命的中心，也成为国民党蒋介石集团再次"围剿"的重点。为粉碎国民党蒋介石集团的"围剿"，11 月 20 日至 24 日，中央红军和红十五军团配合，在直罗镇取得歼敌一个师又一个团的重大胜利，彻底粉碎了国民党军对陕甘革命根据地的第三次"围剿"。11 月 30 日，中共中央在鄜县（今富县）东村召开红一方面军营以上干部会议，毛泽东作了《直罗战役同目前的形势与任务》的报告，对直罗镇战役胜利的经验和意义作了详细的总结。12 月 27 日，毛泽东在陕北瓦窑堡党的活动分子会议上作了《论反对日本帝国主义的策略》的报告，对直罗镇战役的意义作了总结，指出："直罗镇一仗，中央红军同西北红军兄弟般的团结，粉碎了卖国贼蒋介石向着陕甘边区的'围剿'，给党中央把全国革命大本营放在西北的任务，举行了一个奠基礼。"[①]

---

① 《毛泽东选集》第 1 卷，人民出版社 1991 年版，第 150 页。

直罗镇战役遗址

1936 年 12 月 2 日，中共中央在保安（今志丹县）召开热烈庆祝红军三大主力胜利会师大会，宣布各路红军长征胜利结束。长征“上演了世界军史上威武雄壮的战争活剧”，实现了北上抗日的战略目标。从此，陕北成为中国革命最强音的发出地，成为领导全国人民抗战的中心，成为千万热血青年向往的圣地，全民族抗战新局面由此开启，马克思主义在陕西的传播也迎来了新阶段。

（二）陕甘宁边区的形成

中共中央和陕甘支队到达陕北后，迫切需要建立全国性的组织机构领导革命运动。1935 年 11 月 3 日，中央政治局在甘泉县下寺湾召开会议，讨论中央对外名义和组织分工等问题。会议决定对外使用中共西北中央局和中华苏维埃共和国中央政府西北办事处的名义，成立西北革命军事委员会，毛泽东为主席，周恩来、彭德怀为副主席，成员有王稼祥、林彪、程子华、徐海东、聂洪钧、郭洪涛。会后，毛泽东以中华苏维埃共和国中央执行委员会主席名义，与项英、张国焘联

红军开进延安城

合署名发出布告，决定在陕甘晋苏区设立苏维埃中央政府驻西北办事处，以秦邦宪为主席，林伯渠、邓发、王观澜、崔田民、徐特立、蔡树藩、邓振询分别任财政、粮食、土地、国民经济、教育、司法内务、劳动等部部长，罗梓铭为工农检察局局长。同时，新成立的中共西北中央局下设政治部（主任王稼祥）、组织部（部长李维汉）、宣传部（部长张闻天、副部长吴亮平）、白区工作部（部长张浩）、党务委员会（主任董必武）和保卫局（局长王首道）。西北中央局成立后，重新调整了陕甘根据地行政区划和党的组织机构，在纠正肃反扩大化的同时撤销陕甘晋省委，以甘泉县下寺湾为界，南部设立陕甘省，北部设陕北省，并建立神府特区。11 月，分别成立中共陕甘省委和陕北省委，1935 年 11 月到 1936 年初，又先后成立神府特委、三边特委、关中特委等。接下来几个月，随着东征、西征以及不断斗争，陕甘革命根据地又向陕甘宁三省交界一带扩大了 200 多公里。

1935 年 12 月 27 日，毛泽东在瓦窑堡召开的党的活动分子会议上作了《论反对日本帝国主义的策略》报告，提出把“工农共和国”改变为“人民共和国”。12 月，西北办事处发布《苏维埃政府中各部组织纲要》，规定了西北苏区内的各地方苏维埃内部机构设置办法。1936 年 3 月，由于国民党东北军的进攻，中共中央决定撤销关中地区苏维埃政府，其所辖县由陕北苏维埃政府领导。5 月，陕甘省撤销，陕甘宁省设立。12 月，由于西安事变爆发，中共中央决定再次成立中共陕甘省委和陕甘省苏维埃政府，其机构辖区还与原来相同。

瓦窑堡会议旧址

1936 年 1 月 17 日，中央政治局常委会议讨论东征期间行动方针和组织分工问题，决定政治局随军行动，在陕北组织中央局，由周恩来任书记，秦邦宪、邓发、王稼祥参与。并将陕甘省委改为陕甘宁省委，领导三边特委和定边中心县委，李富春任书记，同时建立省苏维埃政府。1937 年 1 月 2 日，为了适应向南发展的需要，中央政治局会议决定恢复陕甘省委，李维汉任书记。1 月 13 日，中共中央和中革军委进驻延安，革命开启了新篇章。

西安事变和平解决后，为了尽快实现国共两党合作，建立广泛的抗日民族统一战线，1937 年 2 月 10 日，中共中央电告国民党一封《致中国国民党三中全会电》，表示如果国民党能尽快停止一切内战，一致对外抗日，则中国共产党可以承诺“苏维埃政府改名为中华民国特区政府，红军改名为国民革命军，直接受南京中央政府与军事委员会之指导”，并“在特区政府区域内，实施普选的彻底的民主制度”。后来，中共中央又主动把陕甘宁苏区改为特区。直到七七事变后，蒋介石才终于承认了陕甘宁边区。

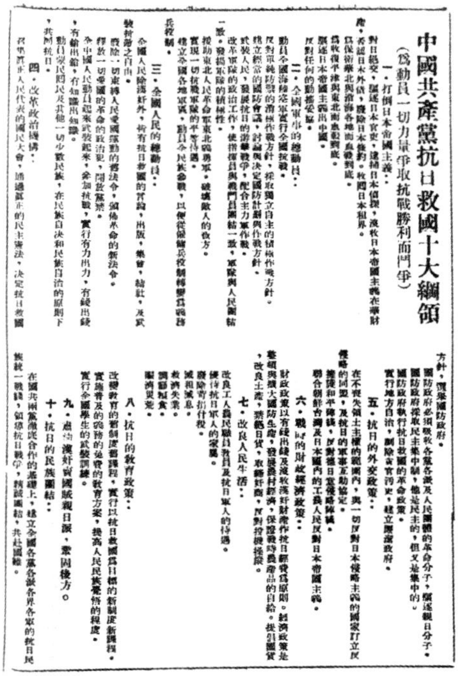
中國共產黨抗日救國十大綱領
（為動員一切力量爭取抗戰勝利而鬥爭）
一、打倒日本帝國主義：
對日絕交，驅逐日本官吏，逮捕日本偵探，沒收日本帝國主義在華財產，否認日本外債，廢除日本條約，收回日本租界。
為保衛華北與沿海各地而血戰到底。
為收復平津與東北而血戰到底。
驅逐日本帝國主義出中國。
反對任何的動搖妥協。
二、全國軍事的總動員：
動員全國海陸空軍實行全國抗戰。
反對單純防禦的消極作戰方針，採取獨立自主的積極作戰方針。
建立經常的國防會議，討論與決定國防計劃與作戰方針。
武裝人民，發展抗日的游擊戰爭，配合主力軍作戰。
改革軍隊的政治工作，使指揮員與戰鬥員團結一致，軍隊與人民團結一致。發揚軍隊的積極性。
援助東北人民革命軍東北義勇軍，破壞敵人的後方。
實現一切抗戰軍隊的平等待遇。
建立全國各地軍區，動員全民族參戰，以便從傭僱兵役制轉變為義務兵役制。
三、全國人民的總動員：
全國人民除漢奸外，皆有抗日救國的言論，出版，集會，結社，及武裝抗敵之自由。
廢除一切束縛人民愛國運動的舊法令，頒佈革命的新法令。
釋放一切愛國的革命的政治犯，開放黨禁。
全中國人民動員起來武裝起來，參加抗戰，實行有力出力，有錢出錢，有槍出槍，有知識出知識。
動員蒙民回民及其他一切少數民族，在民族自決和民族自治的原則下，共同抗日。
四、改革政治機構：
召集真正人民代表的國民大會，通過真正的民主憲法，決定抗日救國方針，選舉國防政府。
國防政府必須吸收各黨各派及人民團體的革命分子，驅逐親日分子。
國防政府採取民主集中制，他是民主的，但又是集中的。
國防政府執行抗日救國的革命政策。
實行地方自治，剷除貪官污吏，建立廉潔政府。
五、抗日的外交政策：
在不喪失領土主權的範圍內，與一切反對日本侵略主義的國家訂立反侵略的同盟，及抗日的軍事互助協定。
擁護和平陣線，反對德日意侵略陣線。
聯合朝鮮台灣及日本國內的工農人民反對日本帝國主義。
六、戰時的財政經濟政策：
財政政策以有錢出錢及沒收漢奸財產作抗日經費為原則。經濟政策是整頓與擴大國防生產，發展農村經濟，保證戰時農產品的自給。提倡國貨，改良土產，禁絕日貨，取締奸商，反對投機操縱。
七、改良人民生活：
改良工人農民職員教員及抗日軍人的待遇。
優待抗日軍人的家屬。
廢除苛捐什稅。
減租減息。
救濟失業。
調節糧食。
賑濟災荒。
八、抗日的教育政策：
改變教育的舊制度舊課程，實行以抗日救國為目標的新制度新課程。
實施普及的義務的免費的教育方案，提高人民民族覺悟的程度。
實行全國學生的武裝訓練。
九、肅清漢奸賣國賊親日派，鞏固後方。
十、抗日的民族團結：
在國共兩黨徹底合作的基礎上，建立全國各黨各派各界各軍的抗日民族統一戰線，領導抗日戰爭，精誠團結，共赴國難。

洛川会议通过的《中国共产党抗日救国十大纲领》

1937年8月22日至25日，中国共产党在洛川召开中央政治局扩大会议。会议通过了由毛泽东提议的《中国共产党抗日救国十大纲领》，其内容为：打倒日本帝国主义；全国军事的总动员；全国人民的总动员；改革政治机构；抗日的外交政策；战时的财政经济政策；改良人民生活；抗日的教育政策；肃清汉奸卖国贼亲日派，巩固后方；抗日的民族团结。

为了尽快贯彻落实《中国共产党抗日救国十大纲领》，1937年9月6日，中共中央将中华苏维埃共和国临时中央政府西北办事处更名为陕甘宁边区政府，边区政府的内部机构初期仍按照西北办事处设置。11月，国民政府将陕甘宁政府改称陕甘宁特区政府。陕甘宁边区政府的成立，预示着边区革命斗争进入了一个新的历史阶段。

陕甘宁边区政府不仅在政权建设上，还有生产、教育、法律、医疗等各方面健全了边区政府的职能。直到1950年1月19日，西北军政委员会成立，宣告陕甘宁边区政府光荣地完成了它的历史使命。陕甘宁边区在抗战期间具有极其重要的战略意义，是中共中央所在地，是中国人民抗日战争的政治指导中心，是八路军、新四军和其他人民抗日武装的战略总后方。它养育了中国共产党及其领导的人民军队，提供了坚持长期斗争的所需要的人力物力和财力，为壮大革命力量，取得最后胜利，付出了巨大牺牲，作出了极大贡献。作为革命圣地，它留下的延安精神影响着一代又一代的中国人艰苦奋斗、自力更生。也是在这里，实现了马克思列宁主义同中国实际相结合的第一次历史性飞跃，诞生了毛泽东思想，为中华人民共和国的成立与建设奠定了基础。

机构的建立完善为马克思主义传播奠定了组织基础。中国共产党十分重视宣传教育工作，无论机构如何调整，宣传部门都占据重要地位。1937 年 7 月成立宣传部，到 1942 年 1 月之前，都由张闻天担任部长，杨松、陈昌浩、吴亮平、凯丰、李维汉、徐特立、赵毅敏等人先后担任副部长。1939 年 8 月，中共中央宣传部与中共中央干部教育部合并，名称为中共中央宣传教育部，1940 年又改称中共中央宣传部。宣传部内设编译所，主要是翻译及编著马列主义著作、苏联及其他外国著作，编著中国历史、文化教育的著作及课本。1938 年 11 月，中共中央书记处决定成立宣传委员会，主任张闻天，秘书长杨松，吴亮平、陈伯达等人担任委员。1939 年 5 月 17 日，中共中央书记处发布《关于宣传工作的指示》，从 15 个方面提出了加强宣传工作的要求。1943 年 3 月 20 日，中央《关于中央机构调整及精简的决定》，在政治局和书记处之下，设立中共中央宣传委员会，作为政治局和书记处的助理机关。毛泽东担任书记，王稼祥为副书记，下辖单位包括：宣传部（宣传教育的指导，编译所工作及延安整风学习与在职干部教育的直接管理）、解放日报社（包括新华社广播）、中央党校、文化委员会、出版局。中国共产党第七次全国代表大会后，第七届中央委员会工作机构中，宣传部、宣传委员会并列，毛泽东依然担任宣传委员会书记，王稼祥为副书记，毛泽东、王稼祥、博古、凯丰担任委员。

1937 年 2 月 5 日，中共中央政治局召开扩大会议，专门讨论宣传工作，张闻天、吴亮平、张浩、徐特立、胡耀邦、凯丰等人参加。张闻天在总结发言中充分肯定宣传部门的工作，指出宣传部门工作人很少，而工作做了不少，工作是有成绩的。今后宣传方针仍应着重于民族统一战线的宣传，特别是现阶段要宣传“和平统一，团结御侮”的口号，要给下面具体地回答一些问题，例如“和与战”的问题。目前要批评的主要还是“左”的倾向，应检查并改变一些与现在不大合适的口号，如“联俄联共”等，不要把统一战线的范围弄得太窄。现在公式化的问题还很厉害，宣传方式要懂得利用旧方式，加入新内容。

从 1935 年到 1948 年，毛泽东和中共中央扎根延安 13 年，这 13 年是整个新民主主义革命时期马克思主义在陕西传播的最高潮，传播主体多元，传播内容丰富，传播途径科学，传播效果突出。

（三）马克思主义传播的新局面

中共中央落脚陕北，开创了一切工作的新局面。中国共产党领导人民不仅在陕甘宁边区创造出一个“十个没有”的、充满生机和活力的新民主主义社会，而且把马克思主义基本原理同中国革命的具体实际相结合，使马克思主义在中国的传播达到了前所未有的深度与广度，形成了中国化的马克思主义——毛泽东思想，成为中国共产党领导革命取得胜利的指导思想。延安时期马克思主义传播作为马克思主义在中国传播历程的关键阶段有其鲜明的特征。

1. 站位更高：立足陕西，放眼全国

中共中央作为中国共产党的最高领导机关，到达陕北后，用马克思主义的基本观点、立场、原则研判形势、分析问题、发声亮剑，加速了马克思主义的传播，不仅在陕甘宁边区产生重要影响，成为模范，而且辐射到西安等国民党统治区域，表现出中国共产党实事求是、理论联系实际，摒除抽象空谈的务实作风。

1935 年 12 月 25 日的瓦窑堡会议是中国共产党内外政策转变的

开始，具有非常重要的意义，它为中国共产党抗战政策制定提供了总依据。瓦窑堡会议通过《中共中央关于目前政治形势与党的任务的决议》，科学判断国内外形势，作出理性决策，指出：“目前政治形势已经起了一个基本上的变化，在中国革命史上划分了一个新时期，这表现在日本帝国主义变中国为殖民地，中国革命准备进入全国性的大革命，在世界是战争与革命的前夜。日本帝国主义并吞东北四省之后，现在又并吞了整个华北，而且正准备并吞全中国，把全中国从各帝国主义的半殖民地，变为日本的殖民地。这是目前时局的最基本的特点。”[①] 党的主要任务就是组织国防政府与抗日联军，团结全国各族人民，反对日本帝国主义及卖国贼头子蒋介石。

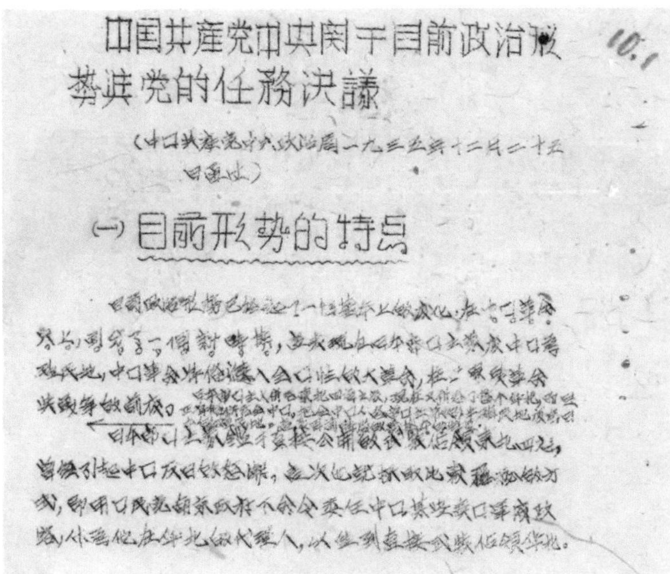
中国共産党中央関于目前政治形势與党的任務决議

(一)目前形势的特点

瓦窑堡会议通过的《中共中央关于目前形势与党的任务的决议》（部分）

1936 年 2 月，中华苏维埃人民共和国中央政府发布《关于召集全国抗日救国代表大会通电》进一步深化瓦窑堡会议精神，提出召集全国抗日救国代表大会的六项条件和紧急问题。六项条件：取消国民

---

① 中共中央文献研究室、中央档案馆编：《建党以来重要文献选编（1921—1949）》第 12 册，中央文献出版社 2011 年版，第 531 页。

党一党专政，容许一切党派自由活动，释放一切“政治犯”；实行外交公开；取消国民党一切禁止抗日反卖国贼运动的命令（危害民国紧急治罪法，出版物取缔检查条令，禁止抗日命令等），保障言论、出版、集会、结社自由；停止内战，一致抗日讨逆；凡愿意抗日反卖国贼的政治的、社会的、职业的团体与武装队伍，都有公开选举自己的代表参加全国抗日救国代表大会的权利；确实保障一切参加全国抗日救国代表大会代表言论行动自由与生命的安全。紧急问题：宣布对日绝交宣战，讨伐“满洲国”，收回失地；公开宣布中日间的不平等条约与卖国借款的完全无效；惩办丧权失地卖国殃民的最高当局；立刻颁布对日作战的动员令，动员全中国海陆空军对日作战；号召与帮助全中国人民组织起来，武装起来，参加对日作战，拿所有兵工厂军械库的武器与武装抗日反卖国贼的人民；正式成立国防政府与抗日联军，并实现苏维埃中央政府与红军革命军事委员会所提出的十大纲领。通电还提出希望全国抗日救国代表大会在苏维埃领土内召开，“因为在苏区内，日本帝国主义与一切帝国主义的势力都已彻底肃清，苏区是抗日的根据地，是民族解放与独立的模范区。”①

随着日本帝国主义侵略的不断加深，全民族抗战爆发之前，“逼蒋抗日”是中国共产党号召民众的主要口号和政策选择。西安事变促成了“联蒋抗日”局面的初步形成。全民族抗战爆发后，国共双方开始合作，全民族抗战成为主题。抗战胜利后，国民党挑起内战，中国共产党率领人民军队奋起抵抗。在此期间，中国共产党主要通过领导人公开发表谈话、通电、宣言、书信等方式，结合战争实践，传播马克思主义，扩大影响。

公开谈话、演说是扩大传播的重要途径，能够清晰、直接表明受访者立场和态度，而且语言平实，效果很好。比如，1935 年 11 月 25

---

① 中央档案馆编：《中国共产党关于西安事变档案史料选编》，中国档案出版社 1997 年版，第 28、29 页。

日，毛泽东以中华苏维埃共和国中央政府主席的身份对《红色中华》记者发表谈话，批驳蒋介石在国民党五大上所谓对外方针的演说，揭露其“出卖整个华北及全中国”的罪恶。指出：“苏维埃中央政府领导全国唯一反帝的主力工农红军，并号召全国民众总动员起来，武装起来，抗日反蒋”①。再比如毛泽东 1938 年 2 月 11 日在延安反侵略大会上作讲演，指出，现在有三个反侵略的统一战线，即中国的统一战线，世界的统一战线，日本人民的统一战线。反侵略是今天世界政治的总方向②。除此之外，还有《毛泽东关于停战抗日之谈话》，1937 年 3 月 1 日毛泽东和史沫特莱谈西安事变；1938 年 2 月 2 日同《新中华报》记者谈话，2 月同合众社记者谈话，4 月 28 日毛泽东在鲁迅艺术学院的讲话，7 月 2 日毛泽东同世界学联代表团的谈话；1939 年 9 月 16 日毛泽东同中央社、扫荡报、新民报三记者的谈话；1941 年 1 月 18 日中共中央发言人对皖南事变发表谈话，1941 年 7 月 12 日毛泽东发表社论《质问国民党》等。

通电语言精练，书面化色彩较浓，但感召力、冲击性很强。比如《中华苏维埃人民共和国中央政府中国人民革命军事委员会停战议和一致抗日通电》《红军将领关于西安事变致国民政府电》《中共中央关于西安事变致国民党中央电》《中华苏维埃中央政府及中共中央对西安事变通电》《中共中央给国民党三中全会电》《红军将领为日寇进攻华北致蒋介石电》《中共中央致国民党临时全国代表大会电》《中共中央致蒋介石暨国民党五中全会电》《中共中央为国共关系致蒋介石电》《八路军将领致林森、蒋介石等电》等。

布告的特点是通俗易懂，受众面广，影响大。在延安时期，以中共中央或苏维埃政府名义发布的布告数量很多。《中国人民红军抗日

---

① 中共中央文献研究室、中央档案馆编：《建党以来重要文献选编（1921—1949）》第 12 册，中央文献出版社 2011 年版，第 463 页。

② 中共中央党史和文献研究院编：《毛泽东年谱》第 2 卷，中央文献出版社 2023 年版，第 50—51 页。

先锋军布告》《毛泽东、周恩来、彭德怀为反对蒋介石阻拦一致联合抗日致全国同胞抗日士兵书》《中华苏维埃人民共和国中央政府中国人民抗日红军革命军事委员会布告》《中共中央致国民党书》《新四军为离开皖南进军敌后告同胞书》《周恩来等致各民主党派领导人士书》等宣言、书信、提议是旗帜鲜明表明基本立场的重要方式，根据对象不同，可以直抒胸臆，广泛号召。毛泽东在《中华苏维埃共和国中央政府、中国工农红军革命军事委员会抗日救国宣言》中指出："继东北四省之后，现在又是华北半个中国的沦亡。日本帝国主义强盗们是要把全中国人民变为亡国奴，把整个中国变为殖民地。卖国贼头子蒋介石在出卖东北四省之后，现在又在出卖整个华北以至整个中国，以维持他自己对于全中国人民残暴的法西斯的统治。在亡国灭种的前面，中国人民决不能束手待毙。只有全国海陆空军与全国人民总动员，开展神圣的反日的民族革命战争，以打倒日本帝国主义，以消灭中国有史以来最大的汉奸卖国贼蒋介石，中国民族才能得到最后的彻底的解放。"[①]"中华苏维埃共和国中央政府与中国工农红军革命军事委员会号召全国人民拥护我们这一主张，并立刻互派代表协商具体进行办法。"[②] 并提出"没收日本帝国主义在华的一切财产作抗日经费；没收一切卖国贼及汉奸的财产救济灾民及难民；救灾治水，安定民生；废除一切苛捐杂税，发展工商业；发薪发饷，改良工人、士兵及教职员的生活；发展教育，救济失学的学生；实现民主权利，释放所有的政治犯；发展生产技术，救济失业的知识分子；联合朝鲜、台湾、日本国内的工农及一切反日力量，结成巩固的联盟；对中国抗日的民族运动表示同情、赞助，或守善意中立的民族或国家，建立亲密的友谊

---

① 中共中央文献研究室、中央档案馆编：《建党以来重要文献选编（1921—1949）》第12册，中央文献出版社2011年版，第473页。

② 中共中央文献研究室、中央档案馆编：《建党以来重要文献选编（1921—1949）》第12册，中央文献出版社2011年版，第474页。

关系”[①] 等抗日反蒋十大纲领。“反蒋抗日”主张的明确提出，在国内产生广泛影响。延安时期中共中央和苏维埃政府发布的宣言数量很多，简要列举如下：《为反对蒋介石、阎锡山拦阻中国人民红军抗日先锋军东下抗日捣乱抗日后方宣言》《中共中央为创立全国各党各派的抗日人民阵线宣言》《中华苏维埃人民共和国中央政府中国人民红军革命军事委员会为两广出师北上抗日宣言》《中共中央致国民党二中全会书——提议停止内战一致抗日》《红军将领给蒋总司令及国民革命军西北各将领书》《毛泽东、朱德致蒋介石书》《毛泽东关于蒋介石声明的声明》《中共中央对沈章诸氏被起诉宣言》《中共中央为公布国共合作宣言》《中共中央为日本帝国主义进攻华北第二次宣言》《中国共产党告日本陆海空军士兵书》《八路军告日本士兵书》《中共中央关于召集临时国民大会的提议》等。

2. 更加系统：整体谋划，追求实效

张闻天曾经指出：“现在是全中国人民要求抗日的时候，而几千万几万万群众，全中国最大多数的人民，还没有在我们共产党直接领导之下。他们的觉悟程度是很不相同的。他们还在各种各样政治思想与政治派别的影响之下，他们还团集在各种名称的政治的社会团体与组织之内，或者他们是反动武装内的一分子，要争取他们在共产党领导之下，了解共产党主张的正确，那单靠宣传煽动，单靠在思想上揭破一切反革命派别的武断宣传是不够的。这里就要靠着群众自己的政治经验，就要善于寻找过渡到或趋向于我们的基本主张的实现的各种形式与方法。”[②] 言下之意就是要设计马克思主义传播的目标和方式。很显然，为了肩负起领导中国革命这一历史重任，党中央深知我们全

---

① 中共中央文献研究室、中央档案馆编：《建党以来重要文献选编（1921—1949）》第 12 册，中央文献出版社 2011 年版，第 474 页。

② 中共中央文献研究室、中央档案馆编：《建党以来重要文献选编（1921—1949）》第 12 册，中央文献出版社 2011 年版，第 493 页。

党必须要系统深入地学习马克思主义理论，并运用于中国革命的实际情况中。因此，党中央在延安恢复和创办了培养党、政、军干部的党校、抗大、陕公、鲁艺等一批学校，延安马列学院也在其列。

延安时期部分干部学校名录

序号	学校名称	成立时间	负责人	校址
1	中共中央党校	1935.11	董必武、李维汉、邓发、毛泽东、彭真	桥儿沟、小沟坪
2	军委通信学校	1935.11	吴泽光、王铮	西川口
3	西北纺织学校	1936.3	西北办事处国民经济部办	瓦窑堡
4	中国人民抗日军政大学	1936.6	林彪	瓦窑堡、保安、延安等地
5	鲁迅师范	1937.2	王志匀、林迪生	延安、关中
6	八路军卫生学校	1937.8	王斌	富县张村驿
7	安吴中国青年干部训练班	1937.10	冯文彬	泾阳安吴堡
8	陕北公学	1937.11	成仿吾	清凉山南麓、小沟坪、杨家湾、关中
9	外籍抗属妇女学校	1937.11	陈正人	延安
10	荣誉军人学校	1938.2	何长工、王群	泾阳安吴堡、旬邑看花宫、甘泉下寺湾
11	鲁迅艺术文学院	1938.4	沙可夫、赵毅敏	北关、桥儿沟
12	马列学院	1938.5	张闻天	兰家坪
13	延安中学	1938.8	蔡子伟、周扬、霍仲年等	延安城隍庙、安塞吊儿沟、延安柳树店等地

续表

序号	学校名称	成立时间	负责人	校址
14	陕甘宁边区党校	1938.12	陈正人	安塞徐家沟
15	陕甘宁边区保育小学	1939.3	徐特立	安塞白家坪
16	工人学校	1939.5	张浩	桥儿沟
17	自然科学院	1939.5	徐特立、陈康白	马家湾
18	延安农业学校	1939.7	朱开铨	红寺沟
19	中国女子大学	1939.7	王明	王家坪
20	华北联合大学	1939.7	成仿吾、江隆基	延安、河北阜平县
21	边区师范	1939.7	周扬	安塞吊儿沟
22	八路军军政学院	1940.1	王稼祥	大砭沟
23	泽东青年干部学校	1940.5	陈云、冯文彬	大砭沟
24	行政学院	1940.7	林伯渠、王子宜	花石砭
25	中国医科大学	1940.9	王斌、史书翰	柳树店
26	延安日本工农学校	1940.10	冈野进	宝塔山南麓
27	敌军工作干部学校	1940	王学文	宝塔山南麓
28	部队艺术学校	1941.4	莫文骅	桥儿沟
29	新文字干部学校	1941.5	吴玉章	清凉山
30	延安民族学院	1941.9	高岗、高克林	大砭沟
31	延安大学	1941.9	吴玉章、周扬	王家坪、花石砭
32	军事学院	1941.12	朱德、徐向前	大砭沟
33	边区工业职业学校	1942.3	霍子乐、王阴圃	南关
34	西北党校	1942.4	白耀明、张邦英、习仲勋	七里铺

续表

序号	学校名称	成立时间	负责人	校址
35	边区艺术干校	1942.5	柯仲平	北沟村
36	洛杉矶托儿所	1942.5	丑子纲	兰家坪
37	俄文学校	1942.8	曾涌泉	丁泉砭
38	延安药科学校	1942.9	李维祯	姚店
39	延安杨家湾小学	1944.3	高文亮	杨家湾
40	南下支队家属学校	1944.11		清凉山
41	陕甘宁边区妇女职业学校	1944.12	高志珍、路志亮	马家湾
42	延安炮兵学校	1944.12	郭化若、朱瑞	南泥湾桃宝峪、东北
43	朝鲜军政干部学校	1945.2	金白渊、朴一禹	罗家坪
44	西北医药专门学校	1946.6	曾育生、马荔	延安

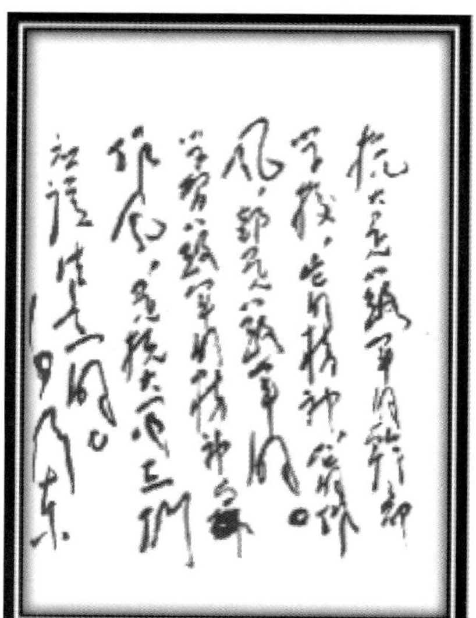

毛泽东为抗大题词

1937 年 11 月 1 日，陕北公学开学典礼。

延安时期，毛泽东创作了大量著作，例如《矛盾论》《实践论》等都成为了我党学习马克思主义理论的教材。与中国革命实际情况相结合的马克思主义更加便于理解，深受广大学员的喜爱。一时间，上到领导干部，下到普通的党员同志，甚至是人民群众都开始致力于研究和传播马克思主义。无论是干部学校、文艺学院、卫生学校还是普通的中小学教育，学习内容都与抗战、生产紧密结合。各类学校的创办，实现了对马克思主义从上而下的系统传播，培养了大批忠实的马克思主义信仰者，实现了马克思主义的大众化。

3. 重点突出：注重中国化和大众化

“延安时期那一段，可以说是毛泽东思想比较完整地形成起来的一段。毛泽东思想中关于新民主主义革命的理论，包括党的建设的理论和处理党内关系的原则，在延安整风前后，都比较完整地形成了。”[①] 毛泽东思想的成熟、整风运动的开展、一部部理论著作的问世都推动了马克思主义在陕甘宁边区乃至全党大范围的传播。

党的创始人李大钊等都曾经提出过要把马克思列宁主义应用到

① 《邓小平文选》第 2 卷，人民出版社 1983 年版，第 292 页。

中国的实践中的思想。党在幼年时期，对于这个问题还没有形成深刻的、完整的、统一的认识，真正认识到这个问题的重要性是在1935年遵义会议以后。而就全党来讲，则是在延安整风以后。

1938年，毛泽东在中共六届六中全会上作的题为《论新阶段》的政治报告中最先提出马克思主义中国化这个命题。他指出没有抽象的马克思主义，只有具体的马克思主义。所谓具体的马克思主义，就是把马克思主义民族化，就是把马克思主义应用到中国具体环境的具体斗争中去，而不是抽象地应用它。要把马克思主义变为中华民族血肉的一部分，如果离开中国特点来谈马克思主义，只是抽象的空洞的马克思主义。因此，马克思主义的中国化就是要按照中国的特点去应用它，这也是全党亟须解决的问题。

中共六届六中全会旧址——延安桥儿沟教堂

1941年5月，毛泽东在延安高级干部会议上作《改造我们的学习》的报告，标志着整风运动的开始。他指出："许多同志的学习马克思列宁主义似乎并不是为了革命实践的需要，而是为了单纯的学习。所以虽然读了，但是消化不了。只会片面地引用马克思、恩格斯、列宁、斯大林的个别词句，而不会运用他们的立场、观点和方法，来具体地研究中国的现状和中国的历史，具体地分析中国革命问题和解决中国革命问题。”[①] 因此，延安整风运动旨在提高全党的马列主义水平，纠正党内的各种非无产阶级思想，号召全党反对主观主义以整顿学风、反对宗派主义以整顿党风、反对党八股以整顿文风。

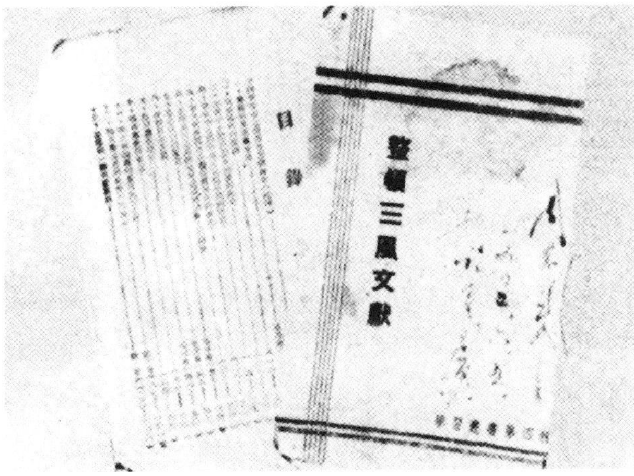

整风文献

1945 年 4 月，中共六届七中全会通过了《关于若干历史问题的决议》，对大革命失败后党内重大历史问题作出了系统总结。通过整风运动，提高了党员的马列主义理论水平，全党达到空前的团结和统一，为夺取抗日战争和新民主主义革命的胜利奠定了思想基础。

马克思主义必然要经历中国化的过程，这首先取决于马克思主义自身的理论品质，其次是基于中国共产党在领导中国革命的过程中的经验教训。根据《共产党宣言》，运用马克思主义的基本原理，随时随地都要以当时的历史条件为转移。这就是说，马克思主义一旦成为一个民族的无产阶级的理论思想和行动纲领，就必须回答和解决当时当地的实际问题。而在中国，中国共产党是中华民族无产阶级的先锋队，要想成功实践马克思主义的基本原理，也一定要把这一原理和中国的实际相结合，用新的实践、新的内容、新的语言来丰富和发展马克思主义。

---

① 《毛泽东选集》第 3 卷，人民出版社 1991 年版，第 797 页。

中共六届七中全会召开地——杨家岭中共中央办公厅办公楼

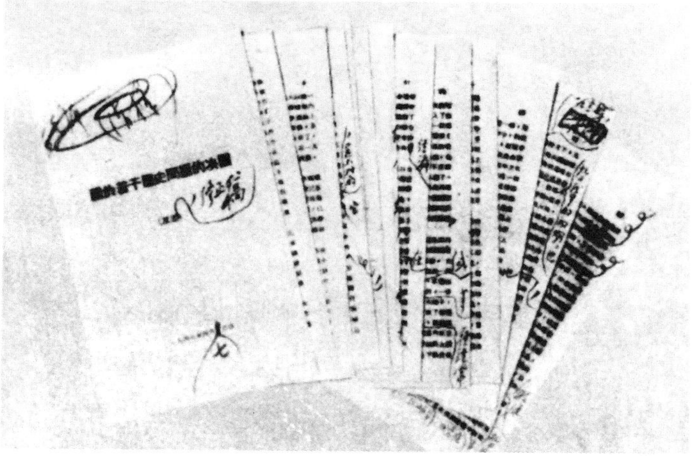

会议讨论通过了《关于若干历史问题的决议》

毛泽东之所以提出要实现马克思主义的中国化，源于对中国革命进程中实践经验与教训的总结。中国共产党成立以来，把马克思主义作为指导思想，关于如何学习和运用马克思主义，全党总体有两种态度，一是教条主义，一是实事求是。一方面，革命的实践表明由于党内的教条主义以及把苏联经验神圣化，使中国革命几番遭遇重创。尤其是20世纪30年代初，“左”倾教条主义方针推行到红军和革命根据地中，使红军在反“围剿”中遭遇严重挫折，中国革命几乎陷入绝境。一味地遵循教条主义没有给中国革命带来光明，反而把中国革命推向绝路。另一方面，中国共产党也有正确把马克思主义与中国实际情况相结合的成功经验。第二次国内革命战争时期，党创造性地把马克思主义的革命学说应用于中国实际，创建工农红军，建立农村革命根据地和工农政府，实行工农武装割据，连续击退国民党军队的多次“围剿”；在国民党统治区，也在艰苦的条件下，发展了党和其他革命组织，展开了群众革命斗争。这一切都是从中国实际出发运用马克思主义的结果。实践结果表明，只有把马克思主义同中国实际情况相结合，只有实现马克思主义的中国化，才能取得革命的胜利。

4. 务实管用：结合实际，推动工作

一切从实际出发，理论联系实际是马克思主义辩证唯物主义、历史唯物主义的基本观点。到达陕北后，中共中央已经基本摆脱主观主义的束缚，善于在革命斗争中传播马克思主义、运用马克思主义，这是中国共产党走向成熟的重要标志。

刘少奇指出，这种主观主义与形式主义表现在我们各方面工作中。我们的某些干部中它的毒很深。“我们的同志必须坚决抛弃这种主观主义与形式主义，用马克思的辩证法来代替；坚决肃清关门主义与冒险主义的历史传统，用布尔什维主义来代替。怎样来改正我们过去的一切错误？同志们都应该学习，学习过去的经验，马克思列宁主义的理论，学习马克思列宁主义的方法。”[①]“真正刻苦修养，忠实做马克思列宁主义创始人的学生的人，他所特别注意的，是要象马克思列宁主义创始人那样，站在马克思列宁主义的立场，用马克思列宁主义的观点和方法，去解决无产阶级所领导的革命运动中的各种问题。”[②]

① 《刘少奇选集》上卷，人民出版社 1981 年版，第 71 页。

② 《刘少奇选集》上卷，人民出版社 1981 年版，第 108 页。

张闻天在1936年11月1日至2日主持中央政治局会议时指出：列宁说过，共产主义教育，是用共产主义精神来教育群众，并不是抽象的、空洞的说教。也就是说，要拿我们党的策略与具体主张来教育群众，以我们的立场来教育群众。1937年3月23日至26日，中共中央扩大会议在延安召开，重点讨论国民党三中全会之后中国共产党的任务，张闻天在会议总结中强调指出：我们应该把握马列主义的武器，须知事变的发展是跟着我们的方针走的。关于“左”倾的问题，主要是要将中日矛盾是主要矛盾解释清楚，要使人们懂得这是马列主义的策略，如果只停留在口头上喊反“左”，是不够的。他认为接下来的具体工作包括要准备共产党告全国群众的信；要准备派干部出去；要准备办报纸；要做好宣传解释工作等[①]。他说：教育我们的同志，灵活的运用广泛的统一战线，是我们党目前最中心的任务。在《中共中央关于目前政治形势与党的任务决议》中，张闻天认为：“共产党员必须在农村中，士兵中，贫民中，小资产阶级与知识分子中，以至一切革命同盟者中，进行自己的活动，为这些群众的切身利益而斗争，使他们相信共产党不但是工人阶级的利益的代表者，而且也是中国最大多数人民利益的代表者，是全民族的代表者。”[②]在《白区党目前的中心任务》一文中，张闻天指出：“实际的斗争对于群众（对于我们共产党员亦然）是一个最好的学校。在斗争中，群众会认识谁是他们的朋友，谁是他们的敌人”“群众不是从书本上学习，而是从斗争中学习。”[③]

在早期革命的过程中，毛泽东深受教条主义瞎指挥、乱决策之苦，所以更加重视理论联系实际，他反复强调：“不应当只是学习马克思列宁主义的词句，而应当把它当成革命的科学来学习。不但应当了解马克思、恩格斯、列宁、斯大林他们研究广泛的真实生活和

① 《张闻天年谱》上卷，中共党史出版社2000年版，第306页。
② 《张闻天文集》第2卷，中共党史出版社1993年版，第57页。
③ 《张闻天文集》第2卷，中共党史出版社1993年版，第278页。

革命经验所得出的关于一般规律的结论，而且应当学习他们观察问题和解决问题的立场和方法。”[①]“我们学的是马克思主义，但是我们中的许多人，他们学马克思主义的方法是直接违反马克思主义的。这就是说，他们违背了马克思、恩格斯、列宁、斯大林所谆谆告诫人们的一条基本原则：理论和实际统一。他们既然违背了这条原则，于是就自己造出了一条相反的原则：理论和实际分离。在学校的教育中，在在职干部的教育中，教哲学的不引导学生研究中国革命的逻辑，教经济学的不引导学生研究中国经济的特点，教政治学的不引导学生研究中国革命的策略，教军事学的不引导学生研究适合中国特点的战略和战术，诸如此类。其结果，谬种流传，误人不浅。”[②]“我们既应把对于共产主义的思想体系和社会制度的宣传，同对于新民主主义的行动纲领的实践区别开来；又应把作为观察问题、研究学问、处理工作、训练干部的共产主义的理论和方法，同作为整个国民文化的新民主主义的方针区别开来。”[③]对于党的统一战线政策，张闻天认为一定要把马克思主义统战理论与中国实际相结合，他说：“教育我们的同志，灵活的运用广泛的统一战线，是我们党目前最中心的任务。”“在目前的政治形势之下，关门主义成了我们党内最主要的危险。”[④]

① 《毛泽东选集》第 2 卷，人民出版社 1991 年版，第 533 页。

② 《毛泽东选集》第 3 卷，人民出版社 1991 年版，第 798 页。

③ 《毛泽东选集》第 2 卷，人民出版社 1991 年版，第 706 页。

④ 中共中央文献研究室、中央档案馆编：《建党以来重要文献选编（1921—1949）》第 12 册，中央文献出版社 2011 年版，第 494 页。

红 星 照 耀

六、延安时期马克思主义在陕甘宁边区的传播

抗日战争时期的延安

（一）马列学院为马克思主义在根据地传播提供了丰富资源

长征到达陕北后，中国共产党面临的紧迫任务之一就是坚决纠正教条主义和经验主义的错误，实现马克思主义和中国实际相结合。在当时环境下，除了一部分曾经留学法国、俄国或在日本接受马克思主义影响，对马克思主义经典著作进行过较为系统的学习和研究，具有

较高的马克思主义理论造诣的少数领导干部外，普通党员、工农干部和基层指战员的马克思主义理论水平相对较低。但这两种人里面的很大一部分在世界观、方法论方面都存在严重缺陷：理论功底较深的往往忽视具体国情和革命实际，陷入教条主义的泥淖；理论欠缺的则轻视知识学习，经验主义比较突出。另外，党的马克思主义经典著作翻译出版也呈现无序化特征，比较主观和杂乱。因此，成立专门的马列主义研究教育机构，组织一批专家选择整理编译经典著作，普遍提升党员干部的马克思主义理论水平，意义重大。

干部学校学员学习马列主义理论

延安马列学院的成立

1938 年 5 月 5 日，在马克思诞辰 120 周年的特殊日子里，延安马克思列宁学院宣告成立，校址在延安城北兰家坪，教室主要是坐落在山间的几孔窑洞。“院址位于延河西岸，面对延河，背靠上山，院内有两条大沟，山前仅有一小块平地，就在这块平地上盖了一些平房，土木结构，顶部是用泥巴糊的，泥上涂一层沥青防雨，墙是白灰刷的，除了平房外，其余全是土窑洞，一层一层顺山势排列，夜间远望，一排排灯光好似多层高楼，令人悦目。学员大部分住在窑洞里，院部、饭堂、伙房设在平房里，还有一少部分年龄较大或身体不太好的同志住在平房”，“礼堂是一座大草房，可以容纳几百人开会听课用，礼堂内没有桌凳，每人各有一个小坐凳。”①

马列学院除了教学机构外，学院还下设马列主义经典著作编译部，重点任务是研究、翻译、编纂马克思、恩格斯、列宁、斯大林等人的经典著作，张闻天兼任院长，可见规格级别之高。马列学院刚开始有学员三四百人，一般都要经过考试才能入校，并在抗日军政大学、陕北公学、中央党校进行初步训练，具有较高的文化水平和理论素养。1941 年 7 月改为马列研究院，毛泽东在改组大会上作了《实事求是》的报告，要求以马列主义的基本原则为指导，以研究中国革命的实际问题为中心，调查敌、我、友三方面的历史和现状。同年 8 月，马列研究院又改组为中央研究院。1941 年 12 月 17 日中央政治局通过《中共中央关于延安干部学校的决定》，明确指出“中央研究院为培养党的理论干部的高级研究机关”，“决定中央研究院直属中央宣传部”。院长仍由张闻天担任，副院长范文澜，院务委员会成员包括李言、温济泽、董纯才、陈元晖、陈道、蔡天心、丁玲、张健等。中央研究院的研究工作按照分设科室、专家指导的原则进行。从院长、主任到一般工作人员，均参加研究。研究方法主要是实事求是、理论联系实际。全院共设九个研究室：中国政治研究室，主任张如心；中国经济研究室，主任王思华；中国历史研究室，主任范文澜；中国文化思想研究室，主任艾思奇；中国文艺研究室，主任欧阳山；国际问题研究室，主任柯柏年；俄语研究室，主任师哲（兼）；教育研究室和新闻研究室，主任李维汉（兼）。1942 年中央党校改组后，研究院合并于中央党校，成为党校的第三部。至此，马列学院不再独立存在。

马列学院是中共中央直接领导的第一个经典著作编译机构，它的

---

① 中国人民政治协商会议西安市委员会文史资料委员会编：《忆延安》（西安文史资料第 17 辑），陕西人民出版社 1991 年版，第 14、417 页。

成立标志着中国共产党对马克思主义经典作品翻译、编纂进入到一个系统化、专业化的重要阶段。虽然这一时期马克思主义经典翻译工作者面临着诸多困难，主要是历史文献资料的短缺、翻译所需工具书的缺乏、图书印刷设备和印刷材料匮乏都对文献翻译和传播带来影响。在毛泽东等中央领导人的深切关怀下，马克思主义文献翻译逐渐从单打独斗走向团队协作的规模化、社会化发展道路，水平和能力大大提升，标志性成果层出不穷。

延安马列学院汇集了一批当时国家优秀的翻译工作者与理论工作者，他们为马克思主义经典著作的翻译付出了不少心血。例如艾思奇、李景林、王学文、张仲实、赵飞克、柯柏年、何思敬、曹汀、吴黎平、王思华等。这一时期的翻译成果也初具规模，例如《马克思恩格斯》丛书出版了 10 种，出版了《列宁选集》18 卷，还有《法兰西内战》《劳动在从猿到人转变过程中的作用》《剩余价值学说史》《社会主义从空想到科学的发展》《什么是马克思主义》《共产党宣言》《马恩通信集》《哥达纲领批判》《法兰西阶级斗争》《德国的革命和反革命》《什么是列宁主义》《路易·波拿马的雾月十八日》等书籍，还有《斯大林选集》出版五卷。

毛泽东十分重视经典著作翻译和研究，指示马列学院要“学个唐三藏”，并认为经典著作编译“实是功德无量的”，同时他十分重视马克思主义指导思想与中国特殊国情的结合，反复强调理论联系实际的重要性，反对空洞抽象的教条主义，认为一定要结合中国的实际创造性地运用和发展马克思主义。也是在这一时期，毛泽东对马克思主义经典著作以及理论学说进行深入研读，为了系统总结中国革命的经验，指导中国革命继续前进，也为了从理论上清理王明“左”倾路线的错误，他集中精力，发愤攻读马列主义的书，包括马克思恩格斯的原著和阐述马克思主义哲学、经济学的著作。当时毛泽东阅读、圈划并做了批注的马列著作，主要有《资本论》《社会主义从空想到科学的发展》《列宁选集》《国家与革命》《理论与策略》和《马克思恩格斯列宁斯大林论艺术》。毛泽东不仅对马克思主义经典著作和理论学说进行深度学习，而且还结合中国特殊国情和革命实际加以阐发，在实践基础上深刻总结中国共产党的经验教训，从而形成了毛泽东思想这一马克思主义中国化的理论成果。毛泽东的一些重要著作，恰好是在马列学院开办期间发表的，而且有些还是同马列学院有着直接的关系。这里不妨列举一下从 1938 年 5 月马列学院成立到 1941 年 5 月学院改组期间，毛泽东发表的重要著作:《论持久战》《抗日游击战争的战略问题》《中国共产党在民族战争中的地位》《统一战线中的独立自主问题》《战争和战略问题》《反对投降活动》《〈共产党人〉发刊词》《中国革命和中国共产党》《新民主主义论》《目前抗日统一战线中的策略问题》《论政策》《关于打退第二次反共高潮的总结》。其中，"毛泽东的《战争和战略问题》《反对投降活动》《新民主主义论》都在马列学院做过演讲。"①

除了成果编研外，马列学院还承担着人才培养的使命，重点任务是提升党员领导干部的马列主义理论水平，学院开设的课程有政治经济学、哲学、马列主义基本问题、党的建设、中国现代革命运动史、西洋革命史。由王学文负责讲授政治经济学、艾思奇讲授哲学、吴亮平讲授马列主义基本问题，讲授中国现代革命运动史和西洋革命史的分别是杨松和陈昌浩，党的建设前半部分马列建党理论由康生讲授，后半部分请刘少奇、陈云、李富春等作专题报告。

马列学院对马克思主义的传播

延安马列学院的成立，聚集了社会各界的仁人志士，大家共同努力，对马克思主义进行了深入学习和研究，正确解读马克思主义基本原理，不断推动马克思主义中国化的进程。延安马列学院在发展期

---

① 吴介民:《延安马列学院回忆录》，中国社会科学出版社 1991 年版，第 10、11 页。

间进行过几次改组，先后改为“马列研究院”“中央研究院”。后来主要由中国历史研究室以及国际问题研究室共同承担主要研究任务。为了抓细落实，取得成效，中国历史研究室被分为近代史组、农民土地组和民族组，从 1942 年初拟定的三年研究计划来看，这个阶段的研究重点转向国际比较和中国革命的实际问题。[①] 理论研究之外，延安马列学院还组织各界人士对马克思主义经典著作进行翻译编纂。1938 年 8 月，延安解放社出版成仿吾、徐冰翻译的《共产党宣言》，这是中国共产党公开组织翻译的第一个全译本，1943 年延安解放社又出版了博古校译的《共产党宣言》，得到党中央、毛泽东的高度评价。该书作为延安整风教材和“干部必读”书目，具有高度的权威性，强调党的意识形态对于学术研究的规范意义。

马列学院发展期间，在党内高层的支持和领导下，不少仁人志士来到延安，为马克思主义编译、传播作出了贡献。马列学院的成立，不仅为许多知识分子营造了良好的工作氛围，还为马克思列宁主义创造了有利的传播途径，扩大了马克思列宁主义在中国影响力，使得越来越多的群众接触、学习、理解马克思列宁主义，并不断把马列主义基本原理与中国实际相结合，为中国革命道路选择奠定基础。

马列学院从 1938 年 5 月至 1941 年 5 月改组期间，共招收过五届学员。第一班 80 多人，二、三、四班各 100 多人，第五班不到 100 人，再加上为准备参加党的七大代表专门开的两个班 100 多人，前后在马列学院学习的学生共有八九百人之多。学员基本构成是两部分人，一部分是参加革命多年，或在国民党统治区做过长时间地下工作的老干部，其中有些还是很有资历的红军指挥员和地下党的领导人；另一部分则是一二·九运动之后入党的知识青年，这部分人在入学之

① 温济泽:《延安中央研究院回忆录》，中国社会科学出版社、湖南人民出版社 1984 年版，第 82 页。

前，绝大多数都会先经过抗大、陕北公学、安吴青训班、中组部训练班以及中央党校的短期学习培训。因此入学条件比较严格，他们在入学之前都进行了考试。

在教学方法上，学院采取在教员指导下以个人自习为主的原则，对于文化、政治水平较高的学员，则引导、帮助他们直接阅读、研究马克思、恩格斯、列宁、斯大林的基本著作。由于当时延安能够读到的马列著作中文译本很少，为此学院专门成立了编译室，这是党在根据地时期建立的第一个编译马列主义经典著作的专门机构，张闻天兼主任。在他领导下，编译室先集中力量翻译马克思、恩格斯的几种主要著作公开出版，命名为《马恩丛书》，接着又陆续翻译出版《列宁选集》20卷，直到马列学院改组后才基本竣工。

第一届学员学习时间为两个学期共八个月，所学的六门课程均属于马克思主义基本原理。（1）政治经济学。核心讲马克思所揭露的资本主义生产的秘密，介绍剩余价值的理论。（2）马列主义基本问题。主要讲授马克思主义的三个来源和三个组成部分，然后大体按照斯大林《列宁主义基础》的思路讲列宁主义。（3）中国现代革命运动史。着重讲根据地的建立、发展、曲折和根据地建设的方针、政策等问题，分析了这些方针、政策的正确方面和错误方面。（4）西洋革命史（即西方资产阶级革命史）。通过这门功课的学习，学生们对于马克思主义产生背景的认识更加深刻。（5）哲学。马列学院按照“由少到多、由浅入深、由中国到外国、由具体到抽象”的教学原则，把这门课安排在下半学期进行。（6）党的建设。主要讲党的组织原则，党员、批评与自我批评、支部、干部政策、群众工作、公开工作、秘密工作。

哲学、政治经济学、马列主义基本问题这几门理论课程，都需要下功夫读一些马列主义的原著。在这一方面，张闻天本人的刻苦读书精神为马列学院学生们树立了榜样。1939年他亲自组织了《资本论》学习小组，其中有王学文、王思华等10多个同志。小组隔周讨论一次，从不间断，整整一年多时间把《资本论》第一卷的二十五章全部学完。这个小组因为学得好，当时曾得到毛泽东的表扬。

马列学院教学贯彻理论联系实际的方针，除了学好理论课程，帮助学生“了解马列主义精神和方法”之外，就是把学习党的方针、政策作为一项主要课程，“经常研究与讨论党中央与党的领导机关的各种文件与指示”，“经常多请当地的和外来的负责同志报告各种时事问题及各种实际工作的情况与经验”，这门课在当时就叫做党的策略教育（实际就是党的方针政策教育），当时这项教育在马列学院开展得很有成效，从而使马列主义理论与革命实际紧密结合。1940 年 10 月邓力群在《共产党人》上曾发表过一篇题为《策略教育在马列学院是怎样进行的》文章，重点介绍了时事与理论结合模式在马列学院的开展情况。

1940 年 7 月 7 日，在全面抗战爆发三周年之际，中共中央发布《关于目前形势与党的政策的决定》，马列学院专门停课进行研究和讨论，对于讨论中所提的问题，张闻天亲自作了七次集体解答。中央文件的学习同听取中央负责人以及地方实际工作负责人的报告相结合是马列学院教学的另一大亮点，在整个开设过程中，朱德《形势与华北抗日游击战争》，彭德怀《华北战场》，邓小平《华北抗战形势与敌后根据地建设》，彭真《关于晋察冀形势》以及董必武《关于大后方形势》的报告及问题讨论都给学员留下深刻印象，大大提高了马克思主义与革命实际相结合的程度。

马列学院传播马克思主义的教员代表

马列学院的建设离不开党和国家领导人的直接关怀，更离不开广大教职员工的无私奉献和艰苦奋斗。

1. 何干之

何干之是我国近现代史上著名的史学家之一，他为陕甘宁边区党史和中国近代史教学研究工作付出很大心血。1925 年何干之在大学读书期间，听到过李大钊、陈独秀等人对马克思主义的宣传，在认真研读大量文章的基础上，不断加深对马克思主义的理解。在当时浓烈革命氛围影响下，何干之积极投身反帝爱国运动。在理论认同和实践活动的双重作用下，何干之成为一名合格的具有共产主义思想的进步青年。后来，由于受到旧政权的迫害，何干之从广州辗转到达上海，参加了上海社会科学家联盟，在此工作期间，何干之加入了中国共产党。其后，因为受到反动派的再次迫害，何干之与上海社会科学家联盟的其他成员一同前往日本。在日本期间，他认真研究国内外形势和马克思列宁主义，并在同年底回国，定居上海。1937 年，卢沟桥事变爆发，民族危机进一步加深，在中国共产党的号召下，许多进步青年动身前往延安。为适应革命形势发展的需要，中共中央在抗大成立之后，又决定在延安开办陕北公学，并打电报给上海党组织，要求组织一批文化界知识分子到延安学习，接受中央决定，何干之告别年迈的母亲，与周扬、艾思奇、李初梨等从上海经西安八路军办事处，于 1937 年 10 月来到革命圣地延安。

到延安后，何干之在陕北公学任教，讲授马克思主义课程，同时担任中国问题研究室主任一职，为研究中国问题作出了贡献。何干之时刻铭记毛泽东的文化人要“用笔和口”继续战斗的教诲，鼓励陕公学生在前线用武器与敌人拼搏，在后方用笔和口驳斥敌人无耻谰言。他自己也身体力行，围绕抗战新形势，研究中国抗战的大政方针，撰写了《中国社会经济结构》一书。《中国社会经济结构》的出版，在一定程度上指导了中国的抗战，宣传了中国共产党的抗日民族统一战线政策，引导了广大人民，从舆论上督促国民政府实行有利于抗战的方针和改革，为中国人民赢得战争的胜利，发挥了极其重要的作用[①]。

① 张剑平:《中国马克思主义史学研究》，人民出版社 2009 年版，第 143 页。

1939 年 3 月，何干之在陕北公学期间完成重要著作《三民主义研究》，并于 1940 年出版，后来又连续再版两次，印证了这本书不可小觑的社会影响力。《三民主义研究》是何干之在对孙中山著作以及各种演讲笔记反反复复、认真研读后，并且结合自己对国家经济结构分析后得出的客观结论，是对“三民主义”切实研究的成果。在《三民主义研究》这本著作的创作过程中，运用了马克思的历史主义以及阶级分析的方法，研究了孙中山三民主义思想的产生及其转化演变过程，对三民主义内容进行客观评价及解读，这本书极大支持了中国共产党对国民党的舆论战，对蒋介石以“三民主义”为幌子，排挤打压中国共产党，给予了有力的揭露和反击。

2. 范文澜

范文澜是我国著名的马克思主义史学开拓者之一，延安时期，范文澜通过《中国通史简编》和《中国近代史》两本著作的撰写，为马克思主义史学在中国的发展奠定了坚实的基础。1917 年范文澜在北京大学完成学业后，先后在沈阳、上海和河南工作，1922 年到南开大学任教后，范文澜的生活环境与工作环境发生很大改变。他在南开大学主要讲授历史与古文，对古代大同世界进行研究。五卅运动爆发后，范文澜参加了天津各界反帝大游行。在革命运动的冲击下，他逐渐摒除埋头故纸堆、脱离现实、满足于抽象理论、脱离实践的思维和学习方式，放弃一直以来幻想的古代大同世界那种乌托邦思想。1927 年范文澜常在课堂上讲共产主义，天津警备司令部要逮捕他，经校长张伯苓协助，5 月离开天津到北京。同年秋，范文澜在北京会见李大钊，并开始在北京大学、师范大学、女子师范大学、中国大学、朝阳大学、女子文理学院、中法大学、辅仁大学等校任讲师，并与中国共产党所领导的团体——教联、左联、互救会发生联系，1930 年阎锡山派兵查抄范文澜住宅，搜出《红旗》等书报文件，指其为共产党而逮捕，经人营救获释。1935 年，在中法大学任教。1936 年，在河南大学任教。1939 年 9 月，在河南省确山县竹沟镇加入中国共产党。1940 年 1 月，到达延安，担任马列学院历史研究室主任。

延安时期，是范文澜思想转变的关键阶段，他不断学习马克思列宁主义，提升了对中国现实的认知程度，开始由曾经的著名国学研究大师转变为马克思主义新史学家。范文澜从事文化教育工作，编写课程教材，带领当时历史研究室的工作人员，共同编写了《国文读本选注》和《中国经学史的演变》。尤其是《中国经学史的演变》一书的出版，标志着范文澜开始运用马克思主义立场、观点、原则来思考问题。在分析经学产生、发展和演变原因时，范文澜紧紧围绕统治阶级加强中央集权的主观意愿，明确指出经学的本质是封建统治阶级在思想方面压迫人民的重要工具，统治阶级将经作为"圣训"来背诵，使教条成为束缚思想的桎梏。不仅如此，范文澜还运用唯物主义的辩证思想对经学发展的内因和外因进行分析，以此来透视中国经学演变发展的重要原因。鸦片战争结束后，中国经学影响力每况愈下，新民主主义革命发展进程中，更是进入消亡期。但范文澜对经学并没有持全盘否定态度，而是认真进行分类，理性总结，继续弘扬中国优秀传统文化，正是体现了一种古为今用、借鉴吸收的立场。正因为如此，范文澜被誉为"用马克思主义研究经学的开创者"，这也成为范文澜初步转变为马克思主义新史学家的重要标志。①

3. 尹达

尹达是我国著名的马克思主义历史学家以及考古学家。在延安时期，尹达为我国考古事业以及中国古代社会史的研究作出重要贡献，为马克思主义史学发展奠定了坚实基础。1937 年底，南京沦陷后，尹达放弃了自己的工作以及优越的学习环境，与其他爱国青年

---

① 张剑平：《中国马克思主义史学研究》，人民出版社 2009 年版，第 158 页。

一起前往革命圣地延安。到达延安以后，尹达先在陕北公学学习马克思主义理论。1938 年加入中国共产党。1939 年 2 月，马列学院把具有一定专业史学基础的同志召集起来，共同组建历史研究室，成员就包括尹达。为了解决历史研究资料紧缺的状况，尹达不顾生命危险，前往处在敌占区的河南取回重要历史研究资料和书籍，为历史研究室提供了宝贵资料。在学习马克思主义基本原理的过程中，尹达发现某些国外历史学家对石器时代问题的研究存在较大的片面性，是以点概面，他坚决摒弃这种错误方法，采取综合分析的思路进行研究，效果很好。正如尹达自己所言“我把 1939 年以前发掘所得的比较可信的材料作了一番初步整理，以此为基础，审慎地找出各种文化遗存的先后关系，比较全面地分析了各种文化遗存的具体内容”“试图突破安特生的体系，建立起中国新石器时代的比较可信的体系。”①

（二）翻译和编辑马列著作

延安时期开始对马列著作系统翻译

自从马列主义传入中国以来，先进知识分子虽然积极吸收和宣传，但在解决实际问题中却将马克思主义教条化、苏联经验神圣化，给革命带来了无尽的灾难。大革命期间党内连续出现三次“左”倾错误，尤其以王明为首的“左”倾教条主义错误影响最甚，在“左”倾错误影响下，第五次反“围剿”失败。马列主义在传播中遇到了困难，党中央痛定思痛，找出了失败的原因在于没有将马克思主义的基本原理理解透彻，大部分革命领导人马克思主义理论水平不高。党中

① 尹达:《尹达史学论著选集》，人民出版社 1989 年版，第 374 页。

央落脚陕北以后，吸取教训，要深入研究马列主义，而学习研究马列主义最基本的途径就是经典著作，但延安时期百废待兴，并没有可供学习的经典著作，此时中国共产党迫切需要翻译和编辑马列著作，以供广大党员和群众学习研究提升理论水平。因此翻译马列著作是延安时期马克思主义能在陕甘宁边区广泛传播的首要条件，当时的延安汇集了诸多接受过高等教育甚至有过留学海外经历的高级知识分子，这为翻译工作提供了可能。

为了推进这一任务有序进行，1938 年 5 月 5 日，也就是马克思诞辰 120 周年这一日，中央专门成立了马列学院翻译部，用来翻译马列经典著作，在前期集中力量编译出版“马恩丛书”，在后期编译《列宁选集》。翻译的材料主要来自苏联，有俄文、英文、德文、法文、日文等版本，当时的翻译部集中了王学文、吴亮平、艾思奇、张仲实、何思敬、何其芳、王实味、何锡麟、徐冰、柯柏年等党内一批顶尖的翻译人才，专门负责马列经典著作的翻译和编辑工作。从 1938 年到 1942 年，延安解放社用“马克思恩格斯丛书”的形式，出版了一系列马克思恩格斯的重要著作，诸如，吴亮平翻译的《社会主义从空想到科学的发展》，成仿吾、徐冰翻译的《共产党宣言》，张闻天、吴亮平翻译的《法兰西内战》，张仲实编译的《费尔巴哈与德国古典主义终结》《家庭、私有制和国家的起源》《论民族问题》《马克思主义的基本问题》等，柯柏年编译的《社会主义从空想到科学的发展》《哥达纲领批判》《法国的革命与反革命》《马恩通信选集》等，都为全党深入学习马列主义提供了文本。同时，为了战争的需要，1938 年中央军委决定把马克思主义军事理论的学习作为军事干部的必修课目，同时还成立军委编译处，专门翻译恩格斯的军事著作和苏联的军事书籍等。在党中央高度重视、专家学者积极努力之下，马恩著作的翻译和编辑工作成果丰富。延安解放社在后期将翻译力量集中到了列宁的经典著作，正如《列宁选集》的序言所指出的：“列宁主义是全世界无产阶级和被压迫人民谋求解放的武器——理论与策略，唯有正确地掌握着这一武器，中国革命的胜利，才会有充分地保证。”在这样信念的指引下，编译部先后翻译编辑了《列宁选集》的前18卷、《共产主义运动中的“左派”幼稚病》《社会主义与战争》等重要著作。可以说，马列学院编辑部为延安时期马克思主义在陕甘宁边区以及在全国的传播作出了不可磨灭的历史贡献，其功绩不仅在于集中翻译了一批马恩列的著作，提高了党员干部的理论水平，更重要的是促进了马克思主义的传播。

延安时期马列著作翻译的主要类型

（1）马列哲学著作。马克思的哲学是完备的哲学唯物主义，它把伟大的认识工具给了人类，特别是给了工人阶级。[①] 随着艾思奇和培元、陈伯达、张如心、陈维实等为代表的一批哲学家到达延安，延安逐渐形成了一支庞大的哲学研究队伍。延安时期，中国共产党领导集团逐渐形成，他们对中国革命成功和失败的历史进行了总结，逐渐意识到要把马克思主义哲学融入到中国的具体革命实践中，马克思主义理论来指导中国的革命是中国共产党的一项重大举措。马克思主义哲学领域人才在延安时期大量涌出，在延安，马克思主义哲学得到巨大的补充与发展，马列著作的翻译与传播学习促进了马克思主义哲学在中国的传播和发展。在延安相对稳定的环境中，又有大量的知识分子集中，延安时期马克思主义哲学的研究得到蓬勃的发展，并且取得了令人满意的成果。

马克思主义哲学研究最基本的方法就是阅读和研究马列哲学作品，为了更多地了解苏联的革命经验，列宁的哲学也被马克思主义理论学家进行了研究。学界对马克思列宁主义作品的重视使马克思、恩

---

① 中共中央马克思恩格斯列宁斯大林著作编译局编：《列宁专题文集 · 论马克思主义》，人民出版社 2009 年版，第 68 页。

格斯、列宁等哲学家的著作翻译工作开展更加积极，延安的知识分子组织了专门研究马克思主义哲学的研究小组，讨论和交流学习马克思主义哲学的方法和感想，掀起了中国共产党学习马列主义哲学的热潮。延安时期，外部的战争形势不断发生变化，为了适应不断发生变化的局势，消除教条主义和形而上学主义对中国共产党员的影响。毛泽东指出，要把马列主义作为革命的科学来学习研究，对马克思主义理论的学习不仅仅是要学习革命导师著作中的内容，更重要的是要通过阅读著作，了解革命导师思考问题的心路历程和方法，学习革命导师分析和观察问题的角度和方法，党员干部解决革命中出现的问题也需要认真学习辩证法和唯物主义。毛泽东特别强调要把马列主义理论融入到中国的革命之中，党员干部在学习和研究马克思主义理论时要有目的，将马克思主义中国化，以中国实际情况为依据，解决中国革命中遇到的实际问题。对马克思主义著作的深入学习研究，党员干部可以真正掌握马克思主义哲学这一思想武器，毛泽东指出，要高度重视马列著作的翻译和传播，作为党员干部，要认真学习辩证法和唯物论，来解决革命中会遇到的各种问题。

长征胜利后，在军事上因教条主义影响而犯的错误被终止，但是在党内，教条主义在其他方面的影响仍然存在。延安时期，马克思主义哲学工作者的一项重要任务就是彻底清除党内存在的教条主义的影响。为了使中国革命能够取得最终的胜利，以毛泽东为核心的党中央领导集体对马列著作展开学习，形成带头作用，在领导人的带动下，党员同志也展开对马列著作的学习。为了满足党员同志对马列主义哲学学习的需要，一批质量高、数量大的马列哲学著作被知识分子翻译出来，并在党内传播开来。延安时期，中国共产党也清楚地认识到，如果没有科学的革命理论的指导，中国共产党很难领导党员和人民群众取得革命的最终胜利。

抗日战争形势的不断变化，使中国共产党越来越意识到指导中国的革命离不开马克思主义哲学。

从五四时期到延安时期，马列著作在中国的翻译事业上表现的最显著的特点之一就是与中国革命紧密结合，因此，在选取要翻译的著作时会优先选择马克思、恩格斯与列宁等马克思主义革命导师关于中国的论述。《马克思恩格斯论中国》是马克思、恩格斯关于中国做的论述的第一个中文版本。恩格斯的《路德维希·费尔巴哈和德国古典哲学的终结》《关于费尔巴哈的提纲》等名作，列宁的《论战斗的唯物论的意义》等在延安时期也被翻译成中文，促进了马克思主义哲学的研究。为了促进马克思主义哲学的研究更加深入，延安的理论家、翻译家不断翻译一些专题性的文章，并编撰成集，这些文章的翻译与出版，为延安时期研究马列哲学提供了条件。

主要翻译作品

译者	出版日期	书名	出版社
张仲实	1937 年	《费尔巴哈论》	生活书店
方乃宜	1938 年	《马克思恩格斯论中国》	解放出版社
陈昌浩	1938 年	《联共党史简明教程》	外国文书籍出版局
艾思奇	1939 年	《列宁关于辩证法的笔记》	解放出版社
柯柏年	1939 年	《论战斗的唯物论的意义》	解放出版社
柯柏年、艾思奇	1939 年	《马克思恩格斯通信选集》	解放出版社
吴亮平	1940 年	《反杜林论》	抗战书店

（2）马列军事著作。1938 年，在中国共产党中央委员会的支持下，阅读并研究马克思列宁主义军事理论书籍作为军事干部的必修课程正式被中国共产党中央军事委员会确定。军事人员必须要深入学习马克思列宁主义思想，这样一来，军队才能更坚定地在中国共产党的领导下，更加高效地执行党和人民交给他们的任务。中国共产党的党员干部需要革命导师关于军事思想的论述来领导中国革

命。为了使马列军事著作翻译工作的开展更加顺利，中央军委组建了军委编译处，吸纳了一批擅长外文的同志从事马列军事著作翻译工作。中共中央任命曾涌泉为军委编译处负责人，曾涌泉利用自己在列宁军政学院学习与工作的经验以及在共产国际特别军事训练班中担任翻译的经验，带领军委编译处中的同志以积极的态度翻译马列军事著作。在党中央的领导下，军委编译处同志克服外部困难共同努力翻译出了一批质量优的马列军事著作，仅仅在 1938 年到 1941 年期间，就有十几种马列军事著作翻译出来，在党内引起了广泛的讨论和学习。

马克思列宁主义军事理论的产生，使军事科学领域发生了根本性的变革，尤其是在全世界的无产阶级以及殖民地、半殖民地地区，受压迫人民有了系统的军事理论来指导革命斗争。在阅读马克思主义军事著作的译著后，中国共产党的领导人开始发表军事方面的文章，1941 年 8 月 20 日，叶剑英在文章中指出，共产党的军事领导干部在研究政治理论书籍的同时，也要对革命导师的军事理论进行学习研究。延安军委编译部最早翻译的马克思主义军事理论作品是恩格斯的《冲锋》和《军队论》，由焦敏之翻译的这两篇军事论文，在全党内得到了广泛的呼应。1939 年 1 月创立的《八路军军政杂志》，第二期就刊登了《冲锋》这篇军事论文。在军政杂志的第三到第六期连载了《军队论》。八路军军政杂志社将其翻译的《恩格斯军事论文选集》编入到了“抗日战争参考丛书”中去，其中包含了恩格斯的五篇军事文章，《恩格斯军事论文选集》是中国翻译出版的第一本论文选集译著。中国共产党在“抗日战争参考丛书”中增加了曹汀翻译的《1870—1871 年普法战争》和《新德意志帝国建设之际的暴力与经济》。曹汀曾说，《普法战争》出版时，叶剑英曾当面强调阅读马列军事著作的必要性和重要性，鼓励延安的译者要克服外部的困难，坚持对马列军事著作进行翻译，向广大党员传播马克思主义军事理论思想。曹汀受到了鼓舞，在以后的生涯中一直从事马列军事著作的翻译工作，对马列军事著作的翻译与传播工作作出了极大贡献。

延安时期马列军事著作翻译出版情况

译者	出版日期	书名	出版社（刊物）
吴亮平、张闻天	1938 年	《法兰西内战》	延安解放社
钱亦石	1938 年	《德国农民战争》	上海生活书店
唯奚	1938 年	《马克思主义与民族战争问题》	《群众》
杨松、袁维节	1938 年	《社会主义与战争》	《解放》
王石巍、柯柏年	1939 年	《德国的革命与反革命》	上海生活书店
焦敏之	1939 年	《冲锋》	军委编译处
	1939 年	《军队论》	军委编译处
	1939 年	《恩格斯军事论文选集》	八路军军政杂志社
郭和	1939 年	《法兰西内战》	上海海潮社
焦敏之	1939 年	《马克思列宁主义论战争与军队》	八路军军政杂志社
曹汀	1940 年	《暴力在历史中的作用》	不详
徐冰	1940 年	《纪念巴黎公社》	《群众》
徐冰	1940 年	《巴黎公社的教训》	《新华日报》
曹汀	1941 年	《1870—1871 年普法战争》	八路军军政杂志社

（3）马列文化著作。延安时期，中国共产党对马克思主义文化观念进行了继承，并且对马克思主义的文化观念进行了创新性发展。中国共产党成立之时，共产国际就开始对中国共产党进行绝对领导，所

以马克思、恩格斯和列宁每一个关于社会和文化的理论都对中国共产党产生了影响。也正是因为中国共产党一直受共产国际的绝对领导，中国共产党党内一直存在把苏联的革命经验神圣化的倾向，对苏联的经验照抄照搬。本本主义在党内盛行的时期，苏联的文化理论与文化观点在中国共产党党内广泛传播，虽然毛泽东发表了《新民主主义论》和《在延安文艺座谈会上的讲话》，但是苏联文化理论在党内的传播产生的影响仍然十分显著。

延安时期，知识分子在对文学理论进行讨论时，主要讨论的问题是文学的倾向性以及真实性问题，讨论的问题没有脱离苏联文化理论讨论的范围。对文学形式的讨论、语言的艺术性质、文学的阶级性质、政党的讨论等问题的研究，中国共产党基本上都是照搬了苏联的看法。1930年后，苏联马克思主义理论家关于文化理论的著作被大量引入中国。因此，中国共产党党内的知识分子在对有关文化理论方面的问题进行讨论时没有摆脱苏联的马克思主义文化理论的影响。中国共产党自诞生之日起，就以马克思列宁主义为党的指导思想，强调党员同志要用马克思主义武装头脑。在革命实践和不断学习中，中国共产党人的文化理论不断完善，形成了以历史唯物主义为基础的文化理论。在近代的思想界，中国文化如何发展和发展的走向问题一直受到关注。早期的中国共产党人在对中西文化的问题分析和马克思主义的运用中，探索出了适合中国文化发展的途径，他们的思想虽然还不够成熟，但是为延安时期文化理论的发展奠定了基础。历史唯物主义从传入中国开始就和中国的实际情况紧紧相连，中国早期以历史唯物主义为主要内容对马克思主义理论进行传播，而马克思主义的唯物史观成为了现代中国改造国家社会的理论武器。

马克思、恩格斯、列宁等马克思主义革命导师的文艺思想是马列主义体系中一个重要的组成部分，他们关于文化理论的思想主要表现在他们往来的书信和一些其他著作之中。因此，马列著作在传播的过程中，马克思主义的文化理论也就在中国广泛传播。延安时期，我国面临的民族危机加深，进步的革命的文艺工作者克服了重重困难，推动了马列文化理论在党员同志和人民群众中的传播，推动了无产阶级文艺革命运动的蓬勃发展。

主要翻译作品

译者	出版日期	书名	出版社
欧阳凡海	1939 年 11 月	《马恩科学的文化论》	读书生活出版社
曾葆华、王名蘅	1940 年 6 月	《马克思恩格斯列宁论文艺》	鲁迅艺术文化学院出版社
周扬	1944 年	《马克思主义与文艺》	延安解放社

《马克思恩格斯列宁论文艺》一书中对革命导师的革命现实主义和唯物史观做了全面的分析介绍，促进了马列主义文艺理论队伍的建设，也推动了中国共产党对马克思主义文化理论进行丰富发展。新中国成立之前，该书就被当作是马克思主义文化理论观点的集大成作品，并且深刻影响了马克思主义文化理论的发展。

（4）马列经济著作。延安时期这个特殊的历史时期里硝烟弥漫，战火纷飞。在根据地，中国共产党需要经济理论来指导经济建设，因此中国共产党没有忽视马克思主义经济学作品的翻译。一些专门研究经济的理论家致力于翻译马列经典书籍，成果相当丰富。从 1928 年开始郭大力和王亚南二人就展开了对马列主义经典的经济著作《资本论》翻译的工作，1938 年，上海读书出版社出版发行了《资本论》的前三卷。到 1947 年，二人完成了对《资本论》的全部翻译工作，对马克思主义经济理论的传播作出了巨大的贡献。为了使《资本论》的翻译工作更加系统，内容更加全面，质量更高，郭大力和王亚南对译本的选取也耗费了精力，最终选取了经过苏联马恩学院仔细校对过后的德文版本，译著的准确性得到了保证。此外，郭大力还翻译了马克思和恩格斯探讨经济学相关问题的往来信件，读者对经济学的内容了解更加全面。一系列马克思主义经典经济著作的翻译出版，给中国共产党正确认识国内的经济的情况提供了科学的理论指导，在社会上也产生了好的反响。延安时期中国共产党为破解根据地经济困难的局面，非常注重经济支持对于革命的重要意义，开始翻译出版马克思主义经济类的著作，这也在客观上推动了革命根据地的经济建设。

主要翻译作品

译者	出版时间	书名	出版社
郭大力、王亚南	1938 年	《资本论》第一、二、三卷	读书生活出版社
王学文、何锡麟	1939 年	《政治经济学论丛》	延安解放社
何思敬、徐冰	1939 年	《哥达纲领批判》	解放出版社
张仲实	1940 年	《家庭私有财产及国家起源》	明华出版社

延安时期，理论工作者面对的条件很艰苦，资源匮乏，基本的工具书也十分匮乏，而对于翻译者来说，需要翻译的马列著作内容多，种类丰富，这些都给翻译者带来了很大的压力。这些困难没有打败延安时期的知识分子，张闻天、吴亮平、柯柏年、艾思奇等一些著名的翻译者经过艰苦奋斗，克服了各种困难，翻译出了许多高质量的马列主义著作。通过马列著作的翻译与传播，广大的人民群众对马克思主义的把握更系统全面。

（三）创办报纸杂志

报刊一直都是传播新思想的重要途径，它受众面广、传播速度快，同样也是新闻宣传的重要载体。因此，报刊就成为中共引导社会舆论，宣传马克思主义理论重要的渠道。

毛泽东指出："办好报纸，把报纸办得引人入胜，在报纸上正确地宣传党的方针政策，通过报纸加强党和群众的联系，这是党的工作中的一项不可小看的、有重大原则意义的问题。"[①]"有关政策的问题，一般地都应当在党的报纸上或者刊物上进行宣传"[②]，这就要求把报刊当作宣传思想的重要途径和组织教育群众的思想武器，足以说明报纸对于引导舆论的重要作用。刘少奇也曾在《对华北记者团讲话》中谈到"报纸用得好，就能引导人民向好的方面走，引导人民前进，引导人民团结，引导人民走向真理。如果办得不好，就存在着很大的危险性"[③]。在当时的中国，马克思主义就是全党的重要思想，因此在办报之初，就坚决指示以马克思主义为指导创办报纸杂志的方针，要求报刊杂志的编辑、记者学习马克思主义，用马克思主义把自己武装起来，从而使其所办的报纸杂志与党的理论、政策和工作保持一致，成为宣传马克思主义的重要途径。

基于此，1935 年 11 月 25 日，刚刚落脚陕北的中共中央决定将苏维埃中央政府机关报《红色中华》复刊，不久瓦窑堡会议决定了抗日民族统一战线政策，《红色中华》就把宣传中国共产党的这一项政策作为自己的首要任务，同时还对抗日红军、根据地的建设等进行了宣传。

为了更好地发挥报纸杂志的宣传作用，1937 年 1 月 22 日，中共中央决定成立由张闻天、博古、周恩来、王明、凯丰等组成的党报委员会，明确提出其三项任务：一是负责编辑出版中央的理论刊物《解放》杂志；二是管理《新中华报》的新华社；三是负责马列主义革命和革命理论书籍的出版发行，在党报委员会的集中统一领导下，党创办了非常多的报刊，据《抗日战争时期重要资料统计集》记载，1937 年至 1945 年，延安和陕甘宁边区出版了《新中华报》《解放日报》《边区群众报》《进步报》等 22 种。

---

① 《毛泽东选集》第 4 卷，人民出版社 1991 年版，第 1319 页。

② 《毛泽东选集》第 4 卷，人民出版社 1991 年版，第 1318 页。

③ 《刘少奇选集》上卷，人民出版社 1981 年版，第 396 页。

1940年春节前夕，毛泽东鉴于边区百姓文化低、文盲多的现状，提议创办一个大众读物社，以便适应普通老百姓读的通俗报纸，3月25日，《边区群众报》正式创刊。该报纸有一个不成文的规矩，每期报纸排版印刷之前，都要邀请不识字或识字少的边区同志“集体审稿”，他们听懂了就可以发行，但他们若是听不懂就推倒重来，正是因为通俗易懂，所以深受边区群众的欢迎，提高了文化水平较低的干部群众的政治理论水平，为马克思主义思想深入群众被群众所接受创造了一种新的形式。

1941年5月，《解放日报》创刊。毛泽东亲自题词“深入群众，不尚空谈”，在这一思想的引领下，中共一些重要领导人不断在《解放日报》上刊登和发表马克思主义的著作和文章，诸如毛泽东在《解放日报》中撰稿67篇，仅被收入《毛泽东选集》的社论就有8篇，诸如《历史教训》《评柏林声明》等。此外，《解放》周刊也刊登了一系列马恩著作，诸如当时风靡一时的《联共党史研究提纲》、杨松翻译的《斯大林与世界共产主义运动》《社会主义与战争》《战争与资本主义诸国里的工人阶级》。以及随后创办的综合性学术报刊《中国文化》，刊载了许多社会科学方面的文章，其中代表作《中国通史简编》运用马克思主义的基本观点对中国历史展开了更加深入、更加系统化的研究，可以说，这是我国真正意义上第一部将马克思主义关于人类社会发展的一般规律与中国的历史相结合的著作。这些报刊对推动马克思主义的普及和在全国的广泛传播都意义深远，是延安时期马克思主义传播的重要途径。

边区报纸杂志创办与发行

中国共产党成立之初，就高度重视报纸杂志在宣传教育工作中的重要地位。党的一大对刊物的经办单位、类型和内容作了详细规定，建构了中共报刊系统的基本框架。1935年10月中共中央落脚陕北后，逐步在陕甘宁边区建立起一个以中共中央机关报为核心的报刊系统，由此报纸杂志成为马克思主义传播的重要思想阵地。据统计，延安时期陕甘宁边区共办有报纸杂志 200 余种，涉及政治、经济、军事、生活、文学、音乐、绘画、戏剧等多方面，这些报纸杂志坚持以马克思主义为指导，宣传先进思想理论，并注重将其融入拯救民族危亡的不懈奋斗，以提升老百姓的思想政治觉悟，增强革命斗志。

1939 年前后，党中央决定重建中共党报系统，并于 1939 年 2 月将《新中华报》改为中共中央机关报。前身是 1931 年 12 月由红色中华通讯社在江西瑞金创办的《红色中华》。《红色中华》是第一份中华苏维埃共和国中央政府机关报。1934 年 10 月因红军长征停刊，1935 年 11 月随红军迁至陕北，并在瓦窑堡复刊。1937 年 1 月，随中共中央进驻延安，为了适应抗战的新形势，更名为《新中华报》。同年 9 月改为陕甘宁边区政府机关报，1939 年 2 月又改为中共中央机关报。该报受众主要是文化水平较低的工人和农民，其文章注重将马克思主义的立场、观点和方法融入新闻时事及评论文章之中，以传播马克思主义，宣传党的路线、方针、政策为宗旨。该刊集中全力宣传抗战，力求全面如实反映战场情况，号召老百姓广泛参与抗战，严厉批驳敌对势力的妥协投降活动。同时，坚持团结进步的方针，有力回击由国民党顽固派发动的多次反共高潮，为抗战胜利提供强大支撑。

延安时期出版的主要报刊一览表

类别	名称	创办年月	刊期	主办机关
报纸	红色中华	1935.11.25 复刊	三日刊	中华苏维埃共和国中央政府机关
	新中华报	1937.1.29	三日刊	中共中央、陕甘宁边区政府机关报
	解放日报	1941.5.15	日刊	中共中央机关报
	边区群众报	1940.3	周刊	中央西北局、陕甘宁边区政府机关报

续表

类别	名称	创办年月	刊期	主办机关
报纸	救亡报	1938 年春	三日刊	中共陇东特委宣传部
	关中报	1939 年春	五日刊	中共关中分委宣传部
	抗战报	1939.8	三日刊	中共绥德分委宣传部
	战声报	1938.5	周刊	三五九旅政治部
	民先报	1940.4	五日刊	三五八旅政治部
	进步报	1940.1	五日刊	陕甘警备区政治部
	新边墙报	1941.12 复刊	五日刊	三边警备区政治部
	连队生活	1940.8	旬刊	留守兵团政治部
	新文字报	1940.12	周刊	边区文协新文字报社
杂志	解放	1937.4.24	周刊	中共中央机关刊物
	共产党人	1939.10	月刊	中共中央机关刊物
	团结	1938.2	月刊	中共陕甘宁边区党委刊物
	学习	1942.6	月刊	中共中央西北局
	八路军军政杂志	1939.1.15	月刊	八路军总政治部
	中国青年	1939.4.16	半月刊	中共中央青年工作委员会
	中国妇女	1939.6.1	月刊	中共中央妇女工作委员会
	中国工人	1940.2.7	月刊	中共中央职工运动委员会
	文艺突击	1938.10.16	月刊	边区文艺界抗敌协会
	中国文化	1940.2.15	月刊	陕甘宁边区文化协会
	谷雨	1941.11	月刊	陕甘宁边区文化协会
	草叶	1941.11	双月刊	鲁迅艺术文学院草叶社
	诗刊	1941.11	月刊	边区文协诗歌总会

依托《新中华报》这一核心刊物，《八路军军政杂志》《中国青年》《中国妇女》《共产党人》《中国工人》《中国文化》《边区群众报》等一批报纸杂志纷纷出版，这些刊物的创办扩大了马克思主义传播的思想阵地。1939 年 1 月，八路军总政治部出版《八路军军政杂志》。

作者多是中共中央领导、军事将领及相关工作人员，受众是营以上领导干部。毛泽东为其写的发刊词中指出该刊目的是“为了提高八路军的抗战力量，同时也为了供给抗战友军与抗战人民关于八路军抗战经验的参考资料”[①]。因此，该刊主要报道世界反法西斯战争实况，登载中共领导人的军事理论，总结八路军和新四军作战经验及别国军事经验，报道前线将士英勇抗战，揭露日军残酷暴行和国民党顽固派的反共阴谋等。同时，设有“政治工作”专栏，专门发表关于加强军队思想政治工作的文章，如《论目前敌后抗日游击战争中的战时政治工作的基本特点》《百团大战中军区部队政治工作的经验》等，为我党的政治工作及干部教育问题提供了宝贵经验。总之，该刊是集军事性和政治性于一体的中共中央刊物。

1923 年 10 月，《中国青年》正式创刊，后因受国民政府迫害停刊。1939 年 4 月，由全国青年联合会延安办事处在延安复刊。正如冯文彬在发刊词中所写的那样：“我们今天的《中国青年》要能够推动、组织更广大的青年到抗日战争中来”[②]，该刊以引导和鼓舞青年加入为争取民族独立斗争为任务。它既向民众介绍马克思主义入门书籍，也向青年知识分子介绍并解读马克思、恩格斯、列宁等经典作家的原著；既系统阐述马克思主义理论，又注重联系实际宣传马列主义。任弼时说道：“这个刊物传播着马列主义思想，组织青年积极参加反对帝国主义、封建主义的斗争，在中国人民革命运动中发挥了很大的作用”[③]。

1939 年 6 月，中共中央妇女运动委员会创办《中国妇女》，这是中共创办的第一份全国性妇女刊物，面向有一定文化水平的妇女同志。杂志旨在宣传中共中央、中央妇委的指示和决定，使广大妇女及

---

① 《毛泽东文集》第 2 卷，人民出版社 1993 年版，第 139 页。

② 中国社会科学院新闻研究所编：《中国共产党新闻工作文件汇编》下卷，新华出版社 1980 年版，第 30 页。

③ 《任弼时选集》，人民出版社 1987 年版，第 493 页。

时了解并落实相关政策；阐释马克思主义妇女观，为陕甘宁边区妇女解放运动提供指导；引导妇女干部开展工作等。该刊在唤醒妇女思想政治觉悟，动员她们投入抗战方面起了重要作用，进一步推动了马克思主义的传播。1941 年 3 月，由于财政困难、战争形势严峻等，《中国妇女》停刊，共出版 22 期。

1939 年 10 月，针对党内思想不统一、党员理论水平低的实际情况，中共中央在延安创办《共产党人》杂志。该刊属于“党内刊物”，面向中共党员，具有一定的保密性。其任务是“帮助建设一个全国范围的、广大群众性的、思想上政治上组织上完全巩固的布尔什维克化的中国共产党”[①]。主要内容有：关于加强党的思想建设、组织、作风、纪律和制度建设，提高党员的马克思列宁主义水平，打造一支思想过硬、组织过硬、作风过硬的党员干部队伍。杂志虽属党内刊物，但也发行到陕甘宁边区及其他根据地，且每期数量达 1000 余份，是当时影响力较大的刊物之一，为党的建设作出重大贡献。

1940 年 2 月，《中国工人》和《中国文化》创刊。前者设有《国内外工人运动》《工人文艺工作》《工人社会生活》等专栏，受众是工人干部和普通工人，其出版后深受边区工人欢迎，在教育工人方面起了重要推动作用。后者由陕甘宁边区文化界救亡协会主办，主要发表文史哲及艺术方面的学术论文，其创刊号中就发表了毛泽东《新民主主义论》的最初版本——《新民主主义的政治与新民主主义的文化》，文章指出《中国文化》秉持实事求是的出版态度，一切以千百万人民的革命实践作为检验标准。

1940 年 3 月，《边区群众报》创刊，这是在毛泽东提议下创办的陕甘宁边区中央局机关报，由大众读物社主办，作家周文主持。读者面向基层干部和普通群众，采用通俗语言表达，发行量达一万份，为老百姓所喜闻乐见。主要内容有：解读时事，报道国内发生的重大事

---

① 《毛泽东选集》第 2 卷，人民出版社 1991 年版，第 602 页。

件；宣传政策，及时传达并指导落实党中央文件指示；纠错纠偏，破除封建迷信思想，确立和巩固马克思主义信仰；加强思想政治教育，强化规章纪律意识，提高政治素养。1947 年 3 月国民党占领延安后，该刊随中共中央转战陕北，并坚持出版。1954 年，在西安更名为《陕西日报》。

1941 年 5 月，为了提升马克思主义的宣传力度，党中央决定将《新中华报》和《今日新闻》合并成为《解放日报》，随后停止出版《中国青年》《中国妇女》和《中国工人》，将重点放在办好《解放日报》上。《解放日报》是陕甘宁边区第一个大型日报，也是当时传播力和影响力最大、最具代表性的报纸。毛泽东为该刊撰写的发刊词中指出“本报之使命为何？团结全国人民战胜日本帝国主义一语足以尽之。”[①] 然而创刊初期，由于过多报道国际新闻，忽视对中国抗战实际的深入分析，脱离中国国情、脱离群众，与刊物初衷相悖。所以 1942 年 3 月 16 日，中共中央宣传部下达了《为改造党报的通知》，明确指出“报纸的主要任务就是要宣传党的政策，贯彻党的政策，反映党的工作，反映群众生活，要这样做，才是名符其实的党报”[②]，否则就不能充分体现刊物的党性。3 月 31 日，中央召开《解放日报》改版座谈会，会上毛泽东强调要利用《解放日报》好好整顿主观主义、宗派主义、党八股等不良作风。4 月 1 日，改版后的《解放日报》头版头条刊登《边区参议会减轻征收公粮公草的决议》一文，标志着《解放日报》开始关心群众生活，登载内容焕然一新。

改版后的《解放日报》内容主要包括两个方面：一是传播马克思主义，刊登马克思主义经典著作。比如，1942 年 5 月 14 日，登载了列宁《党的组织和党的文学》，文章与毛泽东在延安文艺座谈

---

① 中国社会科学院新闻研究所编：《中国共产党新闻工作文件汇编》下卷，新华出版社 1980 年版，第 31 页。

② 中国社会科学院新闻研究所编：《中国共产党新闻工作文件汇编》上卷，新华出版社 1980 年版，第 126 页。

会上的讲话精神相契合，指出“社会主义无产阶级应当提出党的出版物的原则”“写作事业应当成为整个无产阶级事业的一部分”[①]，阐明了无产阶级文艺事业的党性原则，强调文艺必须为人民群众服务的宗旨，确立了一条无产阶级的文艺路线。15 日，刊登了《恩格斯论现实主义》，提到“现实主义是除细节的真实外，还要真实地再现典型环境中的典型人物”[②]，详细论述了文学创作中的现实主义，促使文艺界关注下层民众生活，扩大文艺反映社会生活的领域。同年 8 月 28 日，《斯大林论自我批评》一文在《解放日报》发表，文章指出：“自我批评是布尔什维主义武库中绝不可少的、经常使用的武器，是同布尔什维主义的本性、同布尔什维主义的革命精神不可分离的联结着的一种武器”[③]，有助于增强共产党员党性，坚定共产主义信仰，为抗战胜利提供强大的组织保证。此外，该刊还发表了加里宁、瓦尔加、库兹明等国外马克思主义学者的文章，提高了全党的马克思主义理论水平，推动了马克思主义在陕甘宁边区的传播，促进了马克思主义中国化。二是宣传中共的路线、方针和政策。1938 年 10 月，抗日战争进入相持阶段后，国民党反共投降情绪日益高涨，抗日民族统一战线面临瓦解，因此，1942 年 7

GIEFANG RHBAO
解放日報
國社黨副領袖赫斯出奔英國
英美態度殊堪注意
社論
發刊詞
美加緊援英

1941 年 5 月，《解放日报》创刊

① 列宁：《党的组织和党的文学》，《解放日报》1942 年 5 月 14 日。
② 恩格斯：《论现实主义》，《解放日报》1942 年 5 月 15 日。
③ 斯大林：《论自我批评》，《解放日报》1942 年 8 月 28 日。

月7日，该刊发表《中共中央委员会为纪念抗战五周年宣言》，文章详细分析了当前的国内外形势，提出“时间”与“团结”两个问题，即如何在更短时间内取得抗战的全面胜利，以及如何消除各党派之间的分歧、维护抗日民族统一战线。针对这两个问题，《宣言》强调“必须坚定全国军民的胜利信心，克服悲观失望的情绪，消除等待侥幸的心理，一切为着抗战的胜利，一切为着反攻的实施而奋斗”[①]，要排除万难，团结抗战、团结建国，尤其是当前一致抗日的重要性和紧迫性。抗日战争胜利后，发表《新时期的路标——论中共中央关于时局的宣言》的社论，指出：“中国和中国人民迫切需要‘在和平民主团结的基础上，实现全国的统一，建设独立自由与富强的中国，并协同英美苏及一切盟邦巩固国际间的持久和平。’”[②] 通过发表相关政策文章，提升了受众的政治素养，增强了对新民主主义革命的认识，进一步推动了马克思主义与中国革命实践相结合。

1942年《解放日报》改版后，集中全力宣传马克思主义及其中国化最新成果——毛泽东思想，在思想上和组织上始终与党中央保持一致，党性、组织性明显增强。经过改革，唤醒了读者的阶级意识和政治觉悟，鼓舞了军民斗志，壮大了革命队伍，使他们接受了一次深刻的马克思主义教育，进一步促进马克思主义大众化，为新闻界的整风运动建立良好开端。

报纸杂志的传播特点

延安时期的报纸杂志是在中国共产党领导下创建的，是党和边区群众的喉舌，是实现民族独立和人民解放的锐利武器，这一时期报纸

---

① 中国共产党中央委员会：《为纪念抗战五周年宣言》，《解放日报》1942年7月7日。

② 《新时期的路标——论中共中央关于时局的宣言》，《解放日报》1945年8月28日。

杂志的传播特点有以下几个方面。

1. 刊物质量和来源严格化

延安时期，中国共产党高度重视报刊理论水平，对文章来源作了明确规定：首先，党内刊物所发文章必须来自有一定文化水平的党员干部或知识分子。1938年4月2日，《群众》周刊发表《中共中央关于党报问题给地方党的指示》，文章指出党报的两大来源："一是《新华日报》上的社论，二是《新华日报》《解放》《群众》上中央政治局负责同志的文章"①，并且文章需经过党委会讨论和研究。其次，严格把关刊物内容与质量。1941年7月，《中央宣传部关于各抗日根据地报纸杂志的指示》提到，政治杂志的任务在于"宣传马列主义，用马列主义解释中国历史与现状"，"一切报纸杂志，必须依据自己的性质与任务，力求质量的提高。"② 次年3月，《中共中央宣传部为改造党报的通知》指出，党报任务在于宣传党的方针、政策，其目的都是为提高共产党员的马克思主义理论水平。

2. 刊物内容层次化

依照受教育程度，可以将受众大体分为两种：一种是文化水平较高的知识分子和党员干部，另一种是文化水平略低的基层干部和普通群众。对此，中共中央创办了党内刊物和群众读物两类报刊：《八路军军政杂志》《共产党人》《解放日报》等属于党内刊物，主要宣传马克思主义理论和党的路线、方针、政策，读者多是文化水平高的知识分子；《新中华报》《边区群众报》属于群众读物，其语言简洁明了、通俗易懂，一改八股式的生硬文风，易被民众接受，内容

① 中国共产党中央委员会：《关于党报问题给地方党的指示》，《群众周刊》1938年4月2日。

② 中国社会科学院新闻研究所编：《中国共产党新闻工作文件汇编》上卷，新华出版社1980年版，第115页。

主要是对群众的政治、经济、文化和社会生活等方面进行启蒙教育，是他们学习先进知识的重要渠道。党内刊物和群众读物都是我党传播马克思主义的重要阵地，两者密切配合，共同促进马克思主义大众化。

3. 编排形式和文章体裁多样化

以往是一报一栏的编排形式，边区报刊多是一报多栏。如改版后的《解放日报》设有解放区要闻版、陕甘宁边区版、国际新闻版、副刊四版，副刊有《卫生》《敌情》和《科学园地》等专栏；《八路军军政杂志》开设了《抗战言论》《战斗总结》《实战经验与战术研究》《政治工作》《对敌研究》《近古战争与古代战术研究》《战地通讯》《译丛》等多个专栏。在文章体裁上，边区报刊不再局限于传统新闻特写、新闻公报、调查报告、述评、编辑部文章、评论员文章、理论文章、散文、杂文等，新增了小品、诗歌、小说、剧本、回忆录、曲艺等新形式，以极其活泼生动的形式展现在大众面前，有助于增强宣传效果，扩大马克思主义的影响力。

4. 传播注重灵活机动

建党初期，党的报刊宣传工作过于死板，未能依据形势合理调整报刊内容，导致长时间内报刊宣传效果大打折扣；中共中央抵达延安后，党的报刊宣传工作逐步趋于成熟。抗战时期，为了团结国民党一致抗日，维护和巩固抗日民族统一战线，报刊多以揭露日本帝国主义侵华罪行为主，而对国民党政府的相关报道则十分注重力度，有时直接揭露其反共阴谋，有时又注意团结国民党，既不能犯国民革命时期的原则性错误，又不能过于批判他们反共事实，防止破坏抗日民族统一战线。总之，宣传内容要以抗战形势为基础，对国民党采取既团结又斗争的策略，在坚持自身独立性基础上，为抗战胜利提供可靠保证。

（四）开展文艺活动传播马克思主义

文艺活动的开展

1942年，毛泽东在延安文艺座谈会上指出：“在我们为中国人民解放的斗争中，有各种的战线，就中也可以说有文武两个战线，这就是文化战线和军事战线。我们要战胜敌人，首先要依靠手里拿枪的军队。但是仅仅有这种军队是不够的，我们还要有文化的军队，这是团结自己、战胜敌人必不可少的一支军队。”[①]因此，边区非常注重开展文艺活动，借助文艺作品进行马克思主义立场、观点和方法的渗透。可以说，文艺在新民主主义革命中始终发挥着重大作用，它是“每一次大革命前的精神准备过程，又是每一次革命运动中间思想意识上的推动力量”[②]。形式多样的文艺活动为边区营造了浓厚的文化氛围，也使马克思主义渗透在日常生活、政治宣传、军事活动和经济生产中，可谓无处不在。以延安文艺座谈会上确立文艺为工农兵服务的方针为开端，戏剧、音乐、美术、文学等形式多样的文艺活动在边区如火如荼开展起来，成为教育和团结人民的有力武器。其中，尤以戏剧和文学最具代表性。

早在土地革命时期，中国共产党就善于利用戏剧来开展宣传教育，取得了良好的效果，也证实了这种传统文艺可以经过恰当改造，在中国革命和边区生活中发挥正向引导作用，充分满足中共中央和边区政府的政治诉求。正如毛泽东所强调的那样：“对于过去时代的文艺形式，我们也并不拒绝利用，但这些旧形式到了我们手里，给了改

---

① 《毛泽东选集》第3卷，人民出版社1991年版，第847页。

② 《把文化工作推进一步》，《解放日报》1942年3月25日。

造，加进了新内容，也就变成革命的为人民服务的东西了。”[①] 此后，在党的领导下，文艺工作者以“为工农兵服务”方针为指引，积极探索传统戏剧艺术的新出路，将其进行革命化、时代化改造，掀起了一股戏剧创作的热潮。

延安主要文艺社团一览表

社团名称	成立时间	主要负责人	社团名称	成立时间	主要负责人
抗战剧团	1936.1	危拱之、杨醉乡	鲁艺实验剧团	1938.8	王震之、田方、钟敬之
中国文艺协会	1936.11	丁玲	边区诗歌总会	1938.9	田间
陕甘宁边区文化界救亡协会	1937.11	艾思奇、柯仲平	烽火剧团	1938.10	蔺子安、高波
陕甘宁边区文艺界抗敌协会延安分会	1937.11	艾思奇、丁玲	中华戏剧界抗敌协会	1939.2	沙可夫、塞克
战歌社	1937.12	柯仲平	鲁迅文艺工作团	1939.3	陈荒煤
陕甘宁边区音乐界救亡协会	1938.1	吕骥	中华全国文艺界抗敌协会延安分会	1939.5	周扬、萧三、丁玲
陕甘宁边区民众娱乐改进会	1938.5	马健本、杨笑萍	文化俱乐部	1939.10	萧三
陕甘宁边区民众剧团	1938.7	柯仲平、马健翎	鲁艺平剧团	1940.4	阿甲
陕甘宁边区美术工作者协会	1938.8	张造	西北文艺工作团	1940.9	苏一平

① 《毛泽东选集》第3卷，人民出版社1991年版，第855页。

续表

社团名称	成立时间	主要负责人	社团名称	成立时间	主要负责人
延安鲁迅研究会	1941.1	艾思奇、萧军、周文	延安诗会	1941.12	艾青、萧三
延安杂技团	1941.2	宗池	延安合唱团	1942.10	彦君
延安青年艺术剧院	1941.9	塞克、王真、吴雪	延安平剧研究院	1942.10	邓洁、任桂林
怀安诗社	1941.9	李木庵			

一是戏剧工作者对边区特有的剧种——秦腔的内容和形式都加以改造利用，催生了一大批具有鲜明时代特色的优秀秦腔剧。其中，最具影响的当属马建翎的《血泪仇》和《穷人恨》，它们较为全面地反映了这一时期秦腔改革的成果。《血泪仇》讲的是国统区农民王仁厚一家受国民党残酷剥削而家破人亡，妻子和儿媳被折磨致死，儿子王东才被国民党抓了壮丁。他带着小女儿和小孙子逃到陕甘宁边区，在八路军和当地老百姓悉心照顾下，一家人通过开荒生产过上了好日子。王东才则在国民党威逼利诱下潜入边区撒毒害人，得知中毒的是自己的亲人后才幡然醒悟，然后回到敌营，杀官投明。该剧描述了陕甘宁边区和国统区两种完全不同的生活，一方面赞扬了边区人民当家作主、积极从事生产的美好生活，另一方面揭示了国民党剥削压迫国统区老百姓及“围剿”共产党的丑恶行径，反映了国民党消极抗日、积极反共的本质。

《穷人恨》是继《血泪仇》后秦腔剧改造的又一成果。该剧描述了地主与反动政权联合欺压百姓的事实，揭露了农村阶级剥削与压迫，在启发农民阶级觉悟方面具有深远意义。1948 年 11 月，王震将军看了《血泪仇》和《穷人恨》后，给作者马建翎写信说：“观众都为剧情激动着，对于人民的敌人高度的仇恨，对于深受重重压迫的人民高度的同情。你把中国社会两个天地描绘得如此深刻，在舞台上呈现出来，这该是多么清楚，使人透彻看到反动统治阶级匪帮，残酷、野蛮、黑暗、罪恶等等”，“多次看它，使我对昨天今天明天如何服务人民，都有启示意义。”①

二是延安革命队伍中还有很多平剧爱好者，他们积极响应党中央号召，逐步改造利用传统平剧开展抗战宣传活动，创作了众多贴近生活、贴近实际的平剧，其中最著名的当属《逼上梁山》。该剧改编自《水浒传》中林冲的故事，讲了禁军教头林冲被太尉高俅诬陷而发配沧州，前往沧州中途险被杀害，后在老百姓的教育和鼓励下，林冲看到被剥削阶级的唯一出路——勇敢抗争。以人民群众的智慧、力量、坚强和勇敢作为指导，围绕官逼民反的线索，描述了林冲走上反抗道路，思想上发生转变的主要原因是受到人民群众和统治者正反两方面的教育，艺术化地体现了“人民，只有人民，才是创造世界历史的动力”的主题。上演之后，得到了毛泽东、周恩来等人的高度赞扬。1944 年 1 月，毛泽东在中央党校观看了平剧《逼上梁山》后，特意给该剧的编剧杨绍萱和齐燕铭写信。他在信中说：“历史是人民创造的，但在旧戏舞台上人民却成了渣滓，由老爷太太少爷小姐们统治着舞台。这种历史的颠倒，现在由你们再颠倒过来，恢复了历史的面目，从此旧剧开了新生面，所以值得庆贺。”② 总之，《逼上梁山》通过对老百姓熟悉的历史故事进行改编，揭示了人民群众在社会历史发展中的巨大作用，有效宣传了马克思主义群众史观，激发了党政干部和工农兵的斗争精神。以该剧为开端，边区平剧改革进入展现人民创造历史的新阶段。

---

① 艾克恩：《延安文艺运动纪盛》，文化艺术出版社 1987 年版，第 771 页。

② 《毛泽东书信选集》，人民出版社 1984 年版，第 222 页。

大戏台是延安的著名标志之一，延安军民经常在这里集会和进行文娱活动。

三是新秧歌运动在边区兴起。秧歌原是陕北民间的一种民俗活动，其表演内容贴近生活、形式新鲜活泼，为老百姓所喜闻乐见。当然，由于起源于封建社会的宗教祭祀仪式，难免带有封建迷信色彩，因此延安文艺座谈会后，文艺工作者尤其是民间艺人逐步用旧形式反映新内容。以往的秧歌大都是农闲时的民间娱乐活动，而此时边区的秧歌更多是作为一种政治斗争武器。诚如 1943 年 1 月发布的《陕甘宁边区关于拥护军队的决定》强调的那样，要“利用各种形式（如秧歌……）向人民宣传拥军决定及各种拥军条例之内容”。随后，中共中央西北局的宣传内容中也指出，要通过开展各种文艺活动，对老百姓进行思想政治教育，提高他们的政治觉悟。在这种背景下，产生了众多反映边区社会生活的秧歌剧。如 1943 年 2 月 9 日，鲁艺宣传队突击编写并上演了秧歌剧《兄妹开荒》。该剧以大生产运动为背景，写了正在开荒的哥哥顾不上回家吃饭，妹妹去给他送饭。哥哥为了逗妹妹开心故意装睡，妹妹误以为哥哥是在偷懒而生气不给他饭吃。哥哥见妹妹生气，才说出真相。最后点明本剧的主题“大家努力来加油，加紧生产不落后”“赶走日本鬼，建设新中国”。该剧将传统秧歌中的傻丑角改为新时期边区农民形象，生动地展现了边区风风火火的大生产运动，反映出当时老百姓的精神面貌和生活状态。毛泽东看了忍不住称赞“这还像个为工农兵服务的样子！”

整体来看，延安时期的秧歌剧大都以轻快愉悦的笔法描绘边区社会生活，实现了从娱乐化到政治化的转变。它们以宣传中共中央的路线方针政策、动员老百姓参与抗战、歌颂战争中的英雄人物、赞扬边区人民新生活为主要内容，鲜明地体现出革命斗争的时代主题，发挥了教育群众的特殊功能，边区的老百姓亲切地称其为“斗争秧歌”。正如赵超构所说的那样：“至于现在的新秧歌，则无论从哪点来说，都是教育重于娱乐。新秧歌所给予观众的，主要的是‘应当怎样’和‘不应当那样’。它把共产党所要求的事情化为故事，再加上艺术的糖衣。”[①] 通过这些秧歌剧，党的理论以生动形象、通俗易懂的形式为边区百姓所接受，并转化为他们投身革命、生产和生活的强大动力，帮助党中央和边区政府工作的有效开展。总之，从宣传效果上来看，新秧歌的成功是毋庸置疑的。

在文学方面，创作了一批诗歌、报告文学、小说等体裁的作品，它们担负着启迪民智的历史重任，是延安时期边区马克思主义传播的重要载体，具有极高的历史价值。首先是浅显易懂的新诗频频出现，街头诗、传单诗、枪杆诗等都在边区盛行起来，诗歌创作十分活跃。1938 年 8 月 7 日，战歌社与西北战地服务团战地社联合发起街头诗运动，他们发表了《街头诗歌运动宣言》，号召诗人们：“写吧——抗战的，民族的，大众的！唱吧——抗战的，民族的，大众的！我们要在争取抗战胜利的这一大时代中，从全国各地展开伟大的抗战诗歌运动——而街头诗运动，我们认为就是使诗歌服务抗战、创造新大众

---

① 赵超构：《延安一月》，上海书店出版社 1992 年版，第 109 页。

在延安演出的秧歌剧《兄妹开荒》

诗歌的一条大道！”[1] 这一天，延安30多位诗人齐聚街头，有的将诗歌写在纸上张贴出来，有的发放诗歌传单，有的朗诵诗歌，大家尽情发挥，场面好不热闹。延安的街头诗为何这样风靡一时？因为内容简洁凝练，具有鲜明的斗争性和革命性，形式上通俗化、大众化，易于为老百姓所理解和接受。当然，这并不是说诗歌一味迎合大众口味，而是应充分发挥自身精练锋利的特点，用群众熟悉的语言唤醒并提高他们的政治素养，促进马克思主义大众化。以两首街头诗为例，管窥其大众化效果。

假使我们不去打仗

田间

假使我们不去打仗，
敌人用刺刀
杀死了我们，还要用手指着我们骨头说：
“看，这是奴隶！”

一九三八年

---

① 边区文协站歌社：《街头诗歌运动宣言》，《新中华报》1938年8月10日。

给我一支枪

张季纯

给我一支枪，
我要上战场，
我的兄弟，
我的爹娘，
都惨死成一滩泥浆；
我的田舍，
我的家乡，
也轰炸得一片精光！
日本人要叫咱国破家亡，
中国人怎还能痴心妄想？
给我一支枪，
我要上战场，
国仇家恨千万桩，
哪个能够再忍让！

一九三八年八月

这两首街头诗语言流畅，韵律和谐，主题突出，既控诉了日本帝国主义侵华的暴行，又表明中国人民抗战到底的决心，是“抗战的，民族的，大众的”诗歌，极富感染力。它们有深刻的教育意义，反映了现实斗争的残酷性，也洋溢着文艺工作者的爱国热情，成为鼓舞老百姓的精神力量，达到了通过文艺大众化实现马克思主义大众化的目的。

延安时期，沙汀、陈荒煤、黄钢等作家纷纷奔赴前线，谱写了一篇篇极具战斗力的报告文学，著名的有丁玲的《彭德怀速写》，何其芳的《朱总司令的话》，陈荒煤的《刘伯承将军会见记》，还有参观延安后，民主党派人士黄炎培撰写的《延安五日记》和赵超构的《延安一月》等等。《彭德怀速写》从部下对彭总的评价到彭总自身的形象，再到彭总与群众交谈的画面，反映出彭总严谨而又质朴的大将风范。用丁玲的话来说“我们是怕他的，但我们更爱他”，真挚表达出对彭将军的敬仰之情。总之，这些作品记录了延安时期边区军民斗争的历史，给中华民族上了一堂生动的政治教育课。

同时，小说在这一时期也飞速发展。作家们深入到工农兵生活中，与他们打成一片，促使小说迎来了创作高峰，出现了反映贫苦人民摆脱封建剥削压迫的《一个女人翻身的故事》，激励人民武装斗争的《梨花淀》，以及批判封建思想与爱国热情结合的《我在霞村的时候》等小说。它们描绘了革命年代老百姓水深火热的生活，提高了人民群众的政治觉悟和马克思主义理论素养，催人奋进，赋予人强大的精神力量。

文艺工作者用纸和笔书写了一篇又一篇极具战斗力的作品，它们是战场上的锐利武器，也是开展群众宣传教育的重要载体。通过戏剧、文学等文艺活动，充分发挥文艺作品的艺术性和斗争性，唤醒边区老百姓的爱国热情，成为延安时期马克思主义传播的有效途径。

文艺活动的传播特点

延安时期的文艺活动是当时政治、经济和社会的产物，既不同于左翼文艺，又不同于土地革命时中央苏区的文艺，这一时期的文艺活动有其自身的特点。

1. 把马克思主义融入拯救民族危亡中

延安时期社会的主要矛盾是“帝国主义和中华民族的矛盾，封建主义和人民大众的矛盾”[①]，这决定了当时的主要任务是推翻压在中国人民身上的三座大山，建立新民主主义社会。因此，这一时期马克思主义传播是以“革命”为主题展开的。那时，斗争是老百姓社会生活的主要内容，一切物质生活和精神生活都受战争影响。广大文艺工作者纷纷投身到争取民族独立和人民解放的伟大斗争中，他们描写现实斗争，歌颂战场上的英雄人物，拿笔杆子同敌人作斗争。同时，为了获得丰富的创作题材，写出更有力量的作品，文艺家们还经常活跃在战争前线，这无疑是一场间接的马克思主义教育。从事文艺工作的各部门、团体和成员，组成一条强大的文艺战线，文艺家们就是战士，肩负时代的使命，文艺成为“团结人民，教育人民，打击敌人，消灭敌人的有力的武器”。

2. 文艺活动具有广泛的群众基础

这些文艺活动贴近群众生活，反映的中心人物不再是王侯将相，而是生活中的小人物，赞扬普通人在抗战、生产等领域中的突出表现。正是因为这一深刻变化，文艺活动才为群众喜闻乐见。尤其是在延安文艺座谈会后，各文艺团体都把发展群众文艺作为工作重点，文艺家们深入基层，扎根群众，与他们生活在一起，彼此建立了良好的感情基础。同时，边区群众积极参与文艺演出，出现了一大批文艺表演的中坚力量。截至 1940 年底，边区群众性文艺团体已遍及各单位，共计建立了 80 多个群众文团，人数达 600 多人。团员们撰写文章、发表刊物、编辑墙报、举办研讨会等等，气氛十分活跃。群众不但是文艺描写和服务的主体，而且是参与的主体，这为马克思主义在边区的传播提供了有利条件。

---

① 《毛泽东选集》第 2 卷，人民出版社 1991 年版，第 631 页。

（五）马克思主义传播的主要成效

陕甘宁边区的社会教育，密切结合各个历史阶段的革命斗争实际，密切结合边区经济建设的实际，不仅为根据地的建立、巩固和发展作出了重大贡献，而且在提高群众政治觉悟和文化水平、移风易俗、促进革命和生产发展等方面，都取得了很大的成绩。

1．提高边区人民的科学文化水平

陕甘宁边区旧的文化基础十分落后，有的县文盲率高达99%，华池等县则二百人中仅有一人识字。经过普及教育后，许多成人和少年儿童都或多或少地提高了文化水平。社会教育坚持了为生产服务的方向，向群众介绍生产发展动态，传授生产知识和经验，使他们在一定程度上改变了生产和生活方式，即由个体经营的生产方式逐步变为互相合作的生产方式，人民群众开始破除靠天吃饭靠神种田的思想，逐渐养成科学种田的习惯。人民群众科学文化水平的提高，促进了生产的发展，在人力、物力、财力上支持了边区的经济建设，支援了革命战争。

2．提高了边区人民的政治觉悟

社会教育长期向群众进行了“抗日战争”“减租减息”“三三制”“大生产运动”等方面的教育，因而人民群众的革命热情空前高涨。他们积极投入减租减息、除奸反霸的斗争中。青年、成年踊跃参加自卫军，以及报名参加各种长短途运输队和各种义务劳动，积极缴纳救国公粮等。边区人民以极大的热情响应政府号召，支援革命战争，这与社会教育提高了广大人民群众的政治觉悟分不开。

3. 建立新的社会风貌

旧社会的陕北，封建迷信活动猖獗，巫神多达2000余人，他们招摇撞骗，为害甚烈；卫生条件极差，人畜死亡率很高，婴儿死亡率高达60%；赌场遍地，吸食鸦片者甚众，“延安府，柳根水，十有九个洋烟鬼。”这首民谣是旧社会风俗的真实写照。徐特立认为“所有这些问题不是单纯由医生所能解决，而是风俗习惯、社会制度及文化教育的程度问题。”[①] 革命政权建立以后，党的各项方针、政策成为建立新社会风貌的保障。社会教育对改变群众的思想观念、生活习惯及精神风貌起了巨大的作用。

通过妇女解放的教育，历来被传统观念禁锢在家庭中的广大妇女解放了思想，大胆地冲破了封建传统观念的罗网，积极投入到生产、学习和抗战中去，成为革命和建设中的一支重要力量。其中有妇女还当了干部，如曾是童养媳，后成为边区参议会议员的路志亮等人；有的还成为抗战和边区建设中的英雄模范人物，如大生产运动中的劳动英雄郭凤英、纺织英雄刘桂英等人。

延安县的干部帮助农村妇女和孩子学习文化

① 《徐特立文集》，湖南人民出版社1980年版，第304页。

通过卫生教育，群众对讲究卫生的重要性有了初步认识，生活中一些不卫生习惯有所改变。如关中分区淳耀一区一乡的岭底村，从前被叫作“二流子村”，满街是牛粪，邻居间经常吵架，经过社会教育，人们养成了卫生习惯，不但天天打扫街道院落，经常垫牲口圈，而且衣着干净，饮食卫生，大大提高了健康水平，“二流子村”变成了文化村。

4. 提高基层干部的政治思想水平和工作能力

边区的广大农村基层干部，大都具有一定的政治觉悟，革命热情高。但是，由于长期的阶级压迫，他们没有读书的机会，很多工农干部都是文盲或半文盲，尤其在区乡干部中，文盲更多，甚至有的乡文化干事、教育干事还是文盲。随着边区各项建设事业的发展，干部的这种文化状况，越来越不能适应革命和建设的要求，甚至会阻碍革命事业的发展。因此，边区的社会教育还担负着消灭工农基层干部文盲，提高他们文化水平、思想觉悟的艰巨任务。从 1940 年以后，边区政府就强调扫除干部中的文盲、半文盲，规定：青救会干部保证 60% 入冬学，妇联干部和工会干部保证 50% 入冬学。1944 年各县还试办干部冬学。通过多种教育方式，消灭了大批县、区、乡干部中的文盲和半文盲，不同程度地提高了他们的文化水平和工作能力。据延安县 1940 年统计，全县 9 个区的区级干部共 94 人，识 500 字以上的有 55 人，识 500 字以内的有 39 人，基本上都摘掉了文盲帽子。神府特区的多数干部能阅读《千字文》，区委的主要负责人（区委书记、宣传科长、区长）不但识了字，而且能写简单的工作报告和起草工作计划，大多数干部能看《群众报》。基层干部队伍素质的提高和大批新干部的培养充实了边区各级基层组织，促进了边区经济建设的发展，也支援了其他解放区。

边区的社会教育以马克思主义为指导，通过传播马克思主义促进了边区社会教育事业的发展。首先，社会教育必须与群众的生产生活密切结合。在教育内容上，要坚持群众需要什么就教什么的原则；在组织形式上，做到灵活多样，把教育和生产纳入统一的组织机构中；在教育受众上，必须广泛吸引群众来学习文化知识，使他们认识到知识对生产有着极大的促进作用，充分调动他们的积极性。其次，群众的需要和自愿，是开展社会教育的两条基本原则。兴办教育是好事，但不能光从一片好心出发。必须考虑群众的意愿。最后，要坚持文教工作中的统一战线。边区地广人稀，依靠小学校、党政军民都来办社会教育，是知识分子十分稀缺的边区成功推进社会教育的经验。

历史飞跃

七、马克思主义中国化的成果

延安时期是毛泽东思想全面发展并走向成熟的历史时期。1943年王稼祥提出毛泽东思想的概念，1945年党的七大将毛泽东思想写入党章，实现了马克思主义中国化的第一次历史性飞跃。毛泽东思想是中国共产党和中国人民历尽艰辛获得的宝贵的精神财富，是中国革命和建设的科学指南，是中华民族的精神支柱。

（一）毛泽东思想的形成过程

毛泽东思想是实践证明了的关于中国革命和建设的正确的理论原则和经验总结，形成发展大体上经历四个阶段，其中延安时期是走向成熟的阶段。

1921年至1927年，是毛泽东思想的萌芽时期。1925年12月，毛泽东撰写《中国社会各阶级的分析》及1927年的《湖南农民运动考察报告》，运用马克思主义阶级分析方法，结合中国革命的具体实践，论述了中国革命的对象、动力、性质和前途等一系列问题，初步提出了关于新民主主义革命的基本思想，为探索新民主主义革命理论作出了卓越贡献，马克思主义与中国实际初步结合，为党领导中国新民主主义革命的实践提供了理论指导，标志着毛泽东思想的萌芽。

1927年至1935年，是毛泽东思想的初步形成阶段。在这个阶段，毛泽东撰写了《中国红色政权为什么能够存在》《井冈山的斗争》《关于纠正党内的错误思想》《星星之火　可以燎原》《反对本本主义》等作品，对土地革命、根据地政权建设进行科学论述，批判了党内存在的单纯军事观点、极端民主化、绝对平均主义以及悲观主义等非无产阶级意识，创造性地提出农村包围城市、最终夺取城市的革命道路理论。尽管毛泽东此时并没有在党内担任主要领导职务，并受到冒险主义、教条主义的排挤和打击，但他依然对中国革命特点、规律及未来发展方向进行深入研究，体现了高度的政治自觉性和创新精神。

1935 年至 1948 年，是毛泽东思想的成熟时期。《毛泽东选集》一至四卷收录的 158 篇文章中，延安时期 112 篇；《毛泽东军事文集》一至六卷收录的 1628 篇文章中，延安时期 938 篇；《毛泽东文集》一至八卷收录的 802 篇文章中，延安时期 385 篇。1937 年 4 月到 7 月，毛泽东在延安抗日军政大学讲授马克思主义哲学，他亲自撰写了《辩证法唯物论（讲授提纲）》，课程结束后，抗日军政大学征得毛泽东同意后将《辩证法唯物论（讲授提纲）》印发全党，其中《实践论》和《矛盾论》两部分内容结构比较完整，因而以单行本的形式油印出版。“两论”坚持用马克思主义立场观点原则来分析中国革命基本问题。在《实践论》中，深刻阐述了认识的来源、实践的形式以及认识与实践的关系，提出“实践、认识、再实践、再认识，这种形式，循环往复以至无穷，而实践和认识之每一循环的内容，都比较地进到了高一级的程度。这就是辩证唯物论的全部认识论，这就是辩证唯物论的知行统一观”[①]。在《矛盾论》中，阐述了矛盾的普遍性、特殊性，分析主要矛盾和矛盾的主要方面，矛盾的斗争性和统一性等方面。在结论部分，毛泽东指出：“事物矛盾的法则，即对立统一的法则，是自然和社会的根本法则，因而也是思维的根本法则。它是和形而上学的宇宙观相反的。它对于人类的认识史是一个大革命。按照辩证唯物

---

① 《毛泽东选集》第 1 卷，人民出版社 1991 年版，第 296—297 页。

论的观点看来，矛盾存在于一切客观事物和主观思维的过程中，矛盾贯串于一切过程的始终，这是矛盾的普遍性和绝对性。矛盾着的事物及其每一个侧面各有其特点，这是矛盾的特殊性和相对性。矛盾着的事物依一定的条件有同一性，因此能够共居于一个统一体中，又能够互相转化到相反的方面去，这又是矛盾的特殊性和相对性。然而矛盾的斗争则是不断的，不管在它们共居的时候，或者在它们互相转化的时候，都有斗争的存在，尤其是在它们互相转化的时候，斗争的表现更为显著，这又是矛盾的普遍性和绝对性。当着我们研究矛盾的特殊性和相对性的时候，要注意矛盾和矛盾方面的主要的和非主要的区别；当着我们研究矛盾的普遍性和斗争性的时候，要注意矛盾的各种不同的斗争形式的区别，否则就要犯错误。”①“两论”是毛泽东哲学的核心，也是毛泽东思想的理论基础。1948 年斯大林主动提出要翻译毛泽东著作，并派出理论家尤金来中国。在编译的过程中，尤金向斯大林推荐了《实践论》《矛盾论》等文章，斯大林最早阅读了《实践论》，之后便将其在苏共中央机关刊物上发表。1941 年 3 月 17 日，毛泽东撰写《〈农村调查〉序言和跋》一文，重申“没有调查就没有发言权”，阐述了调查研究的极端重要性，并对调查研究的方法进行指导。他说：“有许多人，‘下车伊始’，就哇喇哇喇地发议论，提意见，这也批评，那也指责，其实这种人十个有十个要失败。因为这种议论或批评，没有经过周密调查，不过是无知妄说。我们党吃所谓‘钦差大臣’的亏，是不可胜数的。而这种‘钦差大臣’则是满天飞，几乎到处都有。”②

1935 年 12 月，毛泽东在瓦窑堡会议上作了《论反对日本帝国主义的策略》的报告，他在分析社会各阶级抗日态度的基础上总结了革命教训：“一九二七年革命的失败，主要的原因就是由于共产党内的

① 《毛泽东选集》第 1 卷，人民出版社 1991 年版，第 336—337 页。

② 《毛泽东选集》第 3 卷，人民出版社 1991 年版，第 791 页。

机会主义路线，不努力扩大自己的队伍（工农运动和共产党领导的军队），而只依仗其暂时的同盟者国民党。其结果是帝国主义命令它的走狗豪绅买办阶级，伸出千百只手来，首先把蒋介石拉去，然后又把汪精卫拉去，使革命陷于失败。那时的革命统一战线没有中心支柱，没有坚强的革命的武装队伍，四面八方都造起反来，共产党只得孤军作战，无力抵制帝国主义和中国反革命的各个击破的策略。”[①] 而现在，“坚强的共产党和坚强的红军都已经有了，而且有了红军的根据地。共产党和红军不但在现在充当着抗日民族统一战线的发起人，而且在将来的抗日政府和抗日军队中必然要成为坚强的台柱子，使日本帝国主义者和蒋介石对于抗日民族统一战线所使用的拆台政策，不能达到最后的目的。”[②]

1936 年 12 月，毛泽东撰写《中国革命战争的战略问题》，对中国革命的形势和任务进行了剖析，认为 1924 年至 1927 年的革命战争，基本地说，是在国际无产阶级和中国无产阶级及其政党对于中国民族资产阶级及其政党的政治影响和政治合作之下进行的。然而当着革命和战争的紧急关头，首先由于大资产阶级的叛变，同时也由于革命队伍中机会主义者自动地放弃革命领导权，这次革命战争就失败了。1927 年至现在的土地革命战争，是在新的情况之下进行的。战争的敌人不但是帝国主义，而且是大资产阶级和大地主的联盟。民族资产阶级则做了大资产阶级的尾巴。领导这个革命战争的惟有共产党，共产党已经形成了对于革命战争的绝对的领导权。共产党的这种绝对的领导权，是使革命战争坚持到底的最主要的条件。没有共产党的这种绝对的领导，是不能设想革命战争能有这样的坚持性的。列宁斯大林领导的苏联内战的经验是有世界的意义的。所有的共产党，中国共产党也同样，都是以这个经验和列宁斯大林对这个经验的理论综

---

① 《毛泽东选集》第 1 卷，人民出版社 1991 年版，第 156—157 页。

② 《毛泽东选集》第 1 卷，人民出版社 1991 年版，第 157 页。

合作为指南的。但这并不是说，我们应该在我们的条件下机械地运用这个经验。中国革命战争的许多方面都有其自己的不同于苏联内战的特点。不估计到这种特点，或否认这种特点，当然是错误的。这点在我们的十年战争中已经完全证明了。

1939 年 10 月，毛泽东为《共产党人》杂志撰写发刊词，指出："我们党的历史，从一九二一年第一次全国代表大会那个时候起，到现在，已经整整十八年了。十八年中，党经历了许多伟大的斗争。党员、党的干部、党的组织，在这些伟大斗争中，锻炼了自己。他们经历过伟大的革命胜利，也经历过严重的革命失败。同资产阶级建立过民族统一战线，又由于这种统一战线的破裂，同大资产阶级及其同盟者进行过严重的武装斗争。"[①]"十八年的经验，已使我们懂得：统一战线，武装斗争，党的建设，是中国共产党在中国革命中战胜敌人的三个法宝，三个主要的法宝。这是中国共产党的伟大成绩，也是中国革命的伟大成绩。"[②] 三大法宝，是中国革命基本经验的科学总结。

延安时期，中国共产党领导了中国人民的反日斗争，毛泽东也对中国抗战形势和前途进行了系统阐述。先后发表《反对日本进攻的方针、办法和前途》《为动员一切力量争取抗战胜利而斗争》《国共合作成立后的迫切任务》《上海太原失陷以后抗日战争的形势和任务》《抗日游击战争的战略问题》《目前抗日统一战线中的策略问题》《论政策》《揭破远东慕尼黑的阴谋》《质问国民党》等，其中《论持久战》和《论新阶段》最为经典。《论持久战》主要是为了反驳国统区甚嚣尘上的速胜论和亡国论而提出，在分析中日力量对比、人心向背基础上，指出抗日战争的三个阶段及其最终结果，对指导抗战起到非常关键的作用。《论新阶段》是毛泽东在六届六中全会上的主题报告，主要是在中国共产党内分析抗战形势。

---

① 《毛泽东选集》第 2 卷，人民出版社 1991 年版，第 603—604 页。

② 《毛泽东选集》第 2 卷，人民出版社 1991 年版，第 606 页。

1940 年 1 月 9 日，毛泽东在陕甘宁边区文化协会第一次代表大会上发表题为《新民主主义的政治与新民主主义的文化》演讲。演讲内容系统地分析了近代中国社会的性质和中国革命的对象、性质、动力、前途等，阐述了中国共产党关于新民主主义革命与新民主主义社会的理论，回答了“中国向何处去”的问题。1 月 20 日的《新中华报》对演讲进行了摘要报道。2 月 15 日，《中华文化》创刊号上首次发表演讲全文，五日后又以《新民主主义论》为题发表在《解放》杂志第 98、99 期合刊上。4 月 10 日的《群众》第 4 卷第 10 期也刊载了部分内容。延安解放社于 1940 年 2 月出版了最早的单行本。此后各根据地及国统区开始印行《新民主主义论》的单行本，一时之间风靡全国。仅 1940 年，全国各地出版的单行本就有 29 种之多。

1941 年 3 月，党的理论工作者张如心用了“毛泽东同志的思想”的提法。同年 6 月，中共中央北方局、八路军野战政治部指示：要宣传“我党领袖毛泽东同志发展了马列主义的关于中国革命的各项学说和主张”。9 月，中央政治局召开的扩大会议进一步肯定了毛泽东关于中国革命的理论。1942 年 7 月 1 日，朱德发表文章指出：“我们党已经积累下了丰富的斗争经验，正确的掌握了马列主义的理论，并且在中国革命的实践中创造了指导中国革命的中国化的马列主义的理论。”陈毅则在文章中比较全面论述了党运用马克思主义解决中国革命问题的新创造，指出毛泽东在革命实践中创立了“正确的思想体系”。1943 年 7 月 5 日，王稼祥在《中国共产党与中国民族解放的道路》一文中，首先使用“毛泽东思想”这个概念，指出“毛泽东思想就是中国的马克思列宁主义”。与此同时，刘少奇号召全党“用毛泽东的思想来武装自己”，把毛泽东同志的指导贯彻到一切工作环节和部门中去，用毛泽东同志的思想体系去清算党内机会主义思想。1943 年 8 月，由重庆返回延安的周恩来在中央办公厅举行的欢迎会上指出：我们党在这三年中做了比过去 20 年还要伟大、还有更多成就的工作，这是全党团结在毛泽东同志领导之下得到的。党的历史证明：

“毛泽东同志的意见，是贯串着整个党的历史时期，发展成为一条马列主义中国化，也就是中国共产主义的路线！”“毛泽东同志的方向，就是中国共产党的方向！”[①] 毛泽东思想这一科学概念提出后，很快被全党同志所接受。

（二）延安整风与毛泽东思想的广泛传播

延安整风运动是中国共产党在 20 世纪 40 年代开展的以整顿党的作风为目标的大规模马克思主义教育运动，主要对象是各级领导干部和党政军工作人员，旨在提高全党的马列主义水平，纠正党内存在的各种非无产阶级思想，号召全党反对主观主义以整顿学风、反对宗派主义以整顿党风、反对党八股以整顿文风。这场整风运动是党为了适应政治路线的转变，肩负新的任务，开展的一场教育运动。延安整风是中国共产党历史上的一个重要里程碑，它传播了马克思主义和毛泽东思想，“它是中国共产党历史上极其重要的一页，也是国际共产主义运动中的创举。”[②]“实现了在以毛泽东为核心的中共中央领导下全党的新的团结和统一，为抗日战争的胜利和新民主主义革命在全国的胜利，奠定了重要的思想政治基础。”[③]

在解放思想中开展整风运动

1941 年 5 月，毛泽东在延安高级干部会议上作《改造我们的学

① 中共中央党史研究室：《中国共产党历史》第 1 卷（1921—1949）下册，中共党史出版社 2011 年版，第 658 页。

② 胡绳：《中国共产党的七十年》，中共党史出版社 1991 年版，第 197 页。

③ 中共中央党史研究室：《中国共产党历史》第 1 卷（1921—1949）下册，中共党史出版社 2011 年版，第 622 页。

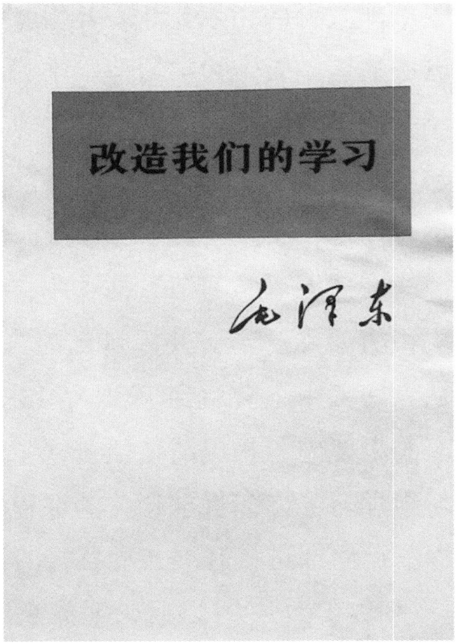

1941 年 5 月，毛泽东在延安高级干部会议上作《改造我们的学习》的报告。

习》的报告，标志着延安整风运动的开始。在延安整风运动中，全党解放思想，普遍开展了马克思主义学习、教育，中国化的马克思主义——毛泽东思想深入人心。

从 1938 年 9 月中共扩大的六届六中全会以后，全党掀起了前所未有的马列主义学习高潮。在六届六中全会上，毛泽东向全党提出了马克思列宁主义学习的任务，他说“我们党的马克思列宁主义的修养，现在已较过去有了一些进步，但是还很不普遍，很不深入。”所以，“普遍地深入地研究马克思列宁主义的理论的任务，对于我们，是一个亟待解决并须着重地致力才能解决的大问题。我希望从我们这次中央全会之后，来一个全党的学习竞赛，看谁真正地学到了一点东西，看谁学的更多一点，更好一点。”① 为了能继续落实这个重要的指示，让学习运动更加广泛深入地开展，在毛泽东的领导下，学校教育与在职教育相结合，将所有的干部纳入到马克思主义学习运动中；并且对延安创办的报纸杂志进行改版，使得其整个篇幅贯彻党的路线，反映群众情况，加强了思想斗争，也帮助全党工作进行了改进，形成了全党办报和群众办报的局面。通过这场持久深入的学习运动，广大学员认识到了马克思主义理论的真理性和对中国革命的指导意义，并促进了马克思主义的广泛传播。

为了推动在职干部的学习运动，1940 年 3 月中共中央《关于在

① 《毛泽东选集》第 2 卷，人民出版社 1991 年版，第 533 页。

职干部教育的指示》中提出开展“五五学习节”，将5月5日马克思诞辰的这一天定为学习节。学习节前后，总结、检查、评比与考核一年来的学习成绩，“勤学者奖，怠惰者罚”。与此同时，为了提高理论学习的质量，促进干部学习运动更广泛深入和扎实有效，会制定新的学习计划和安排新的学习任务。

在“五五学习节”活动中，党的领导人和高级干部以身作则，带头积极参加学习，并以自己的言行影响和推动学习运动的健康发展，从六届六中全会后到1940年12月中央政治局会议前的这段时间，学习的主要内容是搞清楚原著，了解基本精神。陈云、张闻天领导的学习组学习了许多哲学相关的课程，并作出两年内的读书计划，由浅入深、循序渐进，开展各种各样的形式进行学习。

1940年12月以后，毛泽东用了半年的时间，主持编辑党的历史文件，一开始以文件的形式发给高级干部进行阅读，接着合编成《六大以来》一书，收集了党的六大至1941年11月期间的中央文件，主要领导人讲话等文件。后来党中央和毛泽东又把100多篇党的历史文件汇编成《两条路线》一书，让高级干部阅读。学习党的历史文献是党的高级干部理论联系实际的体现，对深入研究和总结中国革命经验十分重要。1941年5月19日，毛泽东作《改造我们的学习》的报告后，高级干部的整风学习和路线学习正式开展，这一段时期的学习为整风运动的普遍开展作出了必要的思想理论准备。

1942年2月，毛泽东先后作了《整顿党的作风》和《反对党八股》两个报告，向全党发出号召，提出我们的任务是“反对主观主义以整顿学风，反对宗派主义以整顿党风，反对党八股以整顿文风”。同时阐明整风的宗旨和方针是“惩前毖后，治病救人”。他在演讲中首先指出了共产党要领导人民打倒敌人，自己的队伍要整齐，步调要一致，兵要精，武器要好。若不具备这些条件，就不能够打倒敌人。当时党的总路线是正确的，党有几十万党员在领导着人民，和敌人作艰苦卓绝的斗争，但是党的作风还有需要改正的地方，毛泽东形容："这些作风不正，并不像冬天刮的北风那样，满天都是。主观主义、宗派主义、党八股已不是占统治地位的作风了，这不过是一股逆风，一股歪风，是从防空洞里跑出来的。"[①] 毛泽东动员大家把产生这种歪风的洞塞死，告诉大家若要完成打倒敌人的任务，就必须完成整顿党内作风的任务。"只要我们党的作风完全正派了，全国人民就会跟我们学。党外有这种不良风气的人，只要他们是善良的，就会跟我们学，改正他们的错误，这样就会影响全民族。"[②]

在整顿学风阶段，最主要的任务是反对主观主义，学风不仅仅是学校的学风，还是全党的学风，学风问题是领导机关、全部干部和党员的思想方法问题，是对待马克思列宁主义的态度问题，是全党同志的工作态度问题，是十分重要的问题。毛泽东指出，对待马克思列宁主义的态度，一种是马克思列宁主义的态度，即把马列主义与中国革命的具体实践相结合，把马列主义当成行动的指南，是为解决中国革命的理论问题和策略问题，在马克思列宁主义那里找观点和立场。在马克思列宁主义的指导下，他们面对实际，深入群众，实事求是，在革命和实践中不断丰富和验证马克思列宁主义真理。此态度即马克思列宁主义态度，是党性的体现，也是一个共产党员应该具备的态度。

遵义会议以后，以毛泽东为代表的中共中央，坚持从实际出发，按照客观实际办事，制定并实行符合客观实际的路线、政策和方针，使得中国革命迅速打开了新局面。另一种态度是违背马克思列宁主义的主观主义的态度。主观主义的表现形式有教条主义（即本本主义）和经验主义两种形式。这两种主观主义的表现形式虽然不同，但是其本质是相同的，都将主观和客观相分隔开来，将认识和实践相分离。教条主义的根本特征，是把马列经典著作的个别语句当作金科玉律，奉为教条，生搬硬套，装腔作势，具有很大的欺骗性，教条主义者对

---

① 《毛泽东选集》第 3 卷，人民出版社 1991 年版，第 812 页。

② 《毛泽东选集》第 3 卷，人民出版社 1991 年版，第 812 页。

实际其实全然不知，以此来指导中国革命。比如，武装夺取政权，其实是无产阶级革命学说的一条原理，也是当时列宁领导十月革命的基本经验。中国革命想要获得胜利也需要遵循这一原理。毛泽东不是把十月革命的具体做法照搬过来，而是分析了中国的特点和实际状况，并对大革命的失败进行了总结，得出了一定的经验和教训，而逐渐认识到，在我们这样一个政治经济发展不平衡的半殖民地半封建大国，城市是敌人的统治中心，广大农村才是敌人统治力量薄弱的地区。因此，中国革命要想成功，就必须走农村包围城市，武装夺取政权的道路。

毛泽东的这种判断是对马克思列宁主义的一种新发展。而王明教条主义者不但不调查研究中国的实际情况，固执地坚持“城市中心论”，反而认为毛泽东是“农民意识的地方观念和保守观念”。他们认为“农村包围城市”这样的观点是不符合马克思列宁主义的，也不符合共产国际的指示，但这其实反映了王明对中国革命的实际是不了解的。王明曾按照第一次世界大战的时间判断抗日战争也会持续四年，足以说明其教条主义的思想观念。在指挥反“围剿”战争中，就仅凭一张军事地图就指挥红军作战，毛泽东曾在会议上批评他们的瞎指挥，他们口头上拥护科学，实际上却把马列主义完全变成了信条，完全背离了理论与实践相结合的原则，也阻碍了马列主义与中国革命实践相结合的发展。可见教条主义不被破除，中国革命的道路就会越来越看不到光明。毛泽东指出学习马列主义不是为着好看，也不是因为它有什么神秘，只是因为它是领导无产阶级革命事业走向胜利的科学。在中国生活的共产党员离开中国的实际需要来读马克思主义，纵使把马克思主义读一万本一千遍，也仍然是假的马克思主义。在讲到教条主义对党的事业的危害时，毛泽东说：“它使中国革命受到严重的挫折，在白区的力量损失了百分之百，苏区损失了百分之九十。教条主义、主观主义是全党的大敌，大敌当前有打倒的必要！犯有教条主义、主观主义、而不知改悔的人，自以为聪明，其实他比猪还蠢。”

毛主席风趣地解释说，“猪走路碰到了南墙，还知回过头来，另找新的路子走，可是那些人碰得头破血流还不知回头，你说不比猪还笨吗？当然，有的人可能七碰八碰之后，回过头来了，但也有个别人的可能至死还不回头的！”[①] 教条主义者就是这样一些不按实际情况，做不到实事求是的人。

而经验主义则轻视理论，将狭隘的局部经验当作普遍的真理，忽视马列主义的学习，把局部的经验到处应用，不注重研究新问题和新情况，这同样也会危害革命。在十年内战时期，基层的工农干部对于打土豪、分田地是具有丰富经验的。但是抗日战争时期，抗日民族统一战线形成，情况发生了变化，开始实行“三三制”，斗争的目标也有所不同，但是一部分人还是按照过去的经验办事，仍然在打土豪、分田地，不遵循减租减息的政策，不实行抗日民族统一战线政策，引起群众的不满，也无法调动群众的积极性，这样到处搬用局部经验，也会给革命造成危害。

为了纠正脱离实际的主观主义倾向，毛泽东对什么是理论、什么是理论家、什么是理论联系实际等问题，作出了精辟的论述。在当时，有很多人认为理论家就是背书背得最熟的人，若按这个标准，王明一开口就离不开马克思恩格斯列宁是如何说的，他俨然是一个好的理论家。教条主义者自认为自己是“理论家”，党内当时也确实有人承认他们。针对这样的情况，毛泽东指出：“真正的理论在世界上只有一种，就是从客观实际抽出来又在客观实际中得到证明的理论，没有任何别的东西可以称得起我们所讲的理论。”[②] 我们所认为的理论家，不是只会背诵马克思主义词句的书呆子、教条主义者，而是能够依据马克思主义的观点、立场和方法，正确地解释历史中和革命中所发生的实际问题，可以在中国的经济、政治、军事、文化等等问题上，给

---

① 温济泽：《延安中央研究院回忆录》，中国社会科学出版社、湖南人民出版社1984年版，第36页。

② 《毛泽东选集》第3卷，人民出版社1991年版，第817页。

出科学的解释和理论的说明。

教条主义者自认为自己学识渊博，最能旁征博引，也喜欢高谈阔论。毛泽东指出，那些只有书本知识的人，“还没有参加任何实际活动，还没有把自己学得的知识应用到生活的任何部门里去。像这样的人是否可以算得一个知识分子呢？我以为很难，因为他的知识还不完全。”① 他指出，比较完全的知识是由两个阶段构成的：第一个阶段是感性知识，第二个阶段是理性知识，理性知识是感性知识的高级发展阶段。学生们学得的书本知识是前人总结生产斗争和阶级斗争的经验写成的理论，必须自己亲自参加到生活和实际中去加以验证。教条主义者就是只有书本知识，而缺乏实际知识的人。

反对宗派主义以整顿党风，是延安整风的第二个重要任务。“学风是思想方法问题，党风是实践问题。”② 党风学习重点解决党性不纯和党风不正的问题，以保证党的思想路线和组织路线得以贯彻执行。

宗派主义是破坏党的团结和统一，破坏党和人民群众团结的坏作风。中国共产党经过 20 多年的历练，到整风运动的时候，党内虽然已经没有占统治地位的宗派主义，但是由于历次错误路线的影响，党内还存在着宗派主义的残余。

在当时，宗派主义分为两种，一种是对党内的宗派主义，主要表现在各种相互关系上，即局部和全体的关系、工农干部和知识分子干部的关系、老干部和新干部的关系、军队和军队、地方和地方、一个工作部门和另一工作部门之间的关系等。有一部分人闹独立性，没有全局观念和纪律观念，他们只顾眼前利益，不顾全局的利益，不适当地强调自己所管的局部工作，总希望全体利益服从他们的局部利益。有的人缺乏党的观念，在个人和党的关系问题上，尽管口头上尊重党，实际上却把自己放在第一位，把党放在第二位，闹名誉、闹地

---

① 《毛泽东选集》第 3 卷，人民出版社 1991 年版，第 816 页。

② 《中共党史参考资料》第 17 册下，人民出版社 1985 年版，第 336 页。

位、闹出风头。为了达到这些目的，拉拢一些人，排挤一些人，实行小团体主义。有的人既不了解本地干部的长处，也不了解自己的短处，反而轻视别人。有的人不顾全大局，对别部、别地、别人，漠不关心，对别人的困难不管，以邻为壑，不为别部、别地、别人着想。这些对内的宗派主义倾向，妨碍了党内的统一和团结。还有一种是对外的宗派主义，主要表现为对党外人士骄傲自大，看不起他们，不尊重别人。不愿意学习别人的长处，也不愿意展开合作。针对党内种种宗派主义的表现，中共中央要求全党继续学习，提高马列主义觉悟。

延安整风的具体方法，主要是学习整风文件，就是按照整顿三风的要求，对照检查个人的思想、工作、历史以及本地区本部门的工作情况，进行自我批评或相互批评，提出努力方向。中共中央把 22 个文件列为整风学习的必读文件，包括毛泽东《改造我们的学习》《整顿学风党风文风》《〈农村调查〉序言二》《反对党八股》《反对自由主义》《关于纠正党内的错误思想》，刘少奇《论共产党员的修养》，陈云《怎样做一个共产党员》，中央相关文件《中央关于增强党性的决定》《中央关于调查研究的决定》《中央关于延安干部学校的决定》《中央关于在职干部教育的决定》，《共产党宣言》《社会主义从空想到科学的发展》《社会民主党在民主革命中的两种策略》《共产主义运动中的“左派”幼稚病》《国家与革命》《马恩列斯思想方法论》《斯大林论领导与检查》《列宁斯大林等论党的纪律与党的民主》《斯大林论平均主义》《季米特洛夫论干部政策与干部教育政策》等。

在延安，机关停止一些不紧要的工作，学校停止一些课程，将学文件作为中心工作来抓。按照规定，对文件先浏览后精读，要写笔记，开讨论会，还要进行考试。中央党校的四道考题事先由毛泽东审定，第一道考题是：什么是党的学风中的教条主义？你所见到的最严重的表现是哪些？你自己在学习和工作中曾否犯过教条主义的错误？

如果犯过，表现在哪些方面，已经改正了多少？写笔记是硬性要求，内容以自我反省、解剖思想为主，须接受单位的抽查。当时各个地区各个部门结合自己的实际情况作出切实可行的安排，为了逐步加强党风的学习，有的定期检查测验，要求写自我鉴定；有的开展上课和座谈，及时讨论和自我反省；有的为文化水平不高的开设互助组，散步休息时相互交换心得体会；有的党校发动整风通讯运动，学员给自己的熟人朋友写信汇报交流自己的经验感想。毛泽东要求“党风最后阶段还应该发动各人写思想自传，可三番五次地写，以写好为度。”[①]毛泽东多次强调，共产党员要多多倾听人民群众的意见，要联系人民群众，一定不能脱离人民群众。他告诫共产党员，必须倾听党外人士的意见，要给别人说话的机会，别人说的对的，我们应该欢迎，并且要学习别人的长处，若说的不对的，也应该让别人把话说完，然后再慢慢加以解释。在谈到这个问题的重要性时，他说道：“共产党员如果不同党外干部、党外人员互相联合，敌人就一定不能打倒，革命的目的就一定不能达到。”[②]这关系到革命的成败。女作家丁玲写有两本学习笔记，分别冠名《脱胎换骨》和《革面洗心》。

延安整风运动中，1942 年春毛泽东在军事高级干部会议上作报告。

① 《中共党史参考资料》第 17 册下，人民出版社 1985 年版，第 336 页。

② 《毛泽东选集》第 3 卷，人民出版社 1991 年版，第 826 页。

在整顿党的作风中，反对自由主义是党在思想战线上的一个重要任务。在中国，小资产阶级成分十分广大，很多共产党员就是出身于这个阶级。正是因为这样特殊的情况，党经常受到小资产阶级思想的影响与干扰。自抗日战争以后，党的队伍逐渐扩大，大多数是新入党的党员，在这些新党员中，小资产阶级出身的占了大多数，“他们是带有浓厚的资产阶级自由主义思想到党内来的，在思想上、政治上、组织上都还没有受到无产阶级铁的纪律的锻炼。”① 另外，长期处在游击战争的环境中，各个根据地长期被分割、封锁、包围，很容易产生自由主义、本位主义、山头主义、分散主义。所以，为了实现全党的团结，必须要增强党员自觉性，使同志们之间互相了解，互相尊重。

反对自由主义是党在思想战线上的重要任务，在 1937 年时，毛泽东就在《反对自由主义》一文中列举了当时党内自由主义的多种表现，分析了其产生的原因和危害，号召拿起批评与自我批评的武器，与自由主义进行积极的思想斗争。

延安整风的第三项重要任务是反对党八股以整顿文风，党八股在历史上有着很深的思想根源，我国长期处于封建社会，老八股、老教条可以说是根深蒂固，八股文是明清时期的科考制度规定的一种特殊文体，其内容空洞，注重形式，鲁迅先生曾说：“八股原是愚笨的产物。一来是考官嫌麻烦，——他们的头脑大半是阴沉木做的，——甚么代圣贤立言，甚么起承转合，文章气韵，都没有一定的标准，难以捉摸，因此，一股一股地定出来，算是合于功令的格式，用这格式来‘衡文’，一眼就看得出多少轻重。二来，连应试的人也觉得又省力，又不费事了。这样的八股，无论新旧，都应当扫荡。”② 毛泽东风趣地历数了党八股的八大罪状，他认为，五四时期不反对老八股和老教条主义，中国人民的思想就不能够从老八股和老教条主义的束缚中给解

① 《刘少奇选集》上卷，人民出版社 1981 年版，第 191 页。

② 《鲁迅全集》第 5 卷，人民文学出版社 1981 年版，第 103—106 页。

放出来，我们的国家也不会有自由独立的希望，在当时，如果不反对新八股和新教条主义，那么中国人民的思想又将受到另一个形式主义的束缚，至于党内一部分人所中的党八股的毒，所犯的教条主义的错误，如果不除去，生动活泼的革命精神就不能够被启发，用不正确的态度对待马克思主义的恶习就不能被肃清，真正的马克思主义将不会得到广泛的传播和发展。

在毛泽东《反对党八股》报告之后，中央宣传部在给各级宣传部的指示中指出："党八股流毒于党，就是使得主观主义宗派主义还有最后一个藏身之所。夸夸其谈，长篇大论，引证抄袭，毫无创见，模仿一套，到处运用，这样就束缚党员思想，失去生动活泼的气象，失去对新鲜事物的感觉。"① 在反对主观主义、宗派主义的同时，必须连同党八股一起反对，而要以生动活泼的新鲜有力的马克思列宁主义文风，推动我们的革命事业不断向前发展。毛泽东号召全党依照列宁的精神去工作，学习鲁迅写文章的规则。生动活泼、新鲜有力的马克思列宁主义文风是与好的党风联系在一起的，毛泽东的文章和讲话就大量运用马克思主义的观点、立场和方法，分析中国革命的实际问题并提出自己的见解，旗帜鲜明。即使是对马列经典著作的引用，也十分严谨，不做长篇大段的引用，更多的是自己的启发，他善于以短小的文章来阐明自己的观点。

在此阶段，各个单位检查工作中写文章、作报告、作决议中的形式主义现象，尤其是文教宣传部门。中国人民抗日军政大学为了端正反对党八股的认识，进行了动员，出版了《文风》报，并要求每个人将反对党八股的文件和工作（会议、发言、报告）联系起来，进行研究和反省。文风活动日趋活跃，整顿文风的工作取得了显著的成效，在延安文艺座谈会精神的指导下，全党出现了健康活泼、积极向上的

---

① 中共中央文献研究室、中央档案馆编：《建党以来重要文献选编（1921—1949）》第 19 册，中央文献出版社 2011 年版，第 82 页。

气氛。

在1942年3月，毛泽东在中共中央学习组讲过《如何研究中共党史》，指出在整风中研究党的历史的重要性。他认为“如果不把党的历史搞清楚，不把党在历史上所走的路搞清楚，便不能把事情办得更好。这当然不是说要把历史上每一件事统统搞清楚了才可以办事，而是要把党的路线政策的历史发展搞清楚。这对研究今天的路线政策，加强党内教育推进各方面的工作，都是必要的。我们要研究哪些是过去的成功和胜利，哪些是失败，前车之覆，后车之鉴。”[①]

1944年3月，周恩来在中共中央党校作了《关于党的“六大”的研究》的报告。报告指出，研究党史的基本方法是“要有合乎历史实际情况的眼光，要有今天整风的思想方法，两者缺一，就不能得出正确的结论。”要“先说事实，事实是对的，就说对，不对的就说不对，结论放在后面。”[②]报告详细分析了六大的主要问题。

1943年7月，刘少奇在延安《解放日报》上发表题为《清算党内孟什维克主义思想》的文章。他在文章中指出：“以马列主义的普遍原理为指导很好地总结我们党在各方面的斗争经验，还是今天我们全党的最重要的任务之一，因为这些经验的马列主义的总结，是团结全党、教育全党、提高全党以至争取中国革命胜利的最重要的一环。”[③]

1944年，朱德在编写红军一军团史座谈会上发表讲话，从历史上总结建军的经验教训。讲话中说明了一军团的来源，南昌起义、秋收起义、广州起义、湘南起义的经验教训，论述了毛泽东实事求是的思想同主观主义、教条主义思想的对立和斗争。由于中国共产党

---

① 中共中央党史和文献研究院编：《毛泽东 邓小平 江泽民 胡锦涛关于中国共产党历史论述摘编》，中央文献出版社2021年版，第24页。

② 《关于党的“六大”的研究》（1944年3月3日、4日），《周恩来选集》上卷，人民出版社1980年版，第157页。

③ 《刘少奇选集》上卷，人民出版社1981年版，第291页。

坚持了实事求是的思想，在第一次、第二次、第三次反“围剿”的斗争中都取得了很大的胜利。第四次反“围剿”虽然也打了一些胜仗，但之后的教条主义已经把红军削弱，在第五次反“围剿”中遭到失败。

在总结党的历史经验时期，党中央领导机关和高级干部，对于党的全部历史，尤其是1931年至1934年这一时期中央的政治路线问题进行了多次的讨论。同时还组织过去曾在各个根据地和红军中工作过的相关人员，召开了各地区和各部门的党史座谈会。通过这些会议，广大领导干部从切身的经验中，更好地认识党在历史上的路线等问题。

整风运动中马克思主义传播的途径

为了克服错误倾向，正确处理党内的矛盾，保证整风运动的发展，毛泽东总结了党的历史经验，在普遍整风一开始就明确指出：“我们反对主观主义、宗派主义、党八股有两条宗旨是必须注意的：第一是‘惩前毖后’，第二是‘治病救人’。”[①] 实践证明这个方针是完全正确的。

1. 学习文件，自我反省

整风期间，中央规定的22个必读文件，被誉为“是改正干部及党员思想转变工作作风”和“整顿三风”的“锐利武器”[②]。在整个整风运动的过程中，认真学习22个文件，是重要的学习方法，各级领导曾多次强调，要将文件的精神实质融会贯通，掌握好马克思主义的原则。在学习的过程中，既不能粗枝大叶，一知半解，也不能

① 《毛泽东选集》第3卷，人民出版社1991年版，第827页。

② 彭真：《领会二十二个文件的精神与实质》，《解放日报》1942年5月16日。

咬文嚼字，钻牛角尖。整风文件，是无产阶级革命运动的经验成果，也是确立马克思主义立场、观点以及思想方法的理论武器。根据毛泽东关于整顿三风要利用报纸传播经验的指示，配合整风运动的开展，当时党的一些报纸杂志收录了大量关于整风的报纸和文章。如《新中华报》《解放》《新华日报》《解放日报》《共产党人》《八路军军政杂志》等报刊发表了上千篇关于整风运动的文章，《解放日报》专门设了《学习》副刊，紧密结合整风学习中党员干部的思想认识、学习方法和工作作风，主要刊载有关整风的论文、学习心得、经验介绍、问题解答等。延安许多单位都把该副刊作为整风学习的必读材料。

许多领导干部在学习 22 个文件时，以身作则，写读书笔记，谈体会心得。在《解放日报》副刊《学习》的第一期上，陆定一发表了题为《为什么整顿三风是党的思想革命》的文章，陶铸发表了自己的学习笔记《我对中宣部四三决定的认识》。

中宣部四三决定中强调在阅读文件和讨论学习的过程中，每个人都要深思熟虑，反省自己的工作与思想。1942 年 8 月，《解放日报》发表了《反省》《学和用的统一》等文章，指出了反省是“理论和实际联系”的练习，“学和用的统一”的精神应该贯穿整风学习的全过程。1942 年 5 月，《解放日报》发表社论《一定要反省自己》，提出了要反省自己，就是要用文件中的要求来衡量自己，从其中审视自己的学习和思想，有则改之。

在整风学习阶段，出现了自我反省的热潮。当时的延安《解放日报》刊登了很多反省自己的文章。除此之外，还要求每个人写出总结，担任的工作任务不同，总结的内容也不同。一般的干部主要总结收获与体会。党的高级干部除了写个人的总结之外，还要总结党的历史经验。在延安整风运动过程中，共产党员这种“自我反省”进行思想革命的方法，很大程度上提高了党员和干部的理论水平，也提高了无产阶级革命的自觉性。

2. 开展批评与自我批评

为了克服教条主义和经验主义在党内的影响，推动马克思主义理论和革命实际相结合，全党在以毛泽东为首的中央领导下大力开展批评与自我批评。毛泽东在1941年9月政治局会议上提出：“打倒两个主义，把人留下来”①，就是把犯错误的干部保留下来。整风期间，各级组织充分开展批评和自我批评，有的还相当激烈。但无论是批评还是自我批评，目的都是在新的基础上巩固党的团结。因此，中央从一开始就提醒：批评“应该是严正的，彻底的，尖锐的，但又应该是诚恳坦白的，实事求是的，与人为善的态度，而一切冷嘲暗箭、诬蔑谩骂、捕风捉影、夸夸其谈，都是不正确的。……对于犯错误的同志，只要他想改正，想求进步，即使是在进步中尚不免有错误，也应鼓励他，帮助他。”② 正是因为坚持了惩前毖后、治病救人的原则，延安整风虽在审干中犯了一些错误，但党和军队的凝聚力不仅没有涣散，反而进一步增强，同志之间的团结不仅没有被破坏，反而在党的事业这一共同目标下更加紧密。

1942年3月26日，延安大学召开全体党员大会，与会同志以严肃负责的态度，大胆批评的精神，对学校的工作进行了坦诚的细致的分析，大家大胆发言，提出了一些不利于开展工作的现象，如缺乏民主、不团结、考虑问题以个人利益为中心等，并对其进行了批评，分析了其产生的根源，提出了解决问题的建议。有的领导当场承认错误，作了检讨，表示决心改正过去的缺点和错误，如此一来，每个党员真正做到了对党知无不言、言无不尽，不谄媚，不偏颇，有一说一，实事求是，光明坦荡。同年5月，在陈毅的指示和领导下，盐阜

① 中共中央党史和文献研究院编：《毛泽东年谱》第2卷，中央文献出版社2023年版，第329页。

② 中共中央文献研究室、中央档案馆编：《建党以来重要文献选编（1921—1949）》第19册，中央文献出版社2011年版，第195页。

行署召开了一次各阶层人士座谈会。大会上陈毅带头作自我批评，诚恳地承认错误，使各界人士深受感动，纷纷感叹：只有共产党人才能做到真正的自我批评。

我党采用批评与自我批评的方法，通过反对主观主义来整顿学风，使全党对主观主义的危害更加明确，不仅主动改变了工作态度，就连思想也得到自觉改变，并将正确的马克思主义结合到中国革命实际中，使得全党思想更加统一，更好地指导实际工作。

3. 大力提倡调查研究

在全党普遍整风过程中，中共中央大力提倡调查研究。中央要求广大党员和干部通过调查研究，深入了解中国社会状况，了解中国革命的特点和规律，学会将马克思列宁主义基本原理同中国革命具体实际相结合。1941 年 8 月，中共中央发出《关于调查研究的决定》，设立中共中央调查研究局，以毛泽东为主任，任弼时为副主任，中央要求广大党员和干部"加重对于历史、对于环境，对于国内外、省内外、县内外具体情况的调查与研究"[①]。同年冬，陕甘宁边区政府主席林伯渠率领一支 20 多人的考察团，赴甘泉、鄜县进行调查研究，获得许多第一手资料。1942 年 1 月至 1943 年 3 月，张闻天响应中央的号召，组成延安农村工作调查团，深入陕北神木、府谷、绥德、米脂和晋西北兴县等 20 多个村镇，进行了一年多时间的调查研究。张闻天以普通工作人员身份在所调查的村庄挨家逐户同农民、干部及其各种人物谈话，几乎走访了所有农户，群众和他无话不谈。他既关注现实情况，也考察历史演变；既向群众调查，也向村乡干部、工作人员和各种职业人员调查；既有调查会、座谈会，更多是挨家入户调查；既注意典型调查，也注意基本情况的调查。经过深入细致的调查

---

① 中共中央文献研究室、中央档案馆编：《建党以来重要文献选编（1921—1949）》第 18 册，中央文献出版社 2011 年版，第 531 页。

研究，张闻天等撰写了《陕甘宁边区神府县直属乡八个自然村的调查》《米脂杨家沟调查》《神府调查经验谈》《关于当前农村阶级变化问题》《整顿三风要联系实际》等调查报告。张闻天把相关调研报告呈报中共中央，并多次把调研中发现的问题反映给毛泽东。1943 年 4 月，年近花甲的林伯渠又深入安塞、志丹农村，进行了 10 天的调查研究。回到延安后，他将边区农村的新气象写成《农村十日》一文，发表在延安《解放日报》，文章写道：我们“看到下面的工作作风开始转变过来的，农村的面貌也一天一天在改变着”“农村里找不到一个闲人，干部也都下乡了，活动在田垄里，山沟里。”“现在乡村工作是忙个不了，天天有新的内容。”通过调查研究，林伯渠对农民生产、生活中的问题有了深入了解，并在群众中获得了解决问题的办法。中共中央的一些工作部门和中央局、分局，也组织调查团，开展调查研究。

整风运动的成就和经验

延安整风运动为全党树立了实事求是、理论联系实际、批评与自我批评的优良作风，是党的建设史上的伟大创举，是加强党思想教育的良好方式，增强了全党的团结和统一，提高了全党马列主义的水平，为夺取抗战胜利和民主革命的胜利，奠定了思想和理论基础，有力地推动了边区各项工作的开展。

一是边区的广大党员、干部把整风学习与改造世界观紧密地结合起来，受到了一次深刻的马克思列宁主义、毛泽东思想的教育，特别是在边区高级干部会议及其以后的整风学习，他们结合边区的实际情况和自身工作的特点，以整风文件为理论依据，对照自己参加革命以来的思想转变过程和工作表现，在开展批评与自我批评的基础上，每个人认真写了思想小结，总结了经验教训，提高了觉悟，进一步坚定革命人生观；明确了必须遵循马列主义的普遍真理与中国革命的具体实践相结合这个基本方向；树立了一切从实际出发，理论联系实际，实事求是，密切联系群众和批评与自我批评的优良作风。

二是把整风学习与边区的中心工作即生产和教育结合起来，有力地推动了边区的各项工作，如通过整改，使边区的“三三制”政策得到了进一步的贯彻，简政工作取得了巨大的成效，加强了基层政权的建设，巩固了边区的统一战线，促进了边区“三三制”政权建设，极大地推动了边区的大生产运动，为夺取抗战胜利创造了物质条件，准备了所需的干部队伍等。

三是把整风学习与解决边区党的统一领导问题结合起来，加强了边区党组织和人民群众在中共中央和西北局领导下的团结。同时，通过整风学习，尤其是拥政爱民和拥军运动，加深了军队同政府及人民之间、军队与军队之间的团结。

边区的整风运动在取得巨大成就的同时，也为中国共产党的建设积累了宝贵的经验。首先，整风运动必须与实际结合。所谓整风与实际结合，绝不是随便抓住实际生活中任何现象，更不是把枝枝节节的事情当成中心，而必须抓住历史和现实斗争中带有关键性、全局性的事实，并且正确地符合实际地解决。其次，对于中共历史上的分歧和斗争必须采取分析的态度，着重于思想上的检讨。边区的整风运动纠正了当前实际存在的偏向问题，指出了党内闹独立性、自由主义现象的原因，分析了产生这些现象的历史的社会的和思想上的根源，从而提高了觉悟，分清了无产阶级思想和非无产阶级思想的界限，有效地克服了党内存在的闹独立性、自由主义的现象。再次，必须正确地发扬党内的民主，充分使用批评与自我批评的武器。边区的整风运动之所以能够比较深刻地检讨边区党的历史和现存的偏向，揭露工作中的缺点和错误，采取有效的措施，并且使许多干部能够正确地认识自己和别人，了解自己的缺点和错误之所在，实行思想上和作风上的转变，是同党内的民族精神的发扬和批评与自我批评武器的运用分不开的。党内民主的发扬，批评与自我批评武器的运用增强了党内的团结。最后，始终以领导干部作为端正党风的重点。边区整风运动是从党的高级干部学习党的路线问题开始的。中间经过全党的普遍整风，然后又转回到党的高级干部的路线学习上来。在整风的全过程中，始终把领导干部特别是党的高级领导干部的整风作为重点。在中共扩大的六届六中全会上，毛泽东特别强调了高级干部的理论和路线学习的重要性。他指出："一般地说，一切有相当研究能力的共产党员，都要研究马克思、恩格斯、列宁、斯大林的理论，都要研究我们民族的历史，都要研究当前运动的情况和趋势；并经过他们去教育那些文化水准较低的党员。特殊地说，干部应当着重地研究这些，中央委员和高级干部尤其应当加紧研究。""在担负主要领导责任的观点上说，如果我们党有一百个至二百个系统地而不是零碎地、实际地而不是空洞地学会了马克思列宁主义的同志，就会大大地提高我们党的战斗力量，并加速我们战胜日本帝国主义的工作。"[①] 边区整风运动始终把领导干部的整风作为重点，又着重于解决思想和政治路线问题，这是保证整风运动取得成功最重要的经验。

整风运动所取得的伟大成就和创造的丰富经验，标志着中共在政治上的成熟。由于全党的马克思列宁主义水平的提高以及在马克思列宁主义基础上的全党大团结，保证了以毛泽东同志为代表的马克思列宁主义路线能够在各方面贯彻执行，使党能够在思想上、政治上和组织上空前统一地大跨步地但又稳步地前进。

（三）毛泽东思想指导地位的确立

1945 年 4 月 23 日至 6 月 11 日，中国共产党第七次全国代表大会在延安杨家岭中央大礼堂隆重召开，历时 50 天。这次大会是在延安整风运动取得伟大胜利的基础上和中国人民处在新的历史转变的

---

① 《毛泽东选集》第 2 卷，人民出版社 1991 年版，第 532—533 页。

关头召开的。在第一次全体会议上，毛泽东致题为《两个中国之命运》的开幕词，在面临两条道路、两个前途抉择的关键时刻，明确地为中国共产党提出了打败侵略者、建设新中国的任务。4 月 24 日，毛泽东在第二次全体会议上代表中共中央作《论联合政府》的政治报告，科学地分析了当时的国内外形势，规定了中国共产党的一般纲领和具体纲领，提出了“放手发动群众，壮大人民力量，在我党的领导下，打败日本侵略者，解放全国人民，建立一个新民主主义的中国”的政治路线，强调加强党的建设，以实现对中国革命的领导责任。

中国共产党第七次全国代表大会会场

确立毛泽东思想为党的指导思想并写入党章，是七大的历史性贡献。七大党章提出：“毛泽东思想，就是马克思列宁主义的理论与中国革命的实践之统一的思想，就是中国的共产主义，中国的马克思主义。”“毛泽东思想，就是马克思主义在目前时代的殖民地、半殖民地、半封建国家民族民主革命中的继续发展，就是马克思主义民族化的优秀典型。”[①]

毛泽东思想系统地回答了中国革命的社会历史环境、经济文化基础，以及革命性质、基本动力、斗争形式、发展道路、奋斗目标和领导力量等一系列基本问题。七大概括了毛泽东思想的主要内容，这就是：“毛泽东同志关于现代世界情况及中国国情的分析，关于新民主主义的理论与政策，关于解放农民的理论与政策，关于革命统一战线的理论与政策，关于革命战争的理论与政策，关于革命根据地的理论与政策，关于建设新民主主义共和国的理论与政策，关于建设党的理论与政策，关于文化的理论与政策等。”[②] 毛泽东思想是“中国人民完整的革命建国理论”。

党的七大确立毛泽东思想为党的指导思想，是近代中国历史和人民革命斗争发展的必然选择。20 世纪初期，灾难深重的中国人民在长期的革命斗争中，经过反复的比较鉴别，终于选择马克思列宁主义作为自己的思想武器。中国共产党成立后，以毛泽东为主要代表的中国共产党人，根据马克思列宁主义的基本原理，经过 20 多年的探索，把中国革命实践中的一系列独创性经验进行理论概括，创造性地发展了马克思列宁主义，形成了适合中国情况的科学指导思想。这就是马克思列宁主义基本原理同中国革命实际相结合的伟大理论成果——毛泽东思想。

毛泽东在党的七大上把创造和发展了的马克思主义比作“香的马克思主义”“活的马克思主义”，而把那种固步自封，照搬照抄的马克思主义比作“臭的马克思主义”“死的马克思主义”。强调，只有“香的马克思主义”和“活的马克思主义”，才能解决中国问题[③]。党

① 《论党》(1945 年 5 月 14 日),《刘少奇选集》上卷，人民出版社 1981 年版，第 333 页。

② 《论党》(1945 年 5 月 14 日),《刘少奇选集》上卷，人民出版社 1981 年版，第 335 页。

③ 《在中国共产党第七次全国代表大会上的口头政治报告》,《毛泽东文集》第 3 卷，人民出版社 1996 年版，第 331、332 页。

的历史经验证明，运用马克思列宁主义的基本原理，研究和解决中国革命的问题，需要具有在实践中进行理论创造的胆识和魄力。在中国这样一个半殖民地半封建的东方大国进行革命，必然遇到许多特殊的复杂问题。靠背诵马克思列宁主义的一般原理和照搬外国经验，不可能解决这些问题。20 世纪 20 年代后期和 30 年代前期，在中国共产党内盛行的把马克思主义教条化、把共产国际决议和苏联经验神圣化的错误倾向，曾使中国革命几乎陷于绝境。毛泽东思想就是在同这些错误倾向作斗争并深刻总结这方面的历史经验的过程中，逐步形成和发展起来的。它在土地革命战争后期和抗日战争时期得到系统总结和多方面展开而达到成熟，从而实现了马克思列宁主义基本原理同中国革命实际相结合过程中的第一次历史性飞跃，并在指导中国人民革命的实践中发挥了巨大的作用。

毛泽东思想是马克思列宁主义在中国的运用和发展，是被实践证明了的关于中国革命的正确的理论原则和经验总结，是中国共产党集体智慧的结晶。党的许多卓越领导人对它的形成和发展作出了重要贡献，毛泽东的科学著作是它的集中概括。

毛泽东是毛泽东思想的主要创立者。他把辩证唯物主义和历史唯物主义运用于中国共产党的全部工作，在中国革命的长期艰苦斗争中，形成了具有中国共产党人特色的立场、观点和方法，这主要是实事求是、群众路线和独立自主。正是坚持了这些立场、观点和方法，他才能够创造性地发展马克思列宁主义，提出系统的、完整的关于中国革命的科学理论、战略策略和一系列路线方针政策。

正确认识和确立毛泽东的历史地位和毛泽东思想的指导作用，是中国共产党人和中国人民在长期奋斗中的巨大收获。经过革命胜利与失败的反复比较，经过整风运动和《关于若干历史问题的决议》的讨论，全党高级干部对马克思主义中国化的意义，特别是对毛泽东的正确领导和毛泽东思想的正确指导，有了更加深刻的认识。这样，确立毛泽东思想为党的指导思想，就成为必然的了。正如《关于若干历史问题的决议》所指出的："到了今天，全党已经空前一致地认识了毛泽东同志的路线的正确性，空前自觉地团结在毛泽东的旗帜下了。以毛泽东同志为代表的马克思列宁主义的思想更普遍地更深入地掌握干部、党员和人民群众的结果，必将给党和中国革命带来伟大的进步和不可战胜的力量。"①确立毛泽东思想在全党的指导地位，反映了全党思想上、政治上的成熟，反映了党的理论水平的极大提高。为我们党和中国人民在理论上作了充分准备，这极大地增强了我们党和中国人民的信心和战斗力量，极大地加速了中国革命胜利的进程。

（四）毛泽东对马克思主义广泛传播的贡献

以毛泽东同志为主要代表的中国共产党人在长期的革命斗争实践中，为马克思主义中国化作出了不懈探索。毛泽东强调"使马克思主义在中国具体化，使之在其每一表现中带着必须有的中国的特性，即是说，按照中国的特点去应用它，成为全党亟待了解并亟须解决的问题"②。他从投身中国革命伟大事业起，便致力于探索和实践如何把马克思主义基本原理同中国具体实际相结合的正确途径，在理论和实践上为马克思主义中国化作出了不可磨灭的历史性贡献。

1. 率先明确地提出马克思主义中国化的历史任务

中国共产党领导的革命发生于20世纪初的半殖民地半封建的中

---

① 《关于若干历史问题的决议》，中共中央文献研究室、中央档案馆编：《建党以来重要文献选编（1921—1949）》第22册，中央文献出版社2011年版，第111页。

② 《中国共产党在民族战争中的地位》，《毛泽东选集》第2卷，人民出版社1991年版，第534页。

国。其历史条件，既不同于马克思、恩格斯时代，也有别于列宁所处的时期。一方面，有了马克思主义理论作指导；另一方面，这一理论没有也不可能对中国这样的经济文化落后的东方大国的革命提供现成的公式。要使革命顺利发展并取得胜利，关键在于成功地实现马克思列宁主义普遍真理与中国革命具体实践的结合，也就是把马克思主义中国化。就此而言，把马克思主义中国化成为时代发展和实践发展的必然要求。然而，将这样一个客观要求及时地、明确地提出来，变为人们的自觉意识和行为，却不是简单的事情，也不是每个人都能做到的。当时，在马克思主义要不要中国化以及怎样中国化等问题上，存在两种不同的主张：一种是教条主义的主张，照抄照搬马克思主义的词句，把共产国际的决议和苏联经验神圣化、教条化；另一种是实事求是的主张，坚持把马克思主义基本原理与中国革命实际相结合，使马克思主义具体化、中国化。

毛泽东在同王明“左”倾教条主义的斗争中，准确把握时代的脉搏，顺应形势的客观要求，明确地提出了马克思主义中国化的历史任务。1930 年 5 月，毛泽东为了反对红军中的教条主义思想，写下了著名的《反对本本主义》。在这里，毛泽东尖锐地批判了单纯建立在“上级”观念上的形式主义态度和专门从书本上讨生活的本本主义，明确强调：“马克思主义的‘本本’是要学习的，但是必须同我国的实际情况相结合。我们需要‘本本’，但是一定要纠正脱离实际情况的本本主义。”① 他还指出：“必须洗刷唯心精神”，“必须努力作实际调查，才能洗刷唯心精神”，“没有调查，没有发言权”，“中国革命斗争的胜利要靠中国同志了解中国情况”②。这样一些重要思想，特别是反对本本主义的主张，为中国共产党人冲破教条主义的束缚，自主

① 《反对本本主义》，《毛泽东选集》第 1 卷，人民出版社 1991 年版，第 111—112 页。
② 《反对本本主义》，《毛泽东选集》第 1 卷，人民出版社 1991 年版，第 112、109、115 页。

地探索中国革命的道路，提供了重要的理论根据，成为马克思主义中国化的奠基石。

1938 年 9 月到 11 月，中国共产党召开了六届六中全会。毛泽东在会上针对王明右倾投降主义错误，作了《论新阶段》的政治报告和会议总结，第一次向全党提出“马克思主义中国化”的任务。毛泽东明确提出：“共产党员是国际主义的马克思主义者，但马克思主义必须通过民族形式才能实现。”“成为伟大中华民族之一部分而与这个民族血肉相连的共产党员，离开中国特点来谈马克思主义，只是抽象的空洞的马克思主义。因此，马克思主义的中国化，使之在其每一表现中带着中国的特性，即是说，按照中国的特点去应用它，成为全党亟须了解并亟待解决的问题。”[①] 这里，毛泽东把马克思主义中国化作为关系党的领导地位和中国革命前途命运的重大问题提出来。《论新阶段》的政治报告，是毛泽东率先明确提出马克思主义中国化任务的基本标志。

后来，毛泽东从不同角度，在不同场合，多次谈论到马克思主义中国化问题。比如，1941 年 9 月，他在中共中央政治局扩大会议上的讲话中，特别地强调要分清创造性的马克思主义和教条式的马克思主义，要求反对主观主义，“使中国革命丰富的实际马克思主义化”。他认为“只有用马克思主义观点来研究实际问题、能解决实际问题的，才算实际的理论家。”“能使马克思主义中国化的教员，才算好教员”[②]。

“马克思主义中国化”的命题具有丰富的内涵。综观毛泽东的一系列论述，至少包括互相联系着的四个方面。其一，是马克思主义在中国的具体化，即使主要根据欧洲国家情况创立的马克思主义变为适

---

① 中共中央文献研究室、中央档案馆编：《建党以来重要文献选编（1921—1949）》第 15 册，中央文献出版社 2011 年版，第 651 页。

② 《反对主观主义和宗派主义》，《毛泽东文集》第 2 卷，人民出版社 1993 年版，第 374 页。

合中国情况的马克思主义，形成指导中国革命和建设的正确的路线方针和政策。其二，是马克思主义在中国的实践化，即使马克思主义理论紧密结合、联系中国革命和建设实际成为有用的马克思主义，在实践中充分发挥作用的马克思主义。其三，是马克思主义在中国的民族化，即赋予马克思主义以中华民族的风格和特点，使马克思主义具有新鲜活泼的、为中国老百姓喜闻乐见的中国作风和中国气派。其四，是马克思主义在中国的新鲜化，即使马克思主义在与中国实际相结合的过程中，不断地得以丰富和发展，从而永葆其生机和活力。

毛泽东根据时代和实践的需要，明确提出马克思主义中国化的任务并对马克思主义中国化的内涵作出全面深刻的说明。这一事实，表明他是马克思主义中国化的开拓者和奠基人，毛泽东的这一贡献极大地提高了人们把马克思主义中国化的自觉性、主动性，有力地推动了马克思主义中国化的历史进程。

2. 对马克思主义中国化作了全面而又深刻的哲学总结和论证

马克思主义中国化内含着丰富而深刻的哲学底蕴，其认识，其实践，都离不开哲学理论的支撑。为了推进马克思主义中国化进程，特别是为了排除教条主义错误的干扰，毛泽东以一个哲学家的眼光，对马克思主义中国化作了全面而又深刻的哲学总结和论证。毛泽东的总结和论证表现在对一对对哲学范畴关系的说明上。其中，对以下几对关系的说明，尤为重要和突出。其一，认识与实践的关系。这集中表现在《实践论》一文中。该书的副标题就是“论认识和实践的关系——知和行的关系”。在从静态和动态两个方面系统论述了认识和实践的关系，特别是论证了实践是认识的基础之后，毛泽东概括地指出：“通过实践而发现真理，又通过实践而证实真理和发展真理。从感性认识而能动地发展到理性认识，又从理性认识而能动地指导革命实践，改造主观世界和客观世界。实践、认识、再实践、再认识，这种形式，循环往复以至无穷，而实践和认识之每一循环的内容，都比较地进到了高一级的程度。这就是辩证唯物论的全部认识论，这就是辩证唯物论的知行统一观。”[①] 这一论述，被人们概括为“实践—认识—实践”的公式，集中表明了实践第一的观点。其二，一般（普遍性）与特殊（特殊性）的关系。这集中表现在《矛盾论》一文中。在这里，毛泽东明确指出：“就人类认识运动的秩序说来，总是由认识个别的和特殊的事物，逐步地扩大到认识一般的事物。人们总是首先认识了许多不同事物的特殊的本质，然后才有可能更进一步地进行概括工作，认识诸种事物的共同的本质。当着人们已经认识了这种共同的本质以后，就以这种共同的认识为指导，继续地向着尚未研究过的或者尚未深入地研究过的各种具体事物进行研究，找出其特殊的本质，这样才可以补充、丰富和发展这种共同的本质的认识，而使这种共同的本质的认识不致变成枯槁和僵化的东西。这是两个认识的过程：一个是由特殊到一般，一个是由一般到特殊。人类的认识总是这样循环往复地进行的，而每一次的循环（只要是严格地按照科学的方法）都可能使人类的认识提高一步，使人类的认识不断地深化。”[②] 这一论述，被人们概括为“特殊—一般—特殊”的公式，集中表明了认识论上一般与特殊的相互联结的观点。其三，群众与领导的关系。这集中表现在《关于领导方法的若干问题》一文中。在这里，毛泽东明确指出：“在我党的一切实际工作中，凡属正确的领导，必须是从群众中来，到群众中去。这就是说，将群众的意见（分散的无系统的意见）集中起来（经过研究，化为集中的系统的意见），又到群众中去作宣传解释，化为群众的意见，使群众坚持下去，见之于行动，并在群众行动中考验这些意见是否正确。然后再从群众中集中起来，再到群众中坚持下去。如此无限循环，一次比一次地更正确、更

① 《实践论》，《毛泽东选集》第1卷，人民出版社1991年版，第296—297页。

② 《矛盾论》，《毛泽东选集》第1卷，人民出版社1991年版，第309—310页。

生动、更丰富。这就是马克思主义的认识论。”[①] 这一论述，被人们概括为“群众—领导—群众”的公式，集中表明了群众路线和群众观点。其四，物质与精神的关系。这集中表现在《人的正确思想是从哪里来的？》一文中。在这里，毛泽东明确指出：“一个正确的认识，往往需要经过由物质到精神，由精神到物质，即由实践到认识，由认识到实践这样多次的反复，才能够完成。这就是马克思主义的认识论，就是辩证唯物论的认识论。”[②] 这一论述，被人们概括为“物质—精神—物质”的公式，集中表明了物质与精神在一定条件下相互转化的观点。

毛泽东对于以上关系的说明，特别是提出的一系列重要观点，为马克思主义中国化提供了坚实的哲学理论基础，对于正确指导人们把马克思主义中国化有重要的意义。

3．确立、倡导实事求是的思想路线，为马克思主义中国化从根本上指明方向

马克思主义中国化必须坚持正确的思想路线。这就是实事求是的思想路线。毛泽东为了在中国共产党内确立、倡导实事求是的思想路线作出了巨大努力。早在 1929 年，毛泽东在为红军第四军第九次代表大会写的决议中，专门对各种妨碍执行党的正确路线的错误思想进行了纠正。其中，明确地批评了主观主义。他认为，对于政治形势的主观主义的分析和对于工作的主观主义指导，其必然的结果，“不是机会主义，就是盲动主义”。纠正主观主义的重要方法，一是用马克思列宁主义的方法去分析和解决问题；二是要注意社会经济的调查研究，由此来决定斗争的策略和方法。这样一些思想，已带有实事求是

---

① 《关于领导方法的若干问题》，《毛泽东选集》第 3 卷，人民出版社 1991 年版，第 899 页。

② 《人的正确思想是从哪里来的？》，《毛泽东文集》第 8 卷，人民出版社 1999 年版，第 321 页。

思想路线的萌芽。

到了 1930 年 5 月，毛泽东写下了《反对本本主义》一文，明确提出了两条根本对立的思想路线：一条是“唯上”“唯书”的保守路线，一条是从斗争中创造新局面的思想路线。前者是本本主义、主观主义路线，后者是从实际出发、实事求是的思想路线。这表明，实事求是思想路线基本形成。

1937 年，毛泽东先后写下了《实践论》《矛盾论》两部哲学著作，进一步从哲学的高度论述了实事求是思想路线。《实践论》从理论上论述了主观和客观之间的辩证关系，深刻地揭示了只有在正确解决知和行的关系的基础上，也即只有通过实践才能解决主观和客观之间的矛盾；从规律上论述了认识发展的“两个飞跃”的理论，在揭示认识经过“两个阶段”“两个飞跃”的基础上，全面总结了认识运动的总规律。这些思想，有力地批判了主观主义（主要是教条主义）思想路线，对于全党确立实事求是思想路线，消除主观主义思想路线的影响，起了积极的作用。《矛盾论》论述了辩证矛盾即对立统一的道理，提出了一个系统和过程相统一的具体矛盾理论，揭示了事物矛盾问题的精髓，建构了具体矛盾理论的科学体系。这一切，进一步深化了马克思主义关于具体问题具体分析的思想，为人们把握马克思主义的灵魂，做到实事求是指明了方向。可以说，《实践论》《矛盾论》为中国共产党人确立并坚持实事求是思想路线奠定了坚实的理论基础。

1941 年和 1942 年，在党的延安整风运动中，毛泽东发表了《改造我们的学习》《整顿党的作风》和《反对党八股》等著作。在这些著作中，毛泽东进一步从思想问题上总结了过去中国共产党党内路线的分歧，分析了广泛存在于党内的非马克思列宁主义思想作风，进一步地阐述了实事求是的思想路线。在《改造我们的学习》一文中，毛泽东把主观主义和实事求是两种思想路线作了鲜明的对照，明确地阐述了实事求是的科学内涵。他指出：“‘实事’就是客观存在着的一切事物，‘是’就是客观事物的内部联系，即规律性，‘求’就是我们去研究。我们要从国内外、省内外、县内外、区内外的实际情况出发，从其中引出其固有的而不是臆造的规律性，即找出周围事物的内部联系，作为我们行动的向导。”[①] 这是对实事求是思想路线最明确、最深刻的说明和发挥。通过延安整风，实事求是思想路线更加深入人心。

毛泽东确立、倡导的实事求是思想具有极其重要的意义。可以说，中国共产党在马克思主义中国化进程中取得的每一个胜利，都与毛泽东确立、倡导的实事求是思想路线有关；而在其中遇到的挫折，发生的失误，也都与违背、偏离实事求是思想路线有紧密的联系。

---

① 《改造我们的学习》,《毛泽东选集》第 3 卷，人民出版社 1991 年版，第 801 页。

暗 流 涌 动

八、马克思主义在陕西国统区的传播

中国共产党接受马克思主义、信仰马克思主义，并通过自身的优秀表现不断增强马克思主义的吸引力和感召力，进一步推动马克思主义在中国的传播。1935 年到 1949 年，马克思主义在陕西国民党统治区内也得到迅速传播，调动了更多积极因素，对革命胜利产生重大影响。这些成果的取得，不仅因为马克思主义具有独特的理论魅力，更得益于中国共产党及其领导下的人民军队实事求是、一心为民、舍生取义、顾全大局的精神风貌和价值取向。

（一）陕西国统区马克思主义传播的主要力量

1935 年 10 月中共中央和中央红军胜利到达陕北直至西安事变期间，中华苏维埃共和国临时中央政府驻西北办事处设在瓦窑堡，下辖陕甘、陕北两个省和关中、神府、三边 3 个特区，根据地范围比较小，地理位置也比较偏远。1936 年 12 月西安事变爆发后，东北军收缩防线，中共中央 1937 年 1 月正式进入延安，应东北军和杨虎城要求，红军主力南下关中，一度推进到三原、云阳、高陵等地。1937 年 2 月，西安事变和平解决，中央军进入西安，东北军调往豫皖，十七路军驻防甘肃，红军退回陕北。3 月，中华苏维埃共和国临时中央政府驻西北办事处改名为陕甘宁特区政府；5 月，又改名为陕甘宁边区政府；7 月，得到国民政府承认；9 月，陕甘宁边区政府正式成立；10 月，国民政府行政院第 333 次行政会通过决议，确认陕甘宁边区为行政院直属行政区，下辖陕西、甘肃、宁夏交界地带共 26 个县。1938 年国民党军队进攻边区，占领豫旺、镇原、宁县、正宁、旬邑、淳化等 6 个县全部或一部分，此后根据地面积基本固定，划为 5 个分区 1 市 30 县，9 万平方公里领土，人口约 148 万。

陕西部分主要包括延属分区辖延安市、延安县、甘泉县、鄜县、志丹县、安塞县、子长县、延川县、固临县，绥德分区辖清涧、绥德、米脂、葭县、子洲、吴堡、神府，关中分区辖淳耀、赤水、新正、新宁，三边分区辖定边、盐池、靖边、吴起。临近但又不在根据地范围之内的区域，按照 1936 年 12 月 20 日《中央关于不同地区的地方工作指示》规定可分为三部，即恢复区、友军（东北军、十七路军）撤退地区和友军统治地区。“原为苏区或游击区，后被敌军或友军占去，现在友军或敌军已退出者，谓之恢复区”，恢复区政策根据实际情况制定，原陕北老苏区，可建立苏维埃政权，关中及新区，则一律改变为抗日救国政府；在恢复区域内，均应“广泛的发动群众的抗日运动，恢复与组织各种抗日的群众团体，特别是抗日的武装组织”；对恢复区域内或周围的敌军及民团，应极力进行停止内战一致抗日运动以争取之。“在友军撤退后，当地政权随同友军撤退，交由红军接防，这些区域谓之撤退区”，为了使之变为模范的抗日区域，我们就要发动群众的抗日运动，建立抗日救国政府，宣布抗日纲领，确立民主权利，取消苛捐杂税，按照当地情形初步改善人民生活；除汉奸卖国贼以及群众深恶痛绝的地主豪绅外，保护商业，保护文化机关和文化事业，优待抗日军人家属，争取同国民党旧政权有关系但不反对新政权者；保障信教自由，不得侵犯教堂及神父；普遍建立共产党半公开与秘密组织，加强政权机关中及各种抗日武装抗日群众团体中党的领导[①]。除陕甘宁边区、宁陕游击区、恢复区和友军撤退区之外，陕西省友军统治区和敌军统治区都属于国民党统治区。

1935年到1949年，中央红军到达陕北后，经过不断发展，陕甘宁边区南部距离西安仅百余公里，党的政治影响能够迅速地传到国统区人民群众中。因此，在陕西国统区开展民主运动存在着极为有利的条件。陕西国统区经历了张学良、杨虎城联合主政，孙蔚如主政，蒋鼎文主政和胡宗南主政四个历史时期，其中前两个时期马克思主义传播的环境条件相对较好，影响力也比较大，尤其是西安事变前后，陕西国统区马克思主义传播达到高潮。

陕西国统区马克思主义学说传播的主要力量是中国共产党各级组织与其同情者、同路人。

各级党组织的重建发展与马克思主义的传播

陕西省委重建与各地方党组织迅速发展，既是马克思主义传播的过程，也是有效结果。

1. 陕西省委重建

在土地革命后期，特别是1933年以来，陕西省国统区党组织的发展多次遭遇严重摧残，举步维艰。7月28日，省委书记袁岳栋、省委委员杜衡被捕叛变，导致很多地方党组织被破坏，大批党、团员被捕，仅渭北地区，就有500多名共产党员和革命群众被捕或被杀，关中幸存的党组织，只剩下韩城、临潼两个县委；8月底组建的临时省委还没有正式投入工作，9月19日省委委员全部被捕；10月初再次筹建陕西临时省委，11月书记余海峰又被敌人逮捕。1934年3

① 中央档案馆编：《中国共产党关于西安事变档案史料选编》，中国档案出版社1997年版，第236页。

中共陕西省委机关旧址——泾阳县云阳镇

月，孙作宾等人组建中共西安中心市委，代行省委职权，但随着书记魏光波等人的被捕，中心市委再次停止活动，后来虽然也努力重建，但收效甚微。1939 年 6 月，陕西省委关于《党在国统区的工作状况及总结》中指出："在西安事变以前，当国内战争还在西北进行的时候，西北国民党地区党的组织，差不多被破坏无余了。那时只有陕西某些地区（如西安及渭北少数县）及军队内（如十七路之阎团），存留有着个别党的组织，支部及党员的活动。"[①] 最高领导机关长期处于半瘫痪状态，使得陕西省除根据地和西北特支外，其他革命工作四分五裂，停滞不前。1935 年 10 月，红军长征到达陕北后，陕西省的重要性大大增强，重新恢复省委集中领导，推动党的抗日民族统一战线政策在国统区广泛宣传，已是迫在眉睫。1936 年 12 月 25 日，遵照中央指示，新一届中共陕西省委宣告成立，博古、罗瑞卿出席大会并宣读决定，贾拓夫（常委、书记）、欧阳钦（常委、西北军工作委员会书记）、张德生（常委、组织部长）、朱理治（常委、东北军工作委员会书记）、李一氓（常委、宣传部长）、彭加伦（常委、秘书长）六人当选为省委委员，主要任务是领导关中、陕南国统区党的工作。

① 《党在国统区的工作状况及总结》，中共陕西省委党史研究室：《中国共产党在国民党第十七路军中的活动》（文献卷），陕西人民出版社 1991 年版，第 220 页。

省委机关先设在二府街，后迁到纸坊巷，1937 年 1 月迁至泾阳县云阳镇。在各种有利因素共同作用下，陕西省白区党的基层组织迅速恢复，各项活动也蓬勃开展。全民族抗战爆发后，陕西省党组织有了较大发展，截至 1938 年 8 月，中共陕西省委已经在陕西 53 个县建立了党的组织，省委还增设了妇女部、民运部、青年部、工人工作委员会、学生工作委员会、妇女工作委员会等工作机构，并抽调部分省委委员到西安领导各级党组织开展工作。1938 年至 1939 年上半年，省委领导成员变动较大，原任常委中潘自力、张秀岩（女）、崔廷儒、贾拓夫四人先后调离，惠子俊被国民党当局逮捕，中共中央于 1939 年 5 月任命欧阳钦担任省委书记，常委为张德生、赵伯平、汪锋，委员会由欧阳钦、张德生、赵伯平、汪锋、董学源、胡达明、李铁轮等七人组成，候补委员张林、陈煦，秘书长张中。省委工作部门有组织部（部长张德生）、宣传部（部长赵伯平）、军事委员会（书记先后为欧阳钦［兼］、汪锋［兼］）、统战部（部长汪锋）、社会部（部长余洪远）、青年部（部长先后为董学源、赵伯平）、职工部（部长胡达明）、妇女部（部长张德生［兼］）。1939 年 9 月决定，撤销地委一级组织，改用特派员联系指导各县工作，同时决定成立长安（书记李浩）、礼泉（书记先后为张思明、王育英、张思敬）、岐山（书记先后为王宏谟、张军）、洋县（书记江硖）四个中心县委。在巩固组织的过程中，陕南的商县、安康、岚皋，西府的眉县、周至，东府的澄城、华县等 14 个县还相继建立了县委或县工委。1939 年底至 1940 年初，国民党顽固派掀起了第一次反共高潮，陕西国民党统治区政治形势进一步恶化，省委机关受到严重威胁与限制。在此情况下，根据中央指示，陕西省委机关大部分人员于 1939 年 12 月从国统区泾阳县的云阳镇迁移到陕甘宁边区关中分区淳耀县安社村，1940 年夏又迁到耀县照金镇，1941 年底迁到新正县马栏镇（今属旬邑县）。1941 年 4 月 22 日，中共中央鉴于中共陕西省委已由国民党统治区迁入陕甘宁边区境内的关中分区，为了便于统一领导，使国统区的工作有边区作依托，遂决定将陕甘宁边区中央局所辖的关中分区党委划归陕西省委领导，陕西省委改归西北中央局领导。中央书记处指示陕西省委应将主要注意力放在国民党区域，并对省委领导成员作了较大调整，欧阳钦继续任省委书记。6月，欧阳钦调回延安，张德生接任省委书记，省委常委有欧阳钦、张德生、赵伯平、汪锋、习仲勋；省委委员会由欧阳钦、张德生、赵伯平、汪锋、习仲勋、文年生、张中七人组成，秘书长张中。省委工作部门有组织部（部长先后为张德生、赵伯平）、宣传部（部长赵伯平）、统战部（部长汪锋）、监察委员会、职工工作委员会（书记胡达明）、青年工作委员会（负责人黄葳，女）、调查研究站（站长吕剑人［兼］)。1943年1月，中共陕西省委与中共关中分区委员会正式合并，成立了中共关中地方委员会，隶属西北中央局领导，统一领导关中分区和陕西国民党统治区党的工作。张德生担任地委书记，常委有张德生、汪锋、张仲良、文年生，委员会由张德生、张仲良、文年生、汪锋、惠庆祺、晏福生、杜平、张鹏图、牛书申九人组成，秘书长张中。地委工作部门设组织部（部长惠庆祺）、宣传部（部长高仰云）、统战部（部长汪锋）。

2. 各地方党组织的迅速发展

西安及关中十数县地方党组织建立并迅速发展，党员由数十人增加到五百余人。到全民族抗战爆发前，陕西国统区党员896名，省委活动范围建有支部43个（1937年3月），主要分布在12个县，其中耀县7个，富平3个，三原12个，泾阳3个，渭华3个，礼泉2个，扶风7个，乾县2个，高陵、临潼、蓝田、商县（今商州区）各1个。岐山、平凉、宜君、韩城、合阳、蒲城、麟游、西安、武功、礼泉、永寿等地有分散的党员。到1938年，支部数量更是达到53个，其中同官（今铜川市城郊区）、宜君、耀县、临潼、蓝田、长安、高陵、韩城、渭南、华县、富平、宝鸡、岐山、凤翔、扶风、乾县、礼泉、永寿、麟游、勉县、洋县、城固、宁强、南郑、西乡等25个县建立了县委或县工委，三原、蒲城两县建立了中心县委。在此基础上又先后建立了西路特委（书记先后为张庚良、崔廷儒）、商洛工委（书记先后为王柏栋、彭一民）、陕东南工委（书记为王力）、汉中特（工）委（书记先后为杨永旭、余洪远）、沿河特委（书记王俊）和西安市委（书记先后为张德生、惠子俊）。此后，省委根据组织发展的需要，又决定成立了五个地委、一个工委，原陕东南工委改为安康地委（书记刘文彬），沿河特委改为沿河地委，汉中特委改为汉中地委（书记李铁轮）；新建立了西府地委（书记吕剑人），东路地区设特派员指导各县工作。

1938 年 8 月，为加强对南郑学生运动的领导，中共汉中特委决定成立中共南郑学生工作委员会，徐士杰任书记。1939 年 2 月，中共南郑学生工作委员会改建为中共南郑市委，书记陈元方（兼），下辖 9 个党支部、50 余名党员，隶属中共汉中地委[①]。1940 年，为了打破敌人的白色恐怖，巩固保存国统区党的组织和干部，陕西省委执行精干隐蔽政策，在党的组织形式和领导形式上，采取四种方法：自然联系、单线联系，插花组织、平行组织，多头领导、异地领导，停止转移关系、停止发展党员。1946 年，陕西工委对国统区党员和党组织情况做了调查，认为存在很多问题，首先是很多党员由于职业、求学、当兵等被迫转移逃亡，使原有组织更加分散了。党员流动超出了原有组织的联系与控制范围，而又没有一个恰当的形式把他们组织起来，其中流动量最大的是学生党员（如西安各中等以上学校支部学生党员由于升学、就业、回家，已完全散在各县各省，由于不能转关系，许多人的关系都失掉了。1945 年恢复组织以来，经各地方党寻找联系，只找回了一部分党员，1946 年 1 月登记未联系到的尚近 200 人），公教人员党员次之，农村党员流动较小。其次，1946 年以

---

① 中共汉中市委党史研究室编撰:《中国共产党汉中历史》第一卷，陕西人民出版社 2012 年版，第 269 页。中共南郑县委组织部、中共南郑县委党史研究室、南郑县档案局编:《中国共产党陕西省南郑县组织史资料》，陕西人民出版社 1994 年版，第 49 页。

来，党员数目较前增多，以往千头万绪的领导方式，既不方便（头绪多领导人跑不过来），也多暴露（常跑则会影响领导人的合法化）。所以对下边党员一般的是联系差、教育差（跑不过来或不敢跑，就摆下听其自然）。再次是支部作用发挥不好。有两种情形，一种是名义上有了支部，但实际上所有党员都分散在或大部分分散在各处，不能以支部为核心领导进行任何有组织的活动；又一种是一个单位常有许多党员但组织关系互不相通，不能一体进行工作，甚至相互戒备，造成许多不必要的党内纠纷。例如，某中校校长和两个教员均党员，互不相知，均以无党无派自居，有时校务会议上故作掣肘。又如，庄里刘○○其妻其侄均党员，互不相知，一次上级派人和刘接头，刘不在家，其妻、侄多方盘诘，致派出的同志手足无措，因不知来人是自己人，刘归其妻暗告“来人可疑，不是坏人就是个共产党”，刘即给以申斥：“胡说什么，共产党人脸上刻字么？”然而不悉其妻侄为共产党员也。最后，区一级的领导减弱了。实行精干隐蔽政策之初，凡区委一级干部，管理支部党员关系太多的大都摘掉至最小限度，确定每人接头关系，不过三五人（这些干部一般的不能脱离地方，以往工作中又都染得很红），如临潼○○区书记宋○○同志，因领导 15 个关系摘减到只领导 5 个关系，这样一来党的基础组织（小滩滩相当于支部）数目增多了，县级领导干部接头关系因之也增多了[①]。

在分析问题的基础上，陕西省工委提出了改变组织形式和领导方式，采用三种手段，大量发展党员和党组织的政治任务。第一种是派出干部，进行发展与建党。乾县先后派出 10 个干部，这些人回到地方，先把自己的亲戚、朋友、邻居等相熟的人选择发展为党员，这是第一步。之后再在这些人的亲戚、朋友、邻居关系中研究选择好的，经他先去谈，将谈的情形，随时报告派出干部，经审查认为政治上没

① 中共陕西省委党史研究室、中共咸阳市委党史研究室编：《陕甘宁边区关中分区》，陕西人民出版社 2016 年版，第 309、310 页。

问题，愿意跟我们干的就亲自去谈，吸收入党。此种方法适应近山地区。第二种是通过武工队的活动发展与建立党。同官塬上的王鸿儒同志、千山东区的史丁同志、长柞山区的张鸿太等同志，他们大都带短信，出没于广大农村，和群众建立密切的联系，做半公开化的活动，发现其中的积极可靠分子，吸收入党。此种方法适应山区。第三种是对原有地下党员经传达教育之后发展扩大组织。如果这些党员长期和党断绝关系，就应该说明没有联系的原因和目前形势，鼓舞其为党工作。如果出于各种原因而失掉党的关系，就应慎重审查，并适当地重新入党或恢复党籍，解决其党籍问题，经过他们发展组织。此种方法适应平原与城市[①]。因为方法得力，陕西省国统区党员数量迅速增加。

1946 年至 1947 年 11 个县党的发展状况

	原数	发展数	合计	主要分布地区
乾永	56	306	362	县西北、临平、关头等
长武	?	3	3	
麟游	50	40	90	
扶风	90	70	160	
千东	?	140	140	千山东、麟、扶、岐 ** 界
凤翔	50	37	87	云阳、王桥头
泾阳	29	37	66	
临潼	?	?	147	河南北各镇岳阳、马额
长柞	50	60	110	长安东南、终南北太峪河
蓝田	?	51	?	孟村、彭家庙、焦岱
眉县	?	40	?	
合计	325	784	1109	

① 中共陕西省委党史研究室、中共咸阳市委党史研究室编：《陕甘宁边区关中分区》，陕西人民出版社 2016 年版，第 312、313 页。

抗日战争胜利后，为了争取和平、民主，制止和反对蒋介石制造内战，侵扰陕甘宁边区南部，中共中央西北局从中共关中地委抽出一批干部，于 1946 年 1 月组成中共陕西省工作委员会，隶属中共中央西北局领导，主要任务是恢复、发展国统区共产党组织，开展争取和平、民主的斗争和武装斗争。机关驻关中分区新正县马栏镇。陕西省工委根据中共中央西北局关于“整顿恢复组织，注意发展党员”的指示，向关中和陕南各县派出 337 名干部，秘密恢复和建立党的组织。

国民革命军第八路军驻陕办事处

西安事变后，为促成国共两党第二次合作共同抗日，在中国共产党的积极倡导和推动下，国共两党先后在西安、杭州、南京、庐山等地进行了谈判。谈判期间，七七事变、淞沪会战先后爆发。全国各界人民强烈要求团结抗战，对国民党的态度和立场都产生较大影响，加速了国共合作的进程。

1937 年 8 月 25 日，国共两党达成在陕甘地区的红军主力改编为国民革命军第八路军、在国民党统治区若干城市设立八路军办事处和出版《新华日报》等协议。中共中央革命军事委员会发布了关于中央红军改编为国民革命军第八路军的命令，朱德任总指挥，彭德怀任副总指挥。同日，国民革命军第八路驻陕办事处（简称“西安八办”）在西安成立。西安八办地处西安城内七贤庄 1 号院，西安事变前这里曾是中共地下党组织的秘密交通站，西安事变后改为红军联络处，负责协调红军与东北军、西北军的联络工作。西安八办既是八路军总部设在西安的代表机关，也是中共中央在西安的公开机关。八路军办事处的成立，是以第二次国共合作为基础的抗日民族统一战线正式形成的标志之一，是沟通国共两党政治与军事联系的枢纽，是外界了解共产党全面抗战路线、了解共产党抗日民族统一战线政策和抗战团结进步方针的窗口。林伯渠、董必武、宣侠父先后常驻西安八办指导工作，伍云甫、周子健先后担任办事处处长。

大量物资经过西安八办送延安

西安八办主要负责的工作有发展和巩固抗日民族统一战线，扩大中国共产党在国统区的影响，协助中共陕西省委积极开展西安群众抗日救亡运动。在中共中央领导下，西安八办多次联络驻陕国民党军政要员与中共代表会面，做好国民党上层人士的统战工作。首先，邀请党的高级领导人作演讲，宣传政策主张。1937 年 7 月下旬，周恩来在新城广场南讲武堂作抗战形势报告，各抗日团体 500 余人参加。同年 11 月，周恩来由山西返回延安途经西安，八办立即邀请西安各界 300 多人聆听他《五个月抗战总结》的报告。1938 年 3 月，周恩来在省立西安二中就抗日救亡问题给学生作讲话，二中操场人山人海，墙头、树杈都坐满了学生，3 个多小时的演讲，掌声不断。在八办组织下，1937 年 12 月 20 日，从延安返回华北前线路经西安的八路军副总司令彭德怀，应西安学生分会邀请，在西安师范作了《目前抗战形势与任务》的演讲，西安各类学校 6000 余名学生参加，场面十分壮观。林伯渠在西安时，经常应邀去西安二中和抗日团体扶轮社讲课，宣传党的抗日民族统一战线思想。其次，广泛联络西安的国民党军政要员以及民主爱国人士，帮助他们理解中国共产党抗日民族统一战线政策，组织他们赴延安参观考察。林伯渠在西安八办时，充分利用他广泛的社会联系和资深望重的社会影响，积极对国民党将领及爱国人士进行统战工作。孙蔚如、蒋鼎文、陈潜、李公朴、闻一多、杜汉三、杨亦周、高崇民、车向忱等都深受他的影响。尤其是杜斌丞，1938 年《联共（布）党史简明教程》出版后，林伯渠马上就送给他 1 本，并多次同杜交流读后感想，使杜斌丞眼界大开。杜斌丞不仅积极支持共产党的抗日民族统一战线政策，而且利用他担任过陕西省政府秘书长的身份和威望，在财力、物力方面给予八路军具体帮助。再次，利用公开身份帮助全国各地奔赴延安的国际友人、知识分子或爱国青年实现到达延安的愿望。西安八办是通向革命圣地延安的窗口和桥梁，外国友人到延安采访考察，一般都由八办负责联络接待，并派人护送。除斯诺夫妇、史沫特莱、马海德外，还接待了白求恩及其救护队、印度援华医疗队、路易·艾黎、世界学联代表团、英国《每日简闻》的詹金斯、贝特兰、米勒、伊文思、爱泼斯坦等，还有越南胡志明、日本冈野进、苏联塔斯通讯社战地记者可可·策夫，中外记者考察团等。

中外记者考察团访问延安时，与朱德、周恩来等中共领导人合影前排朱德（中）、周恩来（右三）、爱泼斯坦（左一）、王震（左二）、杨尚昆（后右一）、贺龙（右二）

冼星海指挥排练《黄河大合唱》

经过西安八办奔赴延安的大军中，最引人注目的是青年学生，他们中的很多人满怀抗日热情，不远万里，长途跋涉，一步步迈向光明。西安八办接待和护送过的爱国人士和革命青年总计有 2 万多人，西安各种学校的师生，把北上延安看作进步的潮流，省立西安二中、西安高中、西安女中、竞存中学、乐育中学大量学生经八办介绍进入延安。四川万县青年教师熊道柄率领妻子、堂弟、侄子等七人，从老家出发，沿着脚夫行走的栈道一路步行，遭遇土匪抢劫、关卡拦截等重重困难到达西安八办。八办批准他们的要求后，又继续前行，到达延安。冼星海是著名的音乐家，他放弃优越的生活环境，与夫人钱韵玲坐上八办安排的汽车到达延安，并创作了著名的《黄河大合唱》。最后，组织进步文艺演出、发行进步报纸。1938 年 3 月，奉八路军总部命令，丁玲率领西北战地服务团来西安宣传党的抗战主张，巩固和扩大抗日民族统一战线，结果遭遇国民党顽固派的阻挠和破坏。西安八办积极与国民党地方当局交涉，迫使国民党政府妥协，战地服务团也变换表演方式，不上舞台、不登广告，深入工厂、伤兵医院、红十字会医院、学校进行小型演出，并派团员分头到基层宣传，从而使得战地服务团在西安演出长达 4 个月之久。同时，八办还支持和帮助延安派出的流亡孩子抗战剧团、樊镜秋率领的难民孩子剧团、宋之的率领的上海救亡演剧队、上海演剧二队、汪达之率领的新安旅行团、《塞上风云》剧组、红花剧团等抗日救亡团体在西安的演出。

西安八办还开设《解放》周刊分销处，承担武汉、重庆出版的《新华日报》的销售工作。在发行中共中央及陕西省委机关报纸刊物方面，西安八办也作出重大贡献。1937 年 10 月，八办在西安北大街通济坊 375 号设立《解放》周刊分销处，主要销售中共中央刊物《解放》和中共中央机关报《新华日报》,《新华日报》主要在武汉和重庆印刷，通过邮局寄到西安，数量较少，而且受到国民党破坏。为了指导陕西革命运动，扩大抗日宣传，中共陕西省委于 1939 年 1 月 21 日在西安创办了《西北》周刊，到 1940 年停刊，共出版 50 期。《西北》周刊经常刊发党的领导人的重要文章，大力宣传党的政策和主张，受到社会各界的广泛赞誉，读者遍布香港、九龙、广州、徐州、南昌、武汉等地，为了避免国民党西安当局破坏，西安八办将周刊伪装成军用品，派工作人员押运。

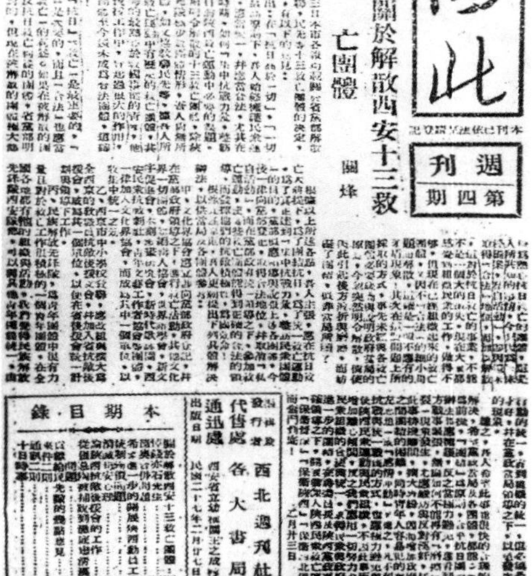
西北
週刊
第四期
社論
關於解散西安十三救亡團體
本期目錄
西北週刊社
各大書局

中共陕西省委机关公开刊物《西北》

西安八办在国民党统治区奇迹般地坚持了十年之久，是全国所有八路军办事处中成立时间最早、影响最大、坚持斗争时间最长的办事处。在这场决定民族生死存亡的战争中，西安八办为民族独立与解放作出了重大贡献，在马克思主义传播方面也作出了卓越贡献。

党外民主人士、外国记者等

省委领导的爱国进步人士及著名高级知识分子中的秘密党员以民主人士、专家、学者的身份配合八办工作，更有许多处于地下的共产党员通过基层群众工作为八办服务。周恩来、林伯渠、董必武等在八办期间，和陕西的一些爱国进步人士如杨明轩、杜斌丞、张性初、车向忱、马德涵、刘古风、郑伯奇、曹靖华、于振瀛、陈建晨、侯外庐、张知道、宋联奎、李敷仁等保持经常联系。杜斌丞先生，多次同林伯渠、董必武促膝谈心，结成挚交。他在国民党顽固派发动反共高潮时，不畏艰险，帮助中共散发许多党的文件和毛泽东揭露顽固派的文章。东北军子女学校——竞存学校校长车向忱，任用进步青年及共产党员担任教师。救亡歌曲《松花江上》的作者张寒晖就是该校的教师。车向忱还亲自向八办介绍进步学生去延安参加革命。东北军调离陕西后，他办的学校经费发生困难，八办从统战费中每月抽出 200 元发给学校，帮助学校渡过难关。陈建晨主编的《大团结》报，刊载过林伯渠、宣侠父的讲话，向国民党管辖各界介绍延安抗日军政大学、陕北公学的情况。更可贵的是他开办纺织厂，招收抗日军人家属进厂做工，尽力支持抗日救亡运动。

（二）陕西国统区马克思主义的传播

1. 进行各种抗日救亡及统一战线的宣传活动

中共地下组织充分利用抗日运动高涨的各种有利条件，在国民党统治区出版报刊进行宣传工作。省委出版的报刊有《西北三日刊》《西北战线》等。其中心内容是，宣传党的抗战主张，批评国民

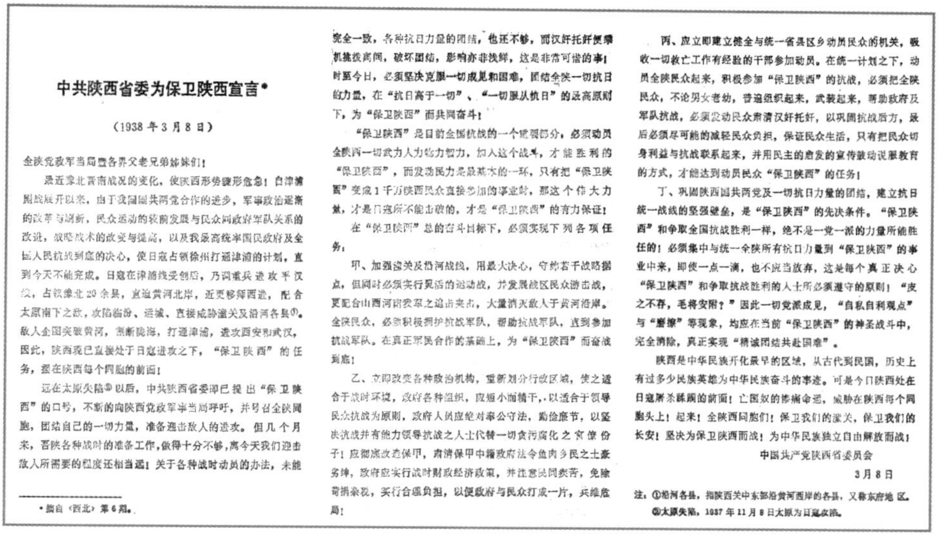

中共陕西省委为保卫陕西宣言*

（1938 年 3 月 8 日）

全陕党政军当局暨各界父老兄弟姊妹们！

最近豫北晋南战况的变化，使陕西形势骤形危急！自津浦會战展开以来，由于我国国共两党合作的进步，军事政治逐渐的改革与刷新，民众运动的较前发展与民众同政府军队关系的改进，战略战术的改变与提高，以及我最高统率国民政府及全国人民抗战到底的决心，使日寇占领徐州打通津浦的计划，直到今天不能完成。日寇在津浦线受创后，乃调重兵进攻平汉线，占领豫北 20 余县，直迫黄河北岸，近更移师西进，配合太原南下之敌，攻陷临汾、运城、直接威胁潼关及沿河各县①。敌人企图突破黄河，割断陇海，打通津浦，进攻西安和武汉，因此，陕西现已直接处于日寇进攻之下，“保卫陕西”的任务，摆在陕西每个同胞的前面！

远在太原失陷②以后，中共陕西省委即已提出“保卫陕西”的口号，不断的向陕西党政军事当局呼吁，并号召全陕同胞，团结自己的一切力量，准备迎击敌人的进攻。但几个月来，吾陕各种战时的准备工作，做得十分不够，离今天我们迎击敌人所需要的程度还相当远！关于各种战时动员的办法，未能完全一致，各种抗日力量的团结，也还不够，而汉奸托奸便乘机挑拨离间，破坏团结，影响亦非浅鲜，这是非常可惜的事！时至今日，必须坚决克服一切成见和困难，团结全陕一切抗日的力量，在“抗日高于一切”、“一切服从抗日”的最高原则下，为“保卫陕西”而共同奋斗！

“保卫陕西”是目前全国抗战的一个重要部分，必须动员全陕西一切武力人力物力智力，加入这个战斗，才能胜利的“保卫陕西”，而发动民力是最基本的一环，只有把“保卫陕西”变成 1 千万陕西民众直接参加的事业时，那这个伟大力量，才是日寇所不能击破的，才是“保卫陕西”的有力保证！

在“保卫陕西”总的奋斗目标下，必须实现下列各项任务：

甲、加强潼关及沿河战线，用最大决心，守终若干战略据点，但同时必须实行灵活的运动战，并发展战区民众游击战，更配合山西河南友军之追击夹击，大量消灭敌人于黄河沿岸。全陕民众，必须积极拥护抗战军队，帮助抗战军队，直到参加抗战军队。在真正军民合作的基础上，为“保卫陕西”而奋战到底！

乙、立即改变各种政治机构，重新划分行政区域，使之适合于战时环境，政府各种组织，应短小而精干，以适合于领导民众抗战为原则，政府人员应绝对奉公守法，勤俭廉节，以坚决抗战并有能力领导抗战之人士代替一切贪污腐化之官僚份子！应彻底改造保甲，肃清保甲中籍政府法令鱼肉乡民之土豪劣绅，政府应实行战时财政经济政策，并注意民间疾苦，免除苛捐杂税，实行合理负担，以便政府与民众打成一片，共维危局！

丙、应立即建立健全与统一省县区乡动员民众的机关，吸收一切救亡工作有经验的干部参加动员。在统一计划之下，动员全陕民众起来，积极参加“保卫陕西”的抗战，必须把全陕民众，不论男女老幼，普遍组织起来，武装起来，帮助政府及军队抗战，必须发动民众肃清汉奸托奸，以巩固抗战后方，最后必须尽可能的减轻民众负担，保证民众生活，只有把民众切身利益与抗战联系起来，并用民主的启发的宣传鼓动说服教育的方式，才能达到动员民众“保卫陕西”的任务！

丁、巩固陕西国共两党及一切抗日力量的团结，建立抗日统一战线的坚强壁垒，是“保卫陕西”的先决条件。“保卫陕西”和争取全国抗战胜利一样，绝不是一党一派的力量所能胜任的！必须集中与统一全陕所有抗日力量到“保卫陕西”的事业中来，即使一点一滴，也不应当放弃，这是每个真正决心“保卫陕西”和争取抗战胜利的人士所必须遵守的原则！“皮之不存，毛将安附？”因此一切党派成见，“自私自利观点”与“磨擦”等现象，均应在当前“保卫陕西”的神圣战斗中，完全消除，真正实现“精诚团结共赴国难”。

陕西是中华民族开化最早的区域，从古代到民国，历史上有过多少民族英雄为中华民族奋斗的事迹。可是今日陕西处在日寇屠杀蹂躏的前面！亡国奴的惨痛命运，威胁在陕西每个同胞头上！起来！全陕西同胞们！保卫我们的潼关，保卫我们的长安！坚决为保卫陕西而战！为中华民族独立自由解放而战！

中国共产党陕西省委员会

3月8日

*摘自《西北》第 6 期。

注：①沿河各县，指陕西关中东部沿黄河西岸的各县，又称东府地区。
②太原失陷，1937 年 11 月 8 日太原为日寇攻陷。

保卫陕西宣言

党对抗日救亡运动的统治政策，动员人民群众起来支援和参加抗战，在群众中产生了深刻影响，对抗日群众运动起了重要指导作用。1938 年 1 月，省委机关刊物《西北》在西安公开出版发行，毛泽东题写刊名。《西北》先为周刊，后改为不定期。主要宣传全面抗战路线和各项具体政策；揭露和抨击国民党破坏国共合作，压制群众救亡运动的错误行径；反映陕西各地救亡运动的消息、经验及国共两党的重大活动。

在党的领导与影响下的报刊有《老百姓报》《西北文化日报》《工商日报》《学生呼声》《国风》《大团结》《西京民报》《救亡周刊》《西北妇女》《抗敌妇女》《东北》和《西北大众》等 20 多种，还有群众抗日团体出刊的进步墙报等。由党组织和党员主办的书店有骊山书店、生活书店、养正书店等 11 家。地方党组织有些领导人把书店作为活动据点。临潼县委书记刘庚为了便于活动，扩大宣传，专门开设了骊山书店。华县的王立人、合阳的李云（管建勋）、凤翔的王田夫等都曾以书店为掩护进行活动。党组织出版的党内教育材料有《怎样作宣传工作》《政治常识》《党的建设》等 10 多种。这些工作对于团结人民，教育人民，宣传抗战和扩大抗日民族统一战线作出了重大贡献。1937 年 8 月 24 日，国民党陕西省党部在《西京日报》刊登了取缔西救、学联等抗日救亡团体的十八号通告，不准青年学生上街募捐，不准下乡宣传，不准组织战地服务团，不准上街讲演、演救国戏剧，不准召开群众大会，不准出版和销售进步书籍杂志，为抗日救亡运动的发展设置了重重障碍。针对国民党顽固派的倒行逆施，中共陕西省委于 1937 年 10 月 10 日致书国民党省党部，“坚持要求省党部立刻自我批评，改变自己过去对民众运动的种种错误政策，立刻开放民众运动，给民众救国抗战的民主自由”，“彻底实现陕西民众救亡统一战线”。10 月 19 日，西安学生 1 万多人在易俗社广场召开大会纪念鲁迅逝世一周年。参加大会的群众一致高呼“开放民众运动！”“改组抗敌后援会！”“实施国难教育”等口号，高唱救亡歌曲。国民党陕西省党部郭紫峻、国民党军事委员会委员长西安行营任觉伍和十几个带枪的侦探也来到会场，准备进行破坏。但因群情激昂，郭紫峻和任觉伍无机可乘，在开会前都溜走了。会上代表纷纷发言，严厉谴责国民党压制民运的错误政策，得到广大群众的热烈欢迎。最后大会一致通过提案，选出总指挥，整队游行，到国民党陕西省教育厅请愿，厅长周伯敏躲藏起来不敢露面。队伍即往省政府请愿，省政府主席孙蔚如出面表示接受请愿队伍的某些要求。1938 年 2 月 23 日，国民党陕西省党部又在西安各报发表通告，借口未经“合法登记”，提出解散中华民族解放先锋队、西北青年救国会、西安文化界协会、西安编辑人协会、西安市中等学校教职员联合会等 13 个抗日救亡团体。5 月 17 日，国民党陕西省党部又重申前令，限各团体七天内一律结束，宣告解散。5 月底至 7 月，反动军警逮捕了民先、西救、新文字协会的负责人于志元、蔺克义、何志诚、李连璧、陈宇等五人。6 月 7 日，国民党陕西省党部负责人于西安各报发表谈话，攻击各抗日救亡团体是“不法青年团体”。针对国民党顽固派的倒行逆施，中共陕西省委机关刊物《西北》周刊发表了《关于解散西安十三个救亡团体》

的社论。要求国民党陕西省党部在抗日救亡的大前提下，给予各救亡团体以合法地位，以发挥其抗战积极性，为国效命。6 月 15 日，中共陕西省委负责人对新闻记者发表了关于当前陕西救亡运动一些问题的谈话。6 月 22 日欧阳钦又在《西北》周刊上发表了《我们的意见》一文。指出：国民党陕西省党部解散救国团体，逮捕爱国青年，是违犯抗战建国纲领、破坏抗日团结、分裂抗战力量的行为，必须立即停止。各救亡团体也纷纷发表告各界同胞书，抗议国民党陕西省党部这一反动行径，要求他们收回成命。社会舆论和广大爱国群众积极声援和支持抗日救亡团体，数千人签名抗议国民党顽固派的反动行径。在人民群众的压力和指责之下，被捕的爱国青年于 1938 年 9 月 4 日被释放。

2. 领导爱国团体进行广泛的群众救亡活动

在国民党统治区，中共陕西省委领导的抗日爱国群众团体主要有：中华民族解放先锋队西北队部、西安学生救国联合会（简称“西救”）、陕西青年救国联合会、陕西青年团体联合办事处和陕西妇女慰劳分会。此外还有一些受党影响的抗日群众团体，如西安文化协会、西安编辑人协会、西安中等学校教职员联合会、西安新文字促进会、新时代歌咏团、西北民众抗战剧社、西北作家协会、西北青年抗日决死队、西北青年文艺工作者协会、木刻漫画研究会、西安世界语学会、平津同学会等。1936 年 12 月 25 日中共陕西省委恢复以后，以西安为中心的陕西国统区抗日救亡运动进入了一个新阶段。

党组织通过 1936 年冬建立起来的西北各界救国联合会、西救、民先队、东救等群众团体，深入地宣传党的抗日民族统一战线，积极开展和平、民主、抗日的群众运动。从 1936 年 12 月到 1937 年 2 月，各地的工人、农民、学生、教职员、公务员等各行各业的人员，纷纷成立抗日救亡团体，轰轰烈烈地开展抗日宣传、示威游行和武装自卫等救亡活动，“对内和平”“对外抗战”“铲除汉奸卖国贼，打倒日本

宣传抗日救亡的西安农民游行队伍

帝国主义”等口号成了全民一致的呼声。这几个月的群众运动，以拥护张学良、杨虎城两将军提出的八大救国主张和纪念一·二八淞沪抗战五周年所出现的两个高潮，声势大、影响深。在党组织的宣传、组织和推动下，西安大华纺织厂、华丰面粉厂、咸丰面粉厂、中南火柴公司及各行业的工人、城郊农民 1.5 万人，于 1937 年 1 月 9 日举行了声势浩大的游行示威。接着蓝田、蒲城、三原、宝鸡、凤翔、山阳、户县等 20 余县共约 60 万人参加了当地的游行示威和武装自卫大会。会上，各界代表纷纷谴责蒋介石南京政府的卖国罪行；坚决拥护张、杨的八大主张；表示愿意忍受一切困难，全力支援抗日；要求蒋介石实现诺言，发动抗日，制裁亲日分子；要求全民组织起来，共赴国难。在 1 月 28 日淞沪抗战五周年纪念时，西安各界群众团体组织了 15 万人，在革命公园召开一·二八淞沪抗战五周年纪念大会。会议痛斥国民党反共反人民的错误国策，号召不愿做亡国奴的广大群众，一致团结起来，抗日援绥（即支援绥远抗战），保卫华北，保卫西北，保卫全中国。次日，西安人力车工人 2000 余人又在革命公园举行抗日救国大会，进行了示威游行。

3．在社会各阶层中进行统一战线的活动

抗日战争时期，陕西高等学校爱国进步的学生运动蓬勃发展。1936年西安事变后，西安高等学校先后建立了中共党的地下组织，在党组织的领导下，爱国进步的学生运动更加健康地发展。为了动员广大群众参加抗日救亡运动，从1937年11月至1938年5月，先后三次发动学生组织了150多个工作团赴各地进行抗日宣传活动，采取讲演、街头演唱等多种形式，向群众宣传抗日形势，共产党的抗日民族统一战线、日寇的暴行等，号召人民服兵役、捐献钱物、慰劳抗日战士等。在抗日救亡活动中，教育界的群众团体，还有西北教育界抗日救国大同盟（简称“教盟”）、西安中等学校教职员联合会（简称“教联”）这两个组织，得到中共地下组织的支持，有不少地下党员参加。其中起主要作用的骨干活动分子有杨明轩、李寿亭、何寓础、武伯伦、车向忱、张耀斗、张寒晖、余达夫、李敷仁等。两组织不仅在西安各校进行抗日进步活动，而且扩及到三原、渭南、华县、凤翔等地的学校。

党组织不仅在青年学生中进行了大量工作，还在工人、妇女中也进行了工作。如建立工人识字班、读书会，成立民族先锋队、抗敌后援会、工人剧团，还成立邮工工会等，提高了工人觉悟和斗争热情。在妇女工作中，深入农村，办夜校、识字班，组织妇女参加救亡活动，进行募捐及救护伤兵等，还出版妇女刊物，尽力发挥妇女在抗战中的力量。

在西北各军队中开展了党的有力活动。中央红军到达陕北之前，陕西党组织就已经在陕西地方部队尤其是十七路军中开展了卓有成效的工作，魏野畴、南汉宸都对杨虎城产生了重要影响。但这一时期主要是采取秘密方法宣传党的主张，争取下层官兵，瓦解敌人，组织士兵与官长对立，最终达到拖枪暴动、哗变的目的。红军长征到达陕北后，为了打破蒋介石构筑的新封锁，巩固扩大根据地，中

国共产党和红军各部以统一战线为策略，以联合抗日为旗帜，大力开展对张学良东北军和杨虎城西北军的争取工作。1935 年 12 月 5 日，毛泽东派长期负责十七路军地下工作的汪锋，携带他致杨虎城、杜斌丞、邓宝珊的亲笔信到西安联络合作事宜；1936 年 1 月 27 日，彭德怀关于同杨虎城部订立互不侵犯条约致电张闻天、毛泽东："（一）近西安党有交通到关（军）中，谓杨虎城托人找我们订立互不侵犯条约，西安党向杨提出：1. 十七路军不向红军进攻；2. 不向苏区作任何军事上企图；3. 给红军以物质上军事上援助。以上三项杨均承认，但要求保守秘密。"①1936 年 3 月，中共陕西临时省委指派杨永昶赴十七路军教导营工作，与巩克中、翟程九等组建了中共教导营党委，杨永昶任书记，巩克中负责宣传，翟程九负责组织。他们利用休息时间在士兵中宣传马克思主义学说，讨论打倒日本帝国主义、爱国爱民、保护人民大众利益等问题，提高士兵政治觉悟，全营发展新党员 20 多名，并在该营的三、四连建立党支部。

1936 年 4 月至 5 月间，在十七路军内部从事宣传思想工作的中共地下党员谢华、徐彬如、李木庵等，奉中央指示成立中共西北特别支部，谢华为书记，组织委员李木庵，宣传委员徐彬如，童陆生、宋绮云（西北文化日报社长）、王根僧（杨虎城部参谋长）等也参加特支工作。该支部后来组织西北抗日救国会，发表救国宣言，结合地方各界爱国人士，开展救国工作。5 月举行上海爱国工人梅世钧的追悼大会，刊发宣言，群众游行示威。8 月，毛泽东派秘书张文彬到西安与杨虎城密谈，达成协议后张文彬作为红军代表常驻西安，对外名义是十七路军总指挥部政治处主任秘书，也参加西北特支工作。西北特支不与地方党组织发生关系，以西北各界救国联合会做掩护，领导西

① 中央档案馆编：《中国共产党关于西安事变档案史料选编》，中国档案出版社 1997 年版，第 26 页。

安群众团体开展抗日活动。后来宋黎等人在东救，以旅陕东北同乡及东北军人为基础，张学良予以保护，取得公开权利。西救和东救相互配合，影响日益扩大，当地军界学界以及在野名流，纷纷加入西救，形势愈加发展。

九一八事变六周年纪念日，西救、东救发动群众举行大会，刊发宣言，呼吁停止内战，驳斥国民党的唯武器论，并游行示威。10月10日，西救、东救又组织群众大会，发表宣言，驳斥国民党当局“攘外必先安内”的谬论及媚日、畏日的亡国思想，并游行示威。10月下旬，发动学生8000余人在革命公园举行学界追悼鲁迅大会，国民党当局派武装警察强行制止，西救、东救支持学生坚决反抗，相持竟日，警察后示意开禁，学生获得胜利。自此，各中学、小学扩大成立救国会，并由西北特支领导各学校于11月15日正式成立学生联合会。

绥远抗战爆发后，西救、东救及学生联合会发动召开西安各界援绥大会，发布宣言，主张国共两党速将内战军队开赴绥远前线，援救绥远，共同御敌，民气激昂。谢华回忆：“西安的学生很积极，他们暑假期间都不愿回家，城市各界的活动几乎全靠他们，也有到郊外农村去做宣传工作的。此时我们也忙得不可开交，整天都在同各界人士商谈如何组织的问题。大概在七、八两个月期间，组织起来的除上面所说的学生外，还有华丰面粉厂和大华纱厂的工人救国会（当时西安只有这两个现代化工厂，规模并不太大），以《西北文化日报》为主的印刷工人救国会。近郊农民如三桥、灞桥，北面到渭河边，南边到王曲，都有了组织。这都是很短期的工作成绩。它们都有自己的宣传队，分散在城乡各地做抗日救国宣传工作。”

蒋介石来陕之前，西北特支急谋对策，军职成员首先提出“扣蒋作质、逼其联共、合作抗日”的主张：“要挽救非常时局，不可不用非常举动，蒋介石如来西安，即将他活捉，逼迫他下令将国民党围攻共产党的军队悉数调援绥远，停止内战，一致对外，舍此，别无他法。首先赞成者，亦为军界中同志。西北特别支部，慎重地进行考察，就事件之成败利害，作一分析：非常举动有利方面是，如果将蒋活捉成功，要挟他下令停止内战，他为环境所迫，或有可能应允，即不然留蒋作质，南京方面的反共派亦不敢遽然以兵相临，置蒋于危而不顾，由此可以阻滞他的军事进攻，再以诚意来磋商救国，抑或有转变到于事有利的希望。这是对非常举动方面的利害估计。再从相反的一面，即不作非常举动的方面来研究，则只有张杨二人听其撤换，代以反共的积极分子如陈诚、钱大钧之流，内战势必更加剧烈，徒为日寇侵略造机会、增加国家灭亡的危险。这也就是说，执行非常举动的害和不执行非常举动的害是一样的。执行非常举动的方面，多有一利的希望。根据两利相权取其重，两害相权取其轻的原则，实有采取非常举动的必要。于是中共西北特别支部，即向东救提议，东救问西北军有多少可靠的军队，告以孙蔚如一军，现在驻西安的警备旅二旅及宪兵营全营均是同情救国反对内战的武力。后由东救向张学良的亲信进言，传达于张，张无表示。未几，蒋介石果来陕，驻临潼，所携带的大员如陈诚、钱大钧等十余人。张杨亦得此消息，准备交卸职务，形势非常紧张。东救再次通过张学良的亲信，促张实行非常举动，责以大义，谓东北军西北军合数有数十万之余，不可谓无救国实力，乃拘于服从长官的小节，以及个人的利害关系，而置国家民族的生存于不顾，将来亡国史上，应首先负责的即为东北军，西北军之当局，天下后世，孰能谅之？张仍不敢决。”①

此时，1936 年 12 月 9 日，在中共西安地方组织的发动下，以东北大学为主体的西安各界群众 2 万多人举行了纪念一二・九运动一周年大会，发表了《为督促政府动员全国兵力抗日停止内战的宣言》，

① 西北大学历史系中国现代史教研室、西安地质学院中共党史组、八路军西安办事处纪念馆编:《西安事变资料选辑》，1979 年版，第 321—323 页。

指出“我们坚决主张，全民族不分党派、不分阶级、不分信仰、不分性别，大家手携手，心印心的立即奋起抗敌”，要求国民政府“停止剿共军事，遂即商讨抗日救国大计。”会后举行示威游行，学生高呼“拥护蒋委员长出兵收复被占领土”“拥护张副司令出兵收复东北失地”“拥护杨主任出兵援绥抗日”等口号，并到省政府、绥靖公署递交请愿书。对于群众的抗日要求，国民党西安当局不仅不予支持，反而开枪打死 1 名小学生，情绪激动的群众准备步行临潼，向蒋介石当面请愿。闻讯前来劝阻的张学良，也被学生的爱国热忱感动，他承诺“在一星期内，我准有满足你们心愿的事实答复你们”。

张学良 1965 年撰写《西安事变忏悔录》，曾经对发动西安事变时自己的心理活动作了描述，他说：“当是时也，共产党之停（止）内战、共同抗日高唱入云，实攻我心。不只对良个人，并已摇动大部分东北将士，至少深入少壮者之心。当进剿再见不能成功，良觉一己主张，自问失败，征询众人意见，遂有联络共产党同杨虎城合作，停止剿匪，保存实力，共同抗日种种献策。良不能委罪于他人，虽然出于他人，但实有动于我心。”蒋介石在《苏俄在中国》一文中也指出：“在这同一时期，共党在各省亦开始发动其‘和平’宣传攻势，而以陕西为其第一目标，并对张学良与杨虎城积极勾结。而且张学良所部的东北军中，发现其‘抗日不剿共’的宣传品，并有张杨皆与共党已发生直接关系的情报，所以他们在西安竭力掩护共党份子及其外围组织的活动，于是‘第三党’与‘救国会’公开作反动宣传，亦毫无顾忌。这一事态的发展，如不设法防止，势将演成叛乱。我乃亲往西安坐镇，并准备在年终召集一般将领开会，宣布中央对剿共与抗日的方针，说明共党和平攻势，及其所谓‘停止剿共，一致抗日’口号的作用所在，使之不为共党煽惑。就在这个时候，即十二月十二日，我在西安忽被张学良和杨虎城以暴力劫持。”

西安事变及争取和平期间，特别是张学良送蒋介石回南京被扣押后，中国共产党继续在东北军、十七路军中宣传马克思主义，继续与两支军队保持密切合作，维持“三位一体”局面，“推动和帮助东北军、十七路军加强自身的团结巩固和训练，以不使南京的分化分割，以造成对日抗战的力量”，直到东北军离开陕西调往苏皖，党在东北军中的活动才转为秘密。十七路军在全民族抗战爆发前仍留在陕甘，积极支持国共合作的孙蔚如任陕西省政府主席，党在十七路军中的工作不但依然在继续推进，而且影响力日益扩大。这可以从 1937 年 4 月 8 日中共陕西省委西北军工委制定的《改造西北军工作的意见提纲》窥豹一斑，在分析十七路军历史传统和优势缺点的基础上，提纲指出要普遍地提高部队中的政治教育，逐渐地改造其成分，提倡耐劳、廉洁与爱学习政治的风气，克服一切不良习惯。严密军纪风纪，改善与地方群众的关系。并形成具体的政治教育计划，包括：士兵政治教育读本编制；干部讨论问题材料供给；官兵文化娱乐工作的规定；部队中各项组织的规定；部队中政治教育与政治工作时间的规定；开办政治工作人员的训练班；绥署政治处出版一定期刊物（专对部队的）；开始部队中成分的调查；建立经常的政治巡视工作等。在部队普遍的进行纪律的教育，严肃军纪，严防脱离群众的现象——颁布一次纪律训令。用教育说服与竞赛的方式，在部队中做肃清不良习气——嫖、赌、大烟——的新生活运动[①]。

1937 年 6 月 1 日，中共陕西省委书记贾拓夫在陕西党代表大会上作《目前陕西党的任务与工作》的报告，提出地方的党必须动员积极的爱国分子加入军队，可能时还须输送我们的同志加入军队，以加强部队中的工作，原留在军队中的同志，应该加紧工作，不要在新的环境之下失去了自己的工作方针，有的同志以为现在不要武装暴动，士兵工作没有出路。我们就应该告诉他，士兵工作的出路就是抗日，领导抗日是共产党员神圣的任务。军队中的宣传工作，应该从各方面

① 中共陕西省委党史研究室：《中国共产党在国民党第十七路军中的活动》（文献卷），陕西人民出版社 1991 年版，第 175、176 页。

着手进行，经过各种社会团体的活动，而把宣传品散到每一个官长士兵手中。宣传品要适合军队中官长与士兵的需要，要通俗明确，有煽动性，形式上尽可能采用民歌、小调，这些形式是士兵们所熟有所爱好的[①]。全民族抗战爆发后，由十七路军改编的三十八军调离陕西，蒋鼎文及其后的胡宗南主陕期间，军队中的马克思主义宣传活动基本停滞。

（三）马克思主义在陕西国统区传播的成效

陕西党组织在国统区青年学生、工人、妇女、军队中进行马克思主义传播，对吸收进步分子加入中国共产党、扩大党的队伍，壮大党的力量意义重大。

1. 马克思主义传播促进了陕西党组织发展和党员队伍的扩大

在一年多的时间内，陕西省工委先后建立了中共蒲（城）澄（城）工委、商洛工委、长（安）柞（水）工委、西府工委、平（民）朝（邑）工委、泾（阳）原（三原）工委、富（平）同（官）工委、蒲（城）白（水）工委、东府工委、渭北工委、华（阴）潼（关）工委和陕西边界（陕鄂）工委等12个跨县区的地方工委以及眉县、韩城、渭南3个县委和临潼、高陵、周至、咸阳、凤翔、澄城、耀县、户县、三原、泾阳、乾（县）永（寿）、礼泉等12个县工委。同时与长期失去联系的党员恢复关系，到1946年11月，已经恢复联系的党员达2255名。1946年7月在商洛和关中积极建立武装，开展武装斗争，迎接中原五师突围部队。

---

① 中共陕西省委党史研究室:《中国共产党在国民党第十七路军中的活动》（文献卷），陕西人民出版社1991年版，第183页。

蒲（城）澄（城）工作委员会。1945 年冬，中共关中地委派张军、杨力生等分别回到蒲城、澄城二县，恢复和发展党的组织，开展统战工作。1946 年 2 月，中共蒲澄工委成立，书记张军，隶属中共陕西省工委领导。机关驻澄城县赵庄镇。领导蒲城、澄城两县党组织和游击队，共有党员 100 余名。同年 10 月，蒲白工委成立后，蒲澄工委即行结束。

长（安）柞（水）工作委员会。长安县和柞水县地处豫鄂陕边区伸向关中腹地前沿地带，为了配合中原解放军五师在陕南开展游击活动，创建豫鄂陕根据地，中共陕西省工委根据中央指示，在长柞地区党的工作的基础上，于 1946 年 8 月成立了中共长柞工委，书记严丕显，隶属省工委领导。长柞工委成立后，在长柞山区及山外先后恢复和创建了红崖子、陈家沟、大荆坪、杜曲、石门岔、夏侯村、汤房庙、临潼行者桥、尹村、桥梓口等十个联络点，有党员 30 多名。同年 8 月，中共中央中原局率北路突围部队到达商洛，开辟豫鄂陕根据地，长柞工委奉命受中共中央中原局和陕西省工委的双重领导。9 月以后，隶属陕西省工委和豫鄂陕边区五地委领导。翌年 2 月，五师主力部队撤离陕西，胡宗南部队加紧封锁搜捕，长柞工委撤离山区，停止活动。

西府工作委员会。1946 年 8 月，王震率领的从中原突围的三五九旅南下支队，到达陕南的留坝等地，接中央命令，计划经陇东返回陕甘宁边区。蒋介石、胡宗南调集 19 个团的兵力，企图聚歼该部于千阳、陇县一带。为了牵制胡宗南军队，接应三五九旅南下支队返回陕北，并以麟游山区为依托开展游击战争，陕西省工委根据中央指示，于同年 8 月在新正县马栏镇（今旬邑）组建了中共西府工委（书记赵伯经）和西府游击支队。西府工委隶属陕西省工委领导，机关驻地在新正县马栏镇一带。领导彬县、长武、永寿、乾县、礼泉、兴平、武功、扶风、麟游、岐山、凤翔、宝鸡、千阳、陇县和甘肃省灵台县等地党组织和游击武装，并联系分散的党员。1947 年 3 月，陕西省工委撤销后，西府工委隶属关中地委领导。

平（民）朝（邑）工作委员会。1946年9月，根据中共陕西省工委的决定，在朝邑县下鲁坡村成立了中共平朝工委，书记韩增友，下辖平民、朝邑、大荔、合阳四个县的部分地区党组织。共有党员200多名，工委成立时，直属陕西省工委领导。同年10月划归中共东府工委领导。

泾（阳）原（三原）工作委员会。1946年9月，根据中共陕西省工委的决定，成立了中共泾原工委，书记张中涛，机关驻在耀县寺坡村。辖泾阳、三原两个县工委。1946年12月，泾原工委划归中共渭北工委领导。

蒲（城）白（水）工作委员会。1946年10月，中共陕西省工委决定，将蒲澄工委改为蒲白工委，书记张军。工委机关无固定驻地，主要领导成员随西北民主联军第六总队活动，并领导蒲城、白水两县的50多名党员开展武装斗争。1947年3月，省工委撤销后，蒲白工委改属中共关中地委领导，关中地委决定将蒲白工委与富同工委合并，组成路东工委。

富（平）同（官）工作委员会。1946年夏秋，中共陕西省工委先后派王徐明、雷炜等分别回富平、同官两县开展党的工作，先后恢复与发展党员130名。10月，陕西省工委书记赵伯平和关中军分区司令员高锦纯，在新正县马栏镇宣布成立中共富同工委，书记雷振东，隶属陕西省工委领导。工委机关活动于富、同交界沿山一带，下辖富平、同官两县交界的党组织。1947年3月，省工委撤销后，富同工委与蒲白工委合并，组成了路东工委。

东府工作委员会。1945年8月至1946年8月，中共关中地委、陕西省工委派罗文治任东府特派员，在韩城、合阳等县恢复和发展党的组织。1946年10月，为了有效地开展国统区党的工作，牵制国民党进攻陕甘宁边区的兵力，中共陕西省工委在马栏镇成立了东府工作委员会，书记苏史青。工委机关没有固定驻地，下辖韩城、合阳、澄城县工委、平（民）朝（邑）工委和韩宜中心区委。至1946年11月共有党员367人。1947年3月以后，东府工委划归中共关中地委领导。

渭北工作委员会。1946年7月以后，渭北各县先后建立了党的工作委员会，为了加强对各县的统一领导，经陕西省工委研究决定，于同年12月在耀县寺坡村成立了中共渭北工委，书记谈国帆，隶属陕西省工委领导。工委机关1947年元旦遭国民党军队袭击，由耀县寺坡村移驻高尔原村。同年2月，由于胡宗南进攻陕甘宁边区，工委机关随渭北游击队行动。工委辖中共泾原、泾阳、三原、高陵、临潼、耀县6个县工委，共有党员354人。1947年3月以后，中共渭北工委划归中共关中地委领导。

华（阴）潼（关）工作委员会。1945年10月，中共关中地委派刘邦显、王平凡、张万照等回到华阴县恢复和发展地下党组织，1947年2月成立了华潼工委，书记刘邦显。机关设在华阴县定远乡第二中心小学，隶属中共陕西省工委领导。下辖华阴、潼关、大荔三县党组织，有党员70多人。1947年3月，省工委撤销后，华潼工委改属中共关中地委领导。

商洛工作委员会。1945年10月，中共关中地委派巩德芳返回商洛地区，恢复和建立武装组织。1946年3月，中共陕西省工委派王力、薛兴军等40余人回到商洛，恢复和建立党组织。同年5月，中共商洛工委在商县青岗坪成立，书记王力，隶属中共陕西省工委领导。主要活动在山阳、商南、商县和今丹凤等四县的中心地带或边境地区。同年8月，中共中央中原局率中原五师突围部队到达商洛，开辟豫鄂陕根据地，商洛工委奉命撤销。

陕西边界（陕鄂）工作委员会。1946年冬，中共陕西省工委派黄正甫回到白河县，开展建党活动，先后发展30多名党员。1947年3月，在白河县卡子街建立了中共陕西边界（陕鄂）工委，书记黄正甫。工委主要活动于陕西省白河县和湖北省竹山县的交界地带。

路东工作委员会。1947 年初，为了发展敌后武装，牵制敌人，关中地委决定成立路东工作委员会。同年 3 月，路东工委在耀县文王山下成立，属关中地委领导，下辖富平、同官、蒲城、白水四个县（工）委。同年 6 月，关中地委决定将路东工委并入渭北工委。但由于敌人封锁，咸同铁路阻隔，实际上渭北工委并未对路东工委的四个县实行过领导。同年 9 月，为配合解放蒲城、白水，关中地委决定成立路东临时工委，属渭北工委领导，临时工委领导成员仍为原路东工委成员。11 月，临时工委在白水、同官交界处的瓦渣岭遭到敌军主力“围剿”，工委成员被打散，书记张凤岐辗转回到关中地委，路东临时工委停止了活动。1948 年 2 月，为了配合主力部队出击，关中地委决定重新建立路东工委，直属关中地委领导。下辖蒲、白、富、同四县（工）委。同年 6 月，中央西北局决定，路东工委改属黄龙地委领导。同年 11 月，根据中央西北局决定，路东工委撤销。中共路东工委书记先后为张凤岐、郭廷藩。

东路工作委员会。1948 年 10 月，为了做好解放关中东部的组织准备，关中地委在新正县马栏镇成立了陕西东路工作委员会，书记刘邦显。东路工委隶属关中地委领导，下辖华阴、华县、渭南 3 个县（工）委，有党员 830 人。1949 年 3 月，渭华地委成立，东路地区划归其管辖，其主要领导成员在渭华地委担任了职务。由于这一地区还未解放，东路工委坚持活动到 5 月下旬才结束工作。

西安市工作委员会。1948 年 12 月，中共关中地委决定成立中共西安市工作委员会。当月下旬，经中共中央西北局批准，由韩夏存、崔一民、朱子彤组成中共西安市工作委员会，韩夏存任书记。工委隶属中共关中地委领导，机关驻西安市郭签士巷崔一民家中。1949 年 5 月西安解放时，市工委下辖 3 个党支部，3 个党小组，党员由工委成立时的 20 余人发展到 108 人。

汉中工作委员会。抗日战争胜利后，1945 年 10 月，中央西北局统战部从西北党校学员中挑选原国民党三十八军地下党员伍力、高秦生二人派赴汉中，负责领导三十八军系统党员的工作。伍力、高秦生到达汉中后，与隐蔽在当地的赵冠群、薛绍裕等人接上组织关系，于 1945 年 11 月在洋县五间桥杜家村召开会议，成立了中共汉中工委，书记伍力。汉中工委隶属中央西北局统战部领导，机关设在洋县江坝咿唔峰小学。汉中工委成立后，伍力、高秦生分别继续与其他党员建立单线联系，并由高秦生负责，在三十八军返乡官兵贫雇农中发展党员。到 1946 年 9 月，共发展新党员 14 名。工委依靠党员骨干，以民间组织“孝义会”为掩护，把一批进步青年组织起来，准备在条件成熟时发动暴动。正当组织发展工作和建立武装的工作按计划进行之时，工委成员薛绍裕被国民党逮捕，高秦生遭到追捕。为了防止更大的破坏，保存党的力量，工委于 10 月决定高秦生返回陕甘宁边区。汉中工委在伍力领导下，在与上级失掉联系的情况下，继续联络地下党员，建立秘密武装，独立自主地在洋县、城固和南郑的北部山区开展秘密活动，曾派人打入国民党军队和地方政权内部，等待时机成熟时策动武装起义。到汉中解放时，由西北局城工部领导的汉中地下组织共有党员 20 余人。

陕西国统区党组织的大量涌现，既增加了马克思主义传播的主体，也彰显了马克思主义传播的成效。

2. 青年学生奔赴陕北参加革命或坚持国统区第二条战线的斗争

张耕野回忆道：我是 1943 年从国立二十二中学毕业考入西北农学院的。我在抗战初期曾在山东参加中华民族解放先锋队，和我党的地方组织保持有联系，但在国立二十二中，曾一度中断了联系。在投考大学时，我决心到抗战后方，选一个距离延安较近的学校，以便找到党的地下组织，去延安参加革命。这便是我投考西农的动机。1944 年秋西农成立了亢丁社，该社是由一批曾受过中国共产党不同程度的启蒙教育的进步青年发起组织的，主要成员有岳林（郭淑哲）、郭冰、胡启祥、白树征等。最初只是出刊《亢丁》壁报，揭露国民党贪污腐败、独裁专制、消极抗战、积极反共等反动实质。亢丁社成员绝大多数倾向进步，同情革命，但并未提出共同的政治纲领。随着国内政治斗争的深入，通过和中国共产党的地下工作者寿孝鹤、梁得柱及白清珍等同志接触，接受共产党的政治思想教育，到抗战胜利前夕，几乎全部成员都一致拥护共产党的政治路线。该社绝大部分成员奔往解放区参加革命，还有一大批成员参加党的地下组织，总计百人左右。1946 年春以亢丁社成员为骨干，并联合与团结西农其他进步社团，以入股方式筹集资金成立部岗书刊供应社，任务是与三联书店、生活书店以及重庆新华书店等办理代购代销进步书刊（为混淆国民党的耳目，也兼办一些一般的文艺书刊代销业务）。该社分为两个层次传递书刊，把一部分坚决拥护我党政治路线的骨干力量组成核心小组，在他们中间传递党在重庆、港澳及解放区公开和秘密出版的刊物、报纸，如《论联合政府》《新民主主义论》《整风文献》和《新华日报》等，并组织政治时事讨论会和读书会。

参加亢丁社的刘守奇回忆：1945 年快放寒假的时候，一天，女生宿舍门口有我一封没贴邮票的信，我拆开一看，是一份延安的电讯稿，还附有一段话，大意是如果你愿意和我们联系，请你看后把原件于 * 时放回原处。在这以前，我通过别的渠道，也曾看过延安的电讯稿。但是在学校，这是第一次。它来自朋友还是敌人？是吉是凶？我一时感到困惑。经过反复思考，我认为它是来自朋友的，我按要求把原件放回原处。不几天，亢丁社的几个女同学约我参加亢丁社的社员大会。我成了《亢丁》壁报的一名社员。在亢丁社，我借读了《新民主主义论》《论联合政府》等。这些书都是用另外的纸包过书皮，写的是《中国之命运》《孙文学说》等假名。这些书像一把钥匙，使我对中国革命的前景有了更深一步的认识，坚定了我信仰马列、追求进步的信念。我把过去懂得的一点马列主义理论，同思想上向往未来的具体实践结合起来，我坚信真正的中国命运是共产党所倡导的建立起来新民主主义的新中国。1946 年 10 月初，我离开家，离开生活四年的张家岗，踏上去解放区的征途。据我所知，在我们离开蒋管区之前已有两批亢丁的同学到了解放区。

当时在西安兴国中学的王铸人回忆：我和任登第在高三五乙班，到校不久，结识了岐山籍的进步同学周可任。周可任在乾县中学读初中时，由于受进步教师和进步书刊的影响，初步接受了马克思主义。他不仅品学兼优，而且酷爱读书和写作，广交进步师友，其中不少是共产党员。他们经常一起交流思想、传递信息，交换学习书刊，作诗论文，学习革命理论，宣传革命思想。我和可任熟识后，就进入了他们这个进步分子圈，使我受到了马克思主义启蒙教育。加入西北民主青年社之后，以多种形式开展革命活动。首先是我们自己酷读革命书刊，武装自己思想，同时在可靠的同学中传递革命书刊，传播革命思想，争取更多的同学在政治上逐渐觉悟。那时，我们能够看到重庆《新华日报》和《群众》《解放》杂志，还能看到毛主席的一些著作，如《论持久战》《战争和战略问题》《两个中国之命运》和陕甘宁边区的宣传品。这些宣传品是六十四开的小本本，封面为秦腔剧本，如《三回头》《五典坡》《柜中缘》，内文第一页也是这些戏的戏词，从第二页开始即为党的文件或宣传材料了。还有艾思奇的《大众哲学》及生活书店出版社的社会科学和文艺书籍，苏联的《联共（布）党史简明教程》，肖洛霍夫等人的作品。

在红军及某些西北军驻防地区，军队政治机关，也进行了农村的救亡活动（各种救亡宣传及组织农救会等）。中共中央书记处在1940年8月16日《关于陕西工作的决定》中指出：必须“充分利用一切公开合法的可能去进行群众工作，应把进行公开合法团体中的工作，看作目前群众运动的主要方向。”根据政治形势的变化和中共中央、陕西省委的工作部署，陕西各地党组织在领导群众斗争中，注意在群众中建立广泛、公开、合法的、各种各样的小型组织。在学校和青年学生、教师中建立学生自治会、教师联合会、学术研究会、读书会、篮球队等；在农民中建立夜校、自乐班、孝义会、冷娃团、兄弟会、姊妹团、识字班等。如西乡县 1939 年仅夜校、识字班即办了 30 多个。在斗争方法上，坚持摒弃一些过左的做法，注意脚踏实地，从群众最关心的生活问题开始，逐渐引导群众参加一些政治斗争。据不完全统计，从 1939 年开始，各地党组织领导的比较大的群众斗争即有 50 多次。同时，党组织还十分重视在斗争中培养群众领袖，要求党员和斗争中的骨干分子经常关心群众的生活，为群众谋利益，同群众保持密切的联系，真正取得群众的信任，说话有人听，做到必要的时候一呼百应，又不暴露自己的身份。

胜 利 曙 光

九、解放战争时期马克思主义的传播

抗日战争是近代以来中华民族第一次取得完全胜利的反侵略战争和民族解放战争。抗日战争胜利后，中国人民热切希望和平、民主，建设一个新的中国。但是1946年6月26日，国民党重兵围攻以鄂豫边宣化店为中心的中原解放区，挑起全面内战。

全面内战爆发后，面对敌我力量悬殊的形势，中共中央审时度势，制定了正确的军事、政治、经济方针和政策，领导解放区军民奋起反击，粉碎了国民党对山东和陕北解放区的重点进攻。为适应特定战争环境需要，中共中央形成“三委分工”的机制。在转战陕北的艰苦岁月里，毛泽东和中共中央运筹帷幄，指挥全国解放战争的战略反攻，指导国统区“第二条战线”的斗争，领导西北野战兵团取得了青化砭、羊马河、蟠龙镇等战役的胜利，迎来了中国革命的新高潮。

（一）中共中央转战陕北与马克思主义的传播

转战陕北 战略反攻

人民对和平的期待，并没有改变蒋介石国民党消除异己、顽固独裁的野心。1946年6月26日，国民党单方面撕毁停战协议，全面发动内战。

陕西国民党军队的反内战起义，是陕西国民党统治区人民大众争民主、反内战斗争的重要一翼。其中陕北安边的邓宝珊部新编第十一旅起义，早于全国解放战争初期著名的高树勋起义。新编第十一旅原为西北地方武装，接受国民党政府改编后，1939年起一直驻防在三边的国统区。第十一旅下辖两个团，第一团和旅部驻安边（国民党定边县政府亦驻此），第二团驻靖边县的柠条梁。胡宗南一直认为这个旅的主官和第一团不可靠，欲伺机加以“解决”。抗日战争胜利后，胡宗南利用“军队整编”之机，一面假邓宝珊之手宣布新编第十一旅即将开往包头进行改编，并令代旅长曹又参到榆林“面商”军务，一面密令副旅长吴棻、第二团团长史舫城等人乘机将第一团的武装缴械，就地改编。第一团在土地革命战争时期就建立了中共秘密组织，团附牛化东、营长李树林和11名连长均是共产党员。在此紧急关头，共产党员冯世光和旅部参谋主任王子庄秘密赶赴定边县城，向中共三边地委和陕甘宁晋绥联防军警备第三旅兼三边警备区的负责人汇报。经请示上级党组织，三边地委决定由警备第三旅派两个团赶往安边，配合新编第十一旅第一团起义。1945年10月25日拂晓，新编第十一旅旅部和第一团共2000名官兵起义。同日下午，警备第三旅副旅长吴岱峰、参谋长张文舟率部进入安边城。27日，两军官兵和群众举行会师和庆祝大会，王子庄宣布新编十一旅为反对蒋介石发动内战，举行武装起义成功。11月3日，从榆林赶回的曹又参参加起义，起义部队和警三旅联合作战，攻克柠条梁，击毙史舫城以下100余人，俘虏800人。11月5日，曹又参领衔通电全国，历数国民党借“整编军队消灭异己”“使军队特务化、私人化”等罪行，表示要“为和平建国奋斗到底”。起义部队改编为陕甘宁晋绥联防军新编第十一旅，曹又参任旅长，郭秉坤任政治委员，牛化东任副旅长，王子庄任参谋长，苏效蒙任政治部主任。1946年1月，第十一旅又兼三边军分区，曹又参任军分区司令员，牛化东任第三副司令员，王子庄任副参谋长。中共中央对安边起义给予高度评价，毛泽东在接见曹又参时说："你们是火车头！"随后，《解放日报》发表了题为《十一旅是反对蒋介石打内战而起义的火车头》的社论。

解放军按照党中央关于"以自卫战争粉碎蒋介石的进攻"的指示，经过8个月的艰苦战斗，共歼敌65个旅（师）计71万人，标志着国民党的"全面进攻"计划彻底粉碎。随后，蒋介石又集中兵力，向陕甘宁边区和山东解放区发动所谓"重点进攻"。1947年2月，蒋介石先把担任陕甘宁边区进攻任务的胡宗南召回南京，亲自下达作战命令，并携空军副司令王叔铭共同飞抵西安，坐镇指挥，调集国民党五分之三的空军参与作战。在地面上，南线集中胡宗南34个旅（师），共23万余人，由南向北进攻。青海、宁夏的马步芳、马鸿逵及榆林邓宝珊集团分别从西线、北线策应作战。敌人的战略意图在于一举占领延安，逼迫中共中央和解放军总部撤退到黄河以东地区。这样既能掩饰全面进攻计划的破产，鼓舞日益低迷的士气，又能在占领陕甘宁边区以后，抽出胡宗南和二马的一部分军队，支援华东或其他战场的进攻。当时，陕甘宁边区能使用的部队只有六个野战旅，共两万六千余人和三个地方旅（师）。同时，部队的装备极差，补给也面临难题。面对兵力、装备、后勤占绝对优势的敌人，1947年3月18日，中共中央在发给各地区负责人的电报中指出："以边区地域之广，地形之险，人民之好，有把握钳制胡军并逐渐削弱之，保持广大地区于我手，以利他区作战取得胜利。"[①] 因此，党中央和毛泽东同志决定，暂时放弃延安，运用"蘑菇"战术，把敌人拖在陕北，消灭在陕北，支援其他战场我军作战。

① 中共中央文献研究室、中央档案馆编：《建党以来重要文献选编（1921—1949）》第24册，中央文献出版社2011年版，第113—114页。

延安各界举行保卫边区、保卫延安动员大会

毛泽东在3月19日撤出延安前曾对王震讲道，“我和你们一起坚持在陕北斗争，不打败胡宗南，决不过黄河。”[①]撤离之前，无论中共中央还是毛泽东都表达了要留在陕北继续牵制胡宗南部的想法。与此同时，西北野战军主要负责人彭德怀、习仲勋等却很担心中共中央和毛泽东的安危，多次建议中共中央离开陕北，东渡黄河。随着胡宗南部进攻的深入，中共中央五位书记对是否留在陕北也有了不同意见。

1947年3月20日，刘少奇、朱德和任弼时在发给贺龙等人的电报中就明确表示中共中央要离开陕北的想法：“中央决定全部先后转移晋绥，请在辛关渡设置少数船只，以便紧急时渡河之用”[②]。这封电报表明中共中央有初步渡河进入晋绥的想法。此时毛泽东率领的一

① 《胡乔木回忆毛泽东》，人民出版社1994年版，第481页。

② 中共中央文献研究室编：《刘少奇年谱》下卷，中央文献出版社1996年版，第71页。

部分中央机关还在徐家沟，并没有前往王家坪。1947 年 3 月 21 日，毛泽东率领中共中央转移到清涧县高家崄，在这里观察敌人占领延安后的动向。3 月 25 日，毛泽东率领中共中央机关与朱德、刘少奇等人在子长县王家坪会合。3 月 27 日毛泽东在给彭德怀的电报中指出“中央决定在陕北不走。”同日，中共中央在发给贺龙、李井泉的报告中指出了中共中央留在陕北的原因：“中央率数百人在陕北不动，这里人民、地势均好，甚为安全。”这就与 3 月 20 日刘少奇、朱德等人致电贺龙中共中央准备全部转移晋绥的电报有了出入。直到此时，中共中央向何处去依然没有最终的定论。1947 年 3 月 28 日，中共中央在王家坪正式作出了留在陕北的决定。但是到了 3 月 29 日至 30 日的枣林沟会议上，在讨论中央机关行动去向的问题上，中共中央内部又产生了分歧，任弼时“坚持要中共中央离开陕北，东渡黄河到较安全的地方”，而毛泽东从战略全局出发，指出自己不能走并要求党中央也最好不要走，从而达到拖住胡宗南为其他地方争取有利条件的目的。最终，中共中央同意了毛泽东的建议，决定继续留在陕北指挥作战。与此同时，中共中央从战略全局的高度出发，出于对安全的考虑，决定对中共中央机关和五大书记进行分工。至此，中共中央机关一分为二，毛泽东、周恩来和任弼时率领中央机关一部分人留在陕北，刘少奇、朱德等前往晋绥解放区。

中共中央转战陕北，从空间区域来看，包括延安以北的子长、佳县、米脂、吴堡等 12 个县；从时间跨度看，是从 1947 年 3 月 18 日毛泽东率中共中央机关撤离延安，至 1948 年 3 月 23 日毛泽东率中共中央机关从吴堡川口东渡黄河，共计一年零五天。

转战陕北的一年多时间里，马克思主义传播主要表现在军事、政治、土地改革等方面。在军事上，党中央在毛泽东率领下，在极为惊心动魄的转移途中运筹帷幄，不仅取得陕北战场上青化砭、羊马河、蟠龙、沙家店等战役的胜利，而且还指挥全国各解放战场积小胜为大胜，逐步走向战略反攻，成功实现毛泽东撤离延安时所说的“拿一个延安换取全中国”的英明预见。在政治上，各方面日益成熟，比如明确提出要建立报告制度，“各中央局和分局，由书记负责（自己动手，不要秘书代劳）。每两个月，向中央和中央主席作一次综合报告。报告内容包括该区军事、政治、土地改革、整党、经济、宣传和文化等各项活动的动态，活动中发生的问题和倾向”[①]，再比如巩固了党的统一战线：中国国民党革命委员会在香港成立，并明确提出要“推翻蒋介石卖国独裁政权”，打破了蒋介石等反动派妄图通过召开“一党国大”取得执政合法性的美梦。在土地改革方面，中央了解到一些地方非理性的土地改革做法，因此，在 1948 年初，将任弼时在西北野战军前委扩大会议上的讲话（即《土地改革中的几个问题》）作为指导文件转发全党，这篇讲话对纠正全国土改运动起到了关键作用，并为后面一系列文件的出台，提供了根本遵循。

中央转战陕北这一年时间内，西北野战军担负着保卫中央和解放陕西的重任，在军事上分为内线防御、内线反攻、外线进攻三个阶段。

内线防御阶段（1947 年 3 月 13 日—1947 年 8 月 12 日）。1947 年 3 月 18 日晚，在延安的中共中央驻地，已能清晰听到国民党先头部队进攻的枪炮声，毛泽东率中共中央机关撤离延安，开始了转战陕北的伟大历程。临行前，毛泽东对前来送行的西北野战兵团的领导干部们说：“敌人要来了，我们准备给他打扫房子。我军打仗，不在一城一地的得失，而在于消灭敌人的有生力量。存人失地，人地皆存；存地失人，人地皆失。敌人进延安是握着拳头的，他到了延安，就要把指头伸开，这样就便于我们一个一个地切掉它。要告诉同志们：少则一年，多则二年，我们就要回来，我们要以一个延安换取全中国。”[②] 在这一阶段，由于敌我力量异常悬殊，我军的基本作战方针

① 《毛泽东选集》第 4 卷，人民出版社 1991 年版，第 1264 页。

② 中共中央党史和文献研究院编：《毛泽东年谱》第 3 卷，中央文献出版社 2023 年版，第 176 页。

是：诱敌深入，与敌在延安以北的山区周旋，陷敌于十分疲惫、十分缺粮之困境，尔后集中优势兵力，选择敌人薄弱或孤立的部分，在运动中予以各个歼灭，以逐渐削弱敌人的有生力量，求得战略形势的根本改变。

内线反攻阶段（1947 年 8 月—1948 年 2 月）。我军的战略方针是：继续牵制胡宗南集团于西北战场，逐渐歼灭其有生力量，收复失地，扩大与巩固解放区，为收复延安，转入外线进攻创造条件。

外线进攻阶段（1948 年 2 月—4 月 21 日）。我军的作战方案是：将战争引向国民党统治区，向延安、宜川线出击，得手后继续向该线以南进攻，大量歼灭敌人有生力量，拖住胡宗南集团，并调回他支援豫西之兵力，尔后收复延安，进而解放麟游山区。

转战陕北期间马克思主义的传播要素分析

所谓传播要素，包括主体、内容、途径、受众、客体、效果等，是衡量马克思主义传播活动的关键内容。转战陕北之前，陕甘宁边区是中国共产党在抗日战争时期、解放战争时期的总后方。首先，在一段时期内保持着较为和平的社会环境，为革命事业的蓬勃发展奠定了环境基础。其次，在共产党的领导下，社会氛围较为自由，吸引了一大批进步知识分子前往延安，为革命事业的蓬勃发展奠定了人才基础。再次，陕甘宁边区继承、发扬了江西中央苏区教育的宝贵经验，先后成立中共中央党校、中国人民抗日军政大学、马列学院、陕北公学等多所高等教育学校，中等学校和小学的数量也实现激增，形成了较为完备的教育体系，为革命事业的蓬勃发展奠定了教育基础。最后，由于延安整风运动，党内形成脱虚务实的良好氛围，为革命事业的蓬勃发展奠定了政治基础。而转战陕北之后，传播活动即发生以下几方面的变化。

中共中央党校大礼堂

1. 传播主体的数量减少、组织精简

传播主体包括组织主体和传播者，是信息源的承载者和表达者，而且还担负着与受众进行有效交流的责任，以期在传播的互动过程中得到受众的接受与认可。转战陕北前，马克思主义传播的组织主体包括党和政府机构，如中央宣传部、教育部、陕甘宁边区政府教育部门等，以及教育体系中的各学校，如中央直属高校：中央党校、马列学院、中国人民抗日军政大学、中国女子大学等；陕甘宁边区附属的：陕北公学、鲁迅艺术学院、延安大学、自然科学院等。这些高校分别承担不同的任务。随着革命任务的转变，一些高校组合、撤销、搬迁，但都在物质匮乏的情况下，高效地完成了建校任务，成为高等教育璀璨篇章中的点点繁星。

传播者即传播马克思主义的个人，如边区高校中负责理论教育的教师，其主要是：以毛泽东为代表的党政军领导人和机关负责人；杨兰史、张如心等亲历长征的革命教师；艾思奇、何干之、周扬、李初梨等从各地奔赴延安的理论家、知识分子；胡耀邦等兼职学校工作的学生。中央转战陕北开始前，由于在战略上选择主动放弃延安，因此将大多数组织机构和干部都转移、疏散到其他解放区去了，其组织主体和传播者的数量大大减少。此外，由于传播环境从相对和平状态转变为战时状态，对传播活动的影响大大增加。

2. 传播内容更突出党的路线方针政策

在转战陕北前，传播内容有两方面的侧重点，一方面是马克思主义基本原理和毛泽东思想的传播，基本原理包括阶级斗争学说、辩证唯物主义、历史唯物主义以及政治经济学基本原理等，毛泽东思想主要是指新民主主义理论。另一方面是对党的路线方针政策的传播，如党的组织路线、思想路线、群众路线、“逼蒋抗日”方针、土地政策等。转战陕北后，传播内容更侧重于党的路线方针政策。其原因就在于：一是马克思主义基本原理和毛泽东思想总的来说是一种抽象理论，而转战陕北期间，休息时间是十分宝贵的，让士兵和基层工作人员理解党的新路线、新方针、新政策对凝聚军心、提高作战能力更有效。二是诉苦已作为一种成功经验在部队中大规模推广，而在唤起解放战士的阶级感情后，如何将其进一步转化为阶级觉悟，就需要适宜的路线方针政策教育。

3. 传播途径更加有限，对传播马克思主义形成较大阻碍

在转战陕北前，马克思主义传播主要通过教育体系、文艺活动、报纸杂志、组织会议等四种途径实现。四种途径相互支撑，互为表里，比如抗日军政大学在教学过程中，会举办文艺活动，鼓励学生积极报名。学校也会举行讨论会、辩论会等。在转战陕北后，由于传播环境的变化，四种途径只保留组织会议的形式，但其内涵不再是讨论会、辩论会，而主要是路线方针政策的教育会、军事民主会。

4. 转战陕北期间受众数量大增

转战陕北期间受众数量用折线图表示，从总体上看肯定是一个大

大的“V”形，象征着党在各方面的胜利（victory）。在折线图的前半部分，是由于部队采取诱敌深入的战术，丧失了一部分解放区，并且部队人数也有所下降。而转折就出现在几次战役的胜利。后半部分的上升则是我们收复延安、洛川等地，并创建新的解放区，马克思主义得以在此传播，获得受众。

5. 传播效果明显，标志着毛泽东军事思想的彻底胜利

1947 年 3 月放弃延安时，“中央警备团的许多指战员一下子转不过弯来：延安，等于我们的首都哇，怎么能轻易让给敌人呢？毛主席和党中央离开这里，是不是担心我们守卫不住根据地呀？于是，很多人纷纷表态：‘我们要与延安共存亡，坚决保卫党中央和毛主席，决不让胡宗南占领延安。’”① 而毛泽东对参加保卫延安的解放军部分领导干部的发言很好地回答了这个问题：“我军打仗，不在一城一地的得失，而在于消灭敌人的有生力量。”② 这就是中央转战陕北时，毛泽东军事思想的深刻体现。

此外，1947 年 4 月 15 日毛泽东给西北野战兵团的电报指出：“（一）敌现已相当疲劳，尚未十分疲劳；敌粮已相当困难，尚未极端困难。我军自歼敌第三十一旅后，虽未大量歼敌，但在二十天中已经达到使敌相当疲劳和相当缺粮之目的，给今后使敌十分疲劳、断绝粮食和最后被歼造成有利条件。（二）目前敌之方针是不顾疲劳粮缺，将我军主力赶到黄河以东，然后封锁绥德、米脂，分兵‘清剿’。敌三月三十一日到清涧不即北进，目的是让一条路给我走；敌西进瓦窑堡，是赶我向绥、米。现在因发现我军，故又折向瓦市（瓦窑堡）以南以西，再向瓦市赶我北上。（三）我之方针是继续过去办法，同敌在现地区再周旋时期（一个月左右），目的在使敌达到十分疲劳和十

---

① 刘卫平：《转战陕北》，陕西师范大学出版总社 2014 年版，第 11 页。

② 中共中央党史和文献研究院编：《毛泽东年谱》第 3 卷，中央文献出版社 2023 年版，第 176 页。

分缺粮之程度，然后寻机歼击之。我军主力不急于北上打榆林，也不急于南下打敌后路。应向指战员和人民群众说明，我军此种办法是最后战胜敌人必经之路。如不使敌十分疲劳和完全饿饭，是不能最后获胜的。这种办法叫‘蘑菇’战术，将敌磨得精疲力竭，然后消灭之。（四）你们现在位于瓦市以东和以北地区，引敌向瓦市以北最为有利；然后可向敌廖昂薄弱部分攻击，引敌向东；再后你们可折向安塞方面，引敌再向西。（五）但你们在数日内即应令三五九旅（全部）完成向南袭击之准备，以便在一星期以后派其向南担任袭击延长延安之线以南、宜川洛川之线以北地区，断敌粮运。”①当时西北野战军的政委习仲勋曾评价这封电报，“以后战争的整个进程，完全证实了毛泽东同志这一作战方针是完全英明正确的。”②

（二）豫鄂陕革命根据地创建与马克思主义的传播

创建豫鄂陕革命根据地

遵照中共中央的指示，1946 年夏，中共中央西北局、中共陕西省工委先后派出西北局民运科副科长刘庚和秋宏、陈效真等 50 多名干部，由延安、马栏两地出发，通过关中地下组织与群众的掩护前往商洛，积极参加创建豫鄂陕革命根据地的斗争。刘庚、秋宏等人到商洛后，向中共商洛工委和陕南游击队传达了中共中央关于扩大武装力量、迎接中原解放军战略转移到豫鄂陕边的指示。在派出大批干部到商洛地区的同时，中共中央西北局指示关中国统区的中共秘密组织和人民武装，积极配合中原部队和豫鄂陕军区部队进行反“清剿”斗

① 《毛泽东选集》第 4 卷，人民出版社 1991 年版，第 1222—1223 页。

② 刘卫平：《转战陕北》，陕西师范大学出版总社 2014 年版，第 11 页。

争。遵照中共中央西北局的指示，中共陕西省工作委员会先后在关中国统区领导成立了近20个县的工委组织和10余支游击队，积极开展游击战争，配合创建豫鄂陕根据地。

中原军区司令员李先念、中共中央中原局代书记兼中原军区政治委员郑位三、中原军区副司令员兼参谋长王震等率领官兵，于7月17日进入陕南。当天，毛泽东在为中共中央军委起草的致郑位三、李先念、王震的电报中指出："(1)我党游击武装巩德芳部活动于西荆公路南北地区。其第一大队在洛南、龙驹寨、卢氏间，其第二大队在商县、山阳、龙驹寨间，其第三大队在郧西、竹林关、山阳、漫川关间，共计200多人；巩及各队长均为党员，多来陕北受过训。(2)你们应和巩部联络，给以干部与武装之帮助。(3)你们应考虑依靠巩部及广大民众在陕南10余县建立根据地的问题。"[①]7月22日，中共中央再电郑位三、李先念、王震，通报陕南游击队分布情况，并指出陕南在联系陕北与中原区，配合华北斗争以及对中原解放军在鄂、豫、川、陕、甘创造根据地都很重要，望给陕南游击队以武装、干部诸方面的帮助，使陕南地方斗争很快地发展起来，创造较大地区的游击根据地。

7月23日，中共中央中原局在商南县白鲁础召开会议，讨论在陕南建立根据地的问题。郑位三、李先念、陈少敏、任质斌、戴季英和第二纵队司令员文建武等出席。会议决定将部队分散为七支，在镇安、郧西、商南、山阳等地创建豫鄂陕根据地。7月29日，李先念在寺坪花园岭油房村会见中共商洛工委书记、陕南游击队政治委员王力，8月2日，又在留仙坪会见陕南游击队指挥巩德芳。

8月2日，李先念、任质斌、文建武致电中共中央和中共中央西

① 《中共中央军委关于中原解放军应依靠陕南巩德芳部及广大人民群众在陕南十余县建立根据地给郑位三李先念王震的指示》(1946年7月17日)，中共陕西省委党史资料征集研究委员会编：《中原解放军北路突围与豫鄂陕革命根据地》上册，陕西人民出版社1988年版，第59页。

北局，提议成立豫鄂陕军区和区党委，以王震为军区司令员兼政治委员、区党委书记，或以王震为军区司令员，汪锋任军区政治委员兼区党委书记，统一指挥第三五九旅、第十三旅、第四十五团及陕南游击队，在豫鄂陕边界发展大规模的游击战争，创建根据地。8 月 3 日，中共中央中原局发出《关于成立豫鄂陕第一、二、三军分区发展大规模游击战争给各部队的指示》并报中央，提出：王震部所在的安康、镇安、柞水为第一军分区，郭鹏任司令员，王恩茂任政治委员；商州、荆紫关、西峡口公路以北、以东，陇海铁路以南为第二军分区，巩德芳任司令员，黄林任政治委员；蓝田、荆紫关、西峡口公路以南，安康、镇安、柞水、临潼以东，襄河以北为第三军分区，方正平任司令员，张树才任政治委员。8 月 6 日，中共中央复电李先念、王震、任质斌、文建武：同意豫鄂陕边成立军区和区党委并划分为三个军分区的建议，以王震为军区司令员兼政治委员、区党委书记，汪锋为区党委副书记兼军区副政治委员，任质斌为区党委第二副书记兼军区副政治委员、政治部主任，周志坚为军区副司令员；区党委可待汪锋到达后正式成立，在此之前一切仍由李先念等人负责。

8 月 22 日，中共中央中原局作出《关于创造根据地的指示》，指出“我们的唯一出路是只有按中央的指示，在豫陕边区发动大规模的游击战争，来创造豫陕边区根据地。以此来争取我们的生存，以此来掩护我南路军在川、鄂、豫地区创造根据地的行动，以此来保护陕甘宁边区及晋冀鲁豫边区，甚至整个华北、华东的斗争，以此来增强我党我军在西北有利的战略地位。”① 要求各分区争取团结和依靠群众，迅速建立地方政权，大力培植地方武装，广泛开展统一战线，多方解决部队给养，大力培养地方干部，争取迅速站稳脚跟，以备进行将来的斗争。鉴于王震率领的第三五九旅已经西进北上，8 月 28 日，

① 中共陕西省委党史资料征集研究委员会编：《中原解放军北路突围与鄂豫陕革命根据地》上册，陕西人民出版社 1988 年版，第 66 页。

中共中央复电李先念、文建武、任质斌，同意李先念8月26日的提议，决定以汪锋为豫鄂陕区党委书记兼军区政治委员，文建武为军区司令员，陈先瑞为副司令员，方正平为副政治委员，张树才为政治部主任，魏国运为参谋长，以上均为豫鄂陕边区党委委员。9月24日，汪锋在今丹凤县大峪乡封地沟主持召开扩大会议，正式成立了中共豫鄂陕边区委员会。10月19日，中共中央任命汪锋兼豫鄂陕行政公署主任。

豫鄂陕革命根据地包括河南、湖北、陕西三省各一部，西起紫阳，东迄淅川，北抵陇海，南达当阳、始兴、镇平，总面积约7600余平方公里，下辖5个分区、24个县、55个区。今商洛市的商州区和商南、洛南、丹凤、山阳、镇安、柞水县，今安康市的宁陕、旬阳县，西安市的长安区和蓝田县，其中心地带或边境地区属于豫鄂陕革命根据地的主要组成部分。

第一分区于1946年8月8日在镇安县七里峡街建立。分区下辖镇（安）柞（水）、商（县）山（阳）蓝（田）边、南宽坪、镇（安）郧（西）旬（阳）、茅坪五个党的工委，红岩寺县委，蓝（田）镇（安）柞（水）中心县委，山郧镇、镇郧旬、镇柞、商山蓝四个行政办事处，红岩寺县政府，镇郧旬大队和六个支队。张树才、萧元礼先后任分区地委书记、军分区政治委员，周季方任分区行政专员公署专员，吴世安任军分区司令员。

第二分区于1946年8月4日在今丹凤县留仙坪建立。分区下辖商（南）洛（南）、卢（氏）洛（南）、商县、商南、山（阳）商（县）、蓝（田）洛（南）六个县委，商县、卢洛、蓝洛、商南、山商、商洛六个县政府，先后下辖五个支队。刘庚任分区地委书记、军分区政治委员，薛兴军任分区行政专员公署专员，巩德芳任军分区司令员。

第三分区于1946年8月3日在山阳县中村建立。分区下辖商（南）山（阳）、郧（西）山（阳）、郧（西）商（南）、山阳四个党的县委，商山、郧商、郧山、山阳四个县政府，第四十五团和四个支队。方正平、王力先后任分区地委书记、军分区政治委员，余益庵任分区行政专员公署专员，周光策任军分区司令员。

第四分区于 1946 年 8 月上旬在今丹凤县庾家河建立。分区下辖卢（氏）灵（宝）洛（南）、卢（氏）嵩（县）等六个党的县委，卢（氏）灵（宝）洛（南）党的中心县委，六个县政府和一个中心县政府，第六团、第七团、第八团、洛北支队。黄林、韩东山先后任分区地委书记、军分区政治委员，张旺午任分区行政专员公署专员，闵学圣、黄林先后任军分区司令员。

第五分区于 1946 年 9 月下旬在镇安县米粮川建立。分区下辖党的长柞工委和东江口中心县委，第十五旅、东江口中心游击大队、长柞游击队和四个支队。汤成功任分区地委书记、军分区政治委员，陈任远任豫鄂陕边区第五分区办事处主任，王海山任军分区司令员。

迎接中原突围部队，保存革命力量

1946 年 6 月 26 日，国民党不顾全国人民的强烈反对，悍然围攻以鄂豫边宣化店为中心的中原解放区，挑起了全面内战。遵照中共中央关于“立即突围，愈快愈好，不要有任何顾虑，生存第一，胜利第一”的指示，中原解放军除留部分地方部队在原地坚持斗争外，其余部队在中共中央中原局的领导下，进行分路突围。

中原解放军的北路突围部队约 1.5 万人，在李先念、郑位三、王震等率领下，向豫陕边突围，7 月 17 日进入陕南。7 月 25 日，中共中央西北局致电李先念、任质斌转告商洛工委刘庚、巩德芳、王力、秋宏：“中原部队转战一月，极度疲劳，你们应全力活动，使主力得到稍事休息机会，对筹集粮草、安置伤病员更应全力做好。”根据中共中央西北局的指示，刘庚、巩德芳、王力领导陕南游击队为迎接中原突围部队做了各种准备，并派出部队四处接应。

根据中共中央西北局的要求，中共地下组织积极策应第三五九旅突围回到延安。王震率领的第三五九旅于8月2日攻占镇安县城和盖云寺镇，15日到达洋县华阳镇。在此，王震致电中共中央，请示第三五九旅的行动方向。8月20日，中央军委复电王震："若能在陇南文县、武都、成县、康县一带创造根据地，对发展西北、配合全国斗争均有重大意义；如若不能，则按布置行动，陕甘宁边区已准备3个团相机接援。"遵照中央军委的指示精神，第三五九旅由华阳镇继续西进，在凤县东岔河口北渡渭河，并越陇海铁路。奉中共中央命令，陕甘宁晋绥联防军的新四旅、警备第三旅和第一旅在边区南线全面出击，牵制胡宗南军。为策应第三五九旅突围，毛泽东一连9次致信习仲勋，要求派组织和人员接应。习仲勋除安排熟悉环境的干部前往商洛接应外，还派张德生到关中分区马栏镇，宣布成立中共西府工委及西府游击支队，由中共西府工委率两个加强连和由80多人组成的干部队进入麟游山区活动，策应第三五九旅北上。9月17日，王震抵达延安，毛泽东接见王震，深表慰问。

在豫鄂陕边区党政军领导机构建立健全之后，中共中央中原局负责人奉调在中共秘密组织的护送下安全回到延安。1946年10月2日，李先念、任质斌、戴季英离开商洛山区，进入关中国统区。在商洛山中隐蔽休养的郑位三、陈少敏也于10月中旬出秦岭，进入关中国统区。在中共陕西省工委的精心安排下，李先念、任质斌经蓝田、长安、临潼、三原、耀县到柳林镇进入边区，郑位三、陈少敏、戴季英分别经蓝田、临潼、耀县、淳化等地进入边区。在护送李先念等人的过程中，各地党组织表现了高度的负责精神，他们事前选择路线、约好关系，安置好食宿、休息的地方以及必要的警戒。李先念等人每到一村一户，都有不少革命群众配合地下组织进行掩护。李先念行至临潼县栎阳镇时病倒了，住了十余天，每日每夜都有许多青年农民配合共产党员在附近村庄的地里拾棉花，或在街巷贩卖，白天携短枪，夜里加上长枪，实行严密警戒。郑位三由出发地到商县，由商县搭汽车到灞桥，都是地下党派人伴送，过渭河后又乘群众特备的马车，以送亲属为名送到耀县地界。

在中共地下组织和人民群众的护送下，李先念、郑位三、陈少敏等人于10月下旬先后回到延安。中共中央中原局在延安恢复了工作，继续指挥豫鄂陕边区坚持斗争。

组织人民参加根据地建设

中原解放军北路突围部队是在全国人民反对内战的斗争中，杀出一条血路后抵达豫鄂陕边的。从1946年7月17日中共中央指示中原局在陕南建立临时根据地起，到1947年7月豫鄂陕军区主力部队奉命改编为晋冀鲁豫军区第十二纵队为止，豫鄂陕革命根据地正式存在了一年时间。豫鄂陕革命根据地陕东南新解放区的创建和形成，是陕西国统区人民反对内战斗争的重要组成部分，在全国解放战争中具有重要的战略地位。1946年10月1日，毛泽东在为中共中央起草的题为《三个月总结》的党内指示中指出："过去三个月内，我中原解放军以无比毅力克服艰难困苦，除一部已转入老解放区外，主力在陕南、鄂西两区，创造了两个游击根据地。""这些都极大地援助了和正在继续援助着老解放区的作战，并将对今后长期战争起更大的作用。"[①]1947年5月28日，中共中央致电中原局，指出"我中原军各部为着反对卖国贼蒋介石的进攻，从去年7月起在陕南、豫西、鄂西、鄂中、鄂东、湘西等地，在极端困难条件之下，执行中央战略意图，坚持游击战争，曾经牵制了蒋介石正规军30个旅以上，使我华北、华中主力渡过蒋介石进攻的最困难时期，起了极大的战略作用。"

---

① 中共中央文献研究室、中央档案馆编：《建党以来重要文献选编（1921—1949）》第23册，中央文献出版社2011年版，第462、463页。

陕东南地区的党组织、游击队和广大人民群众，为支援中原解放军突围部队、创建和发展豫鄂陕革命根据地做了大量细致工作，付出了巨大的牺牲，提供了有力支撑。

豫鄂陕边区采取征粮、借粮、筹粮、购粮等办法多方筹措粮食，努力解决部队军需。征粮是民主政府依法向有负担能力的群众征收公粮，借粮是向缴纳公粮后尚有余粮的群众求借，由民主政府出具借据以后偿还，筹粮是宣传动员富户捐献粮食，购粮是动员商户到国民党军占据的集镇代为购粮。在卢氏、灵宝、洛南边界设置的卢灵洛县民主政府征收公粮 7 万多斤，分散储藏于农户家中，供过往部队食用。在山阳、商县边界设置的山商县民主政府征、借粮食 80 万斤。许多贫苦农民出于对人民军队的热爱，虽然民主政府没向他们征收公粮，但他们都想方设法支援和帮助人民解放军及地方游击队，有的把自己仅有的一点粮食翻山越岭送到收粮点，硬要收粮人员收下；有的主动把伤病员背到家中精心养护，以减轻军粮缺乏对部队的压力；有的地方在国民党军“清剿”时把粮食藏起来，而当解放军来时便把粮食扒出来，热情地支援解放军。由于人民群众的大力支援和帮助，在不长的时间里，豫鄂陕军区的部队“恢复了疲劳，吃饭问题已得到解决，指挥系统已经调整，现在部队已由被动的应战转为主动地向敌出击了”。同时，民主政府还依靠广大人民群众的大力支援，帮助人民解放军解决穿衣困难的问题。在郧西、商南县边境设置的郧商县民主政府动员群众利用赶集的机会，到周围国民党军占据的集镇代购土布和棉花，组织妇女为部队缝棉衣，做军鞋。蒿坪河群众吴茂珠说服亲戚邻居为军队代购土布近千匹。小川乡办的一个被服厂赶制棉服 1000 多套，组织妇女做军鞋 1000 多双。商山县民主政府为军队提供了 2300 多斤棉花和一批土布，并组织了不少缝洗组，为军队缝补衣物和洗涤血衣。到 1946 年冬，军队缺衣少穿的困难基本解决。

豫鄂陕边区组织青年踊跃参军，不断壮大人民武装力量。劳苦大众是人民武装的主要源泉，陕东南的劳苦群众除积极参加中原解放军外，更多地是参加和组织地方游击队。不到两个月时间，陕南游击队由200多人发展到4000多人。回民聚居的镇安县茅坪镇组织了60多人的回民支队。随着地方游击队的迅猛发展，为集中兵力粉碎国民党军的“清剿”，边区党委和军区实行主力部队与地方游击队合编，以加强各军分区独立作战的能力。5个军分区共组建了16个支队，加上6个主力团，共有1万多人，先后进行大小战斗五六十次，歼灭和击溃国民党正规军和地方保安部队7个团、3个营、7个连，缴获轻重机枪35挺，长短枪1700支。

豫鄂陕边区组织群众积极救治伤病员，提供战勤支持和保障。中原解放军北路突围部队、豫鄂陕军区没有野战医院，部队走到哪里，仗打到哪里，伤病员就寄养在哪里，由群众掩护照料，治病养伤。在山阳县龙山头到梅子岭约百里的地带，群众掩护的伤病员就有近千名，几乎家家户户养护伤病员。群众白天把伤员背上山，隐蔽在山林、石洞里，晚上又背回来睡在热炕上。山阳县南宽坪的群众精心掩护杨坤丽等3名离队女干部，为躲避搜查，转移养护。家里不能住了，群众就备了铁锅和米面，把她们藏在深山老林的山洞里，还给将要出生的孩子缝制衣服。丹凤县留仙坪方圆不足5公里，群众掩护伤病员达270人。丹凤县峦庄妇女梁秀英为了帮助受伤的卢洛县县长鲁孚若脱离险境，为鲁孚若剃了头，换了衣服，准备了一副小商贩担子和40块银元，并让侄子到乡公所开了路条，请哥哥陪鲁孚若走出险境。镇安县穆王乡杨泗村20多户群众养护伤病员46人，为使恢复健康的伤病员安全出境，当保长的开明人士王忠诚派人到80公里以外的县城私刻公章，为每个人发放了路条。

为切断人民群众与人民解放军的血肉关系，国民党军对人民群众实行了残酷的报复。他们在洛南县的保安、金堆城、两岔河、灞龙庙、青岗坪等地制造无人区，烧毁民房3500间，磨子、碾子全被推倒；在留仙坪一次烧毁一条街，毁民房200间。镇安县盖云寺的小学教员胡从元因联络多人掩护中原军区教导旅的 6 名干部安全脱险，被国民党县政府逮捕关押，倾家荡产。山阳县靳家河垴 70 多岁的周宏斌因掩护过郧山支队的干部，被国民党县长赵叔彦用棍棒殴打致死。丹凤县 72 岁的农民张孝仓因李先念和巩德芳在其家住过而被国民党军残杀，一岁半的孙子被踢死。陕南游击队主要领导人巩德芳因积劳成疾为革命献出了宝贵的生命，他的胞弟、堂弟也英勇牺牲，后来敌人又杀害了他的夫人及父亲、伯父。巩德芳一家 7 人为革命献出了生命，可谓是满门英烈。

为支援和保护中原解放军，陕东南地区有近千名游击队员和人民群众献出了宝贵的生命，烈士的鲜血洒遍了秦岭南北和丹江两岸。

豫鄂陕革命根据地的创建，有效削弱了国民党军势力，加强了中国共产党在豫鄂陕边区的军事力量。根据地各县广大干部、战士和人民群众在党中央和中央军委、豫鄂陕边区党委和军区的领导下，牵制国民党 12 万多正规军和数万地方保安团，在根据地内线和外线作战中，进行大小数百次战斗，消灭了国民党大量的保安团和正规军，既为保卫陕甘宁边区、保卫延安作出了贡献，又密切配合了华北、华东战场的胜利作战，而且还保存发展了一大批革命力量。汪锋在总结中原突围和开辟鄂豫陕革命根据地的经验时指出“这样条件那样条件，共产党人坚定的马克思主义的革命信念是最重要的条件。”①

（三）新式整军运动与马克思主义的传播

新式整军运动是指部队于 1947 年冬至 1948 年夏普遍开展的以“诉苦”和“三查”（在地方是指查阶级、查思想、查作风，在部队是

① 中共陕西省委党史资料征集研究委员会编：《中原解放军北路突围与鄂豫陕革命根据地》上册，陕西人民出版社 1988 年版，第 9 页。

指查阶级、查工作、查斗志）、“三整”（是指整顿组织、整顿思想、整顿作风）为主要内容的大规模整军运动。1948 年 3 月 7 日，毛泽东为中国人民解放军总部发言人起草《评西北大捷兼论解放军的新式整军运动》，将其概括为新式整军运动。新式整军运动创造性地将新加入共产党军队的士兵成功改造为英勇善战、纪律严明的战士。这个转变的逻辑起点是战士们通过诉苦会，在朴素的阶级感情支配下，启发阶级觉悟，认识并了解通过这场战争，我党要实现何种目的、产生为谁服务的政权等基本问题。

1. 开展新式整军运动的背景

在 1946 年 7 月到 1947 年 6 月的一年内，由于解放区翻身农民踊跃参军，再加上吸纳的国民党军队大批俘虏，人民解放军的总兵力已由解放战争之初的 127 万人增长到 195 万人，战争双方的兵力对比，发生了重要变化。随着部队人数的发展，特别是俘虏成分急剧增加，

在新式整军运动的推动下，晋察冀军区掀起了群众性的练兵高潮。图为炮兵部队在开展评比竞赛。

且经常处在十分艰苦十分紧张的条件下作战，缺乏系统的政治教育和必要的组织整顿，部队的组织、政治、思想等方面出现了不少问题。

一是各种小农思想、城市小资产阶级习气在部队中滋生并蔓延。表现为：部分人不了解解放战争的目的和意义，更认识不清自身遭受的压迫，本质上是源于以蒋介石为代表的反动派，误认为这次战争只是国共之争，幻想蒋介石能无条件停止内战；部分人对战争的长期性、艰苦性认识不足，厌战畏难情绪高，想尽办法到后方工作；而有的地方部队不愿离开家乡，转成野战部队；有的解放战士虽然身体参加了解放军，但思想上并仍然保留着国民党军队的习气，欺压老百姓，违反群众纪律，个别人甚至准备携枪开小差。

二是对党改革土地制度的政策不学习，不理解，阶级意识模糊，态度暧昧动摇。表现为：有的人对农村的阶级斗争漠不关心，对土改的伟大意义和重要作用认识不清，认为军队的任务是打仗消灭敌人，搞土改是地方党委和政府的事，与己无关；有的人对贫雇农的正义行动评头品足，甚至同情被斗地主，指责群众“过火”，个别人还公然阻挠地方的土改斗争；有的地富出身的干部因家庭被斗被抄，惴惴不安，彷徨动摇。

三是士兵的来源变化很大，组织不纯的现象比较严重。东北部队在向军委的报告中反映：部队成分，一般说来主力较好，新部队较差。主力补充大量俘虏之后，情形又有变化。成分不纯有四种情况：第一种为地富子弟，每连都有。有的连队多至 10 个左右，多数较好，少数与贫雇农对抗；第二种成分为国民党员、三青团员，他们来自俘虏及敌占较久的地区，多数出身贫苦，有悔改表现，少数不作交代，暗中活动；第三种是敌方下级军官隐瞒身份，混进部队，待机逃队甚至“应变”；第四种为流氓分子，恶习甚深。报告所提出的这些问题，在其他地区部队中也不同程度地存在。少数阶级异己分子混进部队后，还暗中进行破坏，甚至组织逃亡。从解放区参军的战士中，也有因审查不严，混进了少数逃避土改的投机分子和流氓分子的。

四是一些部队纪律意识淡薄，对政策的了解程度低，因此出现各种乱象。比如有的部队进入新解放区后，乱打土豪、乱抓国民党机构的工作人员、不按指令没收城市工商业财产，搞乱社会秩序；有的部队没有坚决执行上级命令，作战时报假情况、打滑头仗；有的成员在缴获东西后，没有如实上交、归公，甚至私打埋伏，搜俘虏腰包，并出现杀害俘虏的个别现象。

这些败坏解放军名声的种种行为，虽然只是个别现象，但产生了极大危害。为了实现“打倒蒋介石，解放全中国”的战略目标，为了贯彻党的土改政策，全军迫切需要在思想上、组织上、作风上进行一次深刻的整顿。

2. 新式整军运动中的传播要素分析

第一，在新式整军运动中，马克思主义的传播主体和受众是较为特殊的一类，从阶级觉悟的视角下看，每个参与诉苦的战士既是传播者也是其他人的受众。刚开始诉苦时，一些被俘的解放战士对人民军队普遍怀有恐惧、戒备和提防心理，“生怕被杀掉”，不敢诉苦，甚至隐瞒历史、逃避诉苦。部分解放战士对诉苦行为也带有偏见，认为“自己苦自己受，何必告诉大家”“诉不诉还是一个兵，到哪里一样苦”“受罪是丢人的事”等各种糊涂思想。最后，经过干部的引导，穷苦出身的士兵们，找到了阶级共鸣，产生了阶级情感，并由这种朴素的阶级情感上升到了对党的政策、方针、路线以及政治目标的认识。因此，从这个过程看，每一位参与诉苦的战士即是其听众的传播者。

第二，新式整军运动中马克思主义的传播途径主要是学习土地政策、开展诉苦会和“三查”“三整”运动，其传播内容也在这一过程得以体现。一是学习土地政策。人民解放军在转入战略进攻的新形势下，学习党的土地政策的目的是提高全体指战员对土地制度改革重要性的认识，积极支持土改运动、搞好整党整军，以争取中国民主革命的彻底胜利。全国土地会议结束后，各军区、野战军普遍按照土地会议精神，领导有秩序地进行新的土地改革政策的学习和教育。为了搞好这项教育，各部队首先遵照中央部署，结合本单位的实际情况，分别就如何传达学习全国土地会议及深入土改政策教育发出指示和命令，明确要求：全体指战员立即掀起一个学习高潮，通过学习正确理解和掌握党的土改政策，站稳无产阶级立场，坚决拥护《土地法大纲》，拥护平分土地，拥护农民翻身，坚决保卫土改斗争果实。同时还强调加强党委对学习和教育的领导，区分干部、战士两个层次，以干部为重点和发动启发群众自觉的基本原则，并规定出一些学习纪律，从而保证了土改政策学习和教育的顺利进行。通过土地政策学习和教育，提高了全军指战员的阶级觉悟和执行党的土地政策的自觉性。广大官兵一方面以各种形式宣誓，坚决拥护土地改革政策，坚决支持农民要求获得土地的正义斗争，为农民翻身撑腰；一方面纷纷给家里写信，鼓励亲人积极参加土改斗争。许多刚刚入伍的解放战士将《土地法大纲》寄回尚未解放的家乡，写信告诉亲人别再还债，打倒蒋介石、分田翻身的日子快到了。

二是诉苦。参与过同国民党十年内战的老红军在部队中占据的比例较少。并且，在抗战时加入共产党军队的大批干部和战士接受的主要是国难教育，即内心接受了国家的概念，理解中华民族与日本人之间是民族战争，因此他们对日作战十分勇敢且饱含战斗热情。但解放战争开始后，很多人不知道为什么又要打仗。有的部队中甚至出现这样的怪话："中国人和中国人打什么仗嘛，让毛主席同蒋介石下三盘棋谁输了谁就自动下台。"[①] 西北野战军干部廖汉生回忆到，当时不少干部战士"不清楚为什么要同国民党军队作战？为什么要打蒋

① 中国人民解放军历史资料丛书编审委员会编：《新式整军运动》，解放军出版社1995年版，第401页。

介石？有的提出：以前我们唱歌子打走日本好回家现在怎么还不让回家？”“两攻榆林未克皆因一些人畏缩不前、谎报军情，个别团指挥员责任心差、敷衍塞责，导致痛失良机贻误战事。两次重犯同样的错误，也反映出我们纵队领导姑息迁就，处理不严，教育不够。可见，战斗意志不强才是攻榆不下的根本原因。”① 此外，由于战事频繁，一些解放战士没有得到充分的整训就加入新的战斗，使得很多国民党军队纪律败坏、骚扰百姓的坏习惯被带到解放军中。解决此困境的方法就是把老八路、土改后参军的新战士、解放战士等三种人合编为一个班，开一个诉苦会，动员士兵诉旧社会和反动派给予劳动人民之苦，同时，解放区是如何搞土改的，蒋管区农民有什么苦处，八路军有哪些好传统好作风，大家也了解了。在诉苦过程中也曾通过观看红色戏剧、阅读相关报刊、召开会议等方式，在阶级感情教育下启发阶级觉悟，明确“为何而战，为谁而战”。通过“三查”“三整”，在纯洁部队思想、组织、纪律的同时，进一步增强了解放战士的阶级觉悟并进而引导其转化为战斗力。比如有的部队，配合动员组织观看《白毛女》《血泪仇》等戏剧，学习阅读《血腥的发家史》报道，明白了诉苦是为了提高觉悟，分清敌我，报仇求解放的道理，消除了各种顾虑；有的是从讲解《土地法大纲》后座谈开始的，有的是从辩论本单位对土地改革的不同看法开始的，有的是从直接讨论穷人为什么穷、富人为什么富开始的。为配合引苦、忆苦，各部队报刊大量编发地主阶级残酷剥削压迫贫雇农的报道，《东北日报》还归纳出地主阶级剥削压迫贫雇农的 120 种方法。全军通过动员酝酿、忆苦、引苦、访苦、比苦等方式，使诉苦运动很快开展起来。

三是开展“三查”“三整”。“三查”的内涵包括以下几层：借用士兵和群众的力量，审查、揭发干部的过错；从规定上给予普通

---

① 彭德怀传记编写组编：《彭德怀军事文选》，中央文献出版社 1988 年版，第 260—267 页。

士兵推选下级军官，留待上级审核通过；士兵选出的后勤管理代表，有责任和义务协助连队管理给养等。总的来看，就是在军队内实行民主化，以此达到军官和普通士兵达成高度团结，生活改善的目的。

第三，新式整军运动中马克思主义的传播效果非常显著，部队在短时间内面貌焕然一新。新式整军运动一方面加强了部队的团结，另一方面消除了解放战士和子弟兵的隔阂。老八路军、土改后参军的新战士和解放战士这三种不同来源的战士在诉苦会的集体痛哭中融为了一体，大家都从各自的痛苦遭遇中真心认识到"天下穷人是一家"，解放战士开始把自己当成部队的主人，子弟兵也把解放战士当成阶级兄弟，互相关心爱护，凝聚力明显加强。西北野战军在整军中很多战士迅速觉悟，思想行为达到了党员的标准。没有威信的干部被撤换了，战士推荐的干部与战士们彼此信任，战士们在军中民主运动的激发中产生了巨大的热情，坚信自己肩负伟大的历史使命是参与推翻丑恶剥削社会、创建美好新社会，部队中充溢着自觉的、积极进取的战斗精神。

其效果也可以借用毛泽东在西北大捷时的评价来体现："这次胜利，证明人民解放军用诉苦和三查方法进行了新式整军运动，将使自己无敌于天下。"[①] 通过新式整军运动，部队着力整治错误思想倾向和不良现象，普遍改进了作风，加强了团结，提高了政治觉悟，增强了战斗力与纪律性，密切了军民关系，从而进一步保持了人民军队的本质，顺应了战略反攻的形势。毛泽东认为，"这样的军队，将是无敌于天下的"。在晋绥干部会议上，他分析总结说："我们所实行的具有伟大历史意义的整党、整军和土地改革工作，我们的敌人国民党是一样也不能实行的。在我们方面，是如此认真地纠正自己的缺点，把我们的全党全军团结得差不多像一个人一样，使全党全军和人

① 《毛泽东选集》第 4 卷，人民出版社 1991 年版，第 1291 页。

民群众密切地结合起来，有效地执行着我党中央所规定的一切政策和策略，胜利地进行着人民的解放战争。在我们的敌人方面，则一切相反。他们是那样腐化，那样充满日益增多的无法解决的内部争吵，那样被人民唾弃而陷于完全的孤立，打了那样多的败仗，因此他们就必不可免地走向灭亡。这就是中国革命和反革命的互相对比的全部形势。”①

毛泽东所作的这种对比，深刻道出了国共两党及其军队在作风上的强烈反差。“全党全军和人民群众密切地结合起来”，是中国共产党及其军队的优良传统和作风，此时得到很好的继承和发扬。拥政爱民和拥军优属运动在解放区搞得热火朝天，便是很好的说明。此外，鉴于解放区的扩大以军队的胜利进军为标志，各地老百姓对共产党的第一印象是从军队那里获得的，因此，党十分重视整肃军纪。1947年10月10日，中国人民解放军总部颁布“三大纪律八项注意”，要求各军深入教育，严格执行。党对军队的领导，新式整军运动以及拥政爱民、严明军纪，使人民解放军成为正义之师、威武之师、文明之师，成为人民的子弟兵。

（四）土地改革与马克思主义的传播

1. 土地改革与政策纠偏的背景

抗日战争胜利后，解放区的土地改革运动一直处于自发状态，即在新解放区广泛开展了反奸、清算和减租、减息、退租、退息的群众运动。由于中央没有下达指令，统一标准，所以各地运动的发展情况不一，比如有些地区实行耕地人人有份的政策，自发地向着“耕

① 中共中央文献研究室、中央档案馆编：《建党以来重要文献选编（1921—1949）》第25册，中央文献出版社2011年版，第249页。

者有其田”迈进。因此，中共中央于1946年3月开始起草解放战争时期的土地改革政策，并于5月4日向全党发出《关于土地问题的指示》(即《五四指示》)，为全国解放区土地改革制定统一标准。1947年10月，中共中央批准了全国土地会议通过的《中国土地法大纲》,《大纲》规定“废除封建性及半封建性剥削的土地制度，实行耕者有其田的制度”，以“没收地主牲畜、农具、房屋、粮食及其他财产”的政策，代替过去“征购地主土地”的政策。《中国土地法大纲》颁布的同时，相应的宣传工作充分展开。其中，1947年10月10日发布的《中国人民解放军口号》中，有很多条就与《中国土地法大纲》的内容相关联，如“打倒土豪劣绅”“农民分土地，耕者有其田”“平分土地，废除旧债”“国民党士兵分田废债”“人人有地种”(人人有田耕)“人人有饭吃”“人人有衣穿”“人人有屋住”等。[①]

此时，一些地方局还未了解到土改运动的过左倾向，如1947年11月1日，西北局在绥德县薛家渠召开会议(即义合会议)，会议还未认识到一些地区过分强调“依靠贫农”和“平分土地”。因此，会议结束后，一些地方甚至出现侵犯中农利益、破坏工商业、对地主富农乱斗、乱杀等过左的做法。这些情况的出现，也与新式整军运动尚未普及有一定关系。而问题的根源则反映出一些干部在土地改革问题上，未能具体地分析边区的实际情况，规定具体工作细节。再比如，康生、陈伯达在晋绥地区土改中提出的口号“群众要怎么办，就怎么办”“贫雇农打天下，坐天下”等，反映出“左”的倾向已十分严重。当时，中央对此未能及时加以甄别，而这些口号甚至一度成为系统的成功经验得以传播。

---

① 中央档案馆编:《中共中央文件选集》第16册，中共中央党校出版社1992年版，第552、553页。

杨家沟毛泽东旧居

正当地方土地改革出现这种过左的做法时，党中央意识到要从政策上进行纠偏，因此在米脂县杨家沟召开了中共中央扩大会议（即“十二月会议”或“杨家沟会议”），此次大会的主题为“土地改革方针政策的讨论与确定”，这是一次具有重要历史意义的会议。杨家沟会议从过程上可以分为两个阶段，12月7日至24日为会议的准备阶段，25日至28日为正式会议。会议准备阶段分为政治、军事、土改三个小组进行讨论，习仲勋参加了由任弼时主持的土改小组的讨论。讨论集中围绕土改政策特别是正确分析阶级问题进行。

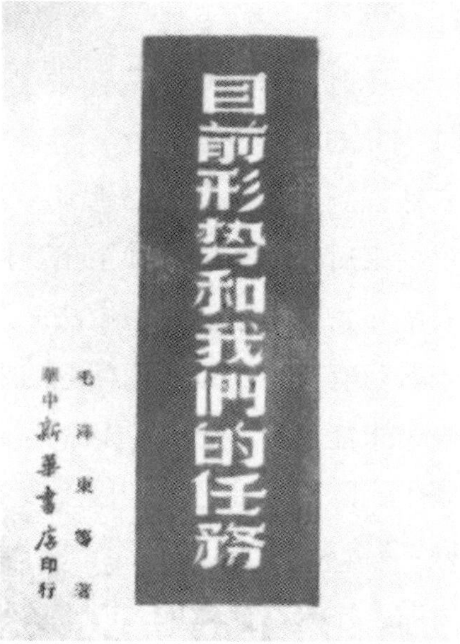

杨家沟会议上毛泽东所作报告《目前形势和我们的任务》

会议期间，习仲勋向毛泽东汇报了陕甘宁边区的土地工作，并如实地谈了对土地改革和形势发展的看法。十二月会议后，习仲勋返回中共中央西北局驻地，带领工作组到绥德、米脂、子洲等地传达十二月会议精神，检查和指导陕甘宁边区的土改工作，特别提出要在土地改革中注意划分阶级，“随时发现偏向，随时纠正，使土改运动正确前进”[①]。习仲勋经过调研了解情况，将带有普遍性、规律性的问题进行归纳整理，在 1948 年 1 月 4 日至 2 月 8 日的 1 个多月内，就“（边区）老区进行土改工作”“防止和克服土地改革中‘左’的偏向问题”和“分三类地区进行土改问题”[②]，三次致电致函中共中央和毛泽东，直言不讳地提出反对“左”倾情绪，并提出了解决的办法。

解放区农民响应土改

1 月 4 日，在绥德调研的习仲勋致信中共中央西北局并转中共中央：（1）毛泽东报告发表后，获得了党内外热烈拥护，大大地安定了人心，把一切工作都推上了轨道。干部都觉得有了信心，增加了力量，都认为更有把握完成土地改革任务。（2）苏维埃时期的老区，有

① 《习仲勋传》编委会编：《习仲勋传》上卷，中央文献出版社 2013 年版，第 543 页。

② 《习仲勋传》编委会编：《习仲勋传》上卷，中央文献出版社 2013 年版，第 546、549、551 页。

许多问题与抗战时期情况是不同的。首先是老区成分一般定得高，群众不满意。其次中农多，贫雇农少。平分土地对我不利，最好以抽补方法解决少数农民少地或无地问题。第三，地主、旧富农也比新区少得多。如果在老区再沿用地主富农占中国农村 8% 左右的做法，必然会导致错误。第四，对老区地主，应查其剥削关系及是否参加劳动与时间长短来决定。第五，在老区发动群众运动，要坚决反对“左倾形式主义”。（3）绥德分区领导上虽有明确决定，但是一般的都是过左。这种“左”的情绪，不是群众原来就有的，而是干部带去的。要将运动引向正确的方向，这还是一件很艰苦的工作。（4）在选贫农团、农会领导土改的成员中，要由能代表多数群众利益，并为全村、全乡群众所拥护的人来担任，工作团不能包办代替和搞其他形式主义。（5）许多地方是搞群众自发运动，这种为数不多的、盲目的而为各种动机不纯分子所鼓动起来的群众斗争，如果任其发展下去，必将造成许多脱离群众的恶果。对此，必须派得力干部参加进去，改造和掌握领导，使自发运动变为群众的自觉运动。他在信中特别指出：“陕甘宁边区的老区是有许多问题同新区有其基本上的区别，望能在土改方针及方式上，随时注意，适合当地的具体情况。”毛泽东看信后于 1 月 9 日致电贺龙、习仲勋及中共中央西北局：“望照这些意见密切指导各分区及各县的土改工作，务使边区土改工作循正轨进行，少犯错误。”①

绥德调研结束后，习仲勋到子洲县检查工作，连续同延属地委负责同志谈话，与各地领导座谈交流，在群众中调查访问，与边区干部总结检讨工作，统一思想认识，明确方针政策。

1 月 19 日习仲勋再次致电毛泽东，提出边区土改中九个值得注意的问题：（1）土地革命地区的农民，实际上已都不是贫农，而是中

---

① 中共中央党史和文献研究院、中共陕西省委员会编：《习仲勋年谱（1913—2002）》，中央文献出版社 2024 年版，第 206 页。

农；边区的劳动英雄，还是勤苦劳动，热爱边区的，但因有余粮往往被当成斗争对象。这与劳动致富方针不符，对党对人民都是莫大的损失。拟规定，凡劳动英雄与干部家庭在处理前必须经过超一级的批准。（2）在土地革命地区中农占优势，在抗日战争中经过减租减息地区，也发生了基本变化。这次所斗争过的地、富，实际上其中 2/3 都已自己连续参加劳动在 7 年以上。应按现在的情形妥善对待，既不脱离群众，又不多树敌人。（3）老区有些乡村贫雇农很少，有的是好吃懒做，抽赌浪荡致贫的，如由这些人领导土改，就等于把领导权交给坏人。老区就要不怕中农当道，真正的、基本的好群众在中农阶层及一部分贫农中。（4）不应再算老账，不管重大或轻微的旧账，都一概不究既往，否则会引起社会极大动荡，对我不利。（5）只要不是死心塌地的投敌分子，均采用感化争取政策。（6）对恶霸应有明确的定义，不能扩大化，特别不能株连其家人。（7）老区土地应以调剂为主。（8）边区土改要首先解决好人民生计，要同生产救灾结合起来。（9）救灾中要形成一人一户、一村一乡去解决问题的新作风。20 日，毛泽东将习仲勋这封电报转发全国各解放区，并批示："华北、华中各老解放区有同样情形者，务须密切注意改正'左'的错误。"①

2 月 6 日，毛泽东致电习仲勋等人，就在老解放区、半老解放区及新解放区实行土地法的内容、步骤及农会的组织形式应有所不同的问题，征求他们的意见。2 月 8 日，习仲勋复电毛泽东，就分三类地区进行土改问题向中央提出了自己的意见："日本投降以前解放的地方为老解放区。日本投降以后至全国大反攻时两年内所占地方为半老解放区。大反攻以后所占地方为新解放区。此种分法，非常切合实际。因而在实行土改的内容与步骤上，应有所不同。"② 他进而建议：

---

① 中共中央党史和文献研究院、中共陕西省委员会编：《习仲勋年谱（1913—2002）》第 1 卷，中央文献出版社 2024 年版，第 211 页。

② 中共中央党史和文献研究院、中共陕西省委员会编：《习仲勋年谱（1913—2002）》第 1 卷，中央文献出版社 2024 年版，第 216 页。

由于陕甘宁边区中农占有土地多，如果平分，必然会动摇农民对土地所有权的信心，挫伤他们的生产积极性，故不宜平分土地；老解放区不能搞贫农团领导一切，因为贫农团内有由于地坏、地远、人口多而致贫，有遇灾祸生活下降的，也有不务正业（吃喝嫖赌）而变坏变穷的。这种贫农团一组织起来，就必然向中农身上打主意，“左”的偏向也就由此而来；要把发扬民主与土改生产相结合，反对干部强迫命令作风；解决中农负担过重的问题。习仲勋的意见再次受到中央重视。毛泽东修改校订了习仲勋发来的电报稿，并批示转发晋绥、中工委、邯郸局、华东局、华东工委和东北局。

此后，纠正极左偏差成为陕甘宁边区土地改革工作的重要任务，中共中央西北局决定将“抽肥调剂”作为陕甘宁边区今后土地改革的指导方针。经过努力纠偏，各地的土地改革逐步步入正轨。

1948 年年初的土改纠偏，及时纠正“左”的偏差，使陕北解放区的土改运动保持了正确方向。在这一过程中，习仲勋以深入调查研究为基础、以实践验证为依据，坚持实事求是，以敢于担当的精神向中央秉直进言，客观反映土改中出现的问题，并提出切实可行的解决办法，为中央决策提供了很大帮助。党中央、毛泽东积极发扬民主作风，认真听取基层意见，并以敢于自我解剖、勇于纠正错误的精神，根据形势的变化，认真总结经验教训，在很短的时间内及时调整政策，毅然领导全党上下进行全面而彻底地纠偏，为确保和巩固边区的土改成果清除了障碍，胜利完成了这一时期的土改任务。

2. 土地改革与政策纠偏中的传播要素分析

第一，这一过程的传播主体包括土地改革与政策纠偏过程中显现的组织主体——中央各相关部门和地方各执行机构，以及传播者——中央会议中讨论制定土改政策的发言人以及地方传达、执行政策的干部们。

第二，土地改革与政策纠偏中马克思主义的传播内容主要是《大纲》中的相关细则及战争胜利的事实。传播途径由于受众的特殊性，主要是各种民俗活动，如戏剧、秧歌、快板、小调、对联等，年画，培训民间艺人，党政军民机关团体。

为了使广大农民能直接迅速地了解土地法的内容，各中央局要求各地要利用春节期间的各种民俗活动宣传土地法，指出："旧历年关及春节即将到来。中央局宣传部特通知各地应重视春节的文化娱乐宣传工作。指出今年的春节文化娱乐，除普遍宣传战争胜利的事实外，必须把《中国土地法大纲》当作重要内容之一。根据《中国土地法大纲》内容和党政军民领导机关有关土地法大纲的法令、文件，再结合当地具体情况，编成戏剧、秧歌、快板、小调、对联等，力求故事简单，通俗易懂，使广大群众都能了解《中国土地法大纲》的精神和内容，作为今年复查土地改革平分土地的思想武器。领导上必须预先把这种新的内容告诉群众，以便他们结合自己熟悉的形式，然后说服他们不要那种含有封建、迷信和色情淫秽的娱乐。至于某些机关部队人员不自觉的扮演封建迷信和淫秽的娱乐，则必须坚决反对，一律取缔。必须是群众自唱自乐的自愿组织，严禁强迫命令。同时必须掌握节约精神，切忌铺张浪费，形式主义。"① 根据这一指示，各地在春节期间的活动安排上都加大了对土地法大纲的宣传。

为了宣传土地法大纲，各地在印制年画时也增加了土地改革的内容。如北方大学美术工厂刻印了三种年画：一是大幅毛主席肖像，一是参军图，一是白毛女四扇屏连环画，都是精心细刻，四色套版，无论线条和配色，都很适合民间形式。特别是《白毛女》连环画，故事生动，又刻得明显易懂，群众刚看了样子，就争着要买②。当时，宣传土地法的年画有：《春耕图》《分果实图》《彻底平分土地》《一切权力归农代会》《翻身农民》等。

---

① 《中央局宣传部通知 春节宣传土地法大纲》，《人民日报》1948 年 1 月 17 日。

② 《北大美术工厂刻印年画 故事生动好懂》，《人民日报》1948 年 1 月 17 日。

有很多地方还通过培训民间艺人来宣传土地法大纲。如涉县为了集训年关娱乐中的宣传员，专门召集了一批盲人和会说鼓词的人开会，“一面讨论学习，了解土地法和今年的新形势，一面创作鼓词等宣传材料。一共分了四个组，一组是讨论宣传土地法大纲的总精神，一组是讨论宣传土地法来源和各种具体问题，一组是讨论宣传天下大事，一组是专门讨论宣传新形势”。黎城决定利用“各村旧有的剧团演新剧，利用秧歌、小花戏等多种多样的形式来扩大宣传，并要大批组织群众中的艺人进行创作，搜集群众中自发流行的歌谣，培养新的李有才。”[①] 民间艺人用通俗易懂的唱词宣传土地法，使平分土地的政策深入人心，有力推动了土地法的贯彻执行。

同时，党政军民机关团体，也肩负起了宣传土地法的责任。比如河北保定近郊的人民解放军在各连组织了土改小组，按照“驻一村帮助一村”“走一村宣传一村”的办法宣传和贯彻土地法，“该部宣传队和四、六两连，在半月中就宣传了 93 次，反复讲说土地法和告农民书，八、九连和宣传队共写了 200 多条标语，一连写了 4 次墙报，在离保定八里的任庄村打仗时，二营教员王英，在村内写了 20 多条标语。六连参加雇贫农大会，给农民助威”[②]。再比如晋冀鲁豫中央局甚至要求机关人员一律学习和宣传土地法，指出：“各级党政军民机关团体，必须学习中国土地法大纲、边府关于执行土地法大纲补充办法、边府拥护土地法布告、军区给部队执行土地法的命令、告党员书、告农民书等文件；自首长至杂务人员，一律参加学习，均不得例外。”“不许有一个同志不懂得土地法大纲，不许有一个同志不关心土地改革工作。不仅自己学习，还须向群众宣传，给他们耐心的解释疑难问题。”[③] 与此同时，为了便于学习、宣传，新华书店迅速印

① 《涉县、黎城集训盲人艺人准备年关娱乐》，《人民日报》1948 年 2 月 5 日。

② 《保定近郊人民解放军帮助农民平分土地》，《人民日报》1948 年 2 月 7 日。

③ 《中央局宣传部决定各机关一切人员都要学习土地法》，《人民日报》1948 年 1 月 21 日。

制、发行了《中国土地法大纲》单行本。不久，又印制了《平分土地手册》，包括中国土地法大纲、边区政府关于执行土地法大纲补充办法、边区政府拥护土地法布告、军区给部队执行土地法的命令、告党员书、告农民书、破坏土地改革治罪暂行条例、边府惩治贪污条例等文件。

第三，土地改革与政策纠偏中马克思主义的传播效果显著。毛泽东指出："为了坚决地彻底地实行土地改革，巩固人民解放军的后方，必须整编党的队伍。抗日战争时期我党内部的整风运动，是一般地收到了成效的。这种成效，主要地是在于使我们的领导机关和广大的干部和党员，进一步地掌握了马克思列宁主义的普遍真理和中国革命的具体实践的统一这样一个基本的方向。在这点上我们党是比抗日以前的几个历史时期，大进一步了。"[①] 对于《中国土地法大纲》的颁布及其宣传工作，美国人韩丁印象十分深刻，他说："按照旧俗，阴历新年是一段长达一星期之久的吃喝、娱乐、看戏的假日，但在这一个冬天则改为拥护共产党、拥护《土地法大纲》、拥护毛泽东领导的游行活动。"

① 《毛泽东选集》第 4 卷，人民出版社 1991 年版，第 1252 页。

结 束 语

中华文明五千年，也就是 50 个一百年。没有哪个百年像中国共产党成立以来的这一百年，发生气吞山河的沧桑巨变，创造感天动地的人间奇迹。

陕西是中华民族和华夏文明的重要发祥地之一，是一块孕育红色基因、富有革命传统的沃土。陕西党组织是我们党的一个有机组成部分，其成长、发展和壮大与我们党的奋斗历程紧密相连。早在 20 世纪 20 年代初，以魏野畴、李子洲、王尚德等为代表的陕西共产党人，在陕西传播先进思想、宣传马克思主义，积极创建党的组织，在古老的三秦大地上点燃了革命火种。在 1927 年大革命失败后的严峻形势下，中共陕西省委认真贯彻党的八七会议精神，以革命武装反抗国民党反动统治的实际行动，开始了坚持武装革命的伟大尝试，先后组织领导了清涧、渭华、旬邑、淳化等 70 多次武装起义，创建了渭北游击队、陕甘游击队、红二十六军、红二十七军、红二十九军和陕南人民抗日第一军等革命武装，创建了渭北、陕甘边、陕北、川陕（陕南苏区）和陕甘等革命根据地，为我们党探索和开辟中国革命道路作出了重要贡献。

陕甘革命根据地是土地革命战争后期全国硕果仅存的完整革命根据地，为党中央和各路红军长征提供了落脚点，为后来全民族抗日战争爆发后由红军改编的八路军主力奔赴抗日前线提供了出发点（即“两点一存”），使延安成为中共中央的所在地、领导抗日战争的“红色心脏”和中国人民实现独立与解放的总后方，为我们党和革命力量的发展壮大、为抗日战争胜利进而夺取新民主主义革命胜利作出了独特贡献。

在延安的 13 年峥嵘岁月里，我们党从幼年发展为成熟的、全国范围的马克思主义政党，确立了毛泽东思想的指导地位，形成了以毛泽东为核心的坚强领导集体，积累了“局部执政”的丰富实践经验，为新中国培养了大批治党治国治军的栋梁之材，在世界政党发展史上谱写了壮丽篇章。

延安时期，有一条红线贯穿始终，就是马克思主义中国化，把马克思主义基本原理与中国革命的具体实际相结合，形成了毛泽东思想，锻造了延安精神，指导中国革命事业从胜利走向胜利。

马克思主义在陕西的传播作为马克思主义在中国传播历程的重要组成部分，有其鲜明的特征，其中许多独创性的历史经验，对新时期加强马克思主义学习教育仍然具有启示意义。

一、马克思主义理论具有穿越时空的科学性特征，是我们立党立国的根本指导思想。加强马克思主义学习教育必须始终坚定理论自信，在政治引领上下功夫。

我们党是马克思主义政党，坚持马克思主义的指导地位是党的本质要求。马克思主义是被 100 多年来世界历史发展进程，特别是我国革命、建设、改革实践反复证明了的科学真理，具有鲜明的科学性和真理性，是我们认识世界、改造世界的强大思想武器。

回顾党的创建发展历程，无论是革命形势轰轰烈烈、蓬勃发展的大好时期，还是白色恐怖、腥风血雨的艰难岁月，陕西党组织始终坚持马克思主义的指导地位，坚决学习贯彻党的各项决策部署。五四运动后，陕西的知识分子逐渐觉醒，传播马克思主义的报刊纷纷涌现，共产党人开始结合俄国的革命实践，尝试用马克思主义来分析陕西的情况、指导革命运动。土地革命战争后期，陕甘革命根据地之所以能够成为“两点一存”，建立光照千秋的历史功绩，其中一个重要原因就是始终坚定马克思主义信仰，始终做到以党的旗帜为旗帜，以党的方向为方向。

延安时期，我们党通过开展整风运动、新式整军运动，使党的领导机关和干部进一步掌握了马克思列宁主义的普遍真理同中国革命实践相结合的原则，加强了全党思想上的统一和政治上的团结，从而取得了革命的胜利。

中国共产党之所以能够历经艰难困苦而不断发展壮大，很重要的一个原因就是始终重视思想建党、理论强党，使全党始终保持统一的思想、坚定的意志、协调的行动、强大的战斗力。习近平总书记在庆祝中国共产党成立 95 周年大会上的讲话中强调指出：“在坚持马克思主义指导地位这一根本问题上，我们必须坚定不移，任何时候任何情况下都不能有丝毫动摇。”①

马克思主义在陕西传播的历史经验启示我们，抓好新时期马克思主义学习教育必须提高思想认识，强化政治自觉。一方面，要深刻认识到，坚持马克思主义的指导地位是我们党对历史经验的科学总结、是中国特色社会主义制度的重要支撑、是坚持和加强党对宣传文化事业全面领导的本质要求、是发展社会主义先进文化的有力保证，要进一步坚定理论信仰，坚持用马克思主义观察时代、把握时代、引领时代。另一方面，要深刻认识到习近平新时代中国特色社会主义思想，贯通马克思主义哲学、政治经济学、科学社会主义三大组成部分，贯通历史、现实和未来，贯通改革发展稳定、内政外交国防、治党治军治国等各个领域，从理论和实践结合上系统回答新时代坚持和发展什么样的中国特色社会主义、怎样坚持和发展中国特色社会主义的重大

---

① 《习近平在庆祝中国共产党成立 95 周年大会上的讲话》（2016 年 7 月 1 日），《人民日报》2016 年 7 月 2 日。

时代课题，是新时代中国共产党的思想旗帜，是国家政治生活和社会生活的根本指针。在当代中国，坚持和发展习近平新时代中国特色社会主义思想，就是真正坚持和发展马克思主义，就是真正坚持和发展科学社会主义。从而，更加深刻地认识习近平新时代中国特色社会主义思想的历史地位和理论贡献，自觉做到真学真懂真信真用，不断增强贯彻落实的内生动力和行动自觉，真正把理论武装的工作做细做实。

二、马克思主义理论具有根植大众的人民性特征，第一次创立了人民实现自身解放的思想体系。加强马克思主义学习教育必须注重用人民群众喜闻乐见的形式，在大众化上下功夫。

大革命失败以后，我们党的工作中心由城市转移到了农村，党员的结构也发生了重大变化，农民在党内的数量逐渐上升，成为我们党的主要组成部分。面对这样一支文化素质较低、缺乏基本马克思主义理论素养的党员队伍，如何实现马克思主义的大众化，让马克思主义从“理论圣坛”走向民众，以老百姓喜闻乐见的形式传播，培养合格的具备马克思主义理论素养的革命主力，从而领导中国革命走向胜利，就成为党推进马克思主义传播的一个重大任务。

在党组织的创建和发展过程中，陕西各级党组织和党员领导干部注重从本地实际出发，在以报刊、学校为基础，传播马克思主义的同时，坚持把反对国民党反动派和反对日本侵略者同群众的切身利益紧密结合，以传单、标语、石刻、红色歌谣、戏剧演出、耍社火、闹秧歌等群众喜闻乐见的形式传播马克思主义、宣传教育群众，不断激发广大群众支持和参与革命的热情，有力地推动了陕西及陕西边界地区土地革命运动的发展。

中共中央到延安之初，为解决全民族抗战必须要有大量党员与长征后党员数量骤减的矛盾，敞开大门发展党员，党员数量激增。到1938 年底，共产党员已发展到 50 多万人。在党员数量迅速扩大的同时，相当一部分新发展进来的党员虽然组织上入了党，但思想上并没有入党。他们大多是农民和其他小资产阶级出身，自觉或不自觉地将许多非无产阶级思想带入党内，一时间党内思想状况复杂，无产阶级思想与各种非无产阶级思想的矛盾突出。面对这一情况，我们党在编写通俗易懂的马克思主义普及读物的基础上，在陕甘宁边区各村、各乡小学校内或小学校外，建立民革室、救亡室、俱乐部一类的文化教育活动中心。开办各种群众学校、夜校、识字班，组织各种识字组、大众黑板、读报、演讲、娱乐、体育、壁报、戏剧等一切适合群众需要及为群众所喜欢参加的活动，使得百姓以最便捷实用的手段认识与接受马克思主义，使得马克思主义大众化的程度大大提高。从教育对象的大众化到教育内容的通俗化再到教育方式的创新性，延安时期马克思主义大众化的传播，使得马克思主义能够在中国扎根并获得持久的生命力。

马克思主义在陕西传播的历史经验启示我们，抓好新时期马克思主义学习教育必须秉持人民立场，相信群众、依靠群众，教育引导群众，真正把党的正确主张变为群众的自觉行动，使理论的成效变成“物质力量”，推动理论武装走向实处。在组织形式上，要在尊重传播规律的基础上，采用多种方式方法，如自主学习、集中培训、理论研讨、实地考察等，不断创新新时代理论宣传方式；要自觉将政治术语、理论术语转化为人民群众的生活话语，使理论武装与人民群众的生活相融合；要积极适应社会发展的新变化新要求，推进党的创新理论进企业、进农村、进机关、进学校、进社区、进军营、进网站，以群众喜闻乐见的形式，努力推动党的创新理论入脑入心、推动工作。

三、马克思主义理论具有综合完整的系统性特征，始终要求注重整体上的贯彻落实。加强马克思主义学习教育必须坚持上下贯通、前后接力，在形成合力上下功夫。

以刘志丹、谢子长、习仲勋等为代表的共产党人，在与党中央失去联系、革命陷入极端困难的形势下，他们认真学习理解马克思主义，带头普及宣传马克思主义，自觉践行马克思主义，带领广大人民群众同各种反动势力英勇斗争，推动了西北地区革命运动的蓬勃发展。

延安时期，毛泽东作为党的领袖，既是领导、又是教员，他本人不但进行相应的理论创造活动，如编写《矛盾论》《实践论》等进行马克思主义理论传播的文本和教材，还亲自担当教员，走上讲台，给广大干部党员进行马克思主义理论教育灌输。在中央领导的牵头带动下，以知识分子群体为主体，延安地区形成了一支“醉心”于钻研马克思列宁主义，同时又关注大众生活的理论传播队伍，他们把马克思主义基本原理同中国革命实践相结合，在陕甘宁边区对广大干部群众进行系统的马克思主义理论教育灌输，使马克思主义的宣传教育形成了一个整体、系统的传播局面。在延安，不管是党的领袖还是普通的党员，都致力于马克思主义的研究与传播。整个陕甘宁边区，从党政军系统到普通的民众群体，都能根据自身的特征进行自我的思想改造，成为马克思主义的信仰者。

马克思主义在陕西传播的历史经验启示我们，抓好新时期马克思主义学习教育必须坚持上下贯通，努力形成合力抓的局面。首先是领导干部要带头。各级领导干部必须发挥好“领头雁”作用，坚持学思用贯通、知信行统一，并以自己的实际行动，推动广大党员干部全面系统学、深入思考学、联系实际学，切实让马克思主义的最新理论成果深入人心、落地生根。其次是要加强理论研究。要准确把握新时代新要求，深入实施马克思主义理论研究和建设工程，加快构建中国特色哲学社会科学，繁荣发展中国学术理论，努力建设以马克思主义为指导的学科体系、学术体系、话语体系，不断增强理论解释力、话语说服力、实践推动力。再次是要培养一支高素质的理论宣讲队伍。要准确把握宣讲对象的所思所盼，适应对象化、差异化、分众化的特点，根据不同群体的需求提供宣讲内容，有针对性地对党的理论进行解读、解剖、解疑，主动回应受众者关心的深层次思想认识问题，让理论宣讲更具感染力、号召力和凝聚力。

四、马克思主义理论具有直面问题的实践性特征，指引着人们改造世界的行动。加强马克思主义学习教育必须用蕴含其中的立场、观点和方法，在解决问题上下功夫。

陕西党组织在领导土地革命中，不间断地向群众传播马克思主义阶级斗争理论，坚定了广大受压迫群众投身土地革命的信念，改变了对自我身份价值的认知，增强了投身革命运动的动力。同时，注重把马列主义普遍真理具体运用于实践，有力地推动了西北地区革命的发展。一是以陇东南梁为中心，以陕北安定和关中照金为两翼创建的“狡兔三窟”式多区域战略布局，为粉碎敌人的多次“围剿”创造了有利条件，后来得到毛泽东同志的称赞；二是刘志丹等共产党人根据西北地区早期武装斗争实践经验总结的“三色”革命理论，采用三种不同的斗争形式，注重发动组织工农群众，大力开展兵运工作，努力争取、教育、改造绿林武装和“哥老会”等帮会组织，广泛团结一切可以团结的力量，使革命武装不断发展壮大。三是实行切合实际的灵活的土改政策，深得人心，解决了千百年来的农村土地问题，大大巩固了根据地。以上这些，与别的根据地是不同的。1943年《解放日报》刊文指出，刘志丹同志远离中央，能从革命实践中体会马克思主义之精髓，使马列主义普遍之真理具体运用于西北，……使根据地立于不败之地。这就深刻阐明了陕甘革命根据地及红色政权得以存在的重要原因，也是对陕甘革命斗争经验的理论总结和高度评价。

延安时期，以毛泽东为代表的中共中央领导集体，坚持实事求是的思想路线，大兴调查研究之风，深刻分析中国社会形态和各阶级的经济地位及其政治态度，提出了解决社会问题的路线策略和政策措施，取得了新民主主义革命的伟大胜利。我们党在对普通民众进行马克思主义教育的同时，非常关注老百姓的物质利益，通过各种发展的措施和减租减息运动，为老百姓谋取实际的利益，给予切实的关照。为此，毛泽东多次提出："我们应该不惜风霜劳苦，夜以继日，勤勤恳恳，切切实实地去研究人民中间的生活问题，生产问题……纺织业、畜牧业、盐业等等重要问题，并帮助人民具体地而不是空话地去解决这些问题。"[①] 党还十分重视自身的建设问题，时刻保持党的先进性，把党建设成为一支能够担当重任、作风廉洁、纪律严明的坚强集体，赢得了不少支持与认同。马克思主义的广泛有力传播，以及我们党在陕甘宁边区政风、民风建设所取得的成就，又反过来为人民正确认识中国共产党、认识马克思主义创造了条件，使欣欣向荣的延安，真正成为了更多人向往的圣地。

马克思主义在陕西传播的历史经验启示我们，抓好新时期马克思主义学习教育必须大力纠正空喊口号等形式主义、官僚主义做派，坚持问题导向，在解决问题、推动发展上求得实效。一方面，要在学习理解上补足短板。坚持干什么学什么、缺什么补什么。要认真学习马克思主义基本理论，尤其是要学深悟透党的创新理论最新成果，自觉用习近平新时代中国特色社会主义思想对表对标，把自己摆进去、把职责摆进去、把工作摆进去，以正视问题的自觉和刀刃向内的勇气，及时校准偏差，真正破解"模版思维""围墙思维"。另一方面，要在解决问题、推动工作上见成效。要坚持马克思主义学风，结合自身所处的领导岗位、分管的行业领域、承担的职责任务，用科学理论蕴含的立场观点方法分析解决问题，将学习成果转化为解决问题的实际能力，切实把理论学习教育的成效体现到推动各项建设高质量发展上。

《中共中央关于党的百年奋斗重大成就和历史经验的决议》指

---

① 中共中央文献研究室、中央档案馆编：《建党以来重要文献选编（1921—1949）》第19册，中央文献出版社2011年版，第630页。

出："一百年来，党坚持把马克思主义写在自己的旗帜上，不断推进马克思主义中国化时代化，用博大胸怀吸收人类创造的一切优秀文明成果，用马克思主义中国化的科学理论引领伟大实践。"在新的历史条件下，我们要善于观大势、谋大局、抓大事，同时要善于从全局上分析形势，善于把党中央重大决策部署具体化。要坚持问题导向，聚焦改革发展稳定的重大问题、人民群众反映强烈的突出问题、党的建设面临的紧迫问题，真正把马克思主义理论素养的提高转化为开拓创新、攻坚克难、化解矛盾的能力，把理论学习成果转化为谋划工作的具体思路、破解难题的措施办法、推动发展的实际成效。

后　记

《马克思主义在陕西的传播》（新民主主义革命时期）是中央党史和文献研究院宣传专项引导资金项目，由中共陕西省委党史研究室和西安交通大学马克思主义学院共同承担。本书以时间为经，事件为纬，从环境、主体、内容、媒介、效果等诸方面，对新民主主义革命各个时期马克思主义传播的背景、方式、特点等加以提炼总结，全面阐述了马克思主义的广泛传播和产生的重大影响。

该课题由中共陕西省委党史研究室任惠林副主任为项目负责人，李兵、高子果、汤彦宜、任杰四名研究一处干部与燕连福、马金玲、田建军三名西安交通大学马克思主义学院教师为骨干力量的研究编撰队伍，省委党史研究室王璋璋、西安市委党史研究室陈红等同志核校书稿。西安交通大学马克思主义学院多名研究生参与资料收集整理工作。

2021 年 2 月完成初稿编写，2 月 20 日和 4 月 10 日，任惠林先后组织本室相关干部与西安交通大学撰稿负责人召开两次专题推进会，5 月底完成初稿修改。尔后，组织专家召开二稿修改专题会，并集中相关人员对书稿逐字逐句进行修改完善插配图表，最终形成 30 余万字、80 余幅图表的定稿。

在成书过程中，先后征求了姚金果、周国长、任晓伟、袁武振、姚文琦、刘立荣、王长寿、樊为之等中省党史专家的意见。在此一并表示诚挚谢意！

由于时间紧迫、编写者水平有限，书中疏漏和错情在所难免，敬请广大读者批评指正。

本书课题组

2022 年 3 月